国家卫生和计划生育委员会"十三五"规划教材
全国高等医药教材建设研究会"十三五"规划教材
全国高等学校教材

供法医学类专业用

法医人类学

第3版

主　编　张继宗

副主编　蔡继峰　赖江华

编　者（以姓氏笔画为序）

王亚辉（司法部司法鉴定科学技术研究所）　　徐红梅（复旦大学）

扎拉嘎白乙拉（中南大学）　　唐任宽（重庆医科大学）

纪　元（公安部物证鉴定中心）　　常云峰（中南大学）

吴　坚（昆明医科大学）　　梁景青（山西医科大学）

吴　谨（四川大学）　　梁新华（山西医科大学）

张　振（河南科技大学）　　税午阳（北京师范大学）

张继宗（公安部物证鉴定中心）　　舒永康（公安部物证鉴定中心）

陈　玲（南方医科大学）　　曾晓冠（湖南省公安厅）

周月琴（复旦大学）　　赖江华（西安交通大学）

顾姗智（西安交通大学）　　蔡继峰（中南大学）

秘　书　扎拉嘎白乙拉（中南大学）

人民卫生出版社

图书在版编目（CIP）数据

法医人类学 / 张继宗主编. —3 版. —北京：人民卫生出版
社，2016
　　ISBN 978-7-117-22742-1

　　Ⅰ. ①法… 　Ⅱ. ①张… 　Ⅲ. ①法医人类学－医学院
校－教材 　Ⅳ. ①D919.6

中国版本图书馆 CIP 数据核字（2016）第 122340 号

人卫智网	www.ipmph.com	医学教育、学术、考试、健康，
		购书智慧智能综合服务平台
人卫官网	www.pmph.com	人卫官方资讯发布平台

法医人类学
第 3 版

主　　编：张继宗
出版发行：人民卫生出版社（中继线 010-59780011）
地　　址：北京市朝阳区潘家园南里 19 号
邮　　编：100021
E - mail：pmph @ pmph.com
购书热线：010-59787592　010-59787584　010-65264830
印　　刷：北京虎彩文化传播有限公司
经　　销：新华书店
开　　本：850×1168　1/16　　印张：19
字　　数：562 千字
版　　次：1998 年 10 月第 1 版　　2016 年 3 月第 3 版
　　　　　2025 年 8 月第 3 版第 9 次印刷（总第 15 次印刷）
标准书号：ISBN 978-7-117-22742-1
定　　价：48.00 元
打击盗版举报电话：010-59787491　　E-mail：WQ @ pmph.com
（凡属印装质量问题请与本社市场营销中心联系退换）

全国高等医学院校法医学专业第五轮
规划教材修订说明 ···

　　20 世纪 80 年代,我国在医学院校中设置了法医学专业,并于 1988 年首次编写了成套的法医学专业卫生部规划教材,从而有力地推动了法医学教育的发展。2009 年五年制法医学专业规划教材第四轮出版发行。为促进本科法医学专业教学,教育部法医学专业教学指导委员会在 2014 年开始制定审议国家法医学本科专业教育质量标准并拟报教育部审批。根据质量标准要求及法医学相关领域学科进展,2014 年经全国高等医药教材建设研究会和全国高等医学院校法医学专业教材编审委员会审议,启动第五轮教材修订工作。

　　本轮修订仍然坚持"三基""五性",并努力使学生通过学习达到培养具有坚实基础理论知识和专业知识、熟悉司法鉴定程序和法医鉴定技能、掌握法学、医学及相关学科知识,具有良好的思维判断能力以及分析问题能力的法医学高级复合型人才的专业培养目标。新教材体现了法医学领域的新进展和我国的新法规、新政策与新要求;考虑了学生的就业,具有较强的实用性,使学生在毕业后的实际工作中能够应用所学知识。本轮教材在编写中强调了可读性、注重了形式的活泼性,并全部配备了网络增值服务。

　　全套教材 16 种,其中主教材 11 种,配套教材 5 种,于 2016 年全部出版。所有教材均为国家卫生和计划生育委员会"十三五"规划教材。

第5轮法医学专业教材目录

1. 法医学概论　　　　　　第5版　**主编**　丁　梅
2. 法医病理学　　　　　　第5版　**主编**　丛　斌　**副主编**　官大威　王振原　高彩荣　刘　敏
3. 法医物证学　　　　　　第4版　**主编**　侯一平　**副主编**　丛　斌　王保捷　郭大玮
4. 法医毒理学　　　　　　第5版　**主编**　刘　良　**副主编**　张国华　李利华　贠克明
5. 法医毒物分析　　　　　第5版　**主编**　廖林川　**副主编**　王玉瑾　刘俊亭
6. 法医临床学　　　　　　第5版　**主编**　刘技辉　**副主编**　邓振华　邓世雄　陈　腾　沈忆文
7. 法医精神病学　　　　　第4版　**主编**　胡泽卿　**副主编**　赵　虎　谢　斌
8. 法医人类学　　　　　　第3版　**主编**　张继宗　**副主编**　蔡继峰　赖江华
9. 刑事科学技术　　　　　第4版　**主编**　李生斌　**副主编**　张幼芳　李剑波
10. 法医法学　　　　　　　第3版　**主编**　常　林　**副主编**　邓　虹　马春玲
11. 法医现场学　　　　　　　　　　**主编**　万立华　**副主编**　阎春霞　陈新山
12. 法医病理学实验指导　　第2版　**主编**　成建定　**副主编**　周　韧　王慧君　周亦武　莫耀南
13. 法医物证学实验指导　　第2版　**主编**　张　林　**副主编**　黄代新　庞　灝　孙宏钰
14. 法医毒理学实验指导　　　　　　**主编**　朱少华　**副主编**　黄飞骏　李　凡　喻林升
15. 法医毒物分析实验指导　第2版　**主编**　沈　敏　**副主编**　金　鸣　周海梅
16. 法医临床学实验指导　　第2版　**主编**　刘兴本　**副主编**　顾珊智　樊爱英

全国高等学校法医学专业第五轮

规划教材编审委员会 ·······························

顾　　问

　　　　石鹏建　陈贤义

主 任 委 员

　　　　侯一平

副主任委员

　　　　丛　斌　王保捷　李生斌　周　韧　杜　贤

委　　员

　　　　张　林　杜　冰　喻林升　赵子琴　王英元

　　　　樊爱英　陈　晓　陶陆阳　赵　虎　莫耀南

　　　　李利华　刘　良　邓世雄　杨　晋

秘　　书

　　　　廖林川　潘　丽

主编简介

　　张继宗，理学博士，公安部物证鉴定中心主任法医师，中国人民公安大学教授。从事法医人类学研究、教学、办案工作二十余年，曾留学德国慕尼黑大学从事法医人类学研究工作，是我国著名法医人类学家。

　　在法医人类学领域中主持了多项国家级、部级科研项目，完成学术论文 60 余篇，编写公安部内部教材 10 余部，出版专著多部；主持建立的中国人骨骼信息中心为中国现代人类学的发展奠定了基础，为我国的法医人类学发展作出了重要贡献；建立了中国人骨骼年龄、性别、身高鉴定的多种方法，并在全国进行推广，培养了大批掌握法医人类学鉴定技术的基层法医，多次参与重大案件的法医人类学鉴定工作，包括"1•18"重庆空难、国航韩国釜山空难、甘肃无名颅骨案等。在颅骨容貌鉴定方面造诣颇深，曾主持了赵尚志烈士遗骨鉴定，历史人物黄飞鸿照片鉴定等。

副主编简介

　　蔡继峰，医学博士，法医学教授、博士生导师，主任法医师，中南大学基础医学院副院长，中南大学基础医学院法医学系学科带头人，湘雅司法鉴定中心机构负责人。

　　现任法医学高等教育教学指导委员会委员，中国法医学会及免疫学会会员和湖南省司法鉴定人协会副会长，法医专业委员会主任委员，法医病理组组长，中华医学会、湖南省医学会医疗事故技术鉴定专家，湖南省预防接种调查诊断专家，国家级及省级实验室、检查机构资质认证、认可评审员。

　　先后获得国家自然科学基金 3 项，省级科研基金 3 项。近 5 年共发表学术论文 30 余篇，其中 20 篇被 SCI 收录，Medline 收录 6 篇。主编法医学专著《现代法医昆虫学》；主译国外法医学专著《血痕形态分析》和《爆炸与冲击相关损伤》2 部，参编法医学教材及专著 8 部。

　　《法医学杂志》编委，第 6 版医学生本科教材《法医学》编委，*European Journal of Entomology, Insect Science, Journal of Insect Science, African Journal of Biotechnology* 等 SCI 杂志审稿专家，《重庆医科大学学报》《中华医学教育探索》《昆虫知识》等杂志特约审稿专家。

　　赖江华，教授，主任法医师，博士生导师。现任西安交通大学法医学院党总支书记兼副院长、医学研究生教学实验中心主任；原卫生部法医学重点实验室副主任；中国法医学会教育指导委员会副主任、陕西省法医学会常务理事兼秘书长。

　　长期从事法医学教学、科研及鉴定工作。承担国家科技攻关、科技部基础工作重大专项、国家自然科学基金等项目 20 余项，发表学术论文 60 余篇，参编规划教材 4 部。2000 年获第三届陕西青年科技奖，2001 年获陕西高校科技进步二等奖（第五完成人）、2007 年获陕西省科学技术一等奖（第二完成人）、2009 年获国家科技进步二等奖（第二完成人），2013 年荣获"中国卫生思想政治工作师德师风先进个人"，2015 年荣获"国家卫生计生突出贡献中青年专家"。

前　言 ···

　　法医人类学是随着考古学及体质人类学的进步而发展起来的。约一百多年前,当法庭审判人员对骨骼残渣鉴定时,开始求助于人类学家。随着社会发展,需要进行骨骼鉴定的案件增多,单纯靠医学或人类学的知识,不能满足法庭科学的需求。因此,人类学家开始骨骼鉴定的专门研究,产生了新的分支学科法医人类学。

　　法医人类学是运用体质人类学的理论与方法,研究解决法庭科学审判所涉及的骨骼鉴定问题。法医人类学的工作内容包括:骨骼的种属、种族鉴定;个体的性别、年龄、身高推断;面貌特征的重建及鉴定等。中国的法医人类学应用始于20世纪70年代末,随着经济的发展,人口流动增加,碎尸案、白骨案增多,法医迫切需要掌握法医人类学知识。国内学者便将国外的有关资料编辑成书,并开始在办案中应用。同时,公安部126研究所(公安部物证鉴定中心前身)在全国范围内进行中国汉族长骨推断身高的研究工作,收集了一批有生前资料的骨骼标本,为中国的法医人类学的发展奠定了基础。随着法医人类学知识的普及,医科院校、法庭科学研究鉴定单位,开展了有关国人骨骼个体识别方面的研究,取得了大量的科研成果。

　　医科院校的法医学专业也开设了法医人类学课程,并在1998年出版了第1版全国统编的教材。2009年按照全国统编教材编写规划的要求,以1998年出版的《法医人类学》教材为基础,增加院校专家为编委,调整了部分章节的顺序及内容出版第2版教材。第3版教材在前两版教材的基础上,结合目前法医人类学研究的最新进展及办案实践需要,调整了部分内容。将颅相重合技术与容貌复原合并,增加计算机三维重建容貌部分。新增加面像照片的鉴定内容。为了适应网上教学的要求,编写制作了网络增值服务。这些新的尝试是否适应法医人类学领域的研究、教学、办案的发展,有待从理论、实践两个方面进行检验。

　　本书的编写工作是在法医学全国规划教材编审委员会的组织领导下进行的,感谢专家及有关领导的支持与帮助。

张继宗

2015 年 12 月

目 录 ···

第一章 绪 论

法医人类学(forensic anthropology)是一门应用学科,本章主要介绍法医人类学的基本概念、应用领域、相关学科及在法医实践中的应用。

第一节 概 述

本节主要介绍法医人类学的基本概念及研究方法。法医人类学是传统学科,由于应用领域与案件的侦察、诉讼关系密切,现今仍然是一个较活跃的学科。

一、法医人类学的概念

人类学(anthropology)一词,起源于希腊语 anthropos(人)和 logs(科学),原文的含义是研究人类的科学。不同国家的学者对人类学概念及定义的理解是不同的。日本、前苏联的学者认为,人类学是研究人类体质特征的科学,包括灵长类学及古人类学。英国、美国的学者认为,人类学是研究人类起源进化及人类社会文明的科学。前者称狭义人类学,后者称广义人类学。英国学者哈登(Haddon)将人类学分为两大内容,其一为文化人类学(culture anthropology),研究内容涉及语言、民俗、历史、文化、传统、伦理、艺术等;其二为体质人类学(physical anthropology),研究内容涉及人类的起源进化、人类的近亲灵长类的研究、人类的体质特点与环境的关系(人体工效学)等。现代学者认为人类学是研究人与环境相互关系的科学,体质人类学是研究人类体质特征在时空发展变化的科学。在体质人类学的研究中,产生了与人类生活密切相关的分支科学,如不同种群都市生活方式及如何适应变化的都市生活的研究称为都市人类学,不同体质特征战士对野外环境适应能力的研究称为军事人类学。法医人类学是体质人类学在法医学领域中的应用。

法医人类学是以医学为基础,应用人类学的理论及方法,解决司法审判工作中与骨骼有关的个体识别问题,为案件的侦破提供线索,为案件的审判提供证据的应用学科。

法医人类学的工作对象为骨骼及骨骼残片。法医人类学的工作中心是对骨骼及骨骼残片进行个体识别,包括骨骼的种属鉴定,即确定骨骼是否为人类骨骼或为何种动物的骨骼;骨骼的种族鉴定,即确定骨骼属于白人、黑人或黄种人;骨骼的年龄、性别及身高的鉴定;骨骼容貌特征的识别,即容貌复原,颅相重合;面貌识别,即照片面像,包括录像资料与影像资料及个体相互关系的认定等。

法医人类学所涉及的案件主要有灾难遇害者的身源认定,如飞行事故、火灾、重大爆炸案等。无名尸案及白骨案受害者的身源认定。碎尸块的身源认定。骨残渣、残片及毛发的鉴定。骨骼及 X 线片的年龄、性别、身高推断及个体识别。影像资料中个体的身源识别。

二、法医人类学研究方法

(一)形态学研究

根据骨骼形态学特征,对骨骼检材及样本的形态进行比对,推定骨骼的种属、种族、年龄、性别、身高等,其原理主要是应用解剖学、组织学及人体测量学的方法对骨骼及骨骼残片进行个体识别。骨骼形态学特征被破坏时,要根据考古学的方法,对检材进行修复,然后对修复完整的检材进行鉴定。形态学比较鉴定,可以用典型的骨骼标本与现场发现的检材进行比较而得出结论,也可以通过间接的比较方法进行鉴定而得到结论。例如,用判别分析的方法确定骨骼的性别,用回归分析的方法确定骨骼的年龄及身高等。之所以将用统计学方法建立的骨骼个体识别技术也称为形态学比较方法,是因为这些方法是以大量的已知年龄、性别、身高等生前确切资料的骨骼标本为基础,进行观察、测量、统计分析而建立的。

在法医人类学研究中,通过对骨骼的形态学观察及测量,建立骨骼个体识别的方法仍然是活跃的领域。例如,人类骨骼的地域特征、骨骼种族的鉴定方法等,都有待于进行进一步的研究。在骨骼的形态学研究中,人体测量学是理论基础,统计学技术是重要的工具。

由于杀人焚尸案件中,骨骼的破坏很大,对于确定骨骼残片是否为人类骨骼,需要进行比较解剖学的研究,重点研究不同动物同名骨骼的形态特征,确定骨骼残片是否为人类骨骼或者属于何种动物骨骼。

(二) 现代科学技术的应用

应用现代科学技术进行骨骼个体识别,可以更加快速、准确地得到鉴定结果。例如,利用 DNA 指纹技术,从骨骼中提取 DNA,通过与失踪人有亲缘关系的个体的血样,进行 DNA 图谱比较,可以直接认定失踪个体的身源。法医 DNA 技术在骨骼种属鉴定、性别鉴定、年龄鉴定等专题的研究取得了很多科研成果,并在案件的物证鉴定中得到应用。需要强调的是很多司法系统的人员,对焚烧骨骼的 DNA 检验存在误解,检察官、法官会要求对焚烧的骨骼进行 DNA 检验。被焚烧的骨骼 DNA 结构被破坏,甚至炭化消失,失去了检验的基础,形态学检验成为唯一有效的方法。

在骨骼的形态学观察中,计算机图形、图像技术的应用,可以提高骨骼个体识别技术鉴定结果的可靠性。扫描电镜技术的应用,可以方便地观察骨骼的组织学结构,为鉴定骨骼残渣是否为人类骨骼或为何种动物的骨骼提供了有效的工具。现代科学技术在法医人类学中的应用,为法医人类学的发展开拓了更加广阔的前景。

第二节　法医人类学的相关学科

法医人类学作为体质人类学的分支学科,应用性强,工作范围及研究领域广,与很多学科交叉,主要的相关学科有以下方面。

一、人类骨骼生长发育的研究

人类骨骼生长发育的研究,在医学领域用于儿童生长发育的状况评价,确定儿童生长发育是否正常,或是否有遗传及代谢性疾病,属少儿卫生学的研究范畴。在法庭科学实践中,人类骨骼生长发育的研究,是对未成年人进行年龄判定的基础,主要解决未成年人骨骼遗骸的个体识别及活体未成年人年龄的推断问题。未成年人骨骼遗骸的个体识别中,关于年龄的推断有多种方法,但有关性别的研究是困扰法医人类学家的难题。对未成年人年龄进行判定是公、检、法等机关司法实践的需要。

《中华人民共和国刑法》第十七条规定:"已满十六周岁的人犯罪,应当负刑事责任。"

第四十九条规定:"犯罪的时候不满十八周岁的人和审判的时候怀孕的妇女,不适用死刑。"

第二百三十六条规定:"以暴力、胁迫或者其他手段强奸妇女的,处三年以上十年以下有期徒刑。奸淫不满十四周岁的幼女的,以强奸论,从重处罚。"

第二百六十二条规定:"拐骗不满十四周岁的未成年人,脱离家庭或者监护人的,处五年以下有期徒刑或者拘役。"

户籍年龄是中国的法定年龄。中国地域辽阔,人口众多,户籍管理难度很大。在一些农村地区及边远地区存在超生情况,超生人口无户口的现象在不同地区多有发生。另外,遗弃儿童、拐卖儿童的现象时有发生,这些人或无户籍年龄,或户籍年龄不准确。由于户籍管理制度的不完善,户口申报及改变很随意,有些人出于入学、招工、参军等目的,随意更改年龄,这样就使得一些人户籍年龄与"实际年龄"不相符。当这部分人遇到涉及法律的事件时,就会涉及骨龄鉴定,以确定个体应承担的法律责任。人体骨骼发育受众多因素影响,要提高骨龄鉴定的准确性,则需要在医学影像学及儿少卫生学领域进行深入研究。

二、骨骼发掘、收集、修复方法的研究

在重大灾害事故及案件现场的勘察、发掘、记录,参照考古学对遗址的发掘及记录方法,可以再现受害者被害过程。犯罪现场再现的过程,可以为确定作案人的犯罪行为提供间接证据。按考古学方法,在现场划定网格,按探方分层勘察、发掘现场,可以保证现场骨骼及遗物的完全提取,为案件的有关鉴定提供前提,有助于对受害者身源的认定。在现场提取的骨骼或其他材料,可能受到环境及人为因素的作用而被破坏,对被破坏的骨骼需要修复后,才能进行鉴定。由于现场发现骨骼的多样性,需要对被破坏骨骼如何修复的方法进行研究。如被焚烧的骨骼残片,被硫酸腐蚀的骨骼残片如何进行修复等(图1-1)。

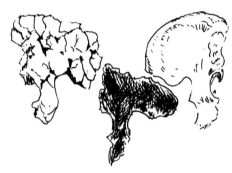

图1-1　化石骨骼残片粘接确定人体骨骼

三、基础医学的研究

法医人类学对人体骨骼的鉴定依据是建立在基础医学研究基础上的。

人体骨骼解剖学的研究内容包括:骨骼大体解剖,骨组织学,骨密度等。骨骼性别鉴定的要点是观测骨骼的解剖结构及表面的肌肉及韧带的附着点的形态。由于男女生理功能不同,男女的骨骼形态不同。由于性别角色在社会活动中的作用不同,造成男女骨骼表面特征的明显差别。骨骼的年龄鉴定,对未成年人是依据骨骼的骨化中心出现及骨骺的愈合程度,对成年人是依据骨骼的生理、病理改变。骨组织学的特征也可以用于年龄的推断。法医人类学个体识别的理论是建立在人体骨骼解剖学的诸多研究之上的。

古病理学及骨骼病理学的研究:法医人类学中对骨骼损伤及死亡原因的推断,可以借鉴古病理学及骨骼病理学对史前人类遗骨损伤及疾病鉴定方法的研究结果,对现场骨骼上的枪弹创伤,钝器打击的损伤、锐器打击的损伤及锐器切割的痕迹等进行分析,推断个体的死因。现代创伤外科学的研究,对存在于骨骼上的损伤能够给以合理的解释。骨骼损伤特征的研究也是法医人类学研究的重要领域之一。

齿科学的研究:法医人类学应用口腔科学的研究成果主要有两个方面。其一,牙齿钙化及萌出的年龄变化,以及牙齿形态学上的性别、种族及年龄饮食习惯等所致的差异。此方面的研究在个体识别方面可以进行个体的种族、年龄、性别及身高的推断。其二,用牙齿治疗、保健的口腔科学档案记录及牙痕特征进行个体识别。牙齿的结构、牙齿的排列、牙齿的治疗记录及义齿的形态等,使得不同个体具有相同的牙齿综合特征的可能几乎为零,这构成了牙齿对个体进行身源认定的基础。世界上很多名人死后身份的认定,都是以牙齿的法医学检验为依据的。法医齿科学已经发展成为一门独立的学科。

此外,法医人类学家也要对有关司法审判法律条款进行研究,以便在工作中更好地从科学角度为司法审判提供证据。

法医人类学与各相关学科的关系见图1-2。

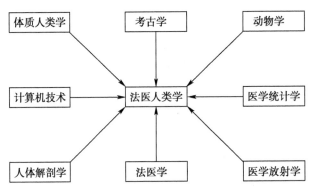

图 1-2　法医人类学与相关学科的关系

法医人类学的研究及骨骼鉴定,需要多方面的综合知识与技能。尽可能多地了解其相关学科的内容,可以提高骨骼及骨残片的鉴定水平,增加所发现骨骼作为物证的可信度。

第三节　法医人类学的鉴定工作程序

法医人类学的工作结果是完成骨骼鉴定,以法医人类学鉴定书表述,主要工作内容如下。

一、骨骼的现场检验

(一)骨骼的发现与提取

现场骨骼的发现、收集与处理是对骨骼进行人类学检验的重要步骤,是为侦查破案提供证据及线索的重要环节。

提取骨骼标本之前,需确定所发现的骨骼遗骸的埋藏情况。详细记录骨骼发现地点的方位、周围环境、温度、气候、土壤种类、植被,以及尸骸的埋藏情况。要特别注意尸骸的姿势、包裹物,与尸骸有关的其他物品的发现情况及相关位置。同时,要进行拍照、录像,固定现场。

对露天较大的现场,封闭现场后要按网格法对现场进行勘查、挖掘。用白灰在现场画成 2m×2m 的网格,每一网格代表一个搜查区域,逐一勘查,防止遗漏。

在现场提取骨骼时,应先提取较小易丢失的不规则骨,如掌、指骨及牙齿等,然后再提取较大的骨骼。提取骨骼时,要将与骨骼同时发现的其他物品,如枪弹、凶器、衣物、饰品等,统一编号,一并提取。

根据案件需要,可提取现场的土壤、水等检材进行检验,同时要提取对照样本。

(二)骨骼的现场初检

如果参加现场勘察的人员中,有法医人类学方面的专家,可以对发现的骨骼或骨骼残片进行初检,确定所发现的骨骼遗骸是否属于人骨,即进行骨骼的种属鉴定。完整的或体积较大的遗骸确定是否属于人骨并不难,但骨残片体积较小时,确定是否属于人骨有一定困难。例如,长骨骨干中段碎片,肋骨硬骨部分的碎片,没有明显属于人类的解剖学结构,通过骨骼表面特征观察很难确定骨骼碎片是否为人类骨骼。关于如何确定骨骼残片是否为人类骨骼的方法,在以后的章节中将详细介绍。如果确定骨骼残片不属于人类骨骼,也不属于珍稀动物的骨骼时,所发现的骨骼残片没有法庭科学意义,鉴定工作不需进一步进行。如果发现的骨骼属于人类骨骼,可以对骨骼的埋藏时间进行推断,如果骨骼风化、腐蚀严重,骨质变薄,重量变轻,所发现的骨骼为陈旧性骨骼,年代久远。埋藏 50 年以上的骨骼没有法庭科学检验的意义,不需要作进一步鉴定。不属于上述情况的骨骼,则需要提取,送实验室作进一步的检验鉴定。

如果在现场发现骨骼上附着软组织,应将骨骼与软组织一并提取。观察软组织的腐败程度对推断埋尸时间具有参考意义。而且,在机体软组织中提取 DNA 的检验条件优于骨骼,无名尸骨 DNA

的提取保存,对其身源的认定具有重要意义。

杀人焚尸的现场对现场发现的灰渣,需要进行认真的筛查。有一处以上的灰迹要分别编号,分别提取筛查、提取发现烧骨。烧骨的残片通常体积很小,对残渣需要认真检查,怀疑有骨骼特征的残片,需要全部提取,放在耐受压力的容器中,并放置衬垫物,防止在送往实验室的过程中人为损坏。

二、骨骼的实验室检验

(一)骨骼实验室处理

在现场对发现的骨骼初检完成后,将现场提取的骨骼及骨骼残片,送到法医人类学实验室进行检验鉴定。在检验工作开始前,首先要对检验的标本进行处理。

1. 除去软组织 常用的方法是用清水煮,所需时间依骨骼条件决定。先将短小骨,骨骺未愈合的骺端用纱布包好,与同时提取的骨骼放在容器中,加水至淹没骨骼后,文火加热,一般需要3~4小时,其间应注意观察、翻动,以刀柄轻刮骨面,肌腱能脱离骨面为宜。用温热水长时间浸泡,直到软组织消失,效果更好,但耗时较长。也可以用化学溶液处理骨骼,但容易造成骨骼的破坏。

2. 骨骼的脱脂与漂白 可用有机溶剂浸泡骨骼进行脱脂。将骨骼放在有机溶剂中浸泡,溶剂混浊后更换新溶剂,直至溶剂不再混浊为止。成人四肢长骨脱脂需3~5个月,颅骨、骨盆需约两周。如骨骼需要漂白,可将骨骼清洗后,用1%的过氧化氢处理;浸泡1~3天。也可以用2%~3%的漂白粉溶液浸泡骨骼。骨骼漂白时,要注意骨骼的变化,防止浸泡过久损害骨质。经过漂白处理的骨骼,取出后用清水冲洗、晾干,即可使用。骨骼标本长久保存可在其表面涂树脂或清漆。

3. 骨骼残片的修复 方法是取细沙一盆,将骨片置细沙之上,找到相邻骨片用黏合剂粘接,牢固后寻找相邻的下一片粘接,重复上述过程完成标本修复。

上述工作完成后,按下述步骤进行骨骼的法医人类学鉴定工作。

(二)骨骼实验室检验的内容

1. 骨骼的种属鉴定 确定骨骼是否属于人骨。体积较大的骨骼可直接观测鉴定。如送检的骨骼标本为骨骼残片,骨骼表面特征破坏较大,根据人体骨骼的形态学特征无法进行鉴定,需做骨组织磨片,根据骨骼的组织学特征进行种属鉴定。

2. 骨骼的种族鉴定 确定骨骼是否为白人、黑人或黄种人。在移民国家发现白骨化的尸骨,骨骼种族鉴定是必须进行的工作。在中国随着对外交流的日益扩大,此类工作将会逐步增加。

3. 骨骼的性别鉴定 确定骨骼的性别主要依据骨骼形态的生理特征及骨骼的表面形态。确定性别准确率最高的骨骼是骨盆,其次是颅骨及躯干骨。四肢骨骼的性别鉴定,准确率较高。其他不规则骨,如肩胛骨、跟骨等也可以进行性别鉴定。任何单一骨骼的性别鉴定都有一定的误差,多骨骼的性别鉴定可以起到交叉校对的作用,提高骨骼性别鉴定的准确性。

4. 骨骼的年龄鉴定 未成年人的骨骼年龄鉴定依据骨骼的生长发育,观察骨化点出现的数目及骨骺愈合的情况。成年人骨骼年龄鉴定的依据是随年龄增长,骨骼出现的生理及病理性改变,这些改变主要发生在骨骼的软骨连接及骨骼的关节部位。最常用的骨骼年龄判断方法为耻骨联合面的年龄判定,其次为胸骨、肋骨、锁骨的年龄判定。骨缝的愈合也可以推断成年人的年龄,常用方法有颅缝愈合的年龄判定及腭缝的年龄判定。颅缝的年龄判定误差相对较大,实践中已经很少应用。腭缝的年龄判定效果较好,实践中应用较多。牙齿的萌出顺序(包括乳牙及恒牙),可以推断少年、儿童的年龄。应用牙齿推断成人年龄的方法很多,方法简单,准确性相对较高,是根据牙齿的磨耗程度推断年龄。

5. 骨骼的身高推断 未成年人骨骼的身高推断应用解剖学方法,即将发现的骨骼按解剖学原理排列好,然后加上关节软骨及椎间盘的厚度直接测量。成年人发现的骨骼较完整时,也可以用解剖学方法推断身高。未成年人用解剖学方法推断身高,关节软骨及椎间盘的厚度为1~2cm;成年人用此法,关节软骨及椎间盘的厚度为3~4cm。骨骼身高推断最常用的方法是用人体测量学的方法对骨骼进行测量，根据骨骼的测量数据，应用回归方程推断身高。骨骼推断身高误差较小的是四肢长骨，四肢长骨中股骨推断身高的效果最好。其他骨骼，如颅骨、躯干骨也可以推断身高，但误差较大。目前，中国人骨骼推断身高的方法是用 20 世纪 70 年代末收集的骨骼标本建立的，近些年的研究表明中国人的平均身高明显增加，子代的身高明显高于亲代。在实践中，用骨骼推断身高，所得结论可以参照当地人不同年龄组人的平均身高综合分析。

6. 死亡时间推断　应用骨骼进行的死亡时间推断是指骨骼白骨化过程的时间推断。骨骼白骨化的时间推断主要依据骨骼软组织的附着情况及骨骼的风化、腐蚀程度，也可以用骨组织学的方法，观察显微镜下骨组织结构中细菌生长的情况进行推断。白骨化的时间推断在法医人类学领域中，有重要的应用价值，目前国内、外这方面的研究均较少。

7. 死亡原因的推断　死亡原因的推断是指对存在于骨骼上的损伤进行综合分析，推断死者的死亡原因。这方面工作，在考古学领域应用较多，在法庭科学领域应用较少，主要是由于法医学实践中确定死因的复杂性决定的。骨骼上存在的损伤对推断死亡原因及损伤形成的机制是有帮助的。在骨骼死亡原因及损伤机制的推断方面，现代创伤学的研究成果是可以借鉴的。

8. 骨骼身源的推断　骨骼身源的推断是指对相关失踪人与骨骼的关系进行法医人类学方面的检验，包括颅相重合及颅骨容貌复原。颅相重合是在发现相关失踪人的信息后，用失踪人的面像照片与发现提取的颅骨进行影像重合，来确定颅骨与失踪人之间的关系。颅骨容貌复原是根据解剖学原理结合雕塑艺术，以发现的颅骨为基础，在颅骨的特定标志点上确定相应的软组织厚度，雕塑出容貌的轮廓，再根据颅骨的解剖学结构与面部五官特征的关系，如眼眶与眼裂、梨状孔与外鼻等，雕塑出面部五官。最后根据当地的风土人情对雕像进行修饰，如发型、服饰等。当颅骨容貌复原完成后，执法人员根据雕像去寻找失踪人员，为案件的侦察提供线索。

（三）法医人类学检验鉴定书

在法医人类学实验室完成骨骼的检验鉴定后，需根据骨骼检验的原始记录，完成法医人类学检验鉴定书。法医人类学检验鉴定书的主要内容如下。

1. 引言　内容包括委托单位及送检人的情况，骨骼发现的时间、地点，是否有人检验过，曾检验的结论，要求鉴定的内容等。

2. 送检骨骼　送检或提取骨骼的种类及数量，是否有骨骼缺失，缺失的数量及种类。骨骼条件是否有软组织附着；软组织附着的量及腐败程度；骨骼是否经过处理，如水煮、焚烧等。骨骼的病理损伤情况：送检或提取的骨骼是否有骨折、缺损、骨痂、畸形等。

3. 骨骼鉴定

性别鉴定：进行性别鉴定所用的骨骼名称。骨骼性别特征表现形式。

年龄鉴定：进行年龄鉴定所用的骨骼名称。骨骼年龄特征表现形式。

种族鉴定：进行种族鉴定所用的骨骼名称。骨骼种族特征表现形式。

身高鉴定：进行骨骼身高推断所用的骨骼名称。列出骨骼的测量项目，测量值，推断身高所用的回归方程及计算结果等。

死亡时间推断：描述骨骼软组织附着的情况，描述骨骼风化、腐蚀的程度，推断骨骼白骨化的时间。

死亡原因推断：描述骨骼的损伤情况，对死者可能的死亡原因进行推断。

身源推断情况：有可疑失踪者照片的情况，进行颅相重合检验，根据检验结果给出相宜的结论。没有任何死者身源线索的进行颅骨容貌复原，向送检单位提供雕像照片。

4. 结论　根据送检者的要求及检验的结果，提出鉴定结论。根据送检骨骼的种类及数目确定个体的数量，每个个体需分别出具鉴定书。

本章小结

本章叙述了法医人类学的发展、基本概念，研究内容、研究方法。

关键术语

人类学（anthropology）

法医人类学（forensic anthropology）

（张继宗）

思考题

1. 法医人类学的概念是什么？
2. 法医人类学的相关学科有哪些？
3. 法医人类学鉴定书的主要内容是什么？

第二章 人体测量仪器及方法

学习目标

通过本章的学习,你应该能够:

掌握:人体测量的常用仪器;人体测量的法医学意义。

熟悉:人体特征性骨骼的测量方法。

了解:人体骨骼测量结果分析的影响因素。

法医人类学的观察及测量的对象,包括活体、尸体及骨骼。法医工作者在鉴定工作中,最常遇到的是对骨骼的性别、年龄、身高的鉴定,故本章所介绍的测量仪器和方法,主要是对骨骼的测量和观察。

只有统一的测量方法,其不同研究结果相互间才有可比较性。本章所介绍的测量方法,是目前国内外通用方法,结合法医人类学实际工作的需要有所取舍。对骨骼进行测量或观察时,要有明确的测量点或观察点和切实可行的测量方法。随着法医人类学研究的深入,可能产生一些新的测量方法,新的测量方法的确定和取名应遵循解剖学和人类学的一般原则。

进行骨骼个体识别研究,测量对象的选择应能反映所测量人群的一般特征和整个变异范围。因此,必须保证被测者在种族、地区、性别、年龄等方面的一致性。根据数理统计的要求,同一人群的性别、年龄组应有足够数量的样本,通常认为每组测量对象应在 30 个个体以上,其观测结果才有统计学的意义,适当增加数量当然更好。测量对象如是人体骨骼,其样本的收集不应来自无名的墓葬群,而应是有生前资料(包括性别、年龄、民族、地区、身高)记载的骨骼样本,这是保证科研质量的首要条件。通过骨骼测量进行个体识别时,测量方法要与原始文献保持一致,这样才能保证鉴定结论的可靠。

第一节 骨骼测量仪器

骨骼测量仪器是法医人类学工作的基本工具,要求测量仪器准确轻便,经久耐用,容易判读。测量仪器在使用前先用标准量度加以校正;使用后应擦拭干净,妥善保管,避免摔碰。鉴定使用的测量仪器还需要定期到质检部门进行校准。

常用的人体骨骼测量仪器主要有以下几种,现分述如下。

1. 直脚规 直脚规(sliding caliper)由固定直脚、活动直脚、主尺和尺框组成,见图 2-1。两脚一端扁平,一端尖,主尺上刻有量度,最小单位为 mm,测量范围在 200mm 以内,是最常用的测量工具之一。

2. 弯脚规 弯脚规(spreading caliper)由两支弯脚及主尺和尺框组成,是常用测量工具,见图 2-2。主尺量度最小单位为 mm,最大测量范围在 200mm 以内。两弯脚间距在主尺上判读。

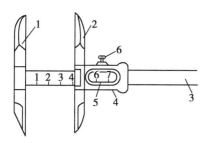
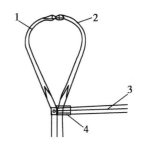

图 2-1 直角规

1. 固定脚；2. 活动脚；3. 主尺；4. 尺框；5. 游标；6. 紧固螺钉

图 2-2 弯脚规

1. 左弯脚；2. 右弯脚；3. 主尺；4. 尺框

3. **圆杆直角规** 圆杆直角规（rod compass）又称测高仪（anthropometer），由固定尺座、活动尺座、主尺杆、管形尺框及两支直尺、两支弯脚组成。主尺杆由四节金属管套接而成，可以拆卸，上有量度标记，测量范围可达 2000mm，通常在测量距离较大不能用普通直脚规测量时使用，是活体测量常用的工具。

4. **三脚平行规** 三角平行规（coordinale caliper, parallelometer）由固定脚、活动脚、主尺、中间竖尺及尺框组成。主尺测量范围在 250mm 以内，中间竖尺的测量范围在 50mm 以下，主要用于不规则骨骼的高度和深度的测量，见图 2-3。

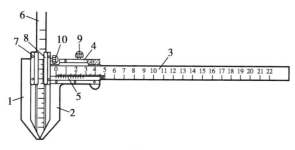

图 2-3 弯脚式三脚平行规

1. 固定量脚；2. 活动量脚；3. 主尺；4. 主尺尺框；5. 主尺游标；6. 中间竖尺；7. 中间竖尺尺框；
8. 中间竖尺游标；9. 活动量脚紧固螺钉；10. 中间竖尺紧固螺钉

5. **卷尺** 卷尺（plastic tape）为长 2000mm 的软尺，有钢制品或塑料制品两种，尺面上印有毫米刻度，多用于测量骨骼的周长。

6. **立方定颅器** 立方定颅器（cubic craniophor）由金属立方框架、悬臂和颅骨夹组成。用颅骨夹夹住枕骨大孔，使颅骨处于耳眼平面和正中矢状面，以绘制颅骨正中矢状面、冠状面和水平面的轮廓图，以及颅骨某个部分的轮廓图，见图 2-4。如骨骼破坏不能夹住，则可改用托盘。

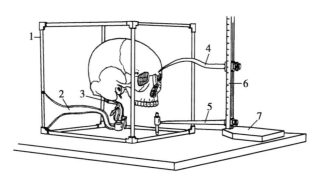

图 2-4 立方定颅器与描骨器

1. 金属立方框架；2. 悬臂；3. 颅骨夹；4. 描骨器的弓形指针；5. 笔杆臂；6. 轨尺柱；7. 底座

7. 摩里逊定颅器 摩里逊定颅器(Mollison craniophor)由两个固定柱、一个活动旋柱、滑轨、三角形支杆等组成,见图2-5。使用时用固定柱的两个三角形支杆上缘支住颅骨外耳门上缘点,把活动旋柱上的支杆压住左眶下缘点,将活动柱中套筒和弹簧片从下方顶住颅骨的硬腭,此时,颅骨即处于耳眼平面。

摩里逊定颅器上方可配耳上颅高器(auricular head spanner),用以测量耳上颅高,由左、右弯杆、竖尺和尺座等组成。竖尺测量范围在160mm以内。

8. 附着式量角器 附着式量角器(attachable goniometer)主要由垂直指针、刻度盘、支承框等组成。使用时,将支承框套入直脚规的固定脚,可测量颅骨的各种角度,见图2-6。

9. 描骨器 描骨器(diagraph)由弓形指针、笔杆臂、轨尺柱及底座组成,用以描绘颅骨及其他骨骼的轮廓。

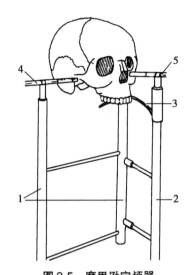

图2-5 摩里逊定颅器

1. 固定柱;2. 活动旋柱;3. 套筒上的弹簧片;4. 滑轨;5. 三角形支杆

10. 简易描骨器 简易描骨器(simplified diagraph)由带尖角的钢片和小圆形金属底座组成。主要用来描绘长骨的轮廓,描绘时在图纸下衬垫复写纸,使绘画出的图形精确清晰。

11. 水平针仪 水平针仪(horizontal tracing needle)由主柱、滑座、水平针和底座组成。是立方定颅器的配套工具,用于测量颅骨时,使两侧耳门上点和左侧眶下点处于同一水平面上。

12. 平行定点仪 平行定点仪(parallelometer)由导杆、支杆、水平针、上滑座、下滑座垂直定点针与底座组成,见图2-7。用于测定长骨的扭转角。

13. 测腭器 测腭器(palatometer)由竖尺、两支量角器、齿条、滚花旋转受轮等组成,用于测量腭高。

14. 测下颌角器 测下颌角器(mandibulometer)由水平固定板、活动板、角度针、量角器等组成,用于测量下颌角度数、下颌体长和下颌支高。

15. 持骨器 持骨器(bone clamp)由主柱、底座及骨夹组成,用以将长骨固定在一定的位置上,见图2-8。

图2-6 附着式量角器

1. 垂直指针;2. 刻度盘;3. 支承框

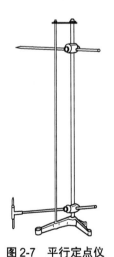

图2-7 平行定点仪

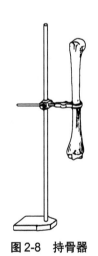

图2-8 持骨器

16. 测骨盘 测骨盘(osteometric board)由水平底板、纵板、横板、三角板、钢圈、砝码组成,底板上铺一坐标纸,上覆盖同一大小的玻璃板,是测量长骨的专用仪器,可测量长骨各种长度、宽度及颈干角、髁干角等。

17. 缩放描绘器 缩放描绘器（dioptrograph）主要由立方体金属框架、绘图板、缩放板、缩放器、接目镜、绘图笔杆等组成。用于描绘颅骨、牙齿及其他骨骼的轮廓线和形态结构，可以描绘与实物同大或放大、缩小图。

18. 活动直脚规 活动直角规又称波契型直脚规（sliding caliper of Poech type），由固定尺座、活动尺座、插入尺座的两支直尺、主尺、尺框等组成。主尺测量范围在 250mm 以内。因两支直尺可在与主尺相垂直的方向上下移动，故可测量不在同一水平的两点间的投影距离，见图 2-9。

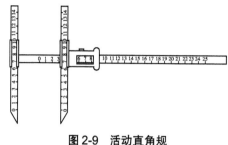

图 2-9 活动直角规

第二节 骨骼测量

一、颅骨测量

颅骨（含下颌骨）测量包括颅骨测点的确定和颅骨测量方法，对颅骨能否进行准确、规范的测量，重要的是确定各测点的准确位置。颅骨测量是法医人类学对颅骨进行研究鉴定的重要方法，对颅骨进行性别、年龄、身高的判定，以及在颅相重合、颅骨复原面貌方面都有十分重要的意义。

（一）颅骨的主要测点

1. 眉间点（glabella，g） 颅骨处于耳眼平面位置时，额骨左右两眉弓之间正中矢状面上最前突的一点。如额骨眉间区十分平坦，无法确定最突出点时，可借两侧眉弓内侧端的趋势，在正中矢状面上确定此点，见图 2-10。

2. 眉间上点（ophryon，on） 两侧额骨颞嵴相距最近处的连线与正中矢状面相交之点。在眉间点的上方。

3. 额中点（metopion，m） 两侧额结节最突出之点的连线与正中矢状面的相交之点。在眉间上点的上方。

4. 前囟点（bregma；b） 矢状缝与冠状缝的交点。如遇骨缝扭曲或前囟区有缝间骨出现难以正常确定前囟点时，则以二缝主轴延长线上的交点，定为前囟点。

5. 颅顶点（vertex，v） 将颅骨置于耳眼平面时，在正中矢状面上的最高点。

6. 人字点（lambda，l） 矢状缝与人字缝的交点。当骨缝扭曲或有缝间骨存在，则以此二缝主轴延长线相交之点定为人字点，见图 2-11。

7. 颅后点（opisthocranion，op） 颅骨在正中矢状面上最向后突出的点。此点距眉间点最远，可由眉间点测量颅最大长时确定该点，通常在枕外隆突的上方。

8. 枕外隆突点（inion，i） 枕骨上项线与正中矢状面的交点。如上项线不明显或枕外隆突有变异，难以确定该点位置，则可在枕外隆突下面向颅底转折处确定此点。

9. 大孔后缘点（opisthion，o） 枕骨大孔后缘与正

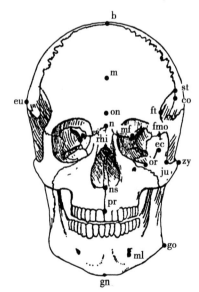

图 2-10 颅骨前面观显示各测点位置
b. 前囟点；m. 额中点；on. 眉间上点；n. 鼻根点；mf. 颌额点；rhi. 鼻尖点；ns. 鼻棘点；pr. 上齿槽前点；eu. 颅侧点；st. 冠颞点；co. 冠缝点；ft. 额颞点；fmo. 眶额颧点；ec. 眶外缘点；or. 眶下点；ju. 颧骨点；zy. 颧点；go. 下颌角点；ml. 颏孔点；gn. 颏下点

中矢状面的交点。

10．大孔前缘点（endobasion, enba）　枕骨大孔前缘与正中矢状面相交最向后之点。

11．颅底点（basion, ba）　枕骨大孔前缘与正中矢状面相交最向下之点。应注意与大孔前缘点区别。此点系测颅高的基准点。

12．冠缝点（coronale, co）　冠状缝最向外侧点。是额骨最大宽的指标。

13．颞点（krotaphion, k）　蝶顶缝的后端点。

14．颅侧点（enryon, eu）　颅侧壁最向外突出点。按测颅骨最大的横径来确定。通常在顶骨，少数在颞骨鳞部上部，见图 2-12。

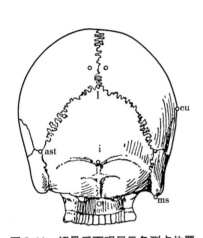

图 2-11　颅骨后面观显示各测点位置
1. 人字点；i. 枕外隆突点；o. 大孔后缘点；ast. 星点；
eu. 颅侧点；ms. 乳突点

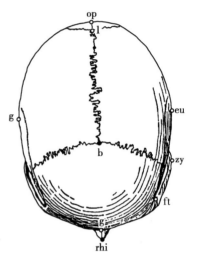

图 2-12　颅骨顶面观显示各测点位置
op. 颅后点；1. 人字点；b. 前囟点；g. 眉间点；
rhi. 鼻尖点；eu. 颅侧点；zy. 颧点；ft. 额颞点

15．星点（asterion, ast）　人字缝、枕乳缝、顶乳缝三者相交之点。此处如有缝间骨，则以三缝主轴的延长线交点定为星点。

16．耳门上点（porion, po）　亦称外耳门上缘点。平分外耳门前后两半的垂线与外耳门上缘的交点，即耳门上点。外耳门上缘可参照外耳门后上部的小骨嵴的基部来确定。

17．额颞点（frontotemporale, ft）　左右额骨颞嵴间距离最近的点。

18．鼻根点（nasion, n）　鼻额缝与正中矢状面的交点。

19．鼻尖点（rhinion, rhi）　鼻骨下缘与正中矢状面的交点。

20．鼻棘点（nasospinale, ns）　梨状孔左右两半弧下缘最低点的切线与正中矢状面相交之点。如梨状孔下缘出现鼻前窝或鼻前沟，则参照鼻腔底前部的水平面位置作为梨状孔下缘最低点的切线来确定。

21．鼻棘下点（subspinale, ss）　在正中矢状面上，鼻棘根部向齿槽突转折处。

22．上齿槽前缘点（prosthion, pr）　上颌骨两中切牙之间齿槽间隔最向前突的点。

23．上齿槽点（supradentale, sd）　上颌骨两中切牙间的齿槽间隔最下突出之点。

24．上颌额点（maxillofrontale, mf）　眶内侧缘与额颌缝的交点。如遇眶内侧缘圆钝不易定点，则从眶内侧缘下段走向向上延伸的趋势来确定。

25．眶内缘点（dakryon, d）　在眼眶内侧壁，位于额骨、泪骨、上颌骨额突三骨交接之处。

26．泪点（lacrimale, la）　位于眼眶内侧壁，系泪骨后嵴与额泪缝相交之点。

27．眶外缘点（ectoconchion, ec）　与眶上缘平行的眼眶入口的平分线与眶外缘相交之点。

28．眶下点（orbitale, or）　亦称眶下缘点，即眶下缘的最低点，通常在眶下缘外三分之一处。如眶下缘圆钝，应取适中部分作为眶缘，不可偏向眶内或眶外（图2-13）。

29．颧点（zygion，zy） 颧弓最向外突出的点。

30．口点（orale，ol） 在硬腭前部，两中切牙齿槽后缘的切线与正中矢状面相交之点。

31．口后点（staphylion，sta） 在硬腭后部，两侧硬腭后缘的切线与正中矢状面的交点，见图2-14。

32．上齿槽后点（alveolon，alv） 上颌齿槽突后缘的切线与腭正中线的交点。

33．上齿槽外点（ectomalare，ecm） 上颌齿槽突最向外侧突出之点。通常在上颌第2磨牙外侧。

34．下齿槽点（infradentale，id） 下颌中切牙间齿槽间隔最向前之点，亦称切牙点。

35．颏下点（gnathion，gn） 下颌骨下缘与颅骨正中矢状面相交之点。

36．颏前点（pogonion，pg） 下颌骨颏隆突在正中矢状面上最突出之点。

37．下颌角点（gonion，go） 下颌体下缘与下颌支后缘相交处的最向下、向后、向外突出之点。如下颌角呈弧形弯曲，则依下颌角的下缘与后缘形成夹角的平分线和下颌角区边缘相交之点来确定。

38．颏孔点（mentale，ml） 下颌骨颏孔下缘的最低点。

39．髁突外点（condylion laterale，cdl） 下颌髁突最向外突出之点。

40．颧颌点（zygomaxillare，zm） 颧上颌缝的最下点。

41．眶额颧点（fronlomalare orbitale，fmo） 眶外缘与颧额缝相交之点。

（二）颅骨的测量

把颅骨放在公认正确位置才能进行测量，这个特定的位置即耳眼平面（ohr augen ebene，OAE），这是1884年人类学家在德国法兰克福城召开会议时确定的，故又称法兰克福平面（Frankfurt horizontal plane，FH）。耳眼平面是指将颅骨左、右侧外耳门上缘点（po）和左侧眶下点（or）三点确定的平面，如颅骨左眶下缘损坏，则采用右侧眶下点替代。

耳眼平面的确定方法：先将颅骨放在摩里逊定颅器的支架上，将定颅器的二条三角形的支杆（测臂）尖点向上对准两侧耳门上点，将第三条支杆的尖点向下对准左侧眶下缘点，此时颅骨便处于耳眼平面，相当于活体直立两眼平视前方时头部所处的位置。

颅骨的主要测量项目如下：

1．颅最大长（maximum cranial length，g-op） 眉间点（g）至颅后点（op）在正中矢状面上的最大直线距离。用弯脚规测量。

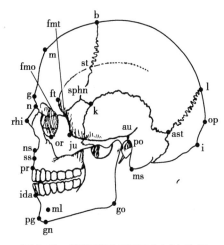

图2-13 颅骨侧面观显示各测点位置

g. 眉间点；m. 额中点；n. 鼻根点；rhi. 鼻尖点；ns. 鼻棘点；ss. 鼻棘下点；pr. 上齿槽前点；ida. 下齿槽前点；pg. 颏前点；gn. 颏下点；ml. 颏孔点；ft. 额颞点；fmo. 眶额颧点；fmt. 颞额颧点；or. 眶下点；b. 前囟点；st. 冠颞点；sphn. 蝶骨点；k. 颞点；ju. 颧骨点；au. 耳点；po. 耳门上点；ms. 乳突点；go. 下颌角点；l. 人字点；ast. 星点；op. 颅后点；i. 枕外隆突点

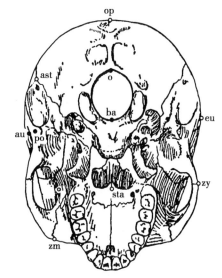

图2-14 颅骨底面观显示各测点位置

op. 颅后点；o. 大孔后缘点；ba. 颅底点；sta. 口后点；au. 耳点；po. 耳门上点；zm. 颧颌点；eu. 颅侧点；zy. 颧点；ast. 星点

2. 颅底长（basis length，enba-n） 鼻根点（n）至枕骨大孔前缘点（enba）之间的距离。用弯脚规测量。

3. 颅宽（maximum cranial breadth，eu-eu） 两侧颅侧点（eu）之间的距离。用弯脚规测量。注意测量时弯脚规的主尺应与正中矢状面保持垂直。

4. 颅高（basi bregmatic heigth，ba-b） 前囟点（b）至颅底点（ba）之间的距离。用弯脚规测量。

5. 面底长（profile length，enba-pr） 枕骨大孔前缘点（enba）至上齿槽前缘点（pr）之间的直线距离。用直角规测量。

6. 上面宽（upper facial breadth，fmt-fmt） 两侧额颧颞点（fmt）之间的直线距离。用直脚规测量。

7. 面宽（颧宽）（bizygomatic breadth，zy-zy） 两侧颧点（zy）之间的直线距离。

8. 全面高（morphological facial height，n-gn） 鼻根点（n）至颏下点（gn）之间的直线距离。测量时应先用2~3mm厚的橡皮泥填入下颌关节凹内，充当下颌关节软骨盘，再使下颌骨复位成咬合关系后测量。用直脚规测量。

9. 眶间宽（interorbital breadth，mf-mf） 左右上颌额点（mf）之间的距离。用直脚规测量。

10. 眶宽（orbital breadth，d-ec） 同侧眶内缘点（d）至眶外缘点（ec）之间的直线距离。用直脚规测量。

11. 眶高（orbital height） 与眶宽相垂直的眼眶入口最大径。此径的两端应在眶缘上，不能在眶上切迹处。用直脚规测量。

12. 两眶宽（biorbital breadth，e-ec） 左右眶外缘点（ec）之间的直线距离。用直脚规测量。

13. 鼻宽（nasal breadth） 与正中矢状面相垂直的梨状孔最大宽度。用直脚规内径测臂测量。

14. 鼻高（nasal height，n-ns） 鼻根点（n）至鼻棘点（ns）之间的直线距离。用直脚规测量。

15. 腭长（palatal length，ol-sta） 口点（ol）至口后点（sta）之间的直线距离。用直脚规测量。

16. 腭宽（palatal breadth，enm-enm） 两侧上颌第2磨牙齿槽内缘中点（enm）之间的直线距离。用直脚规测量。

17. 颅周长（cranial horiwntal circumference） 通过眉间点（g）和颅后点（op）绕颅骨一周的水平长度。用软尺测量。

18. 颅横弧（cranial transverse arc） 由一侧外耳门上缘点（po）经前囟点（b）至另一侧外耳门上缘点之间的弧长。用卷尺测量。

19. 颅矢状弧（cranial sagittal arc） 鼻根点（n）至枕大孔后缘点（o）在颅盖正中矢状面上的弧长。用软尺紧贴颅壁测量。

20. 前囟角（bregmatic angle，b-g） 前囟点（b）与眉间点（g）的连线同法兰克福平面所构成的夹角。测量时将颅骨置于耳眼平面位置，用安装在直脚规上的量角器测量。

21. 总面角（total prognathism，n-pr） 鼻根点（n）与上齿槽前缘点（pr）的连线与法兰克福平面相交之角。测量时将颅骨放在耳眼平面位置，用安装在直脚规上的量角器测量。

22. 颅容量（brain capacity）

（1）直接测量法：将颅腔各孔隙堵塞，仅留枕骨大孔，然后经枕骨大孔倒入菜籽或小米，轻轻振荡使其填实至枕骨大孔外缘，再倒出填充物用量杯测其容量，即为颅骨容量。

（2）皮尔逊（Pearson）公式：男性颅容量 $= 524.6 + 0.000\,266L \times B \times H$；女性颅容量 $= 812.0 + 0.000\,156L \times B \times H$。

L为颅长（g-op），B为颅最大宽（eu-eu），H为颅高（b-ba）。

如以耳上颅高计算，则采用下列公式：

$$男性颅容量 = 359.34 + 0.000\,365L \times B \times OH$$

$$女性颅容量 = 296.40 + 0.000\,375L \times B \times OH$$

L为颅长（g-op），B为颅最大宽（eu-eu），OH为前囟点至耳门上点连线（pc-po）高。

以上各公式为间接法计算颅容量,其计算结果是近似值。

(三)下颌骨的测量

测量下颌骨要置于下颌测量的标准平面。全颅耳眼平面可作为下颌骨的标准平面。单独下颌骨可采用下颌基底平面或齿槽平面作为标准平面。基底平面系下颌体下缘平放在台面上所处的平面。齿槽平面是指下齿槽点与两侧第2、第3磨牙之间的齿槽隔最向上突出点,三者所构成的平面。

下颌骨的主要测量项目有:

1. 下颌髁间宽(bicondylar breadth,cdl-cdl)　左右下颌髁突外侧点(cdl)之间的直线距离。用直脚规测量。测量时直脚规的主尺应与下颌骨的正中矢状面相垂直。

2. 喙突间宽(koronoidbreite,cr-cr)　左右侧喙突尖点(cr)之间的直线距离,用直脚规测量。

3. 下颌角间宽(bigonial breadth,go-go)　两侧下颌角点(go)之间的直线距离,用直脚规测量。

4. 下颌联合高(height of symphysis,id-gn)　下齿槽点(id)到颏下点(gn)之间的直线距离,用直脚规测量。

5. 下颌支高(height of mandibular ramus)　下颌骨髁突最高点至下颌角点(go)之间的直线距离。用直脚规测量,测量时直脚规主尺应与下颌支后缘相平行。

6. 下颌支宽(breadtt of mandibular ramus)　下颌支的最小宽度。用直脚规测量,测量时直脚规主尺应与下颌支后缘相垂直。

7. 下颌角(mandibular angle)　下颌支后缘与下颌体下缘所构成的夹角。用测下颌骨测量器测量。

二、躯干骨测量

躯干骨的测量主要包括胸骨、锁骨和肩胛骨。

(一)胸骨的测量

1. 胸骨全长(total length of the sternum)　正中矢状面上,颈静脉切迹最下点至胸骨体下缘最低点的直线距离。用直脚规测量。

2. 胸骨柄长(length of the manubrium sterni)　正中矢状面上,颈静脉切迹最下点至胸骨柄下缘的直线距离。用直脚规测量。

3. 胸骨体长(length of the corpus sterni)　正中矢状面上,胸骨体前面上,下缘中点之间的直线距离。用直脚规测量。

4. 胸骨柄最大宽(maximum breadth of the sterni manubrium)　胸骨柄两侧缘最向外突出点之间的直线距离。测量时应与胸骨柄长径相垂直,用直脚规测量。

5. 胸骨柄最大厚(maximum thickness of the sterni manubrium)　胸骨柄的最大厚度。用直脚规测量。

6. 胸骨体最大宽(maximum breadth of the corpus sterni)　胸骨体两侧缘最向外突出点之间的直线距离。测量时应与胸骨体长径相垂直,用直脚规测量。

7. 胸骨体最大厚(maximum thickness of the corpus sterni)　胸骨体的最大厚度。用直脚规测量。

(二)锁骨的测量

1. 锁骨最大长(maximum length of the clavicle)　锁骨胸骨端至锁骨肩峰端的最大距离。用测骨盘测量。

2. 锁骨骨干曲度高(hohe der diaphysenkrummung der clavicula I)　将锁骨放在测骨盘上,锁骨胸骨端及向后突出点抵靠测骨盘的纵壁,然后用三角板测量骨干前缘最突出至测骨盘纵壁的距离。

3. 锁骨肩峰端曲度高(krummung der akromialen endes der clavicula)　锁骨的放置同锁骨骨干曲度高相同,然后用三角板测量锁骨肩峰端最向外突出点至测骨盘纵壁的距离。

4. 锁骨干弦长(lange der sehne der diaphysen krummung der clavicula)　锁骨干前弧两端的直线

距离。

5. 锁骨骨干中部高（height of the clavicle at mid-point） 锁骨干中点上下两面之间的距离。

6. 锁骨骨干中部矢状径（sagittal diameter of the clavicle at mid-point） 锁骨干中点前后两面之间的距离。

7. 锁骨骨干中部周长（circumference of the clavicle at mid-point） 锁骨干中部的周长。

（三）肩胛骨的测量方法

1. 肩胛骨总高（形态宽，morphological breadth of the scapula） 肩胛骨上角最上点至肩胛骨最下点之间的直线距离。用直脚规测量。

2. 肩胛骨形态长（morphological length of the scapula） 肩胛骨关节盂中点（A）至脊缘点（vertebrion，V）的直线距离。用弯脚规测量。

3. 肩胛冈长（length of the spina scapulae） 肩峰最向外侧突出点至脊缘点之间的直线距离。用直脚规测量。

4. 关节盂长（length of glenoid cavilas） 关节盂缘最上点到最下点的直线距离。用直脚规测量。

5. 关节盂宽（breadth of glenoid cavilas） 关节盂最大宽，测量时应与关节盂长相垂直。用直脚规测量。

三、骨盆测量

在测量骨盆之前，应先将左右髋骨和骶尾骨组合起来，用蜡片分别嵌入左右耻骨联合面之间和左右耳状面（即骶髂关节部位）之间，使之紧密地贴附在一起，各项骨盆测量均在组合好的骨盆上进行。

（一）髋骨测量

1. 测量项目

（1）耻骨长Ⅰ（pubis lengthⅠ）：髋臼中心至耻骨联合面上端的直线距离。用直脚规或弯脚规测量。

（2）耻骨长Ⅱ（pubis lengthⅡ）：髋臼窝月状面内缘的上段弧形线与前段弧形线相交之点至耻骨联合面上端的直线距离（图2-15）。用直脚规或弯脚规测量。

（3）耻骨长Ⅲ（pubis lengthⅢ）：髋臼前缘至耻骨联合面上端的最短直线距离。用直脚规或弯脚规测量。

（4）坐骨长Ⅰ（ischium lengthⅠ）：髋臼中心至坐骨结节最下点的直线距离。用直脚规或弯脚规测量。

（5）坐骨长Ⅱ（ischium lengthⅡ）：髋臼窝月状面内缘的上段弧形线与前段弧形线相交之点至坐骨结节下缘的最大直线距离（图2-15）。用直脚规或弯脚规测量。

（6）坐骨长Ⅲ（ischium lengthⅢ）：髋臼上缘至坐骨结节下缘的最大直线距离（图2-15）。用直脚规或弯脚规测量。

（7）坐耻指数（ischium-pubis index）：耻骨长/坐骨长×100。

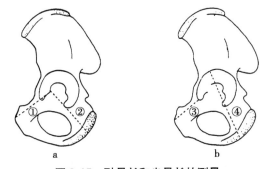

图2-15 耻骨长和坐骨长的测量
①耻骨长Ⅱ；②坐骨长Ⅱ；③耻骨长Ⅲ；④坐骨长Ⅲ

（8）髋臼最大径（maximum diameter of acetabulum）：髋臼缘间的最大径，即髋臼最内侧点和最外侧点之间的距离。用直脚规测量。

（9）坐骨大切迹宽（breadth of incisura ischiadica major）：坐骨棘尖端与髂后下棘之间的直线距离。用直脚规测量。

（10）坐骨大切迹深（deep of incisura ischiadica major）：坐骨棘尖端与髂后下棘连线上一点至坐骨

大切迹最凹点的垂直距离。用三脚平行规测量(图2-16)。

(11)耻骨下角(subpubic angle):左右耻骨下支相交之角。用量角器测量。测量时,可用两支钢针分别固定于两侧耻骨下支的前内侧缘,再用量角器测量两钢针相交之角(图2-17)。

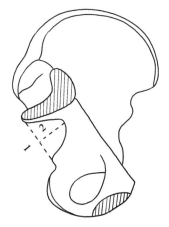

图2-16 坐骨大切迹宽及坐骨大切迹深的测量
1.坐骨大切迹宽;2.坐骨大切迹深

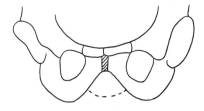

图2-17 耻骨下角的测量

2.观察指标 髋骨的形态观察包括以下六个方面。

(1)耻骨上下支移行部(联合部):①方形;②近方形;③三角形;④近三角形。

(2)耻骨下支下缘:①圆凸;②凹形;③直形。

(3)卵圆孔:①卵圆形;②近卵圆形;③三角形;④近三角形。

(4)坐骨棘:①小;②中等;③大。

(5)耳前沟:①无;②细而浅;③中等;④宽而深。

(6)坐骨大切迹:①宽而浅;②中等;③狭而深。

(二)骶骨测量

1.测量项目

(1)骶骨弓长(mid-ventrialcurved length of the sacrum):骶骨岬中点至第五骶椎下缘中点之间的弧线长度。用卷尺或坐标纸条紧贴骶骨盆面测量。

(2)骶骨最大宽(maximum breadth of the sacrum):骶骨左右耳状面向前外侧最突出点之间的距离。用直脚规测量。

(3)骶骨前弦长(mid-ventrial straight length of scrum):骶骨岬中点至第5骶椎下缘中点之间的直线距离。用直脚规测量。

2.观察指标

(1)骶骨的骶椎数目:为6个、5个或4个。

(2)尾骨的尾椎数目:为5个或4个。

(3)骶翼:①微弱:骶翼不发达,低于骶骨底上面;②中等:骶翼中等发达,与骶骨底上面平齐;③发达:骶翼发达,高于骶骨底上面。

(三)法医学意义

骨盆测量和观察主要用于性别及年龄的判断。

四、四肢长骨测量

(一)上肢长骨测量

1.肱骨测量

(1)肱骨最大长(maximum length of the humerus):肱骨头最高点至滑车最低点之间的直线距离。

用测骨盘测量。

（2）肱骨全长（total length of humerus）：肱骨头最上点至肱骨小头最下点之间的直线距离。用测骨盘测量。

（3）肱骨上端宽（breadth of the proximal epiphysis of the humerus）：肱骨头关节面最内侧点至大结节最外侧点之间的直线距离。用测骨盘测量。

（4）肱骨下端宽（breadth of the distal epiphysis of the humerus）：肱骨外上髁最向外突点至内上髁最内突点的直线距离。用测骨盘测量。

（5）肱骨干中部周长（circumference of the diaphysis of the humerus at middle）：肱骨骨干中部的周长。用卷尺测量。

（6）肱骨头周长（circumference of the head of the humerus）：肱骨头软骨缘的周长。用卷尺测量。

2. 桡骨测量

（1）桡骨最大长（maximum length of the radius）：桡骨小头最高点至茎突尖的直线距离。用测骨盘测量。

（2）桡骨生理长（功能长）（physiological length of the radius）：桡骨小头关节面最凹点至桡骨下端关节面最凹点之间的直线距离。用弯脚规测量。

（3）桡骨干最小周（least circumference of distal half of radius）：桡骨干中点下方最细处的周长。用卷尺测量。

（4）肱桡指数（radio-humeral index）：桡骨最大长 / 肱骨最大长 ×100（表 2-1）。

表 2-1　肱桡指数分级

型别	指数
短桡型	X～74.9
中桡型	75.0～78.9
长桡型	79.0～X

3. 尺骨测量

（1）尺骨最大长（maximum length of the ulna）：鹰嘴最高点至茎突最低点之间的直线距离。用测骨盘测量。

（2）尺骨生理长（physiological length of the ulna）：尺骨喙突上纵嵴最低点至尺骨下关节面最低点之间的直线距离。用弯脚规测量。

（3）尺骨干最小周（least circumference of shaft of the ulna）：尺骨干中点下方最细处的周长。用卷尺测量。

（二）下肢长骨测量

1. 股骨测量

（1）股骨最大长（maximum length of the femur）：股骨头最高点至内侧髁最低点之间的直线距离。用测骨盘测量。

（2）股骨全长（total length of femur）：即股骨生理长或股骨两髁长。股骨头最高点与内外侧髁下平面之间的直线距离。用测骨盘测量。

（3）股骨转子全长（total length of trochanter femoris）：股骨大转子最高点至内外侧髁下平面之间的直线距离。用测骨盘测量。

（4）股骨骨干长（length of the femoral shaft）：股骨大转子外下缘至下端髌面最高点之间投影在股骨干长轴上的长度。用圆杆直脚规测量。

（5）股骨干中部周（circumference of the fomoral shaft at middle）：股骨干中部周长。通常在股骨干中部最大矢状径处。用软皮尺测量。

（6）股骨颈干角（collo-diaphyseal angle of the femur）：股骨骨干长轴与股骨颈长轴相交的夹角。用附加钢丝圈的测骨盘测量。

（7）股骨髁干角（condylo-diaphyseal angle of the femur）：股骨干长轴与内外髁下端切线相交所成的角。用附加钢丝圈的测骨盘测量。

2．胫骨测量

（1）胫骨最大长（maximum length of the tibia）：胫骨髁间隆起最高点至内踝尖端最低点之间的直线距离。用测骨盘测量。

（2）胫骨生理长（physiological length of the tibia）：胫骨上关节面（通常内侧髁关节面）最深点至下关节面最深点之间的直线距离。用弯脚规测量。

（3）胫骨上端宽（proximal epiphyseal breadth of the tibia）：胫骨内外髁最向外突出点之间的直线距离。用测骨盘测量。

（4）胫骨中部最大径（maximum diameter of the tibia at middle）：胫骨干中部胫前嵴至后面的水平直线距离。用直脚规测量。

（5）胫股指数（tibio-femoral index）：胫骨生理长／股骨生理长×100（表2-2）。

表2-2　胫股指数分级

型别	指数
短胫型	X～82.9
长胫型	83.0～X

3．腓骨测量

（1）腓骨最大长（maximum length of the fibula）：腓骨小头最高点至外侧髁最低点之间的距离。用测骨盘测量。

（2）腓骨干中部周（circumference of the fibula shaft at middle）：腓骨骨干中部的周长。用卷尺测量。

（三）法医学意义

四肢长骨测量主要用于身高判定，四肢长骨观察还可用于年龄、性别的判定。

关 键 术 语

直脚规（sliding caliper）

弯脚规（spreading caliper）

眉间点（glabella）

颞点（krotaphion）

颏孔点（mentale）

颅最大长（maximum cranial length）

鼻宽（nasal breadth）

胸骨全长（total length of the sternum）

胫股指数（tibio-femoral index）

（顾姗智　赖江华）

思 考 题

1．人体骨骼测量的常用仪器有哪些？

2．颅骨的主要测量项目有哪些？如何测量？

第三章　骨骼白骨化时间的推断

学习目标

通过本章的学习,你应该能够:

掌握和熟悉:白骨化定义,白骨化规律及影响因素。

了解:白骨化时间推断的依据和方法。

尸体软组织经腐败过程逐渐软化、液化,直至完全溶解消失,毛发和指(趾)甲脱落,导致尸骨裸露的过程,称为白骨化(skeletonization of body)。尸体软组织器官的崩解主要是生物学过程,也有化学过程的氧化作用和还原作用参与。

在法医人类学检案实践中,许多情况下需要做的第一步工作是确定尸体白骨化的时间。尸体白骨化时间的推断(estimation time of skeletonization),对于确定死者大致的死亡时间、发案时间、发案环境条件等,都有十分重要的意义。尸体白骨化时间的确定,是十分复杂的问题,受到多种因素的影响。例如,尸体放置的环境情况,放在室内与室外尸体的白骨化时间不同,放在水泥地面与土地上尸体的白骨化时间也不同;尸体接触条件,如尸体有土埋或无土埋,土埋深浅;尸体有包裹或无包裹等,其白骨化过程完全不同。而且,不同季节死亡的个体及尸体上有无损伤,尸体白骨化的过程都不同。甚至,不同性别、不同年龄、不同体形的个体,死后尸体白骨化的过程也有很大差别。由于尸体白骨化的过程极为复杂,尸体白骨化时间的推断难度较大。尸体白骨化的时间推断,与案件的侦察关系密切。因此,对于尸体白骨化的研究,已引起法医人类学家的关注。

第一节　动物尸体白骨化的时间判定

在骨骼白骨化的研究方面,由于研究条件的限制,研究动物骨骼白骨化的报道较多。

一、动物尸体白骨化的一般规律

人类死亡后,在自然状态下,尸体白骨化过程的研究,由于各种条件的限制是很难进行的,用动物尸体进行白骨化时间的研究,对推断人类尸体白骨化的时间,可以得到有益的帮助。美国动物学家在这方面做了很多出色的工作。在非洲肯尼亚的安波里斯国家公园,通过对死亡动物尸体的观察,发现动物尸体在自然界腐败分解白骨化的过程,与人类尸体的自然腐败白骨化的过程相似。

在自然环境中生存的动物,即使不遭受人类的攻击,也会由于各种原因导致死亡。例如,天敌攻击、疾病、饥饿、干渴等。动物死亡后,尸体暴露于旷野,其尸体自然腐败白骨化的过程大致如下。

如果死亡动物的尸体,没有被食腐动物啃食,大约经过 14 天,皮肉完全腐烂,骨骼充分显露。在开阔的自然环境中,日温差在 20℃ 以内时,大约在 50 天以内,骨骼表面就会产生裂隙,但骨骼表面的骨皮质仍然可见。在干燥的环境中,如果死亡的动物是皮肤强韧的动物,如大象、犀牛、水牛等,其尸体的皮肉腐烂、骨骼外露、骨骼开裂的情况，会明显延迟。通常在数月之内，即使是大象、水牛等皮糙肉厚的动物，其尸体也会皮肉腐烂，骨骼外露、开裂。在自然环境中，动物死后1年内，骨架必然散开，这是由于骨骼关节处的韧带完全消失的结果。有的动物骨骼，由于自然力的作用，如风、雨等，会被掩埋起来。也有的动物骨骼会暴露在自然界中继续风化。暴露在自然界中的动物骨骼，骨密度大的部分如长骨骨干，被分解的所需的时间较长，常会遗留下来。骨密度小的骨骼，如肋骨、椎骨，长骨的骨骺等，暴露在自然界中，很快就会被分解而消失。

在比较潮湿的环境下，如林中湿地、沼泽地等，在无脊椎动物和细菌参与下，动物尸体腐败分解的过程会加速。动物尸体，最快在20天左右，就会出现皮肉腐烂，骨骼外露。动物尸体的软组织最快会以每天平均8kg的速度消失。这个速度，比在旷野中动物尸体腐败的过程快一倍。

在丛林环境中，动物尸体的腐败分解过程缓慢得多。在茂密的草丛中，动物尸体的腐败分解过程也会减慢。上述环境中动物的尸骨暴露后，其骨骼的风化过程也较缓慢。如果动物在夏季死亡，地表水的作用力增强，尸体的皮肉腐烂过程会加快，但骨骼的风化过程减慢，动物骨骼常常会存留下来。

动物死后，尸体被食肉或食腐动物咬食后，尸体的腐败过程会加速。而且，咬食也会使动物的尸骨表面受到不同程度的破坏。因此，动物骨骼的侵蚀、风化速度也会加快，存留下来的动物骨骼常常是残片，或者很快就消失了。

从动物学家在肯尼亚安波里斯国家公园在地表对动物死亡尸体的调查情况得知，动物死亡后，由于骨骼的骨密质情况不同及动物死亡时尸体所处的环境不同，骨骼遗存的情况也不同。一般来说，动物尸体暴露于地表遭到风化时，股骨、肱骨、桡骨、尺骨保存下来的机会较多，下颌骨及牙齿保存下来的机会也相对较多，而肋骨、肩胛骨保存下来的机会则较低。动物死亡后，大型动物的骨骼保存下来的机会较多，而且相对完整。如果死亡的是小型动物，遗留下的骨骼较少，而且不完整。如果动物死亡后，保存下来的骨骼数量较多，则说明当地捕食动物，即攻击性的食肉动物较多，食腐动物较少。

二、动物尸体白骨化过程的分级

对动物白骨化时间的研究，最初是由人类学家、考古学家及动物学家联合进行的。人类学家对考古遗址的碎骨进行研究，提出了遗骨暴露时间的概念。骨骼暴露时间的推断对判定骨骼白骨化的时间有着重要的参考作用。人类学家将动物从生物死亡到被沉积物掩埋，这一段时间称为暴露时间。不同地点发现的骨骼化石以及同一地点发现的不同动物的骨骼化石，其暴露时间是不同的。动物骨骼化石表面特征保存情况的好坏，就是动物尸骨暴露时，遭受自然力作用，腐蚀、风化的结果。动物学家、人类学家对动物尸体白骨化过程的研究，以及外界因素对骨骼作用结果的研究，对法医人类学家进行人体白骨化状况的研究及对人类尸体白骨化时间的推断是有帮助的。考古学家对动物骨骼破损类型的研究，对法医人类学家分析人类骨骼所遗留痕迹的性质，是人为因素造成的还是自然因素造成的，有很好的参考作用，可以帮助警方人员确定案件的性质，即是否是谋杀，或者是意外。对警方来说，白骨化时间的估计对破案帮助最大，对排查犯罪嫌疑人最有意义。

人类学家通常根据动物遗骨表面特征损坏的程度，将动物骨骼的暴露时间分为三级：

轻度：动物骨骼表面骨质完好，或基本完好。骨骼表面仍富有光泽感。这种状态的动物骨骼的暴露时间，一般不会超过1年。非常完好地保存了表面骨质的动物骨骼，其暴露时间往往不会超过半年。

中度：动物骨骼表面骨质有破损，骨骼表面缺乏光泽感。这样的动物骨骼表现，其暴露时间应在1年以上，两年以内。

重度：动物骨骼的表面骨质已完全消失。而且，在动物骨骼表面出现凹凸不平，变粗糙。有些动物骨骼可以在骨表面看到腐蚀现象。这样的动物骨骼其暴露时间往往在两年以上。

上述动物骨骼表面特征的变化都是自然因素作用的结果，如前所述的风吹、雨淋、日晒，昼夜温差等，这些是判断动物骨骼暴露时间的依据。自然力对动物骨骼的作用，除上述肉眼可见的骨骼表面的损伤特征外，在显微镜下也会看到一些特征性的改变。开始有风蚀的骨骼，在显微镜下，端面上表现为凸凹不平的溶蚀坑并有细菌腐蚀生长的现象。如果是由于自然力作用而发生移位的动物骨骼，在显微镜下，骨骼的碎裂端可见到磨擦痕，或骨骼的断端的边缘被磨圆，这些特征在考古学上称之为冲磨。在考古遗址中，常常会发现人工砸击的动物骨骼碎片。远古人类砸击动物骨骼有两个目的。其一为取食动物长骨中的骨髓，这种行为至今在一些以狩猎为生的部落中，猎人对猎获的动物仍要砸开长骨取食骨髓。其二是用砸开的骨骼做骨骼饰品，或制作某些工具。这些有人工作用痕迹的骨骼，其骨骼破裂的方式与自然力作用是完全不同的。人工砸击动物骨骼所形成的碎骨，其断裂方式多是骨干横断，裂口方向与骨纤维走行的方向是垂直的。骨断端平整，在断端可见多种方向走行的骨裂。这种骨裂与骨骼在自然力环境下，风吹、雨淋、日晒所致的骨裂完全不同，与动物咬啮形成的骨骼破损也完全不同。骨骼的破损情况对推断骨骼的暴露时间也有一定的参考价值。

第二节　人类尸体白骨化的时间判定

人类尸骨白骨化的时间判定是人类学领域中的难点问题。在实际工作中，对骨骼表面特征的观察，要注意排除人为因素的影响，例如骨骼是否被煮过，是否经过酸碱液体处理等。人为因素会严重影响尸骨白骨化的时间判定结果。即使骨骼的表面特征没有看到人为作用的因素，进行尸骨白骨化的时间推断，也要对案情进行综合分析，慎重下结论。

一、人类尸体白骨化时间判定的野外实验研究

动物尸骨白骨化的情况，动物学家及人类学家做了很多艰苦、细致的研究工作。但动物尸体白骨的情况与人类有没有差别，动物尸体研究中得到的结论能否用于人类，尚没有系统的研究报道。国外学者用猪来模拟尸体白骨化的过程。他们处死一头成年猪和一只猪仔，给两个猪的尸体都穿上衣服，然后将猪的尸体放在自然环境中，观察其白骨化过程。该项研究与在肯尼亚安波里斯国家公园对动物死亡尸体白骨化的调查情况相比，在动物尸体上增加了衣物，在某种程度上尸体腐败的过程与人类接近。尽管该试验在尸体白骨化的过程方面，得出了一些有意义的结论，但从猪身上得出的结论能不能用到人类的身上，有待于做进一步的研究。为了弄清人类尸体白骨化过程，美国的人类学家做了杰出的实验研究。

1980年，美国东田纳西州大学人类学研究所，支持了一个重大的研究课题。研究题目是三个种族成年男女尸体自然腐败过程的实验研究。课题的具体实施由美国田纳西大学学生工作部组织工作人员完成。研究人员对很多地区进行了考察，在田纳西州选择了一片与社会隔离的隐蔽地区，作为本项目研究的试验基地。在试验基地中，有包括森林、草地等多种类型的生态环境。研究人员在试验基地中，共观察了150具人类尸体的自然腐败过程。

实验过程极为复杂。在实验设计中，尽可能考虑人类死亡后，尸体可能出现的各种情况，以及环境因素对尸体腐败过程影响的情况。实验过程中，参加人员根据实验条件进行了持续多年的详细记录。最后，课题的参研人员写出了详细的研究报道。这一研究成果，在多个领域中，引起了广泛的关注。因为尸体的自然腐败现象，是一个极为复杂的过程，环境中有众多的因素会影响这一过程。同时，尸体腐败过程又是一个非常常见的尸体现象，很多专业人员对此现象并不陌生，每个人对此问题的认知程度也有所不同。理解整个课题的研究过程，整理出来，对全面理解人体的自然腐败过程是十分有益的。人体的自然腐败过程研究的具体实验过程如下。

向社会征集实验对象。作为实验对象的150具尸体中，有谋杀案的受害者，有自愿为科学实验捐赠尸体的自愿者，以及在社会上发现的无名尸。实验的总体程序设计是统一进行的。按照实验的统一设计和安排，征集到的每一具尸体的具体安放位置，都要根据实验条件统一布置进行。然后，再对

尸体的自然腐败过程进行详细的观察记录。当被观察的每一具尸体都按实验设计的要求，得到了观察记录的结果后，再将尸体进行安葬。实验过程中对尸体的使用，全部按法律的程序进行。

实验研究者，根据自己的实验观察体会及在法庭科学领域多年的工作经验，将尸体安放在不同的自然环境条件下，对人类尸体的自然腐败过程及其影响因素进行评估。通过人类学家的研究发现，影响人类尸体腐败过程的因素主要有两大方面：即尸体本身的状况以及尸体所处的外界环境条件，但主要的因素还是尸体所处的外界环境条件。美国学者将影响尸体自然腐败过程的因素分为五级，并用五分制法进行评价。

根据对实验尸体的观察，实验者将影响尸体自然腐败作用最强烈的因素定为5级，较强烈的因素定为4级，中等强烈的因素定为3级，作用较弱的因素定为2级，最弱的因素定为1级。影响尸体自然腐败过程的外界因素的具体作用方式及尸体腐败现象如下。

影响尸体自然腐败过程最强烈的因素有：环境温度、昆虫对尸体的作用、尸体的埋葬条件及深度。影响尸体自然腐败过程较强烈的因素有：食肉类及啮齿类动物对尸体的作用，尸体的损伤情况，例如尸体上是否有贯通伤及碾压伤，以及尸体所处环境的干湿度。影响尸体自然腐败过程中等强烈的因素有：尸体所处的环境是否有降雨，尸体本身的体质状况，即死者的年龄、性别、身高、体重以及尸体是否作了防腐处理等。影响尸体自然腐败过程较弱的因素是尸体的衣着情况。影响尸体自然腐败过程最弱的因素是尸体放置的客体的表面情况。土壤的pH，对尸体腐败过程是否有影响，到目前为止尚不清楚。以上诸因素是如何作用于尸体，导致尸体腐败具体过程如何？参加课题研究的工作人员对上述诸因素对尸体的作用，进行了详细的考察。

温度：尸体放置的周围环境，对尸体腐败过程影响最大。天气较冷时，或在结冰的冬季，尸体腐败的过程非常缓慢，甚至完全停止。如果在冬天，室内温度在5～13℃之间，苍蝇还会飞向动物的尸体，并在其上产卵。当温度下降到0℃时，苍蝇的卵会被冻死。在尸体表面的蝇蛆（幼虫）也会被冻死。然而，昆虫的幼虫在尸体体腔内的发育情况则完全不同。例如，在颅腔、胸腔、腹腔及阴道内蛆虫，即使在寒冷的冬季，由于聚集在一起活动而产生热量，它们不仅能够生存，而且还能正常地生长发育。在冬天，尸体的体内如果有蛆虫活动，在尸体表面的开口处，可见到有蒸汽冒出。蛆虫的进一步发育是成虫蝇的变体，它们从尸体内，迁栖到土壤中或尸体下化为蛹，把自己保护起来，一直等到冬去春来。来年，当天气转暖的时候，它们破蛹而出，开始新的繁殖周期。它们破蛹而出化为蝇，飞到尸体上，产卵。蝇卵变成幼虫。幼虫化为蛹。成虫在蛹内孵化，破蛹成蝇。在温暖的季节，蝇12个星期为一代。在这种温暖气候的理想状态下，通常经过2～4个星期，尸体就能完全白骨化。然而，在寒冷的冬季，尸体腐败的过程会减慢。这时，在尸体上会出现各种各样的真菌。最难估计尸体自然腐败过程时间的，是死于冷暖交替季节的尸体，即秋冬季节交替或冬春季节交替时间段死亡的尸体。

干湿度：湿度的增加，可以增加蝇及蛆虫的活动，而加速尸体自然腐败的过程。在干燥的地区，如沙漠地带，尸体可能成为干尸，而看不到昆虫的活动迹象。在自然状态下，很多情况都会导致干尸的形成。尤其是在冬季死亡的尸体，死后2～6年，尸体的皮肤仍然完整。例如，在本实验研究中的标本A的情况就是这样。死者是一名中年男子，死亡的时间是在冬季，尸体被放置在雪地上。当天气转暖时，冬春季节，气候条件波动较大，尸体成为干尸。经过了6年的时间，该尸体的情况仍无多大的变化。

降雨：降雨，甚至是降大暴雨，对尸体中蛆虫的活动都不会产生任何影响。蛆虫会在尸体的体腔内继续生长发育。然而，降雨对蝇的活动会有很大的影响，主要是使蝇的活动减少，甚至停止。但降雨对尸体的自然腐败过程几乎没有任何影响。

身体损伤：有损伤的尸体与无损伤的尸体相比，尸体的自然腐败过程要快得多。蝇类会很快地在尸体的伤口处产卵。这可能是有损伤的尸体腐败过程加快的一种解释。在实验研究中，对有损伤与无损伤的尸体的自然腐败过程作了比对研究。实验对象是两具男性尸体。一位死者被手枪击中，胸部有一处贯通伤。另一位死者则尸体完整。观察中发现，胸部有贯通伤的尸体比完整的尸体自然腐败过程要快得多。有损伤的尸体自然腐败过程加快，除了蝇类与较完整尸体接触时间短之外，躯体的组织损伤使身体中大量组织细胞被破坏，在细胞内溶酶体的作用下，组织自溶加速，也是加速尸体腐败的重要原因。

昆虫攻击：将尸体放在昆虫接触不到的地方，如将尸体放置在冰柜中或塑料袋中，尸体的自然腐败过程减弱。由此可见，使尸体软组织降解加速的主要因素是昆虫幼虫的作用。但放置在塑料袋中的尸体，在室温下，即使没有蝇类幼虫的作用，在腐败细菌的作用下，尸体的自然腐败过程也要比没有塑料袋包裹的尸体腐败快。

埋葬深度：放置在地表的尸体，比埋葬在地下的尸体腐败得快。尸体埋葬的深度对尸体腐败的影响也很大，埋葬深度不同，尸体的自然腐败过程也不同。尸体埋葬深度在 0.3～0.6m，尸体的白骨化需要几个月到 1 年，甚至会更晚一些。尸体埋葬深度在 0.9～1.2m，与埋葬较浅的尸体相比，尸体腐败到白骨化的程度，则需要更长的时间，有的要比埋葬浅的尸体晚上很多年。如果埋葬时，尸体装在塑料袋里，或用塑料包裹，则尸体腐败的过程更慢。例如，美国学者在研究中，把一位死于颅脑损伤的男性尸体，在医院的护士间里用塑料布将尸体包裹，然后埋葬在 0.6m 深的土下。1 年半以后，尸体被挖出，发现尸体有 1/3 白骨化了。尽管尸体不同部位腐败的程度不同，而且有大量的真菌生长，但颅骨完全白骨化了。尸体被挖出后，还可以见到少量蛆虫活动。上述情况观察完毕后，尸体又被重新埋葬，准备 4 年以后再将尸体挖出观察。

食肉类、啮齿类动物的作用：动物无论是对新鲜尸体还是腐败尸体，都有浓厚的兴趣，它们对类似的大餐从不挑食。食肉动物主要是啃食尸体的头部，以及手和足的软组织，啃食的骨骼主要是髋骨的髂翼、长骨的骺端及脊椎。这一习惯与他们的祖先相同，是从史前动物那里获得的行为遗传。犬类有叼食骨骼的习惯，它们叼走骨骼的活动半径大约 1/2 千米左右。家犬也有这一习性，有时它们会将人的头骨或其他骨头叼回家，这使他们的主人十分头痛。啮齿类，最常见的是鼠类，也会啃食尸体。他们主要在尸体的头面部、手、足和腹部饱餐一顿。食肉类、啮齿类动物对尸体的啃食，可以加速尸体自然腐败的过程。

尸体的身高、体重：肥胖的尸体比较瘦的尸体，腐败过程要快。对于肥胖的尸体，死后脂肪快速液化，体重迅速减轻，尸体自然腐败的过程加速。在田纳西州的实验中，设计了一组观察对象，来研究这一问题。实验对象为一男一女。女性尸体偏胖，尸体重量为 110kg，男性尸体偏瘦，尸体重量 65kg。两具尸体均置于完全相同的自然条件下。在夏季，实验中的女性尸体经过了 2 周时间，尸体完全白骨化，而男性尸体则用上了比女性尸体多两倍的时间才完全白骨化。

尸体放置的环境：放在混凝土地面上的尸体，比放在土地上的尸体，自然腐败的过程要慢得多。而且，放在混凝土地面上的尸体容易形成干尸。在整个实验过程中，所有的放在混凝土地面上的尸体都是这样，没有发现例外。为什么会发生这种情况，具体的原因尚不清楚。

衣物：有衣着的尸体与没有衣着的尸体相比，尸体的自然腐败过程要快。因为衣着可以保护昆虫的幼虫，使它们的活动加强，从而加速了尸体腐败的过程。

尸体防腐：经过防腐处理的尸体，其自然腐败的过程明显地减缓。而且，经过防腐处理的尸体，其自然腐败的过程与没有经过防腐处理的尸体也完全不同。没有经过防腐处理的尸体，其自然腐败过程，由头面部开始，而经过防腐处理的尸体其腐败过程是从臀部和大腿根部，防腐液易于流出的部位开始。

总之，不同的尸体，在各种不同环境中，尸体的自然腐败过程都不同。尸体的自然腐败过程是一个十分复杂的过程。上面所描述的只是一些影响尸体自然腐败过程的主要因素。就尸体自然腐败过程而言，还有很多问题需要探讨。例如，黑人的皮肤腐败后，其状况与白人完全相同。女性尸体腐败时，乳房先变扁平，而男性尸体腐败初期，胸部则无任何变化。年轻的白人女性的尸体，其自然腐败过程最快，是什么原因，目前尚不清楚。在水中的尸体，其自然腐败过程最为典型。水中尸体自然腐败过程的表现为，腹部膨隆，皮肤褪色，脱发，蛆虫繁殖，软组织脱落，最后白骨化。夏天，如果将尸体停放在树林中，几秒钟后，蝇类便开始在尸体上产卵，尸体的自然腐败过程会很快。而且在夏季，尸体上的头发，几天便会脱落成一团。然而在冬天，尸体的头发和阴毛会一直存留在皮肤上。在这次田纳西大学做的实验中，有一具白人女性尸体，放置在 4℃ 的环境中，4 个月以后，头发和阴毛仍然完好地存在于皮肤上，需要用力才能拔下。防腐尸体自然腐败过程减缓，是由于防腐剂使昆虫的活动作用降低所引起的。在这次实验中，设计了一个简单的方案，就很能说明问题。研究人员在一具尸体旁边放了一罐甲醛溶液，尸体上便没有任何蛆虫活动，直到尸体完全白骨化为止。

田纳西州大学的人类学家及科研人员，耗时数年，完成了影响人类尸体自然腐败过程主要因素的有关实验研究的主要工作，取得了重要的研究成果。但在尸体自然腐败过程中，仍有很多问题没有搞清楚。

二、人类尸体白骨化的时间判定的文献研究

人类尸体白骨化时间判定的文献研究，需要有详细的有关尸体白骨化方面案件的确切资料。在美国的亚利桑那大学、亚利桑那博物馆有一个专门进行人体个体识别的实验室。这个实验室多年来一直为该州的帕玛（Pima）法院进行有关法医人类学方面案件的检验鉴定工作。亚利桑那州南部，是沙漠地带，气候干燥。在沙漠干燥地带条件下，人类尸体的自然腐败过程如何？在茫茫沙漠中，选择实验用尸体，去观察不同时间、不同尸体条件的自然腐败过程是非常困难的。在帕玛法院审理完成案件的卷宗档案，有很多白骨化的案件，均有案件侦破过程的详细记录。因此，亚利桑那大学的人类学家，选择了文献研究的方法，探讨在亚利桑那州南部那种大沙漠干燥环境中，尸体自然腐败白骨化的过程。

在帕玛法院 20 世纪 80 年代至 20 世纪末的 20 年来，审理的有关人类个体识别的案件的卷宗中，根据案件记录的内容，筛选出 470 例可供进行腐败尸体及尸体白骨化过程详细研究的尸体（骨）检验的档案及警方的调查记录。

在筛选出的 470 例案件的卷宗档案资料中，有 180 例案件有死者生前及死后的详细资料，其中包括发现尸体的日期，发现尸体的地点，尸体解剖检验的报道及案件审理结案的报道。从 1981 年开始，亚利桑那大学的法庭科学部，开始在承办案件的档案资料中，附上有关案件的彩色照片。从 1981 年开始，亚利桑那大学，亚利桑那博物馆的个体识别实验室承办的尸骨鉴定案件，均附有有关尸骨检验的照片及幻灯片。死者的个体识别的身源认定，是依据多方面的资料综合完成的，其内容包括：有关证件、衣物、饰品以及人体、人骨上存在的可供个体识别的其他特征，如文身、骨折修复的瘢痕等。

根据仔细研读筛选出的 470 例卷宗材料记录的内容，亚利桑那大学、亚利桑那博物馆的法医人类学家，将案件中记录的尸体状况分为五种类型：新鲜尸体、早期腐败尸体、晚期腐败尸体、白骨化尸骨及白骨风化尸骨。法医人类学鉴定报道的内容包括：性别、年龄、种族、身高以及体重。尸体所处状况分为两种：尸体存在衣着和尸体不存在衣着。案件鉴定所附的照片，除尸体、衣物情况外，还包括有蛆虫活动情况的照片。

筛选出的 470 例案件卷宗，其中的 180 例有详细、完整案件资料。在此类卷宗中，从尸检照片可见所选出案件中，有 24% 的尸体状况是新鲜的，共 44 例；有 29% 的尸体状况是处在早期腐败阶段的，共有 52 例；有 16% 的尸体状况是处在尸体白骨化阶段的，共有 29 例；有 6% 的尸骨是处在白骨风化腐蚀阶段的，共有 11 例。

筛选出的 470 例案件卷宗所记录的尸体遗骸所处的环境差别较大。尸体遗骸处在建筑物附近的案件有 58 例，尸体遗骸处在水中的案件有 7 例，尸体被埋在土中的有 21 例。尸体直接暴露在空气中的案件有 96 例。还有 21 例尸体遗骸是处在一些较为特殊的环境下，如灌木丛中、不毛之地、荒漠裸岩下等。处在阴暗特殊环境中的尸体，其状况与处在其他环境中的尸骸的情况相同。

将各案件的情况详细进行分类，找出各尸体所处的环境条件，尸体状况及死亡的时间等，将所有

的资料进行分析汇总。最后，总结出尸体五种状况与时间的大致关系。在亚利桑那干燥荒漠的环境情况下，尸体的五种表现类型与死亡时间的关系大致如下。

新鲜尸体：新鲜尸体是指那些没有发现尸绿及蛆虫活动的尸体。一般来说，这类尸体的死亡时间均在 7 天之内。死亡时间超过 7 天，尸体又比较新鲜的情况，从卷宗的记录可知，死者的死亡都是发生在气温较低的月份，即深秋至初春 11 月～3 月这一段时间。尸体仅出现尸斑，没有蛆虫活动的尸体，也归入到新鲜尸体这一类。凡是在尸体解剖间进行尸体解剖的案件，死者有半数以上是在死亡的当天，或死亡后 24 小时内进行尸体解剖的。一般来说，在死后第 2 天解剖的尸体，全部都会出现尸斑。死后第 2 天解剖的尸体，在自然环境暴露放置，尽管在死者的口、鼻、眼、耳及外阴部，可以发现昆虫的卵，但这时尸体上仍然没有蛆虫的活动。

早期腐败尸体：早期腐败的尸体，主要以尸体皮肤特征的改变为标志，即尸体出现尸斑，肢端的指、趾出现干燥，皮革样改变，出现腐败静脉网和尸绿。出现这些尸体现象，最早的案例在死者死后的当天即可以出现，晚一些的在死后第 5 天可以出现。蛆虫活动倾向于在早期尸体腐败现象已经表现出来的尸体上出现。在早期尸体腐败现象出现第 2 天的尸体上，蛆虫的活动更加显著。然而，必须强调的是，有早期腐败现象的尸体只有 63% 出现蛆虫的活动。有的早期腐败尸体，蛆虫活动出现较晚。这一现象与季节有关。如果死者的死亡发生在晚秋或是冬季，出现蛆虫活动的现象就会延迟。尸体腹部膨隆，在死后的第 2 天可以出现，同时尸体上会伴随有中等程度的蛆虫活动。这时尸体会发出刺鼻的臭味。尸体的腹部膨隆，可以在第 3 天至第 13 天消失。

早期腐败尸体的最后阶段是尸体的腹部颜色变暗，或腹腔内气体破出。这种尸体状态最早在死后第 3 天即可以出现，但最常见的是在死后第 8 天时出现。个别案例可以在死后两个月才出现。但死后一个月以后出现上述情况的案例都是十分罕见的。如果死后尸体被扔在水中或被埋在土中，上述情况的出现会明显地延迟。

晚期腐败的尸体：晚期腐败的尸体以尸体软组织塌陷，蛆虫活动激烈，并伴随尸体的腐败液体流出体外，尸体的喉室及腹腔出现蛆虫活动为代表。尸体的这些表现，通常出现在死者死亡后的第 4 天到第 10 天。但如果尸体所处在环境温度较低，晚期尸体腐败现象的出现会延迟。在绝大多数案件中，这样的尸体都会伴有脱水引起的尸体表皮的皮革样化改变，尸体的表皮会变硬。尽管尸体脱水，皮肤变硬，但尸体的皮肤下仍然湿润，而且尸体的臭味增大。尸体的软组织结构仍然保留，表现为颜色变暗、柔韧、黏湿、胶黏。如果尸体的水分进一步丧失，皮肤附着在尸体的骨骼上，形成木乃伊壳。

在尸体的木乃伊壳下，昆虫及蛆虫的活动并不减少。这种尸体现象最早死后 3 天即可以出现，但出现最常见的时间是死后第 10 天至 1 个月。尸体晚期腐败的后期，在尸体骨骼上形成的木乃伊壳开始部分缺失。蛆虫的活动明显减少。尸体皮肤缺失的最常见部位是体腔部位及衣物周围的皮肤。这一阶段在尸体上可以出现真菌，菌落常见于尸身的边缘部位即尸体衣着的边缘部。在这一阶段，由于尸体皮肤的缺失，尸体上的骨骼开始外露。如果以尸体上骨骼外露 1/2 为一特征，那么死者死后最早达到这一阶段的时间是在死后 2 个月，较晚的可在死后 6～9 个月出现。

在尸体晚期腐败阶段，如果尸体不形成木乃伊，那么绝大多数的尸体都是被埋葬在土壤中的。在湿度较大的环境中，尸体晚期腐败的特征发生得更快，蛆虫的活动也更加剧烈，尸体自溶也会加速。在这种情况下，很快就会导致尸体的白骨化和尸蜡的形成。

尸体白骨化：白骨化的尸体是指尸体的白骨外露达 1/2 以上，外露出的骨骼没有发生风化腐蚀的尸体。在所有的列入研究范围的卷宗案例，只有一例死者是在死后七天，尸体形成了白骨化。死者死亡的季节是夏末，而且死者的骨骼遗骸完全被蛹壳埋没。在正常情况下，在沙漠干燥的环境中，尸体白骨化形成的过程是，尸体脱水皮肤发生皮革样化，先形成木乃伊外壳，然后木乃伊的外壳减少，最后木乃伊外壳全部失去露出白骨。在白骨化的尸骸上还会残留一些干燥的软组织。这些软组织主要出现在长骨的肌肉附着点，沿脊柱两侧分布的韧带，以及各种骨骼的近关节盂处的结缔组织。在尸体白骨化的状态下，食尸动物尤其是犬类，在尸骨上留下的啃咬痕迹明显增多。死者死亡后，尸体暴露于开放的环境中，死后 2 个月就可以形成尸体的白骨化。尸体的白骨化时间，在亚利桑那地区，最迟没有超过 1 年的。一般来说，都是在死后的 2～9 个月形成尸体的白骨化。

骨骼的风化腐蚀：尸体自然腐败的最后阶段是尸骨的风化腐蚀。尸体完全白骨化后，白骨暴露于自然环境中。这时的白骨可以分为含有脂肪和不含有脂肪的两种情况。骨骼的风化腐蚀，最早出现的案例，是在死者死后的三个星期。但绝大多数情况下，尸体出现白骨腐蚀，都是在死后的 6 个月以上。如果死后尸体的保藏情况较好时，例如死后尸体被放入棺木中，或一直处在干冷的条件下，则尸体出现白骨化的腐蚀要很多年以后才可能出现。

如果尸体是处在野外的自然条件下，自然腐败形成尸体的白骨化，出现骨骼腐蚀，其自然变化过程与肯尼亚安波里斯国家公园中的动物死亡尸体没什么区别。在亚利桑那观察到白骨腐蚀过程中，暴露的骨骼首先开始变白，然后是骨皮质脱落，再后是长骨的骺端缺失，以及脊柱椎骨椎体的网状骨质暴露，最后是骨骼体积的缩小，变成骨骼残片。骨骼变白，最早可以在死后的两个月出现，一般都是在死后的 6 个月以上出现。由于骨骼遗骸可能会被移动或者有的骨骼根本就没有被发现。所以，死后最晚出现白骨腐蚀的时间无法考据。在研究选择的卷宗资料中，出现白骨腐蚀的最晚时间是在死者死后的两年半，骨皮质的脱落的最早出现时间是在死后的 4 个月。但这样的表现，最为常见的情况是在死者死亡后 1 年到 1 年半这一时间段发生。长骨骺端缺失的情况，在卷宗材料中仅记录有一例，是在死者死后 5 年半发生的。

亚利桑那大学的人类学专家认为，在尸体腐败的初期，昆虫产卵，蛆虫活动是加速尸体腐败的主要因素。食肉、食腐动物对尸体的侵袭可以加速尸体腐败的过程。死亡的季节不同，尸体的周边环境温度、湿度不同，尸体腐败的速度也不同。另外，尸体所处的海拔高度及干燥环境，对尸体的腐败过程及表现形式也都有影响。

尸体白骨化的时间的推断，是法医人类学工作的重要内容。美国学者在这方面做了大量研究工作，也得到了一些非常有价值的结论。这些结论对法医人类学办案中，解决所涉及白骨化时间鉴定问题，肯定是有帮助的。但仅靠上述研究仍然不能满足实际办案需要。在一些实际案件中，现场发现及提取的骨骼常常是不完整的，甚至是尸骨残片，这样的案件使用美国学者现有的研究结果进行白骨化时间鉴定，就缺乏鉴定条件。而且美国学者现有的研究结果主要是描述性的，定量的观察指标很少，由此推断的白骨化时间也是一个大概的估计数值。在确定尸体白骨化时间方面，需要进一步深入研究，使白骨化时间推断更为准确。

三、人类尸体白骨化时间判定的实验室研究

（一）扫描电镜对骨骼遗物进行年代测定

美国的法医人类学家 Knight 先生，用已知年代的人类骨骼作为研究样本，测量骨骼中氮及氨基酸的含量，推断骨骼入土的时间。他的研究得出的结论，与传统的观念完全不同。以往认为对推断骨骼入土时间十分有意义的骨骼氮及氨基酸含量的测定，在骨骼遗物的断代方面没有意义。

1987 年，Knight 先生和他的同事，开始尝试用扫描电镜对骨骼遗物进行年代测定。他们选择了已知确切年代的人类骨骼残片进行研究。所用的骨骼标本有：青铜时代人骨标本（公元前 3000 年）、1840 年、1920 年、1943 年以及 1973 年的人类骨骼标本。将人类骨骼标本用金属包埋，在 JEOL 120C，电压 100kV 的条件下，观察不同年代人类骨骼的表面特征，并检测不同年代的人类骨骼表面的矿物成分的构成，试图找到骨骼年代测定的新方法。尽管他们做了大量的工作，但结果却很令人失望。他们最后得出结论，用扫描电镜观察骨骼表面特征，以及测定骨骼表面的无机物构成，对骨骼遗物的年代判定毫无意义。

（二）骨骼的死亡时间推断的生物学方法

1984 年，Castellana 等人，对人类骨骼年代判定的方法进行了详细的研究，并提出了死者骨骼的死亡时间推断的生物学方法。他们选用的标本也是已知确切死亡时间的人类骨骼标本。他们将所用

的实验材料共分为九组。

第一组，在尸体解剖室提取的新鲜的人体骨骼标本，死亡年代为零。

第二组，把第一组提取的标本中的一部分骨片取出，放置半年以后，再进行研究。

第三组，把第一组提取的标本中的2块骨骼碎片取出，放置到1年以后，再进行研究。

第四组，把第一组提取的标本中的2块骨骼碎片取出，放置到2年以后，再进行研究。

第五组，墓葬骨骼。从入土10年的棺木中，取出5根人类长骨进行研究。

第六组，墓葬骨骼。从入土15年的棺木中，取出5根人类长骨进行研究。

第七组，墓葬骨骼。从入土18年的棺木中，取出5块人类的不规则骨进行研究。不规则骨是指下颌骨、肩胛骨等。

第八组，墓葬骨骼。从入土20年的棺木中，取出5块人类头盖骨进行研究。

第九组，墓葬骨骼。从入土50年的棺木中，取出6根人类长骨进行研究。

在研究中，他们将以上9组标本中全部提取的人类骨骼，再分成两大部分，用不同方法进行年代测定的研究。

第一部分，将提取的人类骨骼标本进行无机化处理，用 Fiske Sonbarow 方法测定骨骼中的钾含量（K，mg/100mg）。然后，再用原子吸收技术，测量骨骼中锌（Zn，%）、铁（Fe，%）以及镁（Mg，mg/100mg）的含量。

将提取的第二部分人类骨骼标本，主要进行骨骼的有机成分含量的测定。测量时将第二部分标本，再分成两份。

第一份骨骼标本用于萃取类酯。粉碎骨骼标本，置萃取液中浸泡，除掉骨残渣后，测定三酰甘油、胆固醇和自由脂肪酸的含量。

第二份骨骼标本，用胰岛素处理48小时后，提取并测量蛋白质的含量。使用多元回归技术，对骨骼标本测量得到的各组数据进行统计分析，将其中与骨骼死后时间关系不大的变量剔除。最后，建立利用人类骨骼推断死后时间的回归方程。

他们研究发现，骨骼中的无机成分，即各种金属离子，对推断骨骼入土年代的意义不大。骨骼中的有机成分，如总蛋白量、三酰甘油及胆固醇的含量，对推断骨骼的死亡年代意义较大。最后，他们建立了用生物化学方法推断骨骼入土时间的回归方程，方程如下。

方程1：$Y = 40.0014 - 7.4275X_1$

方程2：$Y = 45.5970 - 10.8096X_1 + 0.4104X_2$

方程3：$Y = 52.2032 - 7.8213X_1 + 0.6355X_2 + 3.4930X_3$

式中，$Y =$年代（年），$X_1 =$总蛋白量（μg/g 骨重），$X_2 =$三酰甘油（μg/g 骨重），$X_3 =$胆固醇（μg/g 骨重）。方程1的标准误为8.42年，方程2的标准误为7.09年，方程3的标准误为6.47年。

他们认为，测量骨骼中的有机质含量的概率峰值，是测量骨骼入土年限的相对可靠的指标。而且，在有机质含量的指标中，以总蛋白及三酰甘油的含量推断骨骼的入土时间最有应用价值。

用总蛋白含量及三酰甘油含量，推断骨骼入土时间的方程为：

$$Y = 36.0678 - 56.9910 \log X_1 + 4.6048 \log X_2$$

式中，$Y =$年代（年），$X_1 =$总蛋白量（μg/g 骨重），$X_2 =$三酰甘油（μg/g 骨重）。方程的标准误为3.34年。如果能把白骨化的骨骼死亡时间，准确到±3.34年，应该说是很准确的结果了。

（三）推断骨骼的死后年限的紫外荧光相对密度测量

1991年，日本学者 Yoshino 对如何推断骨骼入土时间，也作了详细的实验室研究。日本学者研究所用的人类骨骼标本的时间跨度为15年。所用的标本，均是在尸体解剖室提取的人类上肢肱骨颈部位，共有51份骨骼标本。日本学者将提取的51份骨骼标本分为三大部分，其中33份标本置于暴露的空气当中，14份标本埋入土壤中，其余4份标本置于大海中。放置于空气中的骨骼标本的实验时间，年代跨度最大为15年，但多数研究标本是死后1～6年的。放置在土壤中的骨骼标本的实验时间,年代跨度为1~10年。研究使用的标本数,基本是按死亡后的年代分布进行研究的。放置在大海中的4份标本,有3份是死后4年进行研究的,有1份为死后5年进行研究的。上述所有标本在收集整理完成后,将骨骼标本表面清洗干净,进行如下检验。

骨骼的组织学检查:使用显微放射摄影技术,拍摄骨骼标本的软X线片,在光镜下直接观察拍摄的软X线片的骨组织学结构。

骨骼标本的超微结构检查:将研究所用的骨骼标本使用金属包埋技术制成电镜观察标本,在JEOL,840,15kV条件下观察。其中的部分标本用特殊的方法处理,用JEOL,1200BX,80kV条件下进行观察。

骨骼标本的分光光度法分析:对骨骼标本进行有机成分的分光光度分析时,用白色塑料板作为空白对照。紫外线的波长为460nm,新鲜的骨骼标本在460nm波长时,有最高的吸收峰值。对骨骼标本进行测量时,在骨骼断面上,选择5个不同的部位,同时进行测量后取平均值。

总蛋白量的测量:使用齿科钻,在每个骨骼标本上钻取10mg的骨粉,然后用1mol/L的NaOH溶液浸洗,沉淀后取上清液,测定骨骼标本中的总蛋白含量。研究结果如下。

骨组织学及超微结构所见:对用显微放射摄影技术拍摄骨骼标本,得到的骨组织学软X线片观察发现,长期在空气中放置的骨骼标本,在形态学上没有什么改变。死后15年的骨骼标本,在光镜下可见骨骼周边有低密度区。这是由于骨骼内部微生物聚集的表现。在土埋的骨骼标本中,死后两年半就可以见到最初的骨组织结构的破坏。然而,最常见的骨组织结构的破坏,一般都是在死后5年的骨骼标本上发生。骨组织结构的改变,主要表现为空泡的形成。在光镜下测量,骨骼组织结构中空泡的直径,一般为5~10μm。死后5年的标本,空泡多位于骨密质的周边区。死后6年或6年以上的骨骼标本,骨组织的破坏,可扩展到骨密质的中部。

扫描电镜的观察发现,在空气中死后4年以内的骨骼标本,骨骼的超微结构没有什么改变。土中埋藏的5~10年的骨骼标本,在骨密质区可以出现空泡,多曲的小管,或长方形的断片状层面结构。土壤中死后6年以上的标本,在骨密质区的边缘及中部可以看到,细菌作用形成的,由不规则纤维薄壁围成的,杂乱的纤维状结构,在直径5~10μm的空泡结构内,有蜂窝状结构和杂乱无章的结构。放置在大海中4年、5年的4个标本中,有3个在骨密质边缘100μm范围中,有直径5~10μm的空泡或微管存在。在土壤中的骨骼标本,也同样可见有空泡及微管结构的存在。这些空泡和微管结构,同样被不规则的纤维薄壁所包围。但在这些小空泡内,没有蜂窝状的结构。总之,放置在空气中的骨骼标本,15年以后,才开始有骨组织结构的改变。放置在土壤中的标本,5年开始有骨组织结构的改变。放置在大海中的标本,4年开始有骨组织结构的改变。

紫外荧光相对密度,推断骨骼的死亡时间:紫外荧光相对密度与骨骼的死后时间呈高度负相关。空气中骨骼标本与骨骼的死后时间的相关系数为$r=-0.648$,土壤中骨骼标本与骨骼的死后时间的相关系数为$r=-0.823$。

紫外荧光相对密度与骨骼死后的时间关系,可按下列回归方程测算:

空气中骨骼 $Y=11.36-0.14X\pm2.4$(年)

土壤中骨骼 $Y=11.01-0.13X\pm1.9$(年)

空气、土壤混合骨骼 $Y=11.13-0.13X\pm2.2$(年)

式中,Y为死后骨骼存在的年限,X为用检验骨骼测得的紫外荧光相对密度。

总蛋白含量:日本学者认为,骨骼标本中的总蛋白量与骨骼的死后年代相互关系上,没有什么统计学意义。如果将置于空气中的标本与土埋的标本合在一起,样本数增加了,经统计学分析,虽然两者的关系上有统计学意义,但使用骨骼总蛋白量推断骨骼的死后年限,其结果的误差太大,在法庭科学应用方面,没有什么实用价值。因此,日本学者认为,用骨骼残片推断骨骼的死后年限、骨组织结构的变化及骨骼的紫外荧光相对密度的测量,应用价值较大。那么,如何使用上述方法对案件中发现的骨骼进行死亡年限的推断呢?日本学者列举了5个实用案例,并将使用上述方法推断出的年龄,与日本警方的档案记录,做了认真的比较。

【案例1】

1990年2月,在日本某地的一个树林中,发现了一个颅骨。颅骨被泥土及树叶掩埋,颅腔内充满了泥土。颅骨被提取后,在实验室中进行了检验。将颅骨锯开后,用显微放射摄影制成X线片,进行骨组织学观察。结果发现,骨组织已经被腐蚀,涉及范围包括内板、外板,并可见由于细菌作用形成的不规则的显微空泡,直径为5~10μm。提取的颅骨标本经金属包埋制备后,在电镜下观察发现,骨密质中可见蜂窝状和迷宫样结构。出现这种结构,表明颅骨入土至少在6年以上。提取的颅骨取材用紫外荧光相对密度进行测量,其相对密度为21.1,将该数值代入紫外荧光相对密度与骨骼死后的时间关系的回归方程测算,计算出骨骼入土的时间是8.4年。综合上述各种因素分析,将骨骼入土的时间定为8年。最后,警方调查的档案记录证实,死者死亡时间为11年。骨骼入土的推断时间与实际的死亡时间,误差为3年。

【案例2】

1990年5月,在日本某地的林中小路边,发现了一具完整的成人尸骨。尸骨直接暴露于空气当中。提取了死者的部分肱骨,在实验室中进行尸骨死后时间的推断。鉴定人员对肱骨组织拍摄显微摄影X线片,在显微镜下观察显微摄影X线片发现,肱骨的骨组织结构没有发生任何改变。在骨密质提取标本,进行紫外荧光相对密度测定,结果为79.5,用骨骼置于空气中的紫外荧光相对密度与骨骼死后的时间关系的回归方程测算,死者死亡的时间为0.8年。综合各种因素分析,将死者死后的时间定为1年。查阅警方档案证实,实验室所推断的死者死亡时间,与警方调查的记录完全一致。

【案例3】

1990年11月,在日本某地的一条小河边的灌木丛中,发现了一颗颅骨。颅骨置于空气当中。将颅骨提取,在实验室进行检验分析。颅骨外板的显微放射摄影X线片显示,在骨皮质区,有与置于空气中15年的骨骼标本相同的组织学改变。因此,估计其死亡时间应在10年以上。在颅骨外板区提取标本,测量紫外荧光相对密度,数值为11.7,用空气中骨骼的紫外荧光相对密度与骨骼死后的时间关系的回归方程测算,死者的死亡年限为9.6年。综合所有因素分析,将其死亡年限定为10年以上。查阅警方的调查档案记录,证实死者的死亡年限为13年。

【案例4】

1991年2月,在日本某沿海海边的河流入口处,发现了一颗颅骨。颅骨浸在海水中。在实验室中,对发现提取的颅骨拍摄显微放射摄影的软X线片,骨组织学观察结果发现,在颅骨外板处,骨组织结构有空泡状改变和不规则的管腔。空泡的直径为5~10μm。这样的骨组织结构的改变,与放置在大海中4~5年的骨骼标本的组织学改变完全一致。颅骨外板的相应部位提取的检材,所测得的紫外荧光相对密度数值为69.7。用相应的紫外荧光相对密度与骨骼死后的时间关系的方程计算,推断出死者的死亡年限为2~5年。查阅警方档案,调查记录显示,死者的死亡年限为3年。

【案例5】

1991年3月,在日本某地的森林中,发现了一具完整的白骨化尸骨。尸骨上覆盖有落叶等林中腐殖质土壤。现场提取了肱骨作为检材,进行死亡时间的实验室检验。通过肱骨的显微放射摄影X线片观察发现,骨组织中可以看到细菌作用的痕迹,主要出现在哈氏系统和施兰切迹中,但骨骼的组织结构没有受到侵蚀破坏。这种骨骼组织结构的改变达不到入土5年骨骼组织结构的变化程度。用提取的骨骼标本,进行紫外荧光相对密度测定,数值为63.5。代入相应的紫外荧光相对密度与骨骼死后的时间关系的方程计算出死者的死亡年限为3年。经警方的最后调查结果核实,死者的死亡年限为2年。

日本学者所建立的实验室推断骨骼死亡时间的方法,从案例报道的结果来看,其准确性是很高的。但该方法在实践中应用,还是有很多的限制条件。通过对国内、外有关尸体白骨化时间推断研究报道的结果,以及对有关白骨化案例资料的综合分析,整理出一个表格。通过表格内容,观察尸体的表现,即可对尸体变化及白骨化的时间有一个大致的判断(表3-1)。

表3-1　尸体白骨化过程与时间的关系

尸体	现象	时间
露天	新鲜	<2天(冬季可延长于7天)
	腐败	2～6天腹部膨隆,气体破出3～8天
		<1个月(气温低时)
	高度腐败	4～10天
	部分干尸	10天～1个月
	干尸	2个月(气温低时,可迟于6～9个月)
	白骨化	1周(昆虫极度活跃),2～4周(温暖季节,常见温湿环境),2～9个月(干燥环境一般不少于6个月)
	骨腐蚀	<6个月,一般不超过3年
土埋	新鲜	<2天
	腐败	3～7天
	高度腐败	7～11天
	干尸	1～2个月(气温低可迟至4个月)
	白骨化	3～6个月(浅埋0.3～0.6m),3年(深埋0.9～1.2m),有包裹的尸体所需时间更长
水中	新鲜	<2～6小时
	腐败	2～3天(巨人观静脉网),4～5天手套形成,6～7天手套脱落(冬季延长)
	白骨化	<2年(含海水中)

本章小结

本章主要介绍了尸体白骨化的定义、白骨化时间推断的依据和影响因素,动物尸体白骨化规律及人类尸体白骨化时间推断的方法。白骨化时间推断对确定死者大致的死亡时间及案件侦破都有十分重要的意义,但尸体白骨化时间推断难度较大,受到多种因素的影响,是十分复杂的问题。

关 键 术 语

白骨化(skeletonization of body)

白骨化时间的推断(estimation time of skeletonization)

讨 论 题

白骨化时间推断的依据是什么?

(蔡继峰　常云峰)

思 考 题

1. 动物骨骼的白骨化时间如何推断?
2. 人类骨骼的白骨化时间如何推断?

第四章　动物骨骼与人类骨骼的区别

学习目标

通过本章的学习,你应该能够:

掌握:骨骼种属鉴定的方法。

熟悉:人类骨骼与动物骨骼的区别。

了解:人类在自然界中的位置;人类与动物骨骼比较解剖学研究的相关内容。

在刑事案件中,犯罪嫌疑人为逃避打击,经常会毁尸灭迹,他们会将受害人的尸骨抛洒在荒郊野外,如河流、水塘等地,甚至进行掩埋。案件侦破后,公安机关会在犯罪嫌疑人指认的地点寻找证据,这样在犯罪嫌疑人指认的区域经常会搜集到很多骨骼或骨骼碎片,于是就需要从发现的骨骼中找到受害人的骨骼。另外,在劳动生产或建设施工对某处进行挖掘作业的过程中,可能会挖出一些骨骼或骨骼碎片,也需要确认其是动物骨骼还是人类骨骼。对这类骨骼的种属特性的鉴定,称为骨骼的种属鉴定,其目的为确定是否属于人类骨骼。

要对骨骼进行种属鉴定,必须要懂得人体解剖学、比较解剖学及动物学的相关专业知识,只有掌握了人体骨骼的特征,了解不同动物的骨骼特征,才能进行骨骼的种属鉴定。

第一节　人类在自然界中的位置及动物骨骼的特征

地球上的生命从无到有,经过亿万年的进化,形成了今天的物种格局。由于人类的活动以及生存环境的改变,至今仍有生物不停地灭绝。当今地球上存留的物种在进化过程中,彼此之间有着密切的联系。了解生物物种之间的彼此关系,对于区分人类骨骼与动物骨骼之间的区别具有重要意义。

一、人类在自然界中的位置

地球的历史大致有 46 亿年,生物的出现约有 40 亿年。原始哺乳类动物出现距今不到 1 亿年,而人类的出现仅有几百万年。地质学家将地球的历史按时间单位分为"代"(era),"纪"(period)和"世"(epoch)。地质时代的划分,主要是根据生物发展史来划分的,地质年代的界线,标志着生物进化中的重大转折。与地质年代相对应的地层,分别称为界、系、统,它们与代、纪、世等名称平行并用。例如,可以将古生代的地层称为古生界,将寒武纪的地层称为寒武系。将不同地质时期地层内发现的生物化石按时间顺序排列起来,就可以显示出生物进化的趋势。

现代生物种类繁多,必须进行科学的分类。现代生物分类方法是由瑞典博物学家林奈(Linnaeus,1707—1778)建立起来的。1735 年林奈的著作《自然系统》(*Systema Naturae*)出版,为生物分类方法奠定了科学基础。林奈创立的双名制命名法,即每一物种的学名是由其属名和种名共同构成,结束了世界不同地区、国家的科学家在物种命名方面的混乱。

按照现代生物学的分类体系，首先将物种分为动物界和植物界。界以下依次分为门、纲、目、科、属、种。

当上述分类单位不能表述亲缘相近的物种时，常在门以下各级单位前加亚字或超字，例如亚门、超科等中间分类单位。

种，又称物种，是生物分类的基本单位。种是经过自然选择的一群基本性状相同个体的总和，同一物种的生物可以互相交配，并产生有繁殖能力的后代。种和种之间生殖上是相互隔离的，即彼此不能交配，或交配产生的后代没有生殖能力。马与驴交配产生的后代骡，就没有繁殖能力，马与驴属于不同的物种。

在种的基础上，分类学把类似的物种归纳为属，类似的属归纳为科，类似的科归纳为目，近似的目归纳为纲，近似的纲归纳为门。

按照现代生物学的分类原则，现代人在自然界中的位置，可以简单地概括如下：

界：动物界（animalia）
门：脊索动物门（chordata）
亚门：脊椎动物亚门（vertebrata）
纲：哺乳纲（mammalia）
目：灵长目（primates）
科：人科（hominidae）
属：人属（homo）
种：智人种（homosapiens）

人属的特点是脑容量大，主要依靠种群的文化，而不是依靠生物本能来适应环境。智人种的特点是脑容量更大，达到现代人水平，与其他人属成员相比，面部在整个头颅上所占比例相对缩小。现代人体质特征，决定了现代人在生物系统中的位置。

二、人类与动物骨骼的比较解剖学研究

人类骨骼与动物骨骼相比在形态上存在着巨大差异。但从生物进化的观点看，两者之间有着密切的联系。很早以前，法国的解剖学家毕隆（Prerre Belon，1517—1564）在其1555年发表的《比较解剖学》（*Comparative Anatomy*）专著中，就对鸟骨和人骨进行了比较研究（图4-1）。毕隆的研究提示，动物机体的结构及功能是存在共性的。

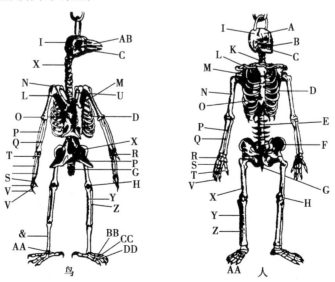

图4-1　毕隆的比较解剖学插图—鸟与人的骨骼对比图
注：图中相同字母的部位表示具有相同的骨骼起源以及相似的功能

（一）不同动物骨骼特征之间的关系

从进化的角度看，不同物种之间都有一定的关联。对不同动物骨骼方面的彼此联系的探讨，可以从脊椎动物开始。鱼类进化为两栖类，两栖类进化为爬行类、鸟类，进而到哺乳类。动物的骨骼化是生物结构复杂化的基础，由于不同物种的生活环境不同，为了适应各自的生活环境，它们的外形也发生了相应的改变。

鱼类的鳍、两栖类的前肢、鸟类的翅膀、哺乳类的前肢以及人类的上肢，从发生学的角度讲，都有着相同的起源。鱼类生活在水中，水的密度较大，可以托起鱼的躯体，鱼鳍起到船桨的作用，是单支点结构，只能在局部做有限范围和方式的运动。两栖类到爬行类，开始了陆地生活，四肢的主要功能是承担体重和运动。因此，在陆地上生活的脊椎动物的四肢，都是多支点的结构，除承担体重和运动外，还能做局部的精细运动。鸟类的前肢进化为翅膀，骨骼的形态发生了巨大的变化，但骨骼的数目、排列与陆生的脊椎动物前肢是相同的。人类的前臂，尤其是手，在长期的进化中由于劳动的结果，得到了充分的发展，完成功能的复杂性，是其他任何动物所不能比拟的，但在骨骼的数目及排列上，仍可以看到与其他动物的渊源关系（图4-2）。

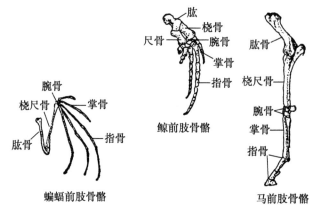

图 4-2　蝙蝠、鲸及马的前肢骨

功能的需要决定了骨骼的形态结构。如爬行类动物在运动时腹部着地，行走时躯体向两侧扭动与肢体配合前进。前肢先向前旋，再向后转动，幅度可达 90°～180°，后肢的膝及足的运动更为复杂。因此，爬行动物必须有结构复杂的上肢带骨（肩胛骨及锁骨）和下肢带骨（髋骨）（图4-3）。

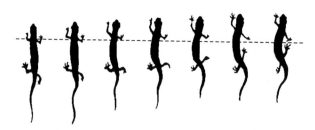

图 4-3　爬行动物的运动方式

另外，以胸骨为例。胸骨（sternum）位于胸前壁居中，是陆生四足类动物所特有的结构。胸骨的功能是支持增强体壁，保护胸腔脏器，为前肢肌提供附着面，并参与呼吸功能（羊膜类动物）。鱼类及无足类动物没有胸骨。从两栖类动物开始出现胸骨。爬行类动物中，龟、鳖的胸骨参与骨质板的形成，即腹部的甲板。爬行动物中，蛇类不具备胸骨。鸟类的胸骨特别发达。绝大多数鸟类的胸骨中央具有高耸的龙骨突，以扩大胸肌的附着面。发达的胸肌，是鸟类飞行的基础。哺乳类的胸骨由位于胸前壁的一系列骨块组成。例如，兔有 6 块，猫、犬均为 8 块。第一块称胸骨柄，中间的骨块称为胸骨体（人类的胸骨体，成年后愈合成一块），最后一块称为剑突。由于不同物种的体态及运动方式不同，胸骨的形态也表现各异（图4-4）。

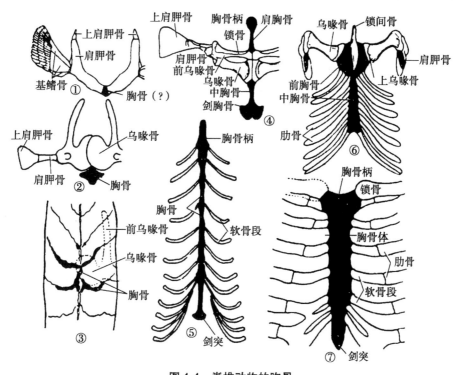

图4-4 脊椎动物的胸骨
①棘鲨；②蝾螈；③泥螈；④蛙；⑤猫；⑥鳄；⑦人
注：图中黑色部分为胸骨

（二）动物骨骼不同形态的成因

不同动物的骨骼形态不同是物种进化的结果。进化（evolution）广义上讲，包括生物演变、天体消长、社会发展等诸多方面，狭义的进化仅指生物进化。生物进化是指生物群体的变化过程，是指某一生物群体的遗传结构发生了改变，并将这种改变遗传给下一代的过程。

物种进化的根本原因是物种群体的基因结构的改变。基因结构的改变主要有基因突变（即基因内核苷酸碱基顺序发生了改变）、遗传漂变（即某种群体由于个体数量减少不能完成随机交配而造成后代基因库的改变）、基因转移（即群体间基因交流造成了物种基因库的改变）。遗传物质的改变，造成了物种形态的改变，而造成物种基因改变的直接原因是选择，由于自然因素造成的选择称为自然选择，由于人工因素造成的选择称为人工选择。

1．物种改变的自然选择 自然环境的改变。一个物种处在特定的地理环境中，为了适应环境的需要，该物种的形态就必须发生改变。例如始祖鸟（由爬行动物向鸟类过渡的中间类型，是现代鸟类的祖先）与家鸽所处的生存环境完全不同，它们的骨骼形态也完全不同（图4-5）。家鸽的身体结构更加适合飞翔。

物种自然选择的例子很多，原因也很复杂，除自然环境因素外，天敌作用（拟态）、疾病

图4-5 始祖鸟（②）与现代鸽（①）的骨骼比较
对比部位（脑颅、腕掌部、胸骨、肋骨、腰带、尾椎）涂成黑色

淘汰、性选择等,都起到了非常重要的作用。而且,从现代生态学角度也提出了很多新的观点,但由于群体的基因改变,而引起物种的形态改变是基本的原理。

2.物种改变的人工选择 物种的人工选择主要是指驯化(domestication)。人们为了自己的需要,对能适用自己生产、生活需要的动物和植物进行选择培育,这一过程称为人工选择。驯化是人与物种之间相互适应而形成的互利共生现象。人类驯化动物的目的性,影响了驯化动物的外部形态。以猪的驯化为例,可以明显地看出这一特点(图4-6)。

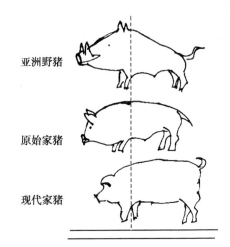

图4-6 家猪与野猪的比较
头身比例分别为:(上)7/3;(中)5/5;(下)3/7

家猪人工驯化的目的十分明显,就是为了获得肉食。因此,家猪的体形改变有着明显的趋势。家犬、家猫的驯化过程及结果则更加复杂。由于不同人对家犬、家猫的驯化目的不同,驯化的手段五花八门,驯化的结果也无法估计,而且这一过程至今仍然没有结束。现代宠物中的猫狗与其祖先相比,早已面目全非了,要通过骨骼形态,确定猫狗的种类需要做大量的研究工作。由于环境的改变及人类对自然的影响,物种的改变仍在继续。

第二节 人类骨骼与动物骨骼的区别

在生物进化的过程中,脊椎动物的骨骼有相同的起源,但由于人类的骨骼与动物骨骼完成的功能不同,结构也不同。例如,人类是直立行走的,肢体的关节十分灵活,而动物是四足行走的,肢体的关节十分牢固。实际上,如果发现的骨骼体积较大,要区分动物骨骼与人类骨骼并不难。但发现的骨骼体积很小,如一小段长骨骨干,一小片肋骨,区分这些骨片是否属于人类是有困难的。

一、人类骨骼与动物骨骼的形态学区别

根据对人类及动物骨骼残片的研究发现,如果骨骼残片的最大径大于8cm,确定骨骼残片是否为人类并不难。如果骨骼残片的最大径在5~8cm,法医能区分出人骨与动物骨。如果骨骼残片的最大径小于5cm,区分人骨与动物骨需要进行特别训练。如果骨骼残片的最大径小于3cm,可以用骨组织学的方法进行人骨与动物骨的区分。

如果在现场发现有人类骨骼,要根据发现骨骼的地层及骨骼的风化腐蚀程度进行断代,确定骨骼的年代。同时,要对发现骨骼地点的历史进行研究,如发现骨骼的地点是否为古战场,是否为旧的坟场等,地方志记载的资料对发现骨骼的考证是有帮助的。通常认为,骨骼入土时间超过50年就没有法庭科学意义了。

(一)颅骨的区别

颅骨碎片的最大直径小于5cm时,颅骨上存在的区分人骨与动物骨的特征不易发现,需要通过观察以下特征的方法进行识别。

1.颅缝 可以通过观察颅缝的特征,来区分人骨与动物骨。动物的颅骨碎片上的颅缝较平直,常为直线状或小锯齿状。人类颅骨碎片上的颅缝曲折明显,常为波浪状或由不规则的波折曲线构成。在颅缝的附近常见滋养孔。

2.颅骨断面 动物颅骨碎片的断面,可见内外骨板较厚,板障结构不发达,内外骨板间没有窦状结构,多为骨密质结构或仅见很小的不规则骨腔。人类颅骨碎片,内外骨板较薄,内外骨板之间窦状结构发达,可见典型的颅骨板障结构。

3．颅骨内板　动物颅骨碎片上的骨内板内面光滑致密，很少见到血管及神经的压迹。人类颅骨碎片上常可见到凹陷的条索状的压迹。

有的颅骨残片的体积尽管很小，但颅骨残片上保留有人类特有的解剖学结构，如鼻骨、上下颌体、齿槽、颏结节、乳突等结构，即可确定颅骨残片属于人类。

（二）骨盆的区别

由于人类的直立姿势，使得人类的骨盆在形态上与动物的骨盆差别较大易于区分。

1．耻骨　动物的耻骨结合部大而长，呈片状，起到承担腹腔脏器的作用，相对来说耻骨上下支及闭孔较小。人类的耻骨结合部为骨盆的前壁，体积较小，相对来说耻骨上下支及闭孔较大。

2．髂骨　动物的髂骨构成了骨盆的上部，是一狭长、粗壮的不规则形的棒状结构，主要起到固定下肢的作用。人类的髂骨构成了骨盆的大部，髂骨的髂翼相对较薄，呈扇形向两侧张开，起到承托腹腔脏器的作用。较薄的片状髂翼是人类特有的骨性特征。

3．坐骨　动物的坐骨不发达，为后突性骨块，构成了骨盆下部的一部分，无坐骨结节，坐骨大切迹呈平直或弧形。人类的坐骨发达，为一类三角形的骨性结构，可见坐骨下端粗壮的坐骨结节以及呈三角形的坐骨大切迹。

4．骶骨　动物的骶骨上面，腰骶关节面呈横椭圆形，骶椎孔呈扁三角形，骶骨岬前突不明显。骶骨翼相对平直，上下关节突呈钩形，关节面在关节突的内侧。骶骨前面的椎体向盆腔内隆起。骶椎椎体呈长柱状，骶前孔呈长椭圆形，椭圆的长轴与椎体平行，耳状面结构不明显。人类的骶骨大体呈等边三角形，盆腔内骨面较平，下端稍向内弯曲。耳状面结构明显。骶前孔呈横椭圆形。骶骨翼发达外突明显（图4-7）。

图4-7　动物骨盆

（三）躯干骨的区别

1．椎骨

（1）寰椎：动物寰椎前结节较大、较平，呈蝴蝶形，前结节两侧边缘处可见横突孔。上关节面向下深深地凹陷呈铲形，侧块不发达呈薄片状，侧块的后面可见横突孔，孔内可见两个开口，分别向前及向椎孔内。前后结节都十分粗壮，下关节面较大，两侧的下关节面彼此相连，与齿突关节面在前结节处相交。椎孔前端呈扁椭圆形，后端呈圆形。人类寰椎为一扁环形，齿突关节面小，侧块也不发达。

（2）枢椎：动物的枢椎上面观齿突呈铲形，上关节面为不规则形，左右、上下彼此相连，并与前关节面、齿突关节面融为一体。横突孔位于上关节面下侧，开口于椎管内。下关节面呈三角形，横突不发达，下关节突较垂直，棘突不发达呈扁平状。人类的枢椎齿突呈指状，突出于髁关节面之上，椎体相对较小，椎孔相对较大。

（3）颈椎：动物的颈椎上面观椎体较小，类圆形，位于中央。颈椎横突前结节十分发达、呈片状，位于椎体前方。横突孔位于椎体后方外侧横突根部，横突不发达。上关节面位于椎弓后部与椎体平行，棘突相对较小，椎孔形态大小与椎体相似，与椎体呈镜像排列。人类颈椎椎体相对较大，椎孔相对较小，横突发达，横突上可见横突孔。棘突较动物颈椎发达。

（4）胸椎：动物的胸椎上面呈三角形，肋凹位于椎体外侧，横突向前朝向两侧展开，不发达。椎孔为类圆形，上关节突位于椎弓后部紧贴骨面。棘突十分发达，平直向上。人类的胸椎椎体为类三角形，椎孔相对较小，肋凹位于椎体上下缘的外侧面，横突斜向外侧，棘突不发达。

（5）腰椎：动物腰椎上面观，椎体呈扁蚕豆形，横突较长、平直，起于椎体下1/2处。椎孔为扁椭圆形。横突关节面呈方形，棘突较短。椎体上关节面呈柱状，下关节面呈钩突状翻卷，关节面位于翻卷的内侧面。椎体的上切迹较深，下切迹较浅平。横突扁，高度与椎体后缘平行。人类腰椎椎体较大，椎孔相对较小，横突较短，棘突较长，并向下倾斜。椎骨上下切迹均呈半圆形（图4-8）。

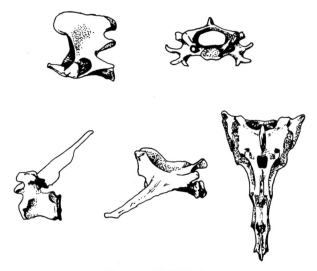

图 4-8　动物椎骨（兔）

2. 胸骨　动物胸骨位于胸腔下部，起到承托胸腔脏器的作用，因此动物的胸骨体积较大，呈长板片状，胸骨柄呈梭形，胸骨体呈条状、较长，剑突发达呈剑柄状。人类的胸骨相对较小，胸骨柄呈类梯形，可见颈静脉下切迹及位于颈静脉下切迹两侧的类椭圆形胸锁关节面，胸骨体相对较小，剑突不发达。

3. 肋骨　动物的肋骨较平直，在脊柱端肋小头结构不明显，肋骨体的上下缘肋沟结构不明显。人类肋骨第 1、第 2、第 3 肋骨有特别的解剖结构，第 4 到第 8 肋骨曲度相对较大，肋小头结构明显，肋骨体有明显的肋沟结构，下位肋骨的肋沟呈片状。

（四）四肢骨的区别

1. 肩胛骨　动物的肩胛骨为类梯形的片状结构，梯形的顶端为关节盂，关节盂为类圆形，关节面较深，关节缘较厚。肩胛冈为直线形，隆起，下端近脊柱缘处有三角形的片状翻卷。人类的肩胛骨呈三角形，关节盂呈半月形，关节面较小而浅，肩胛冈肩峰端突出于关节盂关节面，并有喙突结构。肩胛骨上缘可见肩胛上切迹（图 4-9）。

2. 四肢长骨　大牲畜的四肢长骨，如马、牛、驴等，体积粗大，与人类的四肢长骨易于区分。猪、羊、狗等体积中等大小的动物四肢长骨的大小粗细与人类相仿，其长骨的断端碎片，与人类的长骨的断端碎片区别较难。禽类的长骨有时会与人类的胎儿长骨混淆。动物的四肢长骨主要具有以下特征：关节面相对较小，关节缘隆起明显，主要功能是使关节的稳定性增加。例如，球状关节面表现为关节面的曲度增大，球缺的面积较小。动物的长骨关节面上常见明显的隆起或凹陷。动物长骨的滋养孔多位于长骨的两端，因此动物的长骨常见有两个滋养孔，长骨的断端可见骨髓腔较小，骨壁相对较厚，而且厚薄不均匀。人类四肢长骨两端的关节面较大，球形关节面的曲度较小，关节面平滑，无隆起及凹陷。滋养孔位于骨干的中部。长骨断端骨干骨壁相对较薄，且厚薄均匀，骨髓腔相对较大，形态为圆形或类圆形，较规则。

人类长骨两端的关节构造与动物完全不同，尤其是肘、腕、膝、踝等关节的关节面形态，与动物差异极大，如果发现人类特有的关节面，如桡骨小头、尺骨鹰嘴、腓骨小头等关节面，即可确定为人类骨骼（图 4-10）。

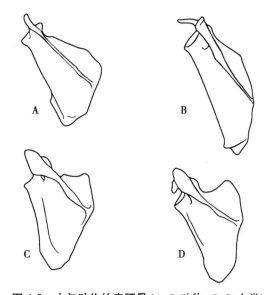

图 4-9　人与动物的肩胛骨（A、B 动物；C、D 人类）

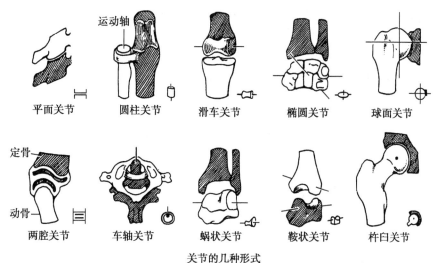

关节的几种形式

平面关节　圆柱关节　滑车关节　椭圆关节　球面关节

定骨　动骨　两腔关节　车轴关节　蜗状关节　鞍状关节　杵臼关节

图4-10　人类关节结构

3．肢端不规则骨　肢端不规则骨主要包括掌、指骨及足趾骨等。动物的肢端不规则骨的关节面为柱状，关节面上常见平行的隆起或凹陷。人类的关节面为球柱状，关节面相对较大，而且光滑。指、趾的末节骨，奇蹄类动物为圆柱形，偶蹄类动物，如猪等，为立体三角形。人类的指、趾的末节骨呈等腰三角形，甲床面相对光滑，指、趾腹面有粗糙的骨性突起。

由于人类腕、踝关节结构及功能的特殊性，构成人类腕、踝关节的骨，都是人类特有的骨骼。如果发现这类骨骼，即可定为人类骨骼。

二、人类骨骼与动物骨骼的组织学区别

如果在犯罪现场发现的骨骼碎片体积较小，而且骨骼碎片上没有特别的解剖学结构，用于区分动物骨骼与人类骨骼，这时要确定骨骼碎片是否属于人类，需要制作骨骼的组织学切片，在显微镜下通过观察骨骼的显微结构来确定。

（一）人类骨骼的组织学特征

1．长骨　显微镜下由内、外环骨板、骨单位及间骨板构成。外环骨板较厚，10～20层，环绕骨干的外表面平行排列。内环骨板较薄，仅有数层，沿骨髓腔内表面平行排列，不规则，厚薄也不均匀。内、外环骨板之间有管道相连，称哈弗斯管。哈氏系统圆而规则，位于内、外环骨板之间。哈氏系统间由半月形的间骨板所充填。哈氏系统内环层骨板层数较多，其中骨陷窝较密，骨小管发达。

2．颞颅　内外层骨板发达。内外骨板之间骨单位数较少，多为条索状的骨纤维。骨纤维的走行与颅骨骨板表面平行。

3．关节面　最外层为软骨层，该层较薄。软骨层下为不规则沿骨关节表面走行的骨纤维，骨纤维内有大量的骨陷窝。骨纤维内有少量的哈氏系统，哈氏系统为圆形，环层骨板较少。也有不规则的哈氏系统，中央管为三角形或不规则形，哈氏环行骨板形态走行与哈氏中央管相同。

4．儿童长骨　骨骼内外环骨板均很发达。哈氏系统数目较少，呈蚌状，哈氏系统与间骨板彼此相连，散在于内外环骨板之间。哈氏系统间除有半月形的间骨板外，还有平行排列的环层骨板。

（二）常见动物的骨组织学特征

常见动物是指在人类日常生活中易于接触到的动物。

1．牛骨

长骨：外环骨板不发达，仅为1～2层不规则的环行骨板，内环骨板为4～5层环行骨板构成。内外环骨板间的骨单位多而密集，彼此相连，哈氏系统为圆形或类圆形，边缘成角。哈氏系统的环状骨板层数为3～5层，骨陷窝较少。

头骨：内外骨板发达，较厚。骨单位较少，排列在内外骨板之间，使得内外骨板间没有明确的界限。哈氏系统呈梭形，哈氏系统内骨陷窝较少。

2. 马骨　长骨：内外环骨板不发达。骨单位散在排列于内外环骨板之间。哈氏系统呈椭圆形，分层排列。哈氏系统间由内层骨板相连。哈氏系统的环状骨板较少，其内骨陷窝较少。有的断面上，可见与牛长骨类似的边缘成角的哈氏系统。

3. 猪骨　长骨：内外层骨板均很发达完整。内外环骨板层数为8～15层。骨单位密集排列在内外环骨板之间。哈氏系统为圆形或类圆形，大小不等。哈氏系统的环状骨板内骨陷窝多而密集。骨单位间由波状的不规则的内层骨板充填。

4. 狗骨　长骨：外环骨板发达，骨板层6层，内环骨板不发达，骨单位数目较多，密集排列在靠内环骨板处。内外骨板与骨单位之间没有明显分界。哈氏系统为圆形，哈氏环状骨板层数较少，仅为2～3层，骨陷窝较少，分布稀疏。

5. 羊骨　长骨：内外骨板较发达，内外骨板的细胞层数均为8～10层。骨单位数较小，分布在内外环骨板之间。骨单位之间由规则的内层骨板充填。哈氏系统为长椭圆形，其长轴与内层骨板平行。哈氏环状骨板层数较少，一般为3～4层。骨陷窝较少。

6. 猴骨　长骨：内环骨板较外环骨板发达。内环骨板为6～8层，外环骨板为4～6层。骨单位数量多密集排列于内外环骨板之间。骨单位间内层骨板少见。哈氏系统较少，哈氏环状骨板一般为2～3层，骨陷窝较少。

7. 猫骨　长骨：内外环骨板厚度接近，均为7～10层。内环骨板规则，外环骨板呈波浪状。骨单位常与外环骨板混在一起。哈氏系统环状骨板为2～3层，骨陷窝罕见。

8. 兔骨　长骨：内外环骨板相对较薄，板层数4～6层，不规则。外环骨板相对较厚。骨板层数16～18层。骨单位较小，密集排列于靠内环骨板处。哈氏系统小，环行骨板为1～2层，骨陷窝罕见。

9. 禽类（鸽、鸭）　长骨：外环骨板不发达仅为1～2层。内环骨板发达为6～8层。哈氏系统小而圆，仅有一层环行骨板。哈氏系统彼此相连呈串珠样排列于内外环骨板之间。哈氏系统间由规则的环层骨板所充填。

10. 龟及青蛙　长骨：外环骨板发达而规则，由8～9层环状骨板构成。内环骨板薄而不规则。哈氏系统大小不等、形态不一，充填于内外环骨板之间，但仍可辨认出以哈弗斯管为中心的1～2层闭合的板层结构。骨陷窝小而密集。

11. 鱼类（黄鱼、鲤鱼椎骨及鳍）　无哈氏系统，外层骨板较厚，向内过渡为不规则走行的环状骨板，其中心为较粗的管腔。

第三节　骨骼种属鉴定的方法

一、群体骨骼的鉴定

在工程施工过程中，经常有单位和人向公安机关报案称挖出人类骨骼，要求派人到现场处置。办案人员到达现场后，要按照现场勘查的要求，记录现场的情况，将骨骼提取包装，带回实验室进行检验鉴定。

在施工工地发现的骨骼数量常很多，提取送检的骨骼数量也很多，骨骼检验鉴定的工作量非常大。在实际办案中，现场一般难以具备相关检验条件，因此，技术人员常常需要将发现的骨骼全部送到实验室。

（一）检验方法
对送到实验室的骨骼按照下列方法进行检验。

1. 编号固定　对送检的每一块骨骼进行清洗，将清洗干净的骨骼晾干备检。之后对每一块骨骼进行编号、拍照。

2. 分类整理　对送检的骨骼进行初检,将骨骼按照解剖学特征进行分类。可以确定解剖结构的骨骼,如颅骨、肋骨、椎骨、长骨、肩胛骨等进行分类,将解剖结构相同的骨骼放在一起。如果骨骼破碎严重,无法进行分类,将骨碎片放在一起。

3. 特征检验　将分类完成的骨骼,分别与人类骨骼进行比较,确定骨骼是否为人类骨骼。

如果发现有人类骨骼,将发现的人类骨骼进行编号。对人类骨骼进行检验,首先确定个体的数量。以发现明显解剖学特征骨骼的最大数为准。然后,确定个体的性别、年龄及身高。最后,根据骨骼的风化程度,确定骨骼的入土时间。

如果没有发现人类骨骼,一般不需要进行骨骼的进一步鉴定。如果需要进一步确定骨骼的种属,则需要与具体动物的骨骼,如马、牛、羊等进行比较,确定动物骨骼的种类及数量。

(二)案例

1. 动物骨骼的鉴定　北京远郊某建设工地,在施工过程中发现大量骨骼。施工单位向当地公安机关报案。公安机关的工作人员在现场提取了大量的骨骼,随后将提取的骨骼送到实验室检验。送检单位要求鉴定人员确定现场提取的骨骼是否为人类骨骼。具体的检验鉴定过程如下。

(1) 对送检的骨骼进行初检:清点骨骼的数量,将送检骨骼中的杂物清除,逐一清洗骨骼。在清洗骨骼的过程中,不能造成骨骼的损坏。待清洗好的骨骼干燥后,挑选出有鉴定价值的骨骼。有鉴定价值的骨骼特征是,完整的骨骼,至少存在一个完整关节面的骨骼,存在有解剖学标志的骨骼及直径大于8cm的骨骼。清理没有鉴定条件的骨骼残渣,特别要注意发现小的不规则骨、牙齿或牙齿残片(图4-11)。

图4-11　骨骼的初选

(2) 骨骼检验:将初选挑出的有鉴定价值的骨骼进行分类鉴定。如果骨骼的数量较多,将相同的骨骼选出,分别进行鉴定,如肋骨、肩胛骨、跗骨、尺骨等。将分类完成的骨骼与人类的骨骼进行比较,重点寻找是否有人类骨骼。本案没有发现人类骨骼。如果没有人类骨骼,一般情况下不需要进行进一步鉴定。如果需要对动物骨骼进行进一步鉴定,需要与动物骨骼进行比较,确定动物的种类及数量(图4-12)。

2. 人类骨骼的鉴定　2009年在中国东北边境城市的市政施工埋设地下管道时陆续发现疑似人体骨骼,骨骼上有被焚烧的痕迹,施工方向公安机关报案。接报案后公安机关技术人员到现场进行了现场勘查,并提取了骨骼。

现场提取的骨骼被送到公安机关,由专业技术人员进行骨骼的法医人类学鉴定。将发现的骨骼进行清洗,晾干后检验。

(1) 确定个体的数量:由于发现骨骼是散乱的,施工现场不能按照考古或案件现场的要求进行发掘,发现的骨骼放在几个大的包装袋中带回实验室,进行骨骼检验的第一步是确定个体的数目。

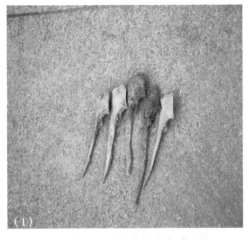 

 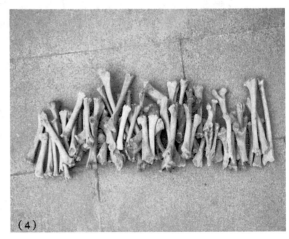

图 4-12　分类检验的骨骼

将相同的骨骼放在一起，如将颅骨放在一起，将骶骨放在一起，将髋骨、肱骨、尺骨、桡骨、股骨、胫骨、腓骨等四肢长骨放在一起，并按左、右侧分别放置。其他骨骼也按上述方法处理。对骨骼进行观察、测量。人类的骨骼尽管有左右侧的差别，同一个体的左右差异小于与其他个体的差异。将测量数值相同或相近，形态相似的骨骼进行匹配，如将髋骨测量值相同的骨骼与骶骨相配，左右髋骨耳状面与骶骨左右耳状面相配组成同一个体的骨盆，将与髋臼相吻合的股骨与骨盆相配，依次与其他骨骼相配。根据颅骨的数量初步确定个体的数量。根据颅骨腭缝及牙齿等骨骼特征，确定骨骼的年龄，根据耻骨联合面确定年龄，将颅骨与骨盆年龄吻合的骨骼，放在一起，定为个体的数目。清点其他骨骼，看是否有多余上述个体的骨骼，如果没有即可确定个体数目。如果有多出的骨骼，将多出的骨骼列出，按多出的骨骼确定个体。

（2）确定骨骼的年龄、性别及身高：根据颅骨及骨盆确定骨骼的性别及年龄。根据长骨的测量数据确定个体的身高。在骨骼的个体识别鉴定中，要特别注意被鉴定的骨骼中是否有女性个体及未成年的个体，这对确定发现尸骨的死亡性质有重要的参考意义。

（3）确定骨骼的入土时间：骨骼的入土时间与死亡时间有密切的关系。根据骨骼的风化腐蚀程度，可以大致确定骨骼的入土时间。确定骨骼入土时间难度较大，要结合现场的情况综合分析下结论。一般来说，骨骼皮质缺失，长骨骺端骨小梁暴露，眼眶内壁呈筛状，骨骼明显变轻，有上述特征的骨骼，入土时间不会少于 50 年。

（4）确定案件的性质：通过骨骼的法医人类学鉴定，本案中的骨骼分属 7 个个体，均为男性，年龄范围在 25 岁至 35 岁之间，属青壮年男性群体。根据骨骼的腐蚀情况，入土时间 50 年以上。现场情况为管道施工作业区，沟深 7 米，表层为混凝土路面，第二层为建筑垃圾，第三层为渣油沥青路面，第四层为土与煤渣的混合，第五层为沼泽地淤泥，以下均为细沙。查阅该城市的档案，确定现场每一层为对应的年代。尸骨发现在第五层。日伪时期该地是一小火车站边，堆煤场外的沼泽地。史料记载当地曾经发生鼠疫流行，并焚烧过尸体。

通过骨骼的法医人类学鉴定，顺利结案。

二、个体骨骼的种属鉴定

（一）个体骨骼种属鉴定的方法

个体的骨骼种属鉴定（comparative anatomy）主要用于碎尸案及杀人焚尸案发现骨骼的鉴定。此类案件骨骼碎片的体积较小，鉴定骨骼的种属较困难。尤其是杀人焚尸案中，骨骼 DNA 检验常受到客观条件的限制，法医人类学的检验常成为案件侦审的关键。

1. 骨骼残片的初检　清理骨骼残片，通过骨骼的外部形态确定骨骼损伤情况及处置方法，如骨骼断端是否光滑，骨骼表面是否有切割痕、砍痕等。根据骨骼表面的情况，再确定骨骼是否被水煮过、焚烧或用其他的方法处理过。如果骨骼的表面形态、颜色一致，表明骨骼是在相同条件下处置的。对被犯罪嫌疑人处理过的骨骼，即使是骨骼碎片也需要逐一检验，以发现骨骼是否存在损伤。

2. 骨骼残片的鉴定　如果骨骼残片的体积很小，进行骨骼的种属鉴定难度较大。首先将送检骨骼残片中存在关节面的骨骼残片选出。在骨骼残片的检验中，被检骨骼的体积都很小，人体中小的骨骼，如指、趾骨常会完整的保存下来。手、足的结构，由于人类的直立行走，与动物完全不同，人类指、趾末端的骨骼，呈三角形，甲床面较平，指、趾腹面粗糙。有上述特征的骨骼，一经发现即可定为人类骨骼。然后，对有关节面的骨骼残片进行检验。人类的关节与动物相比，更加灵活，动物的关节则更加稳定坚固，因此，人类骨骼的关节面与动物骨骼的关节面相比，更加光滑、球面关节曲面接触面相对更小，关节囊松弛，韧带的附着点的面积相对较小。如果送检骨骼残片中发现有关节面的骨片，可以根据关节面上有无沟嵴，及关节周边韧带附着点的情况，确定送检的骨骼是否为人类骨骼。

（二）个体骨骼种属鉴定的案例

2010 年秋，中国南方某省发生一起凶杀案件。犯罪嫌疑人将受害人绑架后，杀人焚尸。办案人员在现场提取了可疑人类骨骼送检，要求鉴定烧骨残片是否为人类骨骼（图 4-13）。

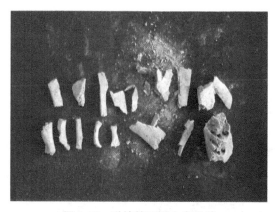

图 4-13　送检的可疑人类骨骼

对送检的可疑人类骨骼经过初检，选出三块具有完整解剖学结构特征的骨骼，编号为 1～3 号。1 号为短管状骨，长 21.5mm，骨体呈弓形，为扁柱状，关节面为长方形，中间凹陷关节面下缘两侧有突起骨嵴。2 号为短管状骨，长 26mm，骨体呈弓形，弯曲度大，上、下关节面破损。3 号为不规则状骨，长 43mm，宽 29mm，可见齿槽结构，齿槽窝呈圆柱状排列。上述骨骼的结构与人类骨骼形态差别较大，结果显示 1～3 号骨骼均未发现有人类骨骼特征（图 4-14）。

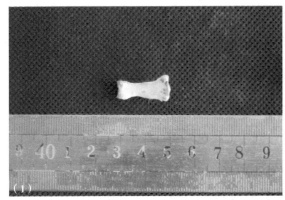

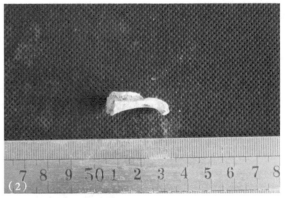

图4-14　送检骨骼细目－未发现人类骨骼特征

送检单位的办案人员接到鉴定意见后十分着急，称如果没有人类骨骼，该案可能没有结果，罪犯就不能定罪。鉴定人员建议对犯罪现场作进一步的详细勘查，以期发现新的证据。经过刑事技术人员的艰苦工作，很快在犯罪现场发现并提取了新的骨骼残片，并将在现场新提取的骨骼残片送到了法医人类学实验室（图4-15）。

对送检骨骼进行初检，重点是发现存在可辨认出解剖学结构的骨骼残片。初检发现了有鉴定价值的骨骼残片（图4-16）。

图4-15　犯罪现场提取的骨骼

图4-16　有鉴定价值的骨骼

对有鉴定价值的骨骼进行进一步检验发现，其中有颅骨残片两片，牙齿两枚。颅骨残片，为不规则形，断面可见颅骨外板、内板及板障三层结构，颅骨内板表面可见条索状压迹。两枚牙齿，其中一枚破碎，齿根为圆锥形，齿冠可见磨平的齿尖；另一枚可见齿根为圆锥形，齿冠为类方形。颅骨及牙齿均表现出典型的人类骨骼特征（图4-17）。

（1）　　　　　　　　　　　　（2）

（3）　　　　　　　　　　　　（4）

图 4-17　检出的人类骨骼

　　根据骨骼的形态特征，鉴定专家得出送检骨骼为人类骨骼的结论，鉴定结果为罪犯的审判提供了非常有力的证据。

　　在进行烧骨残片的鉴定时，由于高温的作用，可以造成骨骼的变形，检验过程中要特别注意骨骼的基本特征。当被焚烧的尸体呈仰卧姿势时，由于体重的作用可以造成肩胛骨的变形，尸体呈俯卧，可以造成下颌骨的变形。焚烧造成骨骼的变形是局部的，如使肩胛骨变形扭曲，使下颌骨的齿弓变成类方形，但人类肩胛骨呈三角形的基本特征、肩峰及喙突的基本形态不会变；下颌骨齿弓变为类方形，但齿槽形态及齿列的排布关系不会变，可以根据这些特征确定骨骼残片是否为人类骨骼。

　　（三）人类骨骼的组织学鉴定

　　对骨骼残片进行组织学鉴定，首先制作被检骨骼的组织学玻片。

　　制作骨骼组织学玻片的简单方法是骨磨片。制作骨磨片，首选骨骼碎片的骨密质部分，切割成 1～2mm 的薄片，最好要带有骨外板。将备好的骨片置于磨石研磨，磨至 0.1mm 或半透明状即可。将磨好的骨片，可以染色封片，也可以不染色直接封片，再显微镜下观察。

　　人类骨骼组织学观察的内容包括，圆形或类圆形的骨单位，由典型的哈氏环形骨板及中央管构成；由典型的哈氏骨板构成的半月形的间骨板；发达的骨小管；相对规则的内、外环骨板的形态。

　　人类烧骨残片，由于焚烧使骨骼的有机质丧失，骨骼变得十分酥脆，制作骨骼的组织学玻片十分困难。有条件的，可以使用环境扫描电镜观察。检验时挑选骨骼的骨密质部分，在骨干长轴的位置，用钳子掰或用锤子砸出一个断面，放在电镜下直接观察。观察的内容主要是骨单位及间骨板，骨小管结构在烧骨残片上不能看到。使用电镜进行骨骼的组织结构的观察，要注意放大倍数对骨骼组织学结构的影响，重点观察是否存在圆形或类圆形的骨单位、典型的哈氏环形骨板及与哈氏骨板结构相同的半月形的间骨板。被强酸、强碱处理过的骨骼,骨骼的强度大大减弱,制作骨组织玻片难度较大。检验时可将送检骨骼置于液氮罐中冷冻,然后用锤子砸出一个断面,放在电镜下直接观察。观察的内容与被焚烧的骨骼相同。

(四)人类骨骼组织学鉴定的案例

1. 案例1 2008年冬,中国北方某县一位农村村民到公安机关报案称自己的女儿失踪,随后又有村民提供信息称发现一个女孩进了一个砖窑没有出来。公安机关对砖窑进行勘查,结果在砖窑中发现了被焚烧的骨骼。现场勘查人员提取了骨骼,并送达实验室进行鉴定,要求鉴定发现的骨骼是否为人类骨骼。现场提取的骨骼破碎严重,不能通过形态学特征进行骨骼的种属鉴定。因此,选择骨骼的组织学方法进行鉴定(图4-18)。

在送检的烧骨中挑选管状骨的骨密质部位,再于骨干长轴的部位选择断面,置电镜下观察。结果发现送检的烧骨没有典型的骨单位及间骨板结构。鉴定意见为送检骨骼中没有发现人类骨骼(图4-19)。

图4-18 送检的被焚烧骨骼

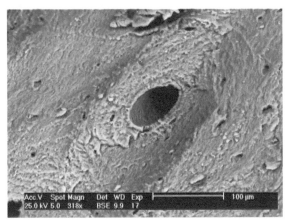

图4-19 焚烧骨骼的电镜图像

2. 案例2 在中国南方沿海城市发生了一起绑架杀人案。一对情侣以色情为诱饵,将男子骗到出租屋内杀死。2009年冬该案破获,事情已经过去多年,他们曾经住过的出租屋早已租给他人,公安机关的工作人员在出租屋的地板下发现了骨骼残渣。骨骼残渣体积很小,只能作骨骼的组织学鉴定(图4-20)。

将骨骼残渣放在电镜下观察,可见人类骨骼组织学特有的圆形或类圆形的骨单位,典型的哈氏环形骨板及由典型的哈氏骨板构成的半月形的间骨板。鉴定意见为送检骨骼可见典型的人类骨骼的组织学特征。为案件的审理提供了有力的证据(图4-21)。

图4-20 送检的骨骼残渣

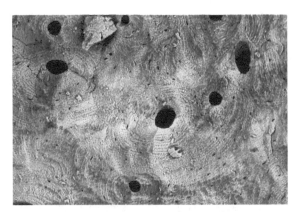

图4-21 骨骼残渣的人类组织学特征

本章小结

　　本章从物种的起源及动物骨骼特征入手,简述了现代人在生物分类系统中的位置和人类与动物骨骼的比较解剖学研究的基本知识。从颅骨、盆骨、躯干骨、四肢骨等方面介绍了人类骨骼与动物骨骼的大体形态区别,又分别介绍了人类骨骼以及几种常见动物骨骼的组织学特征,并从群体性骨骼、个体骨骼以及人类骨骼组织学等方面说明了骨骼鉴定的基本方法。

关键术语

　　现代生物分类方法（modern biological classification method）

　　比较解剖学（comparative anatomy）

　　自然选择（natural selection）

　　骨骼特征（skeletal features）

　　组织学（histology）

　　骨板（bone plate）

　　骨单位（bone unit）

　　哈氏系统（HA system）

　　骨陷窝（lacuna）

讨论题

　　骨骼检验在白骨化案事件中的应用。

（曾晓冠）

思考题

　　1. 试述导致动物骨骼与人类骨骼形态差异的原因。

　　2. 如何区分人类与动物的颅骨残片?

　　3. 简要说明骨骼检验的基本方法。

第五章　骨骼的种族鉴定

学习目标

通过本章的学习，你应该能够：

掌握：人种的分类情况；各大人种的体质特征。

熟悉：各人种之间颅骨的种族差异。

了解：各人种之间椎骨及长骨的种族差异。

骨骼的种族特征是体质人类学的一个重要研究领域。在一个多种族国家中，法医人类学研究骨骼的种族鉴别有其法医学意义。一旦被检验骨骼确定为某一种族人，即可排除其他种族人的可能性。在法医人类学检验中，通过骨骼鉴别来判断性别、身高、年龄等个体信息，同时也应注意鉴别骨骼的种族特征。

对世界现有人类的种族进行研究的学科称为人种学（raciology）或种族人类学（racial anthropology），是体质人类学研究领域中一个较为重要的分支学科，是研究人类种族的起源、演变、分布及体征特征，探讨不同种族的生活条件与自然环境之间关系的学科。

人种（Race）也称为种族，是指那些在体质形态和遗传特征上具有某些共同性的人群，且可区别于其他人群。共同的体质特征（如肤色、发色、面部骨骼结构等）及遗传基因是群体在一定的地域内，经过漫长的体征进化和文化发展过程逐渐形成的，是群体对自然环境长期适应的结果。生物学上的物种（species）简称"种"，是分类的基本单元，又是繁殖单元。物种是自然界能够交配、产生可育后代，并与其他种存在有生殖隔离的群体。

人种或种族与民族有不同的含义。民族是指人们在历史上和一定地域内形成的稳定群体，该群体成员具有共同的语言、文化、传统、历史、经济生活、习惯、心理特点及共同的民族意识。民族是以社会文化属性界定的，而种族则是以自然生物属性界定的。一个民族可以包含多个种族，一个种族也可以包含多个民族。

各人种的体质形态一般来说与他们的生活环境是相适应的，根据人种的自然体质特征，目前世界上各人种的分类以人类的形态体质特征及遗传性状为依据，在国际人类学界，最广泛的分类方法是三分法或四分法。三分法是将人类分为蒙古人种（又称亚美人种）、欧罗巴人种（又称白色人种或高加索人种或欧亚人种）及澳大利亚 - 尼格罗人种（又称黑色人种或赤道人种）。四分法是将澳大利亚人种与尼格罗人种分开，前者又称为棕色人种或大洋洲人种。俗称白种人、黄种人、黑种人和棕种人。

第一节　世界人种的划分

世界上各人种的人口数量是不等的，白种人最多，约占世界总人口 54%；黄色人种第二，约占 37%；黑色人种约占 8.5%；其他混合人种约占 0.5%。人口的分布是不均匀的，有的地区稠密，有的地区稀疏。稠密区在亚洲东部、亚洲南部,其次在欧洲、北美洲东部;稀疏区在极端干旱的沙漠地区,气候过于潮湿的雨林地区,其次在终年严寒高纬度地区,地势高峻的高原及山区。

一、蒙古人种

蒙古人种(Mongoloid)也称黄色人种或亚美人种,主要分布于东亚、东南亚、中亚细亚、西伯利亚和美洲等地。

(一)蒙古人种的体征特征

蒙古人种的主要体质特征:皮肤颜色由浅至深存在一系列变化,中间色为黄色。西伯利亚平原地区的居民肤色最浅,东北亚及中亚细亚地区带的居民肤色较深,中国人的肤色更深一些,肤色最深的是印度支那半岛和印度尼西亚人。头发为黑色,比较粗硬,绝大多数为直发,胡须少或极少,体毛不发达。面部扁平状,颧骨明显突出,脸部宽大、扁平。眼裂多较狭窄,眼外角一般明显高于眼内角。虹膜的颜色多呈深褐色或黑色。鼻宽中等,鼻根部通常较低或中等。唇厚中等,多为凸唇型。

(二)蒙古人亚种的分布

根据体质差异,蒙古人种可进一步分为5个亚种。

1. 北亚人种 又称为西伯利亚人种或大陆蒙古人种,是蒙古人种中典型的代表,北亚人种主要分布于中亚细亚和西伯利亚等亚洲大陆的腹地。其典型特征为肤色、发色和虹膜的颜色均比较浅,体毛和胡须不明显;嘴唇较薄,多为直颌类型;面部高宽,脸面显得较大,且扁平;颅形多半较低、宽,呈低颅高面形;鼻根低矮,鼻形略宽;眼眶较高,内眦及上眼睑有皱褶。北亚人种中又可进一步分出中亚细亚人群和贝加尔人群等不同地区的变种。

2. 南亚人种 属太平洋人种的范畴,有学者主张该人种中混杂有某些赤道人种成分;南亚人种主要分布于东南亚一带的印度支那半岛、马来半岛、印度尼西亚、菲律宾、泰国、缅甸等地区。中国南方的部分区域也会有不同程度南亚人种成分。其典型特征为:肤色、发色及虹膜的颜色均较深;波形发的出现率较高;鼻形较宽,鼻根多较低平;嘴唇较厚,面部突颌程度较明显。与蒙古人种其他亚种相比较,南亚人种的身材比较矮小。

3. 东亚人种 又称为远东人种,属于环太平洋蒙古人种的一部分。有学者认为东亚人种具有北亚人种与南亚人种之间过渡类型的性质。东亚人种主要分布于中国、日本、朝鲜等地。其典型特征为:肤色、毛色及虹膜的颜色较北亚人种深,但较南亚人种浅;直发的出现率较高;嘴唇较东北亚人种略厚,多为中间颌型,吻部前突不明显;颅形大多较高、窄,面部明显比北亚人种狭窄;鼻形宽度适中,多为中鼻型;身材比南亚人种高大。

4. 东北亚人种 又称为北极人种,主要分布在亚洲大陆的东北角和美洲北部的阿拉斯加,格陵兰岛等极地附近地区,生活环境极为寒冷。因纽特人、阿留申人为东北亚人种的主要代表。其典型特征为:肤色常为浅黄褐色;头发粗黑很硬;虹膜为褐色,有内眦皱褶,但不如东北亚人种发达;面部宽而扁平,颧骨突出;颅形高低适中,多为长颅型,额部明显向后方倾斜;鼻根略高,鼻梁平直,鼻形较窄;身材与南亚人种相似。

5. 美洲人种 蒙古人种中的美洲人种特指印第安人的各个不同的部落群。印第安人的部落广泛分布于南美洲、北美洲大陆。与亚洲的蒙古人种相比,美洲人种在若干体征特征上存在着较大差异。具有蒙古人种的某些共同特征,如直而硬的黑发,黄褐色的皮肤,体毛、胡须不发达,虹膜颜色较深,宽大的面形、突出的颧骨及很高的铲形门齿出现率之外,美洲人种具有一些不同于亚洲蒙古人种的自身特点,如他们的内眦皱褶出现率很低,鼻根通常很高,鼻背呈凸形并明显向前突出等。

二、欧罗巴人种

欧罗巴人种(Europeoid)又称白色人种、欧亚人种或高加索人种,在欧洲殖民扩张以前,主要分布于欧洲、西亚、北非和南亚次大陆的北部地区,在美洲和大西洋的人口中占有很大比例。

（一）欧罗巴人种的体质特征

1. 欧罗巴人种的体质特征　在北欧的人群有相当浅的肤色，而南亚的北印度人和北非的埃及人其肤色很深；虹膜的颜色变化范围较大，有蓝色、灰色、浅绿色，也有黑褐色等深色色调者；成年人中缺乏内眦皱褶，上眼睑皱褶欠发达；发形多为波形发或直发，质地较细软；发色的变异范围也很大，从很浅的金黄色、亚麻色、灰色到较深的火红色和黑色等，各种毛发色调的人群均占有一定比例。胡须和体毛均很发达；嘴唇较薄，口裂宽度较小，多为正唇型和正颌型；鼻根很高，鼻部显著向前突出，鼻孔的纵径明显大于横径；眼眶略显凹陷；颧骨不突出，面部扁平度较小。

2. 颅骨特征　欧罗巴人通常具有高而窄的梨状孔，鼻指数小或中等，鼻根指数很大，鼻前棘多很发达；眉弓发育显著，犬齿窝多半较深；颧骨比较低、窄，鼻颧角一般较小，鼻根点凹陷常常深。

（二）欧罗巴人种的分布

欧罗巴人种又可分为大西洋 - 波罗的海人种、印度 - 地中海人种、中欧人种、白海 - 波罗的海人种及巴尔干 - 高加索人种等若干不同的亚种。

1. 大西洋 - 波罗的海人种　又称为北欧人种，主要分布于欧洲西北部的斯堪的那维亚半岛、英国、荷兰和德国的北部地区。该人种一个突出的体质特征是：色素极浅；通常具有金黄色或亚麻色的直发，天蓝色或灰色的虹膜，粉红白色或苍白色的皮肤；身材高大，颅形较长；鼻根很高，鼻背很直，多为狭鼻型；颧骨不突出，颧宽值中等；面部狭长，下颌前突。

2. 印度地中海人种　该人种主要分布在南欧、北非、美索不达米亚、阿拉伯半岛、伊朗高原的南部和南亚次大陆的北部等地区。印度地中海人种也可分为若干地区性亚种，但该人种的主要体征特征为：色素较深；皮肤颜色和发色均比较深，波形发的出现率比较高；颅形较长，面部很窄，高而窄的鼻形，下颌前突；身材中等。

3. 中欧人种　又称阿尔卑斯人种，主要分布在欧洲中部的德国、瑞士、奥地利、法国中部高原以及捷克斯洛伐克等地区。该人种的主要体征特征为：肤色较浅，发色和眼色介于大西洋 - 波罗的海人种和印度 - 地中海人种之间，发型为直发或波形发；颅形较短，面部低而略宽，鼻形稍阔，有一定比例的个体表现为凹形鼻梁；胡须和体毛丰富或中等，身材较矮。

4. 白海 - 波罗的海人种　该人种主要分布在欧洲的东北部，包括俄罗斯、白俄罗斯、立陶宛、拉脱维亚、爱沙尼亚和芬兰的部分地区。其主要体质特征为：肤色、发色均很浅；虹膜颜色较浅，颜色略深于大西洋 - 波罗的海人种；胡须和体毛发育中等；发型多为直发；面形略低宽，鼻子较短，凹形鼻梁和鼻底上翘者占相当大的比例；身材中等。

5. 巴尔干 - 高加索人种　该人种主要分布在巴尔干半岛、小亚细亚、高加索和伊朗的西部等地区。其主要体质特征为：肤色深浅不一，发色和眼色较深；颅形短宽，颧宽值较大，鼻突度极大，凹形鼻梁出现率较高，胡须和体毛相当发达，身材高大。

三、澳大利亚 - 尼格罗人种

澳大利亚 - 尼格罗人种（Australia and black）又称为黑色人种或赤道人种，主要分布在旧大陆回归线以南，包括撒哈拉以南的非洲地区、南亚次大陆的南部、澳大利亚、大洋洲和东南亚等地区的一些岛屿。

（一）澳大利亚 - 尼格罗人种的体质特征

1. 澳大利亚 - 尼格罗人种的主要体质特征　其肤色很深，多呈暗黑色、黑暗色、红褐色等深色调，但在非洲的布须曼其肤色较浅；发色为黑色，发型为波形或卷发；虹膜为黑褐色，眼裂很大；鼻形较宽，鼻根低矮或中等，鼻突度大，鼻孔的横径大于纵径；嘴唇很厚，向前突出并外翻，口裂的宽度较大。

2. 颅骨特征　澳大利亚 - 尼格罗人种通常具有很大的鼻指数和低矮的眼眶；面部大多比较狭窄，前额低平，表现出明显的突颌性质；面部水平方向的扁平度很小，犬齿窝较深；长颅型占有较大比例，垂直颅面指数普遍较小。

（二）澳大利亚 - 尼格罗人种的分布

澳大利亚 - 尼格罗人种包含有许多亚种，主要有澳大利亚人种、维达人种、美拉尼西亚人种、尼格利陀人种、尼格罗人种、尼格列罗人种和布须曼人种等。若按四分法分类原则，则澳大利亚人种、维达人种、美拉尼西亚人种、尼格利陀人种等被评定为棕色人种；尼格罗人种、尼格列罗人种和布须曼人种等被列为黑色人种。

1. 澳大利亚人种　该人种指居住在大洋洲大陆的土著居民，其主要体质特征为：肤色通常深棕色，发色和眼色较深；发型多为波形发；胡须和体毛很发达；眉弓粗壮，前额明显向后方倾斜；鼻形十分宽阔，嘴唇很厚；面部呈明显的突颌型；颅骨长颅型，中等身材。

2. 维达人种　该人种主要分布在印度的中部和东部、斯里兰卡、马来半岛、加里曼丹和苏门答腊等地区。其主要体质特征为：皮肤深褐色，眼色也很深，发色为黑色；发型为长而硬的波形发；颅形狭长，面部相对较宽，额部稍向后倾；胡须和体毛不发达；嘴唇较厚，鼻形宽，面部比较平直，眉弓发达中等程度；身材比较矮小。

3. 美拉尼西亚人种　该人种主要分布在美拉尼西亚群岛、新几内亚岛和塔斯马尼亚岛等地区。包括美拉尼西亚人种和巴布亚人种，各自具有特定的体貌特征，前者主要体质特征为：皮肤颜色黑褐色或深棕色；眼色和发色均为黑色；发型多为卷发；胡须和体毛发达程度不一，眉弓发达，明显突出；颅形多较长，鼻形一般较阔，鼻凹度相对较小；而巴布亚人种的胡须和体毛十分发达，鼻背通常较高，呈凹形，突额程度较明显；中等身材者居多。

4. 尼格利陀人种　该人种主要分布在马来半岛、苏门答腊、菲律宾群岛、安达曼群岛及新几内亚膝部山地等地区。其体质特征的突出点是：身材极为矮小，成人的身高在 140～150cm；皮肤颜色多为黑褐色或浅褐色，颜色和发色均很深；发型为很短的卷发；唇厚中等，鼻短而扁平，多为阔鼻型；胡须和体毛发育差异较大，居住在马来半岛、苏门答腊和安达曼群岛的尼格利陀人的胡须和体毛甚少，而居住在菲律宾和新几内亚的尼格利陀人，则胡须和体毛十分发达浓密；颅形多为中颅型，也有部分人为短颅型。

5. 尼格罗人种　该人种广泛分布在撒哈拉沙漠以南的非洲大陆。其主要体质特征为：肤色为深褐色或黑色；虹膜为黑色；发色为黑色；发型为强烈卷曲的短发；胡须和体毛不发达；颅形狭长，眉弓不发达，前额丰满；嘴唇厚，前突，显著外翻，口裂很大，突颌明显；鼻背多较低平，鼻形较为宽阔，眼裂很宽，面部比较狭窄，扁平度中等；身材纤细而高大，其中居住在苏丹东部和尼罗河上游地区的人，是世界上平均身高值最大的人群，成年男子身高平均在 180cm 以上。

6. 尼格列罗人种　又称为中非人种，该人种主要分布在赤道非洲的刚果河、奥戈韦河、伊图里河沿岸的热带雨林深处。其体质特征为：身材矮小，成人平均身高仅为 136～142cm，肤色较浅，体毛比较发达，多有黄色浓密而纤细的体毛，胡须发育中等；头发十分卷曲，极短，呈深褐色；唇厚中等，前突明显，但红唇外翻不明显；鼻根扁平，鼻形宽阔；又被称为卑格米人（Pygmies，矮小黑人）。

7. 布须曼人种　又称为南非人种，曾广泛分布在南部非洲的许多地区。由于欧洲殖民对南非的影响，布须曼人现在主要居住在卡拉哈里的沙漠之中，以狩猎采集为生。其主要体质特征为：身材矮小，成年男子的平均身高为 152cm；肤色较浅，呈黄褐色；在幼年期，皮肤表面便出现皱纹；头发黑色而稀疏，通常卷成胡椒籽状，一簇一簇地紧贴头皮表面生长；胡须和体毛不发达；面形较小而扁平；眼裂较狭窄，有相当比例的内眦皱褶出现率；嘴唇较厚，鼻子扁宽，颧骨凸出，面部较小；颅骨较低平，多为中型颅，突颌程度不明显。在体形上布须曼人的突出特点是臀部脂肪异常丰富，尤以妇女为甚，她们的臀部脂肪堆积，向后上翘起，婴幼儿可站立其上。

四、过渡人种

过渡人种（other races）是指在三大主要人种分支以外，即混血性质的人种类型。过渡人种的群体中常出现两个或两个以上人种的混合性状。因此，很难将其明确地归纳到三大人种中的任何一种。

（一）过渡人种形成的原因

在漫长的人类社会进化发展过程中,由于自然环境及社会因素共同作用,形成了世界上的不同人种。人种的形成因素与地球上地理环境、隔离、混合和社会文化等因素有关。

1．地理环境　人类的很多性状是对自然环境相适应的结果。如人种分类中特征性的皮肤颜色与纬度关系密切,表现为纬度越高肤色越浅,纬度越低,其肤色越深。高纬度地区,每天日照及一年中日照时间较短,皮肤中含有黑色素不高,吸收紫外线能力有限,其肤色浅;而低纬度地区的人群,日照时间长,皮肤中含有较多的黑色素,具有吸收紫外线的能力,其肤色就深。为了适应炎热的环境,非洲黑人皮肤内的汗腺比欧洲白人多,机体体温调节功能完善,使机体在炎热的情况下维持正常的体温。同时赤道人种头顶的卷发及宽大的口裂、外翻的厚嘴唇,也是对炎热环境适应的结果。而北欧地区高大鼻梁的白种人,鼻黏膜的表面积明显增大,通过鼻黏膜中的血管网,使吸入的冷空气在进入肺部之前有所变温。蒙古人种眼内角的内眦皱褶,与其生活在亚洲腹地的风沙、多雪气候环境有关,内眦皱褶起到保护眼睛免受风沙的侵袭,防止阳光照在雪地上的反光对眼睛造成的损害。而生活在非洲南部卡拉哈里沙漠中的布须曼人种具有狭窄的眼裂,保护眼睛免受沙漠风沙的侵袭。

2．隔离　隔离也是人种形成的重要因素。由于高山深谷、河流、海洋、沙漠、冰川等天然障碍的阻隔,使得不同区域的人类群体之间断绝来往,彼此长期生活在不同的自然环境中,发生了种族上的分化;如有着共同族源的亚洲蒙古人种和美洲印第安人,由于长期生活在不同的环境中,形成各自的体质形态特征。

3．混合　人类混杂现象即混血。人类属于同一物种,各大人种之间不存在着生殖隔离,人类之间的基因可以交流。人类在漫长的进化过程中,环境变化引起的人群迁徙、部族之间的战争,促进了不同人种之间的融合,即基因交流。在种群逃离恶劣的环境或躲避流血的战争过程中,可能形成新的种族类型,处于新的隔离状态下,受到新的环境因素作用,形成新的种族形态。这种新的种族形态,由于混血而具有多个种族的特征,即产生了过渡人种。过渡人种的形成是一个极其复杂的过程。人类的混血,随着科学的发展,已达到空前的规模,其结果必然使人类形态及基因组成更加复杂和多样化。从人类总体的发展趋势上分析,人类各人种间的界限将更加模糊不清,更加趋向成为一个统一的人类物种。

4．社会文化　人类的文化因素如社会制度、等级观念、经济地位、宗教信仰等,通过性选择也可影响群体基因组成结构的改变而影响新的人种的产生。

（二）过渡人种的分布

1．千岛人种　又称阿伊努人种,是东北地区一个古老的民族,中国古代文献中称之为"虾夷"人。旧石器时代晚期至新石器时代早期曾广泛分布于日本列岛。18世纪后,多分布在堪察加半岛。20世纪前分布在库页岛南部、千岛群岛和日本本州北部。目前主要居住在日本的北海道。该人种属于蒙古人种和澳大利亚 - 尼格罗人种之间的过渡类型,具有明显的种族混合性质。其典型的体征特征为:身材矮小,体毛极其发达,浓密程度居世界各人种之首;头发黑色、粗硬、呈波状;皮肤颜色为浅褐色;颅骨中颅型、颌部为正颌型,面部宽大且极为扁平,犬齿窝较浅;鼻形略宽,凹形鼻背;内眦皱褶出现率高。

2．波利尼西亚人种　包括毛利人、萨摩亚人、汤加人、图瓦卢人、夏威夷人、塔西提人、托克劳人、库克岛人、瓦利斯人、纽埃人和复活节岛人等十多个支系。最初定居于社会群岛,后逐渐迁徙到北至夏威夷,东抵复活节岛,西南到新西兰广阔的众多岛屿。该人种属于蒙古人种和澳大利亚 - 尼格罗人种之间过渡类型基础上,带有南方蒙古人种和澳大利亚 - 尼格罗人种的混合性状。其典型体质特征为:身材比较高大,皮肤颜色呈黄色或浅褐色,体毛发育中等,头发为黑色波形发;鼻突出度中等,鼻形较阔;头颅高而较短,颅指数多为圆颅型;面部宽大,颧骨突出;面部凸出度中等,颏部较突出且厚重,有较高的"摇椅形下颌"出现率。

3．南西伯利亚人种　主要分布于中亚、南西伯利亚及其邻近地区,属于蒙古人种与欧罗巴人种的过渡型。其典型体质特征为：中等色度的皮肤颜色，中等硬度的直发，比较发达的胡须；鼻根较高、鼻突出度较大；内眦皱褶不发达；面部高且宽，相当扁平；颅骨多属于短颅类型。

4. 乌拉尔人种　主要分布于叶尼塞河以西的西伯利亚和乌拉尔地区，属于蒙古人种和欧罗巴人种之间的混血类型。有较浅色的皮肤，直而软的头发，胡须较发达；内眦皱褶出现率较低；鼻前突不明显，鼻梁凹陷；嘴唇很薄，面部较垂直，面宽中等，颧骨欠突出。显示出具有白海 - 波罗的海人种和北亚人种相混合的性质。

5. 埃塞俄比亚人种　主要分布于非洲大陆东北角的埃塞俄比亚和索马里等地区，属于欧罗巴人种和尼格罗人种之间的过渡类型。其体质特征为：具有深褐色或浅褐色的皮肤，有黑色的头发，发型卷曲且较蓬松，胡须少或中等；虹膜为黑色；面部很窄，鼻子很尖而窄，鼻突出度比较大；嘴唇中等厚，突颌不明显；长颅型；中等偏高身材。

6. 南印度人种　主要分布在南亚次大陆的南部，属于欧罗巴人种和澳大利亚人种的混血性质。其体质特征有许多与埃塞俄比亚人种相似；但头发略直，比较浓密，胡须和体毛较少；面部较短而宽；颅形比较狭长，鼻形为典型的中鼻型；身材稍矮小。

第二节　不同人种的骨骼鉴定

骨骼的种族鉴定是考古学、法医人类学等领域的重要内容，对个体身份的确定具有重要的意义。在移民国家发现白骨化的尸骨，骨骼的种族鉴定是必须进行的工作。随着中国经济的发展，国际交流的增加，各种刑事与民事案件的表现方式日趋复杂，关于骨骼种族鉴定的案件也在增加。体质人类学研究表明，不同种族人群的骨骼外部形态存在着差异，这是法医人类学家进行骨骼种族鉴定的客观基础。

一、颅骨的种族差异

（一）颅骨形态观察的种族差异

颅骨的大体形态特征，存在着明显的种族差异。一般来说，欧洲人种（高加索人种）的颅骨特征表现为：眉弓较其他人种更发达；乳突大；正颌面形，吻部突出不明显；高而窄的鼻骨，发达的鼻棘，突出的颏。蒙古人种的颅骨表现为：短颅及圆形颅较多见，颧骨及眶下部向前突，眉弓不发达；鼻根宽扁，鼻梁低，梨状孔较窄；颌及齿弓短宽；下颌宽，下颌角向两侧张开；铲形门齿；扁平的枕骨，枕外隆突发达；颅穹隆平滑。黑人的颅骨特征表现为：眉弓多不发达，多为长颅；低而宽的鼻梁，大的鼻孔（宽大的梨状孔），上、下齿槽明显前突，颏不发达；长而窄的颌及齿弓；枕部明显后突。澳大利亚土著人的颅骨特征与早期的人类相似，主要表现为：扁平的前额，突出的眉弓，大的颌及牙齿。人类 3 个主要人种分支的颅骨特征如表 5-1 所示。

表 5-1　人类 3 个主要人种分支颅骨的形态特点比较

形态特征	欧洲人种			蒙古人种	尼格罗人种
	诺的克（北欧）	阿尔宾（中欧）	地中海（南欧）		
颅骨长	长	短	长	长	长
颅骨宽	狭	宽	狭	宽	狭
颅骨高	高	高	中等高	中等高	低
矢状观轮廓	圆	拱形	圆	拱形	扁平
面宽	狭	宽	狭	很宽	狭
面高	高	高	中等高	高	低
眶形	角形	圆	角形	圆	矩形

续表

形态特征	欧洲人种			蒙古人种	尼格罗人种
	诺的克（北欧）	阿尔宾（中欧）	地中海（南欧）		
鼻形	狭	中等宽	狭	狭	宽
鼻孔下缘	锐利	锐利	锐利	锐利	沟形
面部侧视	直	直	直	直	向下倾斜
腭形	狭	中等宽	狭	中等宽	宽
颅骨一般印象	粗壮,拉长	大,中等粗壮	较小,光滑	大,光滑	硕壮,光滑
	卵圆形	圆形	拉长,五角形	圆形到卵圆形	拉长,收缩的卵圆形

对于完整的颅骨,不同人种的颅骨形态差异很大,尤其是吻部突出的程度、颧弓的形态及下颌前翘与否(图5-1)。

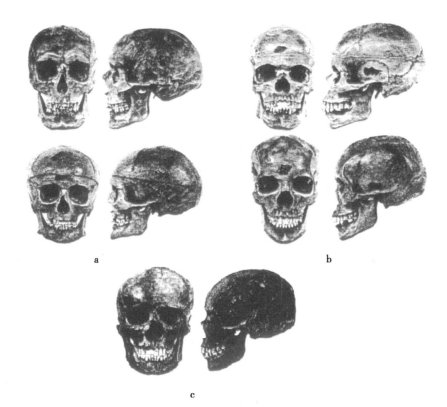

图5-1　白种人、黑种人和黄种人颅骨形态比较
a. 美国白人颅骨（上：男性；下：女性）；b. 美国黑人颅骨（上：男性；下：女性）；c. 中国男性颅骨

(二)颅骨指数及部分测量值的种族差异

1. 三大人种的颅骨指数及部分测量值比较　在人体测量学中,为了比较不同群体的体质特征,人类学家设计很多指数。在颅骨的测量项目中,部分测量值种族差异较大。用这部分颅骨测量指标构成的指数,可以用于颅骨的种族鉴定。颅骨种族差异较大的部分测量值及指数如下:

(1)颅骨种族差异较大的部分测量值:

上面高(morphological facial height n-gn,马丁编号:47):鼻根点(n)至颏下点(gn)之间的距离。测量时用2~3mm的蜡片代替下颌关节盘的厚度,并使上下颌按其固有的咬合关系咬紧。用直角规测量。

颧宽或面宽(facial breadth,ay-ay,马丁编号:45):两侧颧点(ay)之间的距离。用弯脚规测量。

眶高(orbital breadth,马丁编号:52):与眶宽相垂直的眼眶入口的最大径。用直角规测量。

齿槽面角（alveolar profile angle,ns-pr<FH,马丁编号：74）：鼻棘点（ns）到上齿槽前缘点的连线与法兰克福平面相交的角度。

鼻颧角（naso malar angle,fmo-n-fmo,马丁编号：77）：此角的尖端在鼻根点（n），两边分别通过两侧的眶额颧点（fmo）所构成的夹角。将三角平行规的 3 个脚的尖端,分别放在上述 3 个测点上,固定此三脚的位置；然后将其放在半圆形量脚板上,测出鼻颧角的度数。

（2）颅骨种族差异较大的部分指数：

$$鼻指数（nasal index）= \frac{鼻宽 \times 100}{鼻高（n-ns）}$$

$$鼻根指数（simotic index）= \frac{鼻骨最小高（ss） \times 100}{鼻骨最小宽（sc）}$$

$$齿槽弓指数（index of dental arch）= \frac{上齿槽弓宽（ekm-ekm） \times 100}{上齿槽弓长（pr-alv）}$$

$$垂直颅面指数（vertical cranio-facial index）= \frac{上面高（n-sd） \times 100}{大孔前缘点到前囟点距离（ba-b）}$$

中国人及三大人种的面部部分测量项目及指数的比较如表 5-2 所示。

表 5-2 中国人面部测量项目与三大人种的比较（男性）

（长度：mm,角度：上半角,指数：%）

项目	中国人	三大人种		
		欧洲人种	蒙古人种	尼格罗人种
鼻指数（54∶55）	48.98	43~49（小）	43~53（小和中）	50~60（中和大）
鼻根指数（ss∶sc）	46~53（大）	31~49（中和大）	20~45（小和中）	
齿槽面角（74）	74.41	82~86（大）	73~81（中）	61~72（小）
鼻颧角（77）	145.36	135 左右（小）	145~149（大）	140~142（中）
上面高（48）	71.92	66~74（小和中）	70~80（中和大）	62~71（小和中）
颧宽（45）	132.00	124~139（小和中）	131~145（中和大）	121~138（小和中）
齿槽弓指数（61∶60）	125.34	116~118（中）	115~120（中和大）	109~116（小）
垂直颅面指数（48∶17）	65.89	50~54（中）	52~60（中和大）	47~53（小和中）

注：项目括号内编号为马丁编号

2. 白种人与黄种人颅骨的比较鉴定　Gill 等通过 125 例美国白人及 173 例美洲印第安人颅骨的研究,在颅骨的中面部设计了 3 个指数,提出了白种人与黄种人种族判别的方法。3 组指数测量项目如下：

（1）眶间宽（maxillofrontal breadth,mf-mf）：左右颌额点（mf）之间的距离。

鼻颌额弦长（naso maxillofrontal subtense）：左、右眶间宽连线到鼻梁最低点之间的垂线。

（2）眶宽（mid orbital breadth）：左、右颧眶点（眶下缘与颧颌缝的交点）之间的距离。

鼻颧眶弦长（naso zygoorbital subtense）：左、右颧眶点（眶下缘与颧颌缝的交点）连线至鼻梁最低点之间的垂线。

（3）Alpha 点间宽（alpha cord）：左右侧 Alpha 点（颧眶点到鼻上颌缝间连线上的最低点,用铅笔在两点间画一条线,找到划线上的最低点即为 Alpha 点）之间的距离。

鼻 -Alpha 弦长（naso alpha subtense）：左右 Alpha 点连线到鼻梁最低点之间的垂线（图 5-2）。

白种人与黄种人颅骨的比较鉴定的 3 个指数构造为：弦长 / 宽 ×100。

具体指数如下。

$$颌额指数（maxillofrontal index）= \frac{眶间宽 \times 100}{鼻颌额弦长}$$

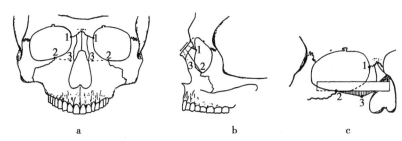

图 5-2　白种人和黄种人颅骨比较鉴定的测量方法
a. 示三组数值宽度测量方法；b. 示三组数值中弦长的测量；c. 示 Alpha 点的确定方法

$$颧眶指数（zygoorbital\ index）=\frac{眶间宽\times100}{鼻颧眶弦长}$$

$$Alpha\ 指数（alpha\ index）=\frac{Alpha点间宽\times100}{鼻\text{-}Alpha\ 弦长}$$

白种人与黄种人颅骨的比较鉴定的三项指数的临界点：

鼻颌额指数的临界点为 40，鼻颧眶指数的临界点为 38，鼻 Alpha 指数的临界点为 60。鉴定颅骨的种族时，先对颅骨进行测量，根据测量值求出指数。如果所得的指数值大于临界点，判定结果为白人，小于临界点判定结果为印第安人（黄种人），其种族判别准确率，白人为 88.8%，其中男性为 88.3%，女性为 90.9%；印第安人为 87.9%，其中男性为 83%，女性为 94.5%（图 5-3）。

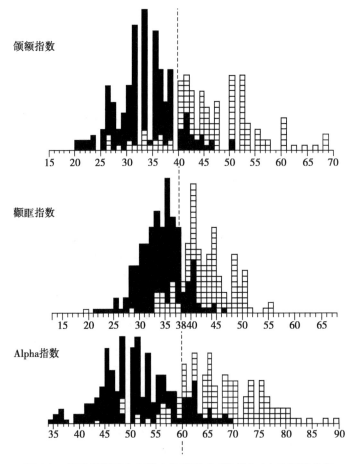

图 5-3　颅骨指数区分白种人与黄种人（印第安人）的频数分布
上：颌额指数判别率；中：颧眶指数判别率；下：Alpha 指数判别率
■美洲印第安人，□美国白人

除上述面颅测量指标外,眶角指标在种族差异性判断方面具有一定意义。眶角为鼻根点(n)与眶颧颌点(zyg)之间的连线与眶下缘的切线相交所构成的向外上方的夹角。中国黄种人眶角普遍小于欧洲白种人眶角,即中国黄种人眼眶的斜向外上的开放度小于欧洲白种人,这与蒙古人种眼眶多圆钝型而白种人眼眶多角形和高型的形态学特点相一致。

二、椎骨及长骨的种族差异

(一)白人与黑人的颈椎比较鉴定

颈椎棘突末端形态存在明显的种族差异。Duray 等对 359 例个体的颈椎进行了种族差异的研究,种族来源为来自非洲大陆及欧洲大陆的白人后裔。所用标本不同种族的个体,同一种族内不同性别个体的比例大致相等。观察的项目为颈椎棘突末端的形态。根据颈椎棘突末端是否有分叉的情况,将颈椎分为 3 种类型:颈椎棘突末端明显分叉,颈椎棘突末端部分分叉,颈椎棘突末端不分叉(图 5-4)。

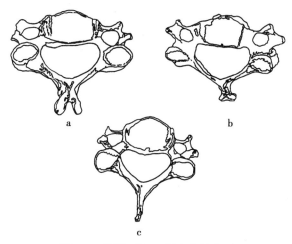

图 5-4　颈椎(第三)棘突末端分型
a. 完全分叉;b. 部分分叉;c. 不分叉

研究结果表明,91% 的个体的第 2 颈椎棘突末端均为明显分叉型,98% 的个体的第 7 颈椎均为棘突末端不分叉型,统计结果显示第 2、7 颈椎末端分型均不存在种族及性别差异。从第 3 颈椎到第 6 颈椎,棘突末端明显分叉的个体的出现率,在美国白人与美国黑人之间存在着明显的种族差异。统计检验表明,美国白人的第 3 颈椎到第 6 颈椎棘突末端明显分叉型的出现率,远远高于美国黑人。而且,男性棘突末端完全分叉型的出现率高于女性,种族间的差异大于种族内的性别差异(表 5-3)。

表 5-3　不同种族及性别棘突末端分型的统计分析

种族		第2颈椎(C₂)			第3颈椎(C₃)			第4颈椎(C₄)			第5颈椎(C₅)			第6颈椎(C₆)			第7颈椎(C₇)		
		B	P	N	B	P	N	B	P	N	B	P	N	B	P	N	B	P	N
黑人男性	N	83	4	2	16	21	52	29	23	38	49	18	23	30	14	46	0	0	90
	%	93.3	4.5	2.2	18.0	23.6	58.4	32.2	25.6	42.2	54.4	20.0	25.6	33.3	15.6	51.1	0.0	0.0	100.0
黑人女性	N	74	6	5	9	11	66	13	23	50	37	16	33	22	16	48	3	1	82
	%	87.1	7.1	5.9	10.5	12.8	76.7	15.1	26.7	56.1	43.0	18.6	38.4	25.6	18.6	55.8	3.5	1.2	98.3
白人男性	N	83	6	1	63	15	13	74	10	7	77	6	7	54	7	28	0	1	90
	%	92.2	6.7	1.1	69.2	16.5	14.3	81.3	11.0	7.7	85.6	6.7	7.8	60.7	7.3	31.5	0.0	0.0	98.9
白人女性	N	83	7	1	41	22	29	67	13	11	74	10	8	46	6	39	0	2	88
	%	91.2	7.7	1.1	44.6	23.9	31.5	73.6	14.3	12.1	80.4	10.9	8.7	50.5	6.6	42.9	0.0	2.2	97.8

注:项目栏中 B 表示颈椎棘突末端为分叉型,P 表示颈椎棘突末端为部分分叉型,N 表示颈椎棘突末端为不分叉型

不同种族及性别颈椎棘突末端分型的卡方检验结果显示第 3 颈椎（C_3）及第 4 颈椎（C_4）的种族差异最明显。

C_3、C_4 棘突末端分叉型的出现率白人明显高于黑人，C_3 及 C_4 棘突末端不分叉型的出现率黑人明显高于白人。根据 C_3、C_4 棘突末端分叉的类型来区分白人及黑人总的准确率为 76.5%，其中确定为白人的准确率为 80.25%，确定为黑人的准确率为 72.09%（图 5-5）。

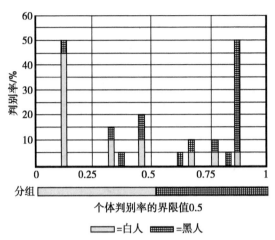

图 5-5　颈椎棘突末端分型判定种族的准确率

国内法医人类学家对已知确切性别的 33 例黄种人枢椎椎骨进行研究，测量枢椎椎骨的 8 项指标（表 5-4，图 5-6），所得数据与白种人进行比较，其中 6 项指标（XSL、XDH、DSD、DTD、LVF、SFB）在男性种族间存在显著的种族差异、3 项指标（XSL、XDH、DSD）在女性种族间存在显著的种族差异。

表 5-4　枢椎各测量指标名称及定义

指标	名称	定义
XSL	最大矢状径	枢椎在正中矢状面上的最大前后径
XDH	齿突全高	枢椎齿突最高点至椎体腹侧面下缘中点的距离
DSD	齿突矢状径	枢椎齿前后径突在正中矢状面上的最大前后径
DTD	齿突横径	枢椎齿突左右侧最大径
LVF	椎孔矢状径	枢椎椎孔在正中矢状面上的最大前后径
SFB	上关节面最大间距	枢椎上关节面之间的最大宽度
SFS	上关节面矢状径	枢椎上关节面在矢状面上最大前后径
SFT	上关节面横径	枢椎上关节面左右缘最大径

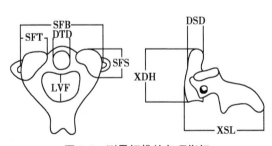

图 5-6　测量枢椎的各项指标

（二）白人与黑人长骨的比较鉴定

骨骼的种族鉴定的研究多集中在颅骨上，关于其他骨骼种族鉴定的研究较少。1962 年美国著名法医人类学家 Stewart 提出用股骨前曲率判定种族(图 5-7)。美国白人的股骨矢状面(前后相)弯曲度较明显,骨干中部矢状径更扁平,股骨上端向前扭转较明显。与美国白人相比,美国黑人股骨矢状面观几乎是平直的,股骨上端更加扁平,股骨上端(股骨颈)向前扭转的角度更小。但股骨矢状面略弯曲,骨干中部矢状径稍扁平,股骨上端稍扭转的股骨,不一定就是美国白人的长骨,也有可能是美洲印第安人的长骨。

随着医学影像技术的发展,利用 X 线片和 CT 片上的股骨远、近端的特征对股骨的种族判定亦有一定意义。

图 5-7　股骨的种族比较
a. 美国白人;b. 美国黑人

本章小结

世界人种的划分:三分法及四分法;各人种体质特征情况。关注过渡人种。

人种的骨骼鉴定是法医人类学检案工作的重要内容,人类 3 个主要分支人种颅骨形态特征有着明显的种族差异,颈椎骨的种族间差异大于种族内性别差异。

关键术语

种族人类学(racial anthropology)

骨骼的种族鉴定(forensic identification of race from the skeleton)

讨论题

骨骼的种族鉴定对考古学和法医人类学检案具有重要意义,如何从白骨化骨骼判断人种来源?

(周月琴　徐红梅)

思考题

1. 人种和物种的概念是什么?
2. 世界上人种分类、分布情况是什么?
3. 各人种的体质特征是什么?
4. 人类 3 个主要人种分支颅骨的形态特点是什么?

第六章　骨骼的性别鉴定

学习目标

通过本章的学习,你应该能够:

掌握: 1. 骨盆确定性别的形态特征,详细讲解骨盆及其组成骨确定性别。重点阐述骨盆的男女性别差异。
2. 颅骨确定性别,重点阐述颅骨在形态学上的性别差异,由颅长、颅宽、颅高、耳上颅高、颅容量进行颅骨性别判别分析。
3. 下颌骨确定性别。

熟悉: 1. 躯干骨确定性别。
2. 胸骨确定性别。

了解: 1. 肋骨确定性别。
2. 四肢骨的性别判别。

第一节　颅骨的性别判定

脑颅由额骨、一对顶骨、枕骨、蝶骨、一对颞骨及筛骨构成。面颅骨由上颌骨、鼻骨、泪骨、颧骨、腭骨、犁骨、下鼻甲、下颌骨及舌骨等15块骨骼构成,面颅骨围成口腔,并与脑颅骨构成两眼眶及鼻腔。应用完整的颅骨进行性别判定,其准确率可以达到92%。颅骨破损时,应用部分颅骨,其性别判断的准确率会下降。

一、颅骨表面特征的性别差异

颅骨表面特征的性别差异主要表现在颅骨表面的解剖结构的形态方面。男性颅骨粗大、厚重,女性颅骨光滑、纤细。较为典型的男性或女性颅骨,通过观察可以较容易确定颅骨的性别。男、女颅骨的表面特征的差异如下(表6-1,图6-1)。

表 6-1　男女颅骨表面特征的性别差异

观察部位	男	女
整体观	大而重,颅壁较厚、粗壮,肌嵴明显,颅容积大(约1450ml)	小而轻,颅壁较薄,表面光滑,肌嵴不明显,颅容积较小(约1300ml)
正面观	额部较倾斜,额结节不明显。眉间凸度大,突出于鼻根上。鼻根点凹陷较深。眶类方形,上缘较钝。眉弓明显。梨状孔高而窄,颧骨高,粗壮,颧弓发达	额部较陡直,额结节大而明显。眉间凸度较小,较平。鼻根凹陷较浅。眶类圆形,眶上缘较锐。眉弓不明显,梨状孔低而圆。颧骨低而薄弱,颧弓较细

观察部位	男	女
后面观	枕外隆突明显。乳突发达,枕鳞肌嵴明显,枕外隆突不明显	乳突不发达,枕鳞肌嵴不明显
底面观	齿槽弓较大,近 U 形。枕骨大孔大,枕骨髁大。颅底肌嵴明显	齿弓小而尖,呈抛物线形,枕骨大孔较小,枕骨髁小,颅底肌嵴不明显
顶面观	顶结节较小,眉弓突出	顶结节较大,眉弓不突出

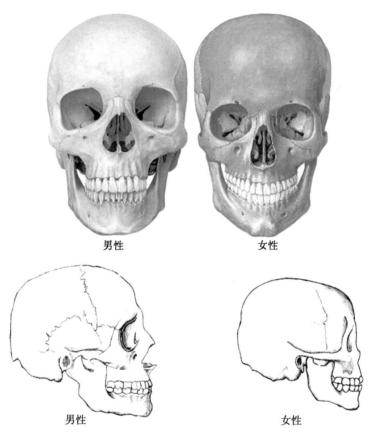

男性　　　　　　　　　　女性

男性　　　　　　　　　　女性

图 6-1　男女颅骨正侧位

二、颅骨的性别判别分析

通过颅骨表面特征的观察,准确判定颅骨的性别,需要鉴定人员有较丰富的工作经验,对颅骨观察较少的法医,很难得到正确的结论。如果遇到性别特征不明显的颅骨,即使经验较丰富的法医人类学家,也很难得到准确可靠的结论。为了提高颅骨性别判定的准确性,根据人体测量学的方法对颅骨进行测量,用判别分析的方法,应用颅骨的测量值进行性别判定,可以使颅骨性别判定的准确性大大提高。由于判别分析的操作方法客观规范,即使没有经验的法医,只要掌握了操作方法,也能得出较可靠的结论。

(一)颅骨的测量指标及变量

将颅骨置于标准平面状态,测量如下指标(图 6-2,图 6-3)。

颅长(X_1, maximum cranial length):正中矢状面上的最前突点(g),至颅骨在正中矢状面上最向后突点(op)之间的距离。

颅宽(X_2, maximum cranial breadth):左、右颅侧面最外突点(eu)之间的距离。

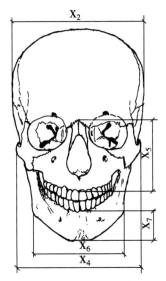

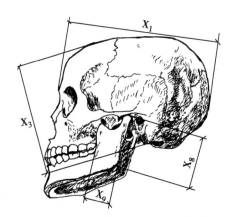

图 6-2　颅骨性别判定的测量方法　　　　　　图 6-3　颅骨性别判定的测量方法

颅高（X_3，baxsi bregmatic height）：颅骨顶面冠状缝与矢状缝的交点（b）至颅骨底面，枕骨大孔前缘与正中矢状面相交的最向下点（ba）之间的距离。

面宽（X_4，bizygomatic breadth）：左、右侧颧弓最向外突点（zy）之间的距离。

上面高（X_5，upper facial height）：颅骨前面额鼻缝与正中矢状面的交点（n）至上颌两颗中切牙之间的齿槽间隔上最前突点（gr）之间的距离。

下颌角间宽（X_6，bigonial bredth）：两侧下颌体下缘与下颌支后缘相交处最向下、最向后颌最外突点（go）之间的距离。

下颌联合高（X_7，height of symphysis）：下颌齿槽突左右中切牙之间最向上突出点（id）至下颌骨下缘与正中矢状面的交点（gn）之间的距离。

下颌支高（X_8，height of the mandibular ramus）：下颌髁突最高点至下颌体下缘与下颌支后缘相交处最向下、最向后和最外突点（go）之间的距离。

下颌支宽（X_9，breadth of the mandibular ramus）：下颌支的最小宽度。

（二）颅骨的性别判别分析

按上述定义将颅骨及下颌的测量项目完成后，将颅骨的测量值，代入表 6-2 的颅骨性别判别分析方程式，进行颅骨的性别判定。

表 6-2　颅骨性别判别分析方程

名称	判别函数	临界值	误差概率
头骨	$Y = X_1 + 2.6319X_3 + 0.9959X_4 + 2.3642X_7 + 2.0552X_8$	850.6571	0.1029
	$Y = X_1 + 2.5192X_3 + 0.5855X_4 + 0.6607X_6 + 2.7126X_8$	807.3989	0.1075
	$Y = X_1 + 0.7850X_4 + 0.4040X_6 + 1.9808X_8$	428.0524	0.1357
	$Y = X_1 + 2.5602X_3 + 1.0836X_4 + 2.0645X_8$	809.7200	0.1107
	$Y = X_1 + 2.2707X_3 + 1.3910X_4 + 2.7075X_7$	748.3422	0.1122
颅盖骨	$Y = X_1 + 0.0620X_2 + 1.8654X_3 + 1.2566X_4$	579.9567	0.1358
	$Y = X_1 + 0.2207X_2 + 1.0950X_4 + 0.5043X_5$	380.8439	0.1693
下颌骨	$Y = X_6 + 2.2354X_7 + 2.9493X_8 + 1.6730X_9$	388.5323	0.1439

将颅骨的测量值代入方程计算，所得数值如果大于判别值结果为男性，小于判别值结果为女性。使用此函数值进行性别判定，其判定结果的误差在 10.29%～16.93% 之间。

（三）颅骨性别判别分析的其他方法

1. 由颅长及耳点间宽建立的性别判别分析材料　青岛地区 251 例成年颅骨，其中男性 141 例，女性 110 例。测量项目及变量：

颅长（X_1, maximum cranial length）：正中矢状面上的最前突点（g），至颅骨在正中矢状面上最向后突点（op）之间的距离。

耳点间宽（X_2, biauricular breadth）：左、右耳点（au）之间的距离。

判别方程：$Z = X_1 + 1.5765X_2$

判别值：$Z_0 = 368.028$

性别判定：如果 $Z > Z_0$ 判定为男性，$Z < Z_0$ 则判定为女性。

判别率为 79.68%。

2. 由颅骨面宽及上面高建立的性别判别分析材料　江西地区 100 例成年颅骨，其中男性 59 例，女性 41 例。测量项目及变量：

面宽（X_1, bizygomatic breadth）：左、右侧颧弓最向外突点（zy）之间的距离。

上面高（X_2, upper facial height）：颅骨前面额鼻缝与正中矢状面的交点（n）至上颌两颗中切牙之间的齿槽间隔上最前突点（gr）之间的距离。

判别方程：

$$Z = 0.001X_1 + 0.0078X_2$$
$$Z_0 = 0.1526$$

性别判定：如果 $Z > Z_0$ 判定为男性，$Z < Z_0$ 则判定为女性。

判别率男性为 69.49%，女性为 70.73%。

三、下颌骨的性别判定

下颌骨（mandibular）为颅骨中的最大的骨骼。下颌骨的形态上存在着明显的性别差异，在颅骨的形态观察已经有叙述。以下将讨论应用骨骼测量技术，进行下颌骨的性别判定的方法。

（一）下颌指数的性别判定

刘庄朝、张继宗（1996 年）应用公安部物证鉴定中心收藏的人类骨骼标本，男性 130 例，女性 60 例，研究了下颌骨指数，进行性别判定的方法。

测量项目：

a. 下颌支高（height of the mandibular ramus）：下颌髁突最高点至下颌角点的直线距离。左、右侧分别测量。

b. 下颌喙突高（koronoid hohe）：下颌喙突最高点至下颌骨基底平面的垂直距离。左、右侧分别测量。

c. 下颌角间宽（bigonial breadth）：下颌骨左右侧下颌角点间的距离。

d. 颏孔间宽（bimental breite）：下颌骨左右侧颏孔内侧缘最向内点之间的距离。

e. 颏孔下颌支长（length of mandibular body, mental foramen ramus）：颏孔中心点至下颌支后缘相同水平间的直线距离。

f. 下颌支最小宽（minimun breadth of mandibular ramus）：下颌支前后缘之间的最小径。

g. 下颌体高（height of the mandibular body, C_1, C_2）：下颌第一、二、双尖牙牙槽间嵴距下颌体下缘间的直线距离（图 6-4）。

下颌性别判定指数：

$$下颌宽高指数 \text{ I} = \frac{左下颌支高 \times 右下颌支高 \times 下颌角间宽}{100}$$

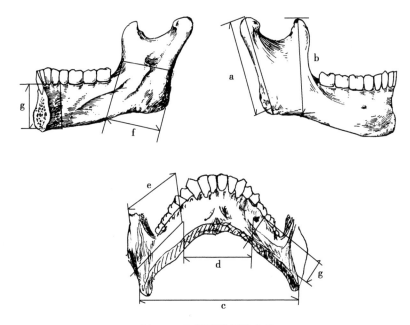

图6-4　下颌骨的测量方法

$$下颌宽高指数 II = \frac{左下颌喙突高 \times 右下颌喙突高 \times 下颌角间宽}{100}$$

$$下颌底面积指数 = \frac{(颏孔间宽 + 下颌角间宽) \times 颏孔下颌支长}{2}$$

$$下颌底周长指数 = 颏孔间宽 + 下颌角间宽 + 左颏孔下颌支长 + 右颏孔下颌支长$$

$$下颌宽长指数 = \frac{左颏孔下颌支长 \times 右颏孔下颌支长 \times 下颌角间宽}{100}$$

$$下颌支指数 I = \frac{下颌支高 \times 下颌支最小宽}{100}$$

$$下颌支指数 II = \frac{下颌喙突高 \times 下颌支最小宽}{100}$$

下颌性别判定指数中，没有标明侧别的，取两侧下颌骨测量值的平均值。求出下颌的指数值后，按表6-3进行性别判定。

表6-3　下颌骨指数的性别判别值及判别率

指数	判别值	判别率（%）	
		男	女
下颌宽高指数 I	3.4964	82	87
下颌宽高指数 II	3.8828	68	76
下颌底面积指数	42.9325	80	71
下颌底周长指数	27.4452	74	69
下颌宽长指数	4.1272	72	75
下颌支指数 I	19.4857	83	80
下颌支指数 II	20.3486	69	77

性别判定：如果下颌骨指数>判别值，结果为男性，反之为女性。

（二）下颌骨性别判别分析

1. 下颌骨性别判别分析 I　宋宏伟等（1990年）对东北地区的成人颅骨进行研究时，他们测量了

60 个颅骨所属的下颌骨,其中男女各 30 例。通过对颅骨下颌骨的测量,建立了下颌骨性别判定判别分析方法。

测量指标及变量:

下颌髁间宽(X_1, biocondy breadth):下颌两侧髁突最外侧点(cdl)间的直线距离。

下颌切迹深(X_2, depth of mandibular nortch):用三脚平行规先测出下颌切迹宽(喙突尖点与髁突最高点之间的距离),然后将中间活动测臂的尖端与切迹最凹处相接处,所测得的高度为下颌切迹深。

下颌体高(X_3, height of the mandibular body Ⅱ):第 1、第 2 磨牙之间的齿槽隔部位的下颌体高(图 6-4)。

完成下颌骨的测量后,将下颌骨的测量值代入下颌骨性别判别分析方程,求出 Z 值。

判别方程:Z=$-5.041+0.327X_1+0.317X_2+0.671X_3$,判别值为 0。

性别判定:如果 Z>0(判别值),结果为男性,反之为女性。性别判别率为 91.3%。

2. 下颌骨的性别判别分析 Ⅱ 杨茂有等(1988 年)使用长春地区 183 例下颌骨,其中男 113 例、女 70 例,进行了下颌骨性别判别分析研究,结果如下:

测量项目及变量:

下颌髁间宽(X_1, biocondy breadth):下颌两侧髁突最外侧点(cdl)之间的直线距离。

喙突间宽(X_2, koronoid breite dea unterkiefers):下颌两侧喙突最高点(cr)之间的直线距离。

下颌角间宽(X_3, bigonial breadth):下颌骨左右侧下颌角点(go)之间的距离。

颏孔间宽(X_4, bimental breite):下颌骨左右侧颏孔内侧缘最向内点之间的距离。

下颌体长(X_5, length of the mandibular body):颏前点(pg)至左右侧下颌角点(go)连线中点之间的距离。用下颌测量器测量。

下颌联合高(X_6, height of symphysis):下齿槽点(id)至颏下点(gn)之间的距离。

下颌体高(X_7, height of the mandibular body Ⅰ):下颌颏孔处牙槽间嵴距下颌体下缘间的直线距离。

下颌体高(X_8, height of the mandibular body Ⅱ):下颌第 1、第 2 磨牙牙槽间嵴距下颌体下缘间的直线距离。

下颌体厚Ⅰ(X_9, thickness of the mandibular body Ⅰ):下颌骨下颌颏孔处下颌体的厚度。

下颌体后Ⅱ(X_{10}, thickness of the mandibular body Ⅱ):下颌第 1、第 2 磨牙处颌体厚度。

以上所有测量项目,均精确到 0.1mm。

将上述测量项目完成后,可将下颌骨的测量值代入下列函数式,进行下颌骨的性别判定(表 6-4)。

表 6-4 下颌骨性别判别函数

编号	判别函数	临界值(Z*)	判别率(%)
1	Z=$X_1+34.4615X_2+29.8294X_3-12.7883X_4+44.8053X_5+25.2469X_6-6.0635X_8+135.5637X_{11}-31.7360X_{12}$	17 192.37	87.4
2	Z=$X_1+29.3627X_2+21.6922X_3-9.4738X_4+267633X_5+19.4136X_6-8.9911X_8+102.3690X_{11}$	13 407.07	86.3
3	Z=$X_2+0.7069X_3+0.8725X_5+0.6431X_6-0.3471X_8+3.4260X_{11}$	445.97	85.8
4	Z=$X_1+3.0286X_2+2.6959X_5+0.2675X_8+22.1985X_{11}$	1189.26	85.8
5	Z=$X_3+1.0343X_5+0.9573X_6-0.6872X_8+4.1401X_{11}$	448.80	85.2
6	Z=$X_1+6.0342X_2+5.2116X_3+1.2329X_4+22.1985X_{11}$	2662.3	86.9
7	Z=$X_1+5.8113X_2+5.1527X_3+21.5532X_{11}$	2537.79	86.3
8	Z=$X_2+0.8033X_3+0.9231X_7+3.1461X_{11}$	399.42	87.4
9	Z=$X_3+0.6425X_6+3.6577X_{11}-0.1920X_{12}$	344.62	85.8
10	Z=$X_2+0.8507X_3+3.4241X_{11}$	394.60	86.9
11	Z=$X_3+0.6335X_6+3.6633X_{11}$	350.90	85.2

应用时,将下颌骨的测量值代入判别函数求得 Z 值。如果 Z>Z*,判别为男性,反之为女性。如果下颌有破碎,可以根据能够测量的数据,适当选用判别函数,然后进行性别判定。

第二节 骨盆的性别判定

骨盆(pelvis)由左右髋骨(hip)及骶骨(sacrum)构成,骨盆的性别差异十分明显。

男性骨盆:骨盆整体粗壮,肌嵴明显,骨骼厚重。骨盆入口纵径大于横径,呈心脏形。骨盆腔高而窄,呈漏斗形。骨盆出口狭小,坐骨棘发达。耻骨下角呈 V 字形,夹角较小,相当于示指与中指所形成的夹角。骶骨底第 1 骶椎上关节面大,占骶骨底部的 2/5~1/2。

女性骨盆:骨盆整体纤细,肌嵴不明显,骨骼轻。骨盆入口横径大于纵径,呈椭圆形。骨盆腔浅而宽,呈圆柱形。骨盆出口宽阔,坐骨棘不发达。耻骨下角呈 U 字形,夹角较大,相当于拇指与示指所形成的夹角。骶骨底第 1 骶椎上关节面小,约占骶骨底部的 1/3(图 6-5)。

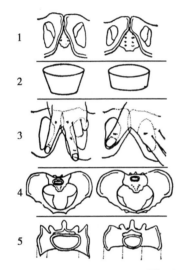
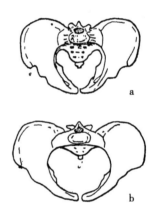

图 6-5 骨盆的性别差异

左:男性 右:女性

1. 耻骨下角形态;2. 骨盆腔;3. 耻骨下角角度;

4. 骨盆入口形状;5. 骶骨底部

a. 男性;b. 女性

一、骶骨的性别判定

(一)骶骨形态观察的性别判定

骶骨由第 1 至第 5 骶椎构成,成年后 5 块骶椎愈合成一体,称骶骨。骶骨构成骨盆的后壁,呈倒三角形,下端与尾骨相连。

男性骶骨:正面观骶骨相对狭窄、长,呈等腰三角形。侧面观骶骨的弯曲度较大,骶骨岬明显突向盆腔。骶骨底第 1 骶椎上关节面大,占骶骨底部的 2/5~1/2。骶骨的耳状关节面相对较大,常涉及 3 个骶椎。

女性骶骨:正面观骶骨相对短宽,呈等边三角形。侧面观骶骨的弯曲度较小,骶骨岬小,不向盆腔突出。骶骨底第 1 骶椎上关节面大,约占骶骨底部的 1/3。骶骨的耳状关节面相对较小,常涉及两个或两个半骶椎(图 6-6)。

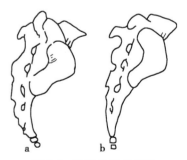

图 6-6 骶骨的性别差异

a. 男性;b. 女性

(二)骶骨的性别判别分析

皮永浩等(1986 年)对骶骨的性别判定进行了多元判别分析,材料来源于延边地区汉族骶骨,男性33例，女性42例。

测量项目及变量：

弓长（X_1, mid-ventrial curved length of the sacrum）：骶骨岬中点至第5骶椎下缘中点之间的弧线长度。用卷尺或坐标纸条紧贴骶骨盆面测量。

最大宽（X_2, maximum breadth of the sacrum）：骶骨左右耳状面向前外侧最突出点之间的距离。

骶正中矢径（X_3, sagittal diameter of sacral basis）：骶骨底前缘中点与后缘中点之间的距离。

骶正中横径（X_4, transverse diameter of sacral basis）：与骶正中矢径相垂直的最大径。

前弦长（X_5, mid ventrial straight length of scrum）：骶骨岬中点至第5骶椎下缘中点之间的直线距离。

弓高1至骶岬距（X_6, straight length of S_1~promontary）：第1骶椎中线最低点到骶骨岬中点的距离。

弓高1（X_7, the arch height of S1）：第1骶椎中线最低点到骶骨前弦长的距离。

弓高2至骶岬距（X_8, straight length of S_2~promontary）：第2骶椎中线最低点到骶骨岬中点的距离。

弓高2（X_9, the arch height of S_2）：第2骶椎中线最低点到骶骨前弦长的距离。

弓高3至骶岬距（X_{10}, straight length of S_3~promontary）：第3骶椎中线最低点到骶骨岬中点的距离。

弓高4至骶岬距（X_{12}, straight length of S_4~promontary）：第4骶椎中线最低点到骶骨岬中点的距离。

弓高5（X_{15}, the arch height of S_5）：第5骶椎中线最低点到骶骨前弦长的距离。

骶管裂孔高（X_{16}, height of sacral canal）：骶管裂孔最低点与最高点之间的距离。

左耳状面长（X_{18}, length of auricular surface of sacrum, left）：左侧骶骨耳状面最高点至最低点之间的距离。

左耳状面宽（X_{19}, breadth of auricular surface of sacrum）：与左侧骶骨耳状面长相垂直的最大距离。

右耳状面长（X_{21}, length of auricular surface of sacrum, right）：右侧骶骨耳状面最高点至最低点之间的距离。

骶岬角（X_{22}, promontory angle of the sacrum）：第1骶椎椎体前面与骶骨底面相交所成的夹角。

将上述测量项目完成后，可将骶骨的测量值代入下列函数式，进行骶骨的性别判定（表6-5）。

表6-5 骶骨的性别判别函数

编号	判别函数	临界值（Z_0）	判别率（%）
1	$Z = -0.0675X_1 + 0.0908X_2 + 0.4471X_3 - 0.1621X_4 - 0.477X_5 + 0.134X_6 + 0.0823X_7 - 0.0336X_8 - 0.732X_9 + 113X_{10} - 0.731X_{12} + 0.7947X_{15} - 0.0586X_{16} + 0.2708X_{19} + 0.0893X_{21} + 0.3958X_{22}$	69.7444	94.67
2	$Z = 0.4299X_3 + 0.2256X_4 + 0.1324X_6 - 0.5417X_9 - 1.0171X_{10} - 0.7132X_{12} + 0.6621X_{15} + 0.2425X_{19} + 0.3694X_{23}$	69.7444	92.0

应用时，将骶骨的测量值代入性别判别函数，求得Z值。如果$Z > Z_0$，判别为男性，反之为女性。

二、髋骨的性别判定

髋骨为扁板状骨，中部略窄，上下两端宽，位于躯干下端两侧，完成躯干与下肢连接。髋骨由髂骨、耻骨及坐骨组成。年幼时三骨彼此分离，成年后三骨在髋臼处愈合。

（一）髋骨的性别判定

1. 髋骨的形态观测性别判定　髂翼：男性髂翼较直，且高而厚；女性髂翼外张，且低而薄，髂窝处薄而透明。

耳状面：男性耳状面较大且直；女性则小而倾斜。

耳前沟妊娠女性常见。耳前沟是指髂骨耳状面前下方的深而宽，边缘不规则，底部凹凸不平的沟槽，是妊娠期骨质吸收所致，亦称分娩沟。应与骶髂前韧带附着部的关节沟相区别，后者是围绕耳状面前方及下方的浅沟，男女均存在。

复合弧即耳状面的腹侧缘（上前缘）及坐骨大切迹象（incisura ischiadica major）前缘（腹侧缘）所构成的弧线。

男性的复合弧，其形态为耳状面的腹侧缘（上前缘）构成的弧形曲线与坐骨大切迹前缘（腹侧缘）构成的弧形曲线可自然连接，呈单一的弧线。女性的复合弧，其形态为耳状面腹侧缘（上前缘）构成的弧形曲线与坐骨大切迹前缘（腹侧缘）构成弧形曲线不能自然的连接，呈两条弧线（图6-7）。

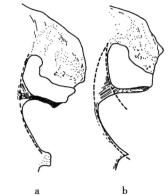

图6-7 坐骨与髂骨复合弧的性别差异
a. 男性；b. 女性

观察公安部物证鉴定中心法医研究室收藏的人类骨骼标本（男性123例，女性67例），计算了髂骨复合弧性别判定方法的可靠性。

123例男性髂骨中，有120例左侧髂骨耳状面的腹侧缘与坐骨大切迹前缘可自然连接，呈一条弧线。男性髂骨复合弧的性别判别率为97.56%。67例女性髂骨中，左侧髂骨有57例髂骨上耳状面腹侧弧呈圆形，与坐骨大切迹前缘不能自然连接，呈现两条弧线，其余10例上述两缘可自然连接呈一条弧线。女性髂骨复合弧判别率为85.07%。男女髂骨复合弧的平均性别判别率为91.27%。该方法是髂骨性别判定中的一种相对简便可靠的方法。

2. 髋骨的性别判别分析 田雪梅等（1998年）研究了公安部物证鉴定中心法医研究室收藏的人类骨骼标本，男性123例，女性67例，建立了髋骨的性别判定的方法。

测量项目及变量（测量时将髋骨置于解剖位置）：

坐骨长（IT-A, ischium lengthⅢ）：髋臼最高点到坐骨结节下缘的最大距离。

耻骨长（PS-A, pubic lengthⅡ）：耻骨联合面上端至髋臼内缘最近之点之间的直线距离。

髋臼直径（AD, maximum diameter of acetabulum）：髋臼最内侧点和最外侧点之间的距离。

将上述测量项目完成后，可将髋骨的测量值代入下列性别判别函数式，进行髋骨的性别判定（表6-6）。

表6-6 髋骨的测量项目及性别判别函数

指标	n		判别式	判别率（%）		
	男	女		男	女	综合
髋臼直径（AD）	123	67	$Y_0 = 114.94 + 46.83AD$ $Y_1 = 135.88 + 50.94AD$	72.4	73.1	72.63
耻骨长（PS-A）	123	67	$Y_0 = 107.30 + 31.81PS\text{-}A$ $Y_1 = 100.36 + 30.75PS\text{-}A$	59.3	67.2	62.11
坐骨长（IT-A）	123	67	$Y_0 = 160.76 + 33.14IT\text{-}A$ $Y_1 = 197.22 + 36.72IT\text{-}A$	82.9	86.6	84.21
IT-A＋AD/PS-A	123	67	$Y_0 = 217.37 + 181.06AD/PS\text{-}A + 31.06IT\text{-}A$ $Y_1 = 269.01 + 203.90AD/PS\text{-}A + 34.49IT\text{-}A$	94.0	87.0	89.47

应用时把髋骨的测量数据分别代入两个相应公式，设女性为 Y_0，男性为 Y_1。如果计算值 $Y_0 > Y_1$，结果判定为女性，如果 $Y_0 < Y_1$ 则判定为男性。

（二）耻骨的性别判定

1. 耻骨形态观察的性别判定　耻骨下角：耻骨下角男性较小，女性较大。男性耻骨下角的形态与雄性螃蟹的腹侧尾鳍相似，呈类锐角三角形。女性耻骨下角的形态与雌性螃蟹的腹侧尾鳍相似，呈类钝角三角形（图 6-8）。

耻骨支移行部（联合部）：男性为类三角形，女性为类方形。耻骨支移行部的腹侧面内侧近腹侧缘向耻骨下支内侧，男性有一骨嵴与耻骨联合腹侧缘平行走行。女性的骨嵴较弱，在耻骨联合腹侧缘上部开始向外呈一弧线结构，称腹侧弧（ventral arc）（图 6-9）。

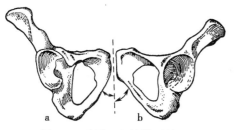

图 6-8　耻骨下角的性别差异
a. 男性；b. 女性

图 6-9　耻骨支移行部的性别差异
a. 男性；b. 女性

耻骨下支下缘的内侧缘，男性外凸，女性凹入，称耻骨下凹（subpubic concavity）。从耻骨下支的背侧面观察，这一特征表现得更加明显。

耻骨联合面下端向下至耻骨下支的内侧缘，男性为一平坦的粗大的骨面，女性为一纤细锐薄的骨嵴（图 6-10）。

分娩瘢痕：分娩瘢痕为耻骨支行移部背侧面，近耻骨联合面背侧缘处，并与之大体平行的骨质凹痕，约黄豆粒大小，或呈凹形骨粗糙面。这是由于怀孕后期和分娩时，耻骨联合打开，耻骨间的韧带附着处被拉伤或韧带嵌入骨质，待韧带等软组织消失后，致使骨面留下永久的凹痕和沟槽。分娩瘢痕是确定女性生育史的骨性特征（图 6-11）。

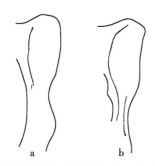
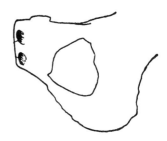

图 6-10　耻骨联合面下端耻骨下支下缘的性别差异
a. 男性；b. 女性

图 6-11　女性耻骨联合部背侧近内侧缘的分娩瘢痕

关于分娩瘢痕出现情况，国内外学者都有多种研究，有的学者认为耻骨联合部近内侧缘的凹痕与生育数无关，与年龄有关，未生育者男性者也有可能出现凹痕。还有学者认为，96% 以上可以作为女性特征及生育史判定，除耻骨联合部背侧近内侧缘外，其他部也会出现凹痕，与年龄无关，与死亡时间有关，修复时间长、分娩瘢痕明显，而且瘢痕大小与骨盆构成有关，无分娩史的瘢痕与分娩瘢痕形态不同。

女性耻骨联合面出现不规则、不对称及耻骨联合面上沟嵴的杂乱，均是在生长发育过程中骨盆受到外力作用引起的。外力作用的方式不同，引起的骨损伤亦不同，因此修复方式也不同，表现的瘢痕亦不同。

分娩瘢痕多为骨质表面光滑，左右对称的凹痕，形态可以多样。足月胎儿剖宫产者亦可留下凹痕，但凹痕较浅。耻骨联合面背部的凹痕对确定女性耻骨及生育史都是十分有意义的。

男性耻骨联合面背部凹痕十分罕见，而且多为不规则形，条状，左右不对称。男性耻骨联合面背部凹痕的出现多与外伤有关，可以在髋骨上看到骨折修复的痕迹。

2. 耻骨测量的性别判定　耻骨下角的性别差异，在人体解剖学著作中均有论述。以下方法可将耻骨下角的性别差异定量化，提高性别判定的准确性。

王德明等（1987年）在研究耻骨的性别判定时，不仅研究了耻骨下角的性别差异，而且研究了耻骨联合部的性别差异。王德明等的研究方法及结果与张忠尧的研究方法及结果均有所不同。

测量项目及指数：

缘支角：缘支角指耻骨联合面背侧缘和耻骨下支内下缘所构成的夹角。测量时将耻骨腹侧面朝下置于测骨盘上，沿耻骨联合面背侧缘和耻骨下支内缘各拉一条直线，用量角器量取这两条直线的夹角。

耻骨联合部宽高指数：在耻骨联合的背侧面，过耻骨结节最外侧点作一条与耻骨联合面背侧缘相平行的直线，再过耻骨联合面下端，作上述直线的垂直线。以耻骨结节最外侧点到两条直线的交点的距离为联合部高，耻骨联合面最下端到两条直线的交点的距离为联合部宽度。高度和宽度均用直脚规测量（图6-12）。

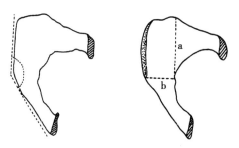

图6-12　耻骨缘支角及耻骨联合部宽、高的测量
a. 耻骨联合部高；b. 耻骨联合部宽

将上述测量项目完成后，再根据下式求宽高指数：

$$宽高指数 = 宽度 / 高度 \times 100$$

根据耻骨缘支角的测量结果及耻骨联合部宽高指数的计算值，可按表6-7进行耻骨的性别判定。

表6-7　缘支角的性别差异比较及判别值、判别率

性别	范围	$\overline{X}$	s	Ds	Dr（%）
缘支角					
M	138.5°～156.5°	144.6°	3.67°	137.0°	97.7
F	120.0°～136.5°	129.7°	3.55°		
宽高指数					
M	38.1～73.1	54.6	8.28	62.2	81.6
F	50.3～88.1	69.4	7.86		

应用时，测量出耻骨的缘支角及耻骨联合部的高与宽（单位mm），计算出宽高指数。如果缘支角大于判别值137°，则为男性，反之为女性。宽高指数大于判别值62.2°，则为女性，反之为男性。

（三）坐骨的性别判定

1. 坐骨大切迹的性别判定　坐骨大切迹形态的性别差异：坐骨大切迹存在着明显的性别差异。男性坐骨大切迹窄而深，女性坐骨大切迹则宽而浅（图6-13）。

坐骨大切迹测量的性别判定：测量方法：设髂后下棘为B点，坐骨棘为A点，AB点之间的连线为坐骨大切迹宽。另设坐骨大切迹的最深处为C点，由C点引一条直线与AB线相交，垂点为O。用三脚平行规直接测量OC、OB及AB。将测量值代入下式计算Y值（图6-14）。

$$Y = OB/AB \times 100$$

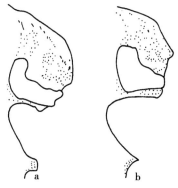

图 6-13　坐骨大切迹的性别差异
a. 男性；b. 女性

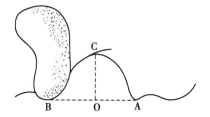

图 6-14　坐骨大切迹的测量方法

计算出 Y 值后，按表 6-8 进行坐骨大切迹的性别判定。

表 6-8　坐骨大切迹的性别差异判别值

性别	Y 值范围	均值 $\overline{X}$	标准差 s	判别值 Ds
M	13.2～51.0	32.7	8.21	42
F	39.6～66.7	50.6	5.63	

实例应用时，测量出坐骨的 OC、OB 及 AB 值，代入方程求出 Y 值。Y 值小于判别值 42 则为男性，反之为女性。

2. 坐耻指数的性别判定　吴新智等（1982 年）研究了坐耻指数的性别判别方法，具体操作如下：
测量项目（图 6-15）：

耻骨长Ⅱ（pubis lengthⅡ）：髋臼窝月状关节面内缘的上段弧形线与前段弧形线相交之点，至耻骨联合面上端的直线距离。用直脚规测量。

坐骨长Ⅱ（ischium lengthⅡ）：髋臼窝月状关节面内缘的上段弧形线与前段弧形线相交之点，至坐骨结节下缘的最大直线距离。用直脚规测量。

耻骨长Ⅲ（pubis lengthⅢ）：髋臼前缘至耻骨联合面上端的最短直线距离。用直脚规测量。

坐骨长Ⅲ（ischium lengthⅢ）：髋臼上缘至坐骨结节下缘的最大直线距离。用直脚规测量。

坐耻指数（ischium pubis index）：耻骨长 / 坐骨长 ×100

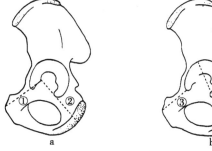

图 6-15　耻骨长Ⅱ、Ⅲ及坐骨长Ⅱ、Ⅲ的测量方法
①耻骨长Ⅱ；②坐骨长Ⅱ；③耻骨长Ⅲ；④坐骨长Ⅲ

计算出坐耻指数Ⅱ、Ⅲ的数值后，按下表进行坐耻指数Ⅱ、Ⅲ的性别判定（表 6-9，表 6-10）。

实例应用时，测量出耻骨长Ⅱ、Ⅲ及坐骨长Ⅱ、Ⅲ的数值，根据坐耻指数的计算公式，分别求出坐耻指数Ⅱ、Ⅲ的数值，根据上表的数据，判定骨骼的性别。坐耻指数Ⅱ、Ⅲ均是指数值小于判别值为男性，反之为女性。

表 6-9　坐耻指数的性别差异的统计分析

性别	坐耻指数	例数	均值 $\overline{X}$	范围	标准差 s
M	Ⅱ	115	85.8	72.6～97.4	4.08
	Ⅲ	115	62.9	55.8～72.3	3.35
F	Ⅱ	54	98.2	92.1～105.2	4.25
	Ⅲ	54	72.7	67.0～81.1	3.40

表 6-10　坐耻指数的性别判定的判别值及误判率

坐耻指数	判别值 Ds	误判率（%）		
		男	女	均值 $\overline{X}$
II	92	5.2	1.9	3.6
III	68	5.2	11.1	8.2

第三节　躯干骨的性别判定

躯干骨的性别鉴定是指利用椎骨、胸骨及肋骨进行性别鉴定,骨盆由于在性别判定中的重要作用单列一节描述。

一、椎骨的性别判定

任光金（1985 年）研究了中国汉族寰椎的性别差异。标本来自中国北方,共 85 例,其中男性 46 例,女性 39 例,结果如下。

测量项目及变量（图 6-16）:

全宽（X_1, total transverse diameter of the atlas）:寰椎左右横突最向外突点之间的投影距离。

矢径（X_2, antero posterior diameter of the atlas）:寰椎前弓前结节最突点与后弓后结节最突点之间的投影距离。

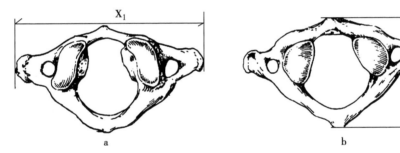

图 6-16　寰椎的测量方法
a. 寰椎上面；b. 寰椎下面

应用时把测量数据代入下列公式。

判别式:

$$Z = 0.004\,810\,792X_1 + 0.010\,636\,55X_2$$

简化判别式:

$$Z = X_1 + 2.210\,98X_2$$

性别判别临界值: $Z_0 = 172.9102$

$Z > Z_0$ 判定为男性, $Z < Z_0$ 判定为女性。

误判率为 12.9%～18.5%。

二、胸骨的性别判定

一般认为,胸骨（sternum）的形态观察可以判断胸骨的性别。男性的胸骨长而大,胸骨体的长度大,是胸骨柄长度的 2 倍以上。女性的胸骨短而小,胸骨体的长度小,不足胸骨柄长度的 2 倍。而且,女性的胸骨下端常膨大。在实践中观察到,胸骨的形态虽然有性别差异,但胸骨的形态似乎与体形的大小有关。胸骨的性别判定使用性别判别分析的方法,结果更加可靠（图 6-17）。

刘武等（1988 年）研究了胸骨的性别判定方法。材料来源于长春地区收集的汉族成年人全身骨骼85套,其中男性52例、女性33例。

测量项目及变量(图6-18):

全长(total length, X_1):颈静脉切迹最下凹点至胸骨下缘最下点的直线距离。

柄长(length of the manubrium, X_2):胸骨柄缘中点至胸骨柄下缘中心之间的直线距离。

体长(length of the body, X_3):胸骨体前面上下缘中点之间的距离。

柄最大宽(maximum breadth of the manubrium, X_4):胸骨柄两侧缘最外突点之间的投影距离。

体最大宽(maximum breadth of the body, X_5):胸骨体两侧缘最外突点之间的距离。

柄最大厚(maximum breadth of the manubrium, X_6):胸骨柄的最大厚度。

体最大厚(maximum breadth of the body, X_7):胸骨体的最大厚度。

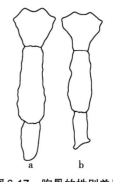

图6-17 胸骨的性别差异
a. 男性;b. 女性

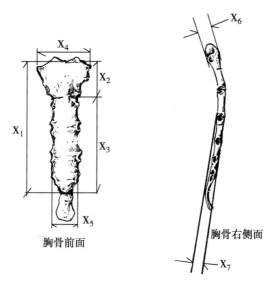

胸骨前面   胸骨右侧面

图6-18 胸骨的测量方法

胸骨的测量完成后,代入下列判别式进行性别判别分析(表6-11)。

表6-11 胸骨的性别判别函数

编号	判别函数	临界值(Z^*)	判别率(%)
1	$Z = X_2 + 0.1663X_3 + 1.8118X_4 + 1.0410X_5 + 1.0244X_6 + 7.0518X_7$	312.3347	89.41
2	$Z = 0.0836X_2 + 0.1555X_4 + 0.0961X_5 + 0.1067X_6 + 0.5921X_7$	26.4295	88.24
3	$Z = 0.0143X_3 + 0.1769X_4 + 0.0942X_5 + 0.0847X_6 + 0.6159X_7$	25.0455	88.24
4	$Z = X_2 + 1.9400X_4 + 1.2278X_5 + 7.5621X_7$	300.8947	90.59
5	$Z = X_2 + 1.9860X_4 + 1.6371X_6 + 5.5394X_7$	262.8681	89.41
6	$Z = 0.0202X_3 + 0.1796X_4 + 0.0949X_5 + 0.6425X_7$	24.6539	87.06
7	$Z = 0.0365X_3 + 0.1988X_4 + 0.0904X_6 + 0.5539X_7$	24.3223	87.06
8	$Z = X_2 + 0.2670X_3 + 1.5639X_4 + 2.3608X_6$	203.1412	87.06
9	$Z = X_2 + 0.4465X_3 + 1.8858X_4 + 6.1070X_7$	275.7219	89.41
10	$Z = 0.1814X_4 + 0.1037X_5 + 0.1065X_6 + 0.6201X_7$	24.8125	87.06
11	$Z = X_2 + 1.6711X_4 + 2.7807X_6$	193.0922	85.88
12	$Z = X_3 + 2.9114X_4 + 14.9289X_7$	382.7810	83.53

编号	判别函数	临界值（Z*）	判别率（%）
13	$Z = X_1 + 3.5625X_4 + 11.2419X_7$	490.8648	88.24
14	$Z = 0.1155X_2 + 0.2003X_4 + 0.0592X_5$	19.7574	84.71
15	$Z = X_2 + 2.017X_4 + 6.0287X_7$	248.1657	89.41
16	$Z = 0.1759X_2 + 0.2865X_6 + 0.5323X_7$	20.0085	83.53
17	$Z = X_3 + 4.6934X_4 + 13.5199X_7$	542.6361	85.88
18	$Z = X_4 + 0.5864X_5 + 3.5091X_7$	125.2550	88.24
19	$Z = X_4 + 1.4406X_6$	84.7177	81.18
20	$Z = X_5 + 4.0835X_7$	86.8392	83.53
21	$Z = X_4 + 2.5777X_7$	92.9002	85.88

应用胸骨的测量指标进行性别判定时，将测量数值代入性别判别函数求得 Z 值。如果 Z 值大于临界值（Z*）判定为男性，反之为女性。如果胸骨残破，可以根据测量的数值适当选择性别判别函数，进行性别判定。

三、肋骨的性别判定

胸骨的性别差异，主要表现在肋骨胸骨端肋软骨的钙化类型方面。样本为 1345 例 X 线片，其中男性 835 例，女性 510 例，年龄范围 17～87 岁。观察结果发现，肋骨胸骨端肋软骨的钙化类型可分为三种类型。

边缘型：即肋骨胸骨端肋软骨在上下缘首先钙化，然后是肋软骨的中心部分钙化。

中央型：即肋骨胸骨端肋软骨在中心部分首先钙化，表现为软骨在中心部有舌状或两条平行短线样的钙化影，由肋骨的中部向胸骨端延伸。

混合型：肋骨胸骨端肋软骨在钙化的过程中，两种钙化类型混合存在（图 6-19）。

男性肋骨胸骨端肋软骨的钙化类型主要为边缘型，占样本数的 96.7%。女性肋骨胸骨端肋软骨的钙化主要为中央型，占样本数的 93.0%。混合型的男女差异，在统计学上没有意义，但在混合型中男性数量较多（62.5%），女性数量较少（37.5%）。

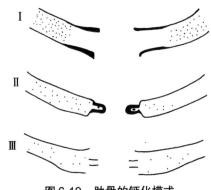

图 6-19 肋骨的钙化模式

第四节 四肢骨的性别判定

四肢骨的性别判定，包括肢带骨，如肩胛骨、锁骨。下肢带骨，即髋骨的性别判定在骨盆的性别判定中说明。

一、上肢骨的性别判定

（一）肩胛骨的性别判定

1. 肩胛骨的测量（图 6-20）

肩胛形态宽（肩胛总高）（morphological breadth of the scapula，X₁）：肩胛骨上角最上点至肩胛骨下角最下点之间的距离。

肩胛宽（肩胛骨形态长）（morphological length of the scapula，X₂）：肩胛骨关节盂中点（a）至脊缘点（v）之间的距离。脊缘点的确定方法：以肩胛冈内侧端上下唇作为角的两边，该角的平分线与脊柱缘的交点即为脊缘点。

肩胛冈长（length of the scapula spine，X_3）：肩峰向外侧最突出点至脊缘点之间的距离。

关节盂长（length of the glenoid cavitY of scapula，X_4）：肩胛骨关节盂上缘最上点至关节盂下缘最下点之间的距离。

关节盂宽（breadth of the glenoid cavitY of scapula，X_5）：肩胛骨关节盂的最大宽度。测量单位：mm。

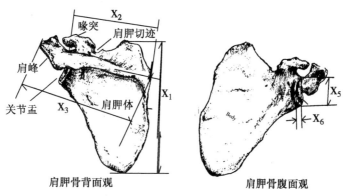

图6-20　肩胛骨的测量方法

2. 肩胛骨的性别判定　肩胛骨的性别判定，可按下列两种方法进行。

任金光（1987年）用国人材料求出肩胛骨判断性别的分析式。他主要选出4个变量，即肩胛形态宽（X_1）、肩胛宽（X_2）、肩胛冈长（X_3）和关节盂长（X_4），测量方法同上。

用上述四个变量进行肩胛骨性别判定的方法如下（表6-12）。

表6-12　肩胛骨的性别判别分析

判别式	临界值	男性平均值（Z_0）	判别率（%）
1. $Z = X_3 + 2.2835X_4$	205.9992	220.6070	97.62
2. $Z = X_1 + 5.4659X_4$	330.9832	354.7647	96.43
3. $Z = X_2 + 0.6539X_3$	180.4363	192.8527	92.89
4. $Z = -X_1 + 1.7816X_2 + 1.8249X_4$	91.4860	98.5283	97.62
5. $Z = -X_1 + 37.4303X_3 + 84.8120X_4$	7544.7472	8080.6525	97.62

应用肩胛骨鉴定性别时，将测量数值代入性别判别函数求得判别值（Z），Z大于临界值者，判定为男性，小于者即判定为女性。

（二）锁骨的性别判定

张继宗等（1994年）应用公安部物证鉴定中心收藏的中国汉族干燥锁骨279例，其中男性241例，女性38例，年龄范围17~78岁，研究了锁骨性别判定的方法。

测量项目：

锁骨最大长（maximum length of the clavicle）：锁骨胸骨端至锁骨肩峰端的最大距离。用测骨盘测量。

锁骨骨干曲度高（hohe der diaphysenkrummung der clavicula I）：将锁骨按标准方位放在测骨盘上，锁骨胸骨端及向后突出点抵靠测骨盘的纵壁，然后用三角板测量骨干前缘最突出点至测骨盘纵壁的距离。

锁骨肩峰端曲度高（krummung der akromialen endes der clavicula）：锁骨的放置同锁骨骨干曲度高相同，然后用三角板测量锁骨肩峰端最向外突出点至测骨盘纵壁的距离。

锁骨干弦长（lange der sehne der diaphysen krummung der clavicula）：锁骨干前弧两端的直线距离。

锁骨骨干中部高（height of the clavicle at mid-point）：锁骨干中点上下两面之间的距离。

锁骨骨干中部矢状径(sagittal diameter of the clavicle at mid-point):锁骨干中点前后两面之间的距离。

锁骨骨干中部周长(circumference of the clavicle at mid-point):锁骨干中部的周长。

锁骨指数的构成:由于锁骨单项测量指标重叠率高,进行性别判定准确率低。为了提高锁骨性别判定的准确率,设计了锁骨表面积和截面积两个指数,用来进行锁骨的性别判断。

从锁骨的测量数据来看,所有的测量项目的均值,全部是男性大于女性。因此,用乘积的方法构成指数,可以加大男女之间测量值的差异,提高性别判断的准确率。

锁骨最大长、锁骨中部周长,两项测量指标的性别重叠率较低,两项测量值之积近似地表现了锁骨表面积。因此锁骨表面积指数表达如下:

$$锁骨表面积指数=\frac{锁骨最大长 \times 锁骨中部周长}{100}$$

左、右锁骨表面积指数的均值、标准差、最大值、最小值如表6-13所示。

表6-13　锁骨表面积指数的均值($\overline{X}$)、标准差(s)、最大值(Max)、最小值(Min)

	左				右			
	$\overline{X}$	s	Max	Min	$\overline{X}$	s	Max	Min
男(241)	56.41	6.26	76.00	40.50	55.79	6.24	72.50	41.92
女(38)	41.93	5.87	57.80	24.40	41.60	5.08	54.21	30.80

锁骨位于肩部体表,外力直接作用下,易折断破损,考虑实际工作中对锁骨残片进行性别判定的需要,选用锁骨中部高及中部矢状径两项指标构成了锁骨截面积指数。锁骨截面积指数表达如下:

$$锁骨截面积指数=\frac{锁骨中部高 \times 锁骨中部矢状径}{100}$$

锁骨截面积指数的均值、标准差、最大值、最小值如表6-14所示。

表6-14　锁骨截面积指数的均值、标准差、最大值、最小值

	左				右			
	$\overline{X}$	s	Max	Min	$\overline{X}$	s	Max	Min
男(241)	1.32	0.26	2.18	0.79	1.37	0.25	2.24	0.75
女(38)	0.93	0.24	1.81	0.57	0.95	0.23	1.48	0.64

根据锁骨的表面积指数及截面积指数,通过下式可以求出锁骨表面积指数及截面积指数的性别判别值。

$$判别值(D.V.)=\frac{(\overline{X}男-s)+(\overline{X}女+s)}{2}$$

式中 D.V. 为锁骨指数的性别判别值。$\overline{X}$男、$\overline{X}$女分别表示锁骨指数的男性均值和女性均值。s 则表示锁骨指数标准差。锁骨指数即指锁骨表面积指数和截面积指数。

由锁骨进行性别判断时,先求出锁骨指数,表面积指数和截面积指数均可。如果求得的锁骨指数大于性别判别值 D.V.,则锁骨为男性。反之,锁骨为女性。锁骨表面积指数和截面积指数的性别判别值及性别判别率如下(表6-15)。

表6-15　锁骨表面积指数(ICA)和截面积指数(ICCS)的性别判别值及性别判别率(%)

	左		右	
	D.V.(判别值)	D.R.(判别率)	D.V.(判别值)	D.R.(判别率)
ICA	48.98	90.68	48.12	88.89
ICCS	1.125	79.7	1.15	84.23

由表 6-15 可见，锁骨表面积指数和截面积指数的性别判定效果较好。使用锁骨表面积指数最高的性别判别率达 90.68%，使用截面积指数的性别判别率也可达 84.23%，在法医学实践中有应用价值。

（三）上肢肱骨、尺骨、桡骨的性别判别

1. 肱骨的性别判定 张继宗等（2002 年）用公安部物证鉴定中心法医室收藏的有生前确切性别记录的骨骼标本 103 例，其中男性 70 例，女性 33 例，研究了肱骨的性别判定的方法。样本来源于青海、江西、广西、云南、河北、贵州、山东、吉林、安徽等 9 省区，年龄范围 20～76 岁。研究所用的肱骨均无破损，无畸形。

测量项目及变量（图 6-21）：

肱骨最大长（maximum length, X_1）：肱骨头最高点至肱骨滑车最低点之间的直线距离。用测骨盘测量。

肱骨全长（phygilogical length, X_2）：肱骨头最高点至肱骨小头最低点之间的直线距离。用测骨盘测量。

肱骨上端宽（breadth of the proximal epiphysis, X_3）：肱骨头关节面最内侧点与大结节最外侧点之间的距离。用测骨盘测量。

肱骨下端宽（breadth of the distal epiphysis, X_4）：肱骨外上髁最外侧点与内上髁最内侧点之间的直线距离。用测骨盘测量。

肱骨中部最大径（diameter major at middle, X_5）：肱骨干中部测得的最大径。用直脚规测量。

肱骨中部最小径（X_6, diameter minor at middle, X_7）：肱骨干中部测得的最小径。用直脚规测量。

肱骨骨干最小周长（least circumference of the diaphysis）：三角肌结节稍下方处的骨干最小周长。

肱骨头周长（circumference of the head, X_8）：肱骨头软骨缘的周长。

肱骨滑车小头宽（breite der trochlea und capitulum, X_9）：肱骨滑车内侧缘中点至小头外侧缘中点之间的直线距离。用直脚规测量。

肱骨滑车矢径（tiefe der trochla, X_{10}）：肱骨滑车内侧缘最前点至最后点之间的直线距离。用直脚规测量。

肱骨髁干角（cubital angle, X_{11}）：肱骨骨干轴与滑车关节面的切线所形成的夹角。用测骨盘测量。

肱骨扭转角（angle of torsion, X_{12}）：肱骨头轴与滑车轴投影相交之角。用平行定点仪测量。

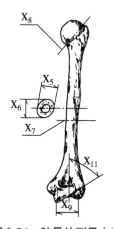

图 6-21 肱骨的测量方法

肱骨的 12 个变量的左、右性别差异的 t 检验中发现左侧髁干角（P 值为 0.82，>0.05）、扭转角（P 值为 0.06，>0.05）、右侧髁干角（P 值为 0.54，>0.05）性别差异不显著，右侧扭转角性别差异显著（P 值为 0.02，>0.01，<0.05），其余变量的性别差异均极为显著（P 值为 0.00，<0.01）。

在进行肱骨的性别判别分析时，只选用了性别差异显著的指标。肱骨的性别判别分析（表 6-16）。

表 6-16　肱骨的性别判别方程

判别方程	判别率（%）		
	男	女	综合
左　$Y_0 = -0.24X_1 + 1.37X_2 + 1.25X_3 + 0.10X_4 - 1.19X_5 - 0.43X_6 + 1.45X_7 + 0.74X_8 + 0.07X_9 - 2.84X_{10} - 224.77$	93	81.1	89.8
$Y_1 = -0.23X_1 + 1.44X_2 + 0.84X_3 + 0.09X_4 - 1.47X_5 - 057X_6 + 1.79X_7 + 1.08X_8 + 0.34X_9 - 3.05X_{10} - 275.31$			
右　$Y_0 = 0.18X_1 + 0.79X_2 + 2.31X_3 + 0.85X_4 + 0.59X_5 - 0.02X_6 + 1.50X_7 + 0.56X_8 - 1.70X_9 - 3.43X_{10} - 218.12$	95.8	82.1	90.9
$Y_1 = 0.29X_1 + 0.73X_2 + 2.58X_3 + 0.95X_4 + 0.52X_5 - 0.08X_6 + 1.82X_7 + 0.78X_8 - 1.85X_9 - 4.10X_{10} - 271.80$			

使用完整肱骨进行性别判别时，将变量的测量值分别代入性别判别方程，求出 Y_0 和 Y_1 值，如 $Y_0 > Y_1$ 为男性，反之为女性。

双侧肱骨的性别判别率为男性 97.2%、女性 94.4%、综合为 96.3%。但因变量太多，使用不便，因此表中没有将双侧肱骨的性别判别方程列入。

2. 尺骨的性别判定　张继宗等（2003 年）使用公安部物证鉴定中心法医室收藏的有生前确切性别记录的骨骼标本 182 例，其中男性 132 例，女性 50 例，研究了尺骨性别判定的方法。样本来源于青海、江西、广西、云南、河北、贵州、山东、吉林、安徽等 9 省区。样本的年龄范围 18～76 岁。研究所用的尺骨均无破损，无畸形。

测量项目及变量（图 6-22）：

尺骨最大长（maximum length，X_1）：尺骨鹰嘴最高点至尺骨茎突最低点之间的距离。用测骨盘测量。

尺骨生理长（phygilogical length，X_2）：尺骨冠突最低点至尺骨小头最低点之间的直线距离。用测骨盘测量。

尺骨鹰嘴小头长（olecranon-capitulumlänge der ulna，X_3）：尺骨鹰嘴最高点至尺骨小头最低点之间的直线距离。

尺骨骨干最小周（least circumference of the diaphysis，X_4）：尺骨骨干中点下方骨干最细处的最小周长。

尺骨骨干断面矢状径（dorso-ventral diameter of shaft at the upper third，X_5）：尺骨骨干上三分之一段骨间棘最发达处的骨干最大前后径。用直脚规测量。

尺骨骨干断面横径（transverse diameter of shaft at the upper third，X_6）：尺骨骨干上三分之一段骨间棘最发达处的骨干的横径。用直脚规测量。

尺骨骨干弦长（läng der schaftsehen der ulna，X_7）：将尺骨的内侧面朝下，用橡皮泥固定在平板上，使尺骨鹰嘴尖、冠突尖、冠突上纵嵴及尺骨茎突处在同一平面上。用描骨器画出尺骨侧面轮廓图，在图上画出尺骨上段的长轴，经桡骨切迹向此轴作一垂线，其交点为尺骨骨干弦长的上界。经此点向尺骨骨干后缘作一切线，切点为尺骨骨干弦长的下界。上下界之间的直线距离为尺骨骨干弦长。

尺骨骨干曲度高（höhe der schaftkrümmung der ulna，X_8）：尺骨骨干后缘最突点向尺骨骨干弦长所作的垂线。尺骨的外形轮廓可以影响尺骨骨干曲度高的测量。尺骨的外形轮廓较平直时，尺骨骨干曲度高的测量值较小，个别尺骨的外形轮廓的测量值可以为零或负值。

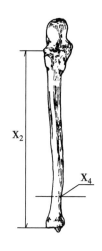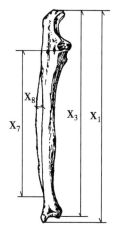

图 6-22　尺骨的测量方法

尺骨的外形轮廓可以影响尺骨骨干曲度高的测量。尺骨的外形轮廓较平直时，尺骨骨干曲度高的测量值较小，个别尺骨的外形轮廓的测量值可以为零或负值

男女尺骨的测量值的性别差异的统计分析发现，尺骨骨干曲度高男女之间的差别没有统计学意义，将尺骨骨干曲度高删除。尺骨测量项目的性别判别分析结果如下（表6-17）。

表 6-17　尺骨的性别判别方程

	判别方程	判别率（%）		
		男	女	综合
左	$Y_0=0.72X_1+0.18X_2+1.23X_3+1.75X_4+1.04X_5+0.73X_6-0.28X_7-253.10$	90.4	92.3	90.9
	$Y_1=0.69X_1+0.18X_2+1.34X_3+1.96X_4+1.89X_5+1.53X_6-0.24X_7-311.36$			
右	$Y_0=2.25X_1-0.71X_2+0.23X_3+1.44X_4+2.86X_5+2.95X_6-0.23X_7-252.89$	90.5	94.6	91.5
	$Y_1=2.36X_1-0.75X_2+0.26X_3+1.65X_4+3.52X_5+3.67X_6-0.21X_7-312.39$			

使用性别判别方程时，将尺骨测量值分别代入判别方程，如果 $Y_0>Y_1$ 为男性，反之为女性。

双侧尺骨的性别判别率为男性 91.9%、女性 97.1%、综合为 93.2%，因变量多达 14 个，使用时需双侧尺骨完整，而且性别判别率提高并不大，因此表没有将双侧尺骨的性别判别方程列入。

3. 桡骨性别判定　张继宗等（2002 年）使用公安部物证鉴定中心法医室收藏的有生前确切性别记录的骨骼标本 210 例，其中男性 160 例，女性 50 例，对桡骨性别判定的方法进行了研究。样本来源于青海、江西、广西、云南、河北、贵州、山东、吉林、安徽等 9 省区。样本的年龄范围 18～76 岁。研究所用的桡骨均无破损，无畸形。

测量项目及变量（图6-23）：

桡骨最大长（maximum length，X_1）：桡骨小头最高点至茎突尖端的最大直线距离。用测骨盘测量。

桡骨生理长（phygilogical length，X_2）：桡骨小头上面的桡骨小头凹最深点至桡骨下端内侧腕关节最凹点之间的直线距离。用弯脚规测量。

桡骨骨干最小周（least circumference of the diaphysis，X_3）：桡骨骨干中点下方最细处的周长。

桡骨骨干横径（transverse diameter of shaft at the upper third，X_4）：桡骨骨间嵴最发达处，骨干的最大左右径。用直脚规测量。

桡骨骨干矢状径（sagitte diameter of shaft of the radius，X_5）：在测量桡骨骨干横径的部位与桡骨骨干横径相垂直的骨干前后径。用直脚规测量。

桡骨颈干角（collo-diaphyseal angle of the radius，X_6）：桡骨颈轴与桡骨骨干上三分之一段的轴，所构成的夹角。

桡骨骨干弦长（läng der schaftsehen des radius，X_7）：在桡骨的轮廓图上，从桡骨颈干角的顶点向桡骨颈轴作一垂线，该线与桡骨干的外缘交点为骨干的上界；桡骨骨干下端开始膨大的部位为下界。上下界之间的直线距离为桡骨骨干弦长。

桡骨骨干曲度高（höhe der schaftkrümmung des radius，X_8）：桡骨骨干外侧最突点向桡骨骨干弦长作一垂线，即可测得桡骨骨干曲度高。

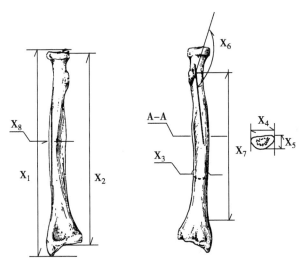

图 6-23　桡骨的测量方法

桡骨测量的统计分析表明，桡骨颈干角男女之间、侧别之间的 t 检验，其差别均没有统计学意义，在桡骨的性别判别分析将该指标删除。

桡骨测量项目的性别判别分析结果如下（表6-18）。

表6-18　完整桡骨的性别判别方程

	判别方程	判别率（%）		
		男	女	综合
左	$Y_0 = 0.38X_1 + 1.24X_2 + 1.51X_3 + 0.60X_4 + 3.31X_5 - 0.09X_7 - 210.58$	91.7	98	93.2
	$Y_1 = 0.42X_1 + 1.33X_2 + 1.92X_3 + 0.19X_4 + 4.09X_5 - 0.04X_7 - 256.64$			
右	$Y_0 = 0.50X_1 + 1.32X_2 + 1.99X_3 + 0.62X_4 + 1.34X_5 - 0.21X_7 - 216.15$	92.9	99.5	94.7
	$Y_1 = 0.57X_1 + 1.41X_2 + 2.44X_3 + 0.19X_4 + 2.52X_5 - 0.18X_7 - 275.24$			

使用性别判别方程时，将桡骨测量值分别代入判别方程计算，如果 $Y_0 > Y_1$ 为男性，反之为女性。

由于男女社会分工的差异，及右利手的工作习惯，右上肢的骨骼变异较左侧大，有利于性别判定。从本研究中可以看出，右侧桡骨的性别判别率高于左侧。

4. 上肢肱骨、尺骨、桡骨的性别判别　刘武（1989年）对上肢肱骨、尺骨、桡骨的性别判别分析进行了研究。依据吴汝康（1984年）《人体测量方法》及参照邵象清（1985年）《人体测量手册》著述的方法进行测量。测量项目中尺骨骨干周长为作者自选位置，相当于尺骨骨干横径及矢径水平测量。

上肢骨测量项目：

肱骨：X_1 最大长，X_2 全长，X_3 上端宽，X_4 下端宽，X_5 头最大横径，X_6 头最大矢径，X_7 中部最大径，X_8 中部最小径，X_9 中部横径，X_{10} 中部矢径，X_{11} 滑车宽，X_{12} 滑车与小头宽，X_{13} 滑车矢状径，X_{14} 头周长，X_{15} 中部周长，X_{16} 体最小周长。

桡骨：X_{17} 最大长，X_{18} 生理长，X_{19} 下端宽，X_{20} 小头横径，X_{21} 小头矢径，X_{22} 骨干横径，X_{23} 骨干矢径，X_{24} 骨干周长，X_{25} 小头周长，X_{26} 体最小周长。

尺骨：X_{27} 最大长，X_{28} 生理长，X_{29} 上部横径，X_{30} 上部矢径，X_{31} 骨干横径，X_{32} 骨干矢径，X_{33} 鹰嘴宽，X_{34} 鹰嘴深，X_{35} 骨干周长，X_{36} 体最小周长。

上述项目测量完成后,可按下述方法进行肱骨、尺骨、桡骨的性别判别。

上肢骨的逐步回归性别判别函数如下(表6-19)。

表6-19　上肢骨的逐步回归性别判别函数

	判别函数	F值	判别率 %
肱骨+桡骨	$Y_1 = -2.1815X_9 + 2.6059X_{12} + 1.8525X_{14} + 4.6989X_{21} + 3.4777X_{23} + 0.2786X_{25} - 230.5567$	5.21	91.0
	$Y_2 = -1.8833X_9 + 2.1440X_{12} - 1.7151X_{14} + 3.2420X_{21} + 2.8442X_{23} + 0.5174X_{25} - 181.6672$		
肱骨+尺骨	$Y_1 = 4.7134X_5 + 2.2008X_{12} + 1.0683X_{28} + 2.8078X_{34} - 293.2463$	36.21	90.0
	$Y_2 = 4.2292X_5 + 1.8880X_{12} + 0.9988X_{28} + 2.3969X_{34} - 238.4345$		
桡骨+尺骨	$Y_1 = 5.2454X_{21} + 5.3981X_{22} + 2.3895X_{23} + 1.1795X_{28} + 2.0161X_{29} + 0.7763X_{32} + 1.9576X_{34} - 0.5460X_{36} - 276.7045$	20.18	90.0
	$Y_2 = 4.4396X_{21} + 4.9392X_{22} + 1.8178X_{23} + 1.1170X_{28} + 1.7731X_{29} - 0.0624X_{32} + 1.6785X_{34} - 0.3205X_{36} - 222.8538$		
肱骨+桡骨+尺骨	$Y_1 = 6.7492X_3 - 4.0741X_9 + 2.5748X_{12} + 3.8344X_{21} + 58158X_{23} + 0.0238X_{25} + 1.1744X_{28} + 0.3688X_{32} + 2.5135X_{34} - 399.0518$	19.8	91.4
	$Y_2 = 6.3353X_3 - 3.6880X_9 + 2.0977X_{12} + 2.1001X_{21} + 4.8546X_{23} + 0.4138X_{25} + 1.1216X_{28} - 0.3207X_{32} + 2.1971X_{34} - 325.2442$		

应用上肢骨骼进行性别的逐步判别分析时,将相应测量数据分别代入两个公式,如果Y_1大于Y_2,则判定为男性,反之判定为女性。

二、下肢骨的性别判定

(一)下肢长骨的性别判定

刘武等(1989年)应用长春地区出土的现代人墓葬骨骼,研究了现代人下肢骨长骨的性别判定方法。测量方法主要根据吴汝康等(1984年)所著《人体测量方法》和邵象清(1985年)所著《人体测量手册》。共37项测量值,为了便于统计,所有项目都以变量符号$X_1 \sim X_{37}$依次表示

股骨(图6-24):X_1最大长,X_2生理长,X_3转子全长,X_4中部矢径,X_5中部横径,X_6中部周长,X_7上部横径,X_8上部矢径,X_9下部最小矢径,X_{10}下部横径,X_{11}上端宽,X_{12}头垂径,X_{13}头矢径,X_{14}头最大径,X_{15}上髁宽,X_{16}外髁长,X_{17}内髁长。

胫骨(图6-25):X_{18}最大长,X_{19}内侧髁髁长,X_{20}外侧髁髁长,X_{21}上端宽,X_{22}下端宽,X_{23}下端矢径,X_{24}上内矢径,X_{25}上外矢径,X_{26}滋养孔处横径,X_{27}滋养孔处矢径,X_{28}滋养孔处周长,X_{29}体最小

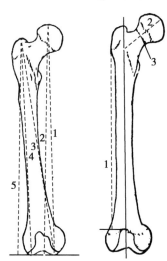

图6-24　股骨主要项目的测量方法

周长，X_{30} 最大长，X_{31} 小头外髁长，X_{32} 上端宽，X_{33} 下端宽，X_{34} 中部最大径，X_{35} 中部最小径，X_{36} 中部周长，X_{37} 体最小周长。

腓骨（图 6-26）：X_{30} 最大长，X_{31} 小头外髁长，X_{32} 上端宽，X_{33} 下端宽，X_{34} 中部最大径，X_{35} 中部最小径，X_{36} 中部周长，X_{37} 体最小周长。

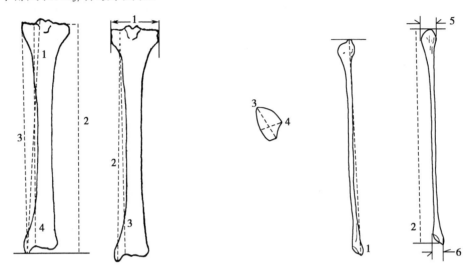

图 6-25 胫骨主要项目的测量方法　　图 6-26 腓骨主要项目的测量方法

测量精度 0.1mm，测量数据采用来自左侧下肢骨数据。

下肢长骨直线回归的性别判别函数如表 6-20 所示。

表 6-20 下肢长骨直线回归性别判别函数

编号	判别函数	临界值	F 值	判别率
1	$Z = X_1 + 0.5312X_6 + 6.9691X_{11} + 5.7888X_{15} - 3.4722X_{16}$	1304.1	30.36	87.9
2	$Z = X_3 - 1.0875X_6 + 9.5904X_{11} + 13.0077X_{12} + 4.2770X_{15}$	3032.9	30.61	87.2
3	$Z = 0.1300X_2 - 0.3225X_6 + 1.9159X_8 + X_{11} + 0.5392X_{15}$	203.6	31.85	87.2
4	$Z = X_1 - 0.8186X_2 + 2.3556X_8 + 1.3640X_{11}$	258.4	40.50	86.2
5	$Z = X_1 + 10.9605X_8 + 6.9846X_{11} + 7.2925X_{14}$	1621.2	40.32	87.9
6	$Z = X_{11} + 1.0152X_{13} + 0.0430X_{16} + 0.3997X_{17}$	157.3	35.59	85.1
7	$Z = X_6 + 10.1281X_8 + 5.6270X_{16}$	648.7	38.12	83.7
8	$Z = X_1 + 6.6819X_3$	582.8	58.89	83.0
9	$Z = X_3 + 3.5559X_6$	671.6	50.96	82.3
10	$Z = 1.4832X_8 + X_{11}$	126.1	75.07	84.4
11	$Z = X_{21} + 1.0478X_{22} + 0.9194X_{28} - 0.9236X_{29}$	132.7	33.60	82.2
12	$Z = X_{19} + 35.9836X_{21} + 24.9689X_{22} - 3.8189X_{29}$	3728.5	29.74	83.0
13	$Z = X_{19} + 34.2655X_{21} - 0.9113X_{24}$	2648.9	36.68	82.2
14	$Z = X_{21} + 0.6850X_{22} - 0.1083X_{23}$	97.4	39.73	82.2
15	$Z = X_{21} - 0.0404X_{24} + 0.7860X_{26}$	83.6	38.71	82.2
16	$Z = X_{22} + 0.8538X_{28} + 0.5960X_{29}$	77.5	39.91	83.0
17	$Z = X_{22} + 0.3461X_{23} + 1.3843X_{26}$	87.4	34.14	81.5
18	$Z = X_{22} + 0.6510X_{23} - 0.1224X_{24}$	94.3	39.79	82.2
19	$Z = X_{31} + 10.4576X_{33} + 1.8300X_{37}$	622.0	18.19	79.0
20	$Z = X_{30} + 9.7078X_{33}$	547.3	27.46	78.2
21	$Z = X_{32} + 2.7774X_{33} + 4.8672X_{35}$	131.7	17.67	79.8
22	$Z = X_{33} + 0.3336X_{34}$	26.9	22.64	77.3

对下肢骨骼进行性别判别分析应用时,将相应测量数据分别代入公式,求出 Z 值。如果 Z 值大于临界值判定为男性,反之为女性。

下肢长骨逐步回归的性别判别函数如下(表6-21)。

表6-21　下肢长骨逐步回归性别判别函数

	判别函数	F 值	判别率%
股骨+胫骨	$Y_1 = 3.1389X_3 - 1.5022X_9 + 2.2164X_{11} + 2.2376X_{15} + 2.6575X_{21} + 3.1617X_{22} + 2.3831X_{26} - 1.1892X_{29} - 375.5147$	41.63	96.3%
	$Y_2 = 2.6260X_8 - 1.1986X_9 + 1.9726X_{11} + 1.9652X_{15} + 2.3592X_{21} + 2.8065X_{22} + 1.7909X_{26} - 0.9646X_{29} - 293.8074$		
股骨+腓骨	$Y_1 = 2.1253X_1 - 1.7639X_2 + 2.1092X_{11} + 0.4199X_{12} - 3.5336X_{13} + 6.5727X_{14} + 1.4310X_{30} - 0.7430X_{31} + 1.5829X_{33} + 4.2652X_{35} - 420.4198$	23.08	92.4%
	$Y_2 = 1.8643X_1 - 1.5208X_2 + 1.8309X_{11} + 0.7203X_{12} - 2.9017X_{13} + 5.3018X_{14} + 1.0572X_{30} - 0.3948X_{31} + 1.2395X_{33} + 3.4018X_{35} - 346.3106$		
胫骨+腓骨	$Y_1 = 2.7680X_{21} + 0.7097X_{26} + 0.6298X_{30} + 1.3831X_{32} - 234.7171$	32.99	87.4%
	$Y_2 = 2.4982X_{21} + 0.4471X_{26} + 0.5904X_{30} + 1.1739X_{32} - 192.8335$		

应用下肢骨骼进行性别的逐步判别分析时,把相应测量数据分别代入两个公式,如果 Y_1 大于 Y_2,则判定为男性,反之判定为女性。

(二)髌骨的性别判定

测量项目及变量(图6-27):

髌骨高(maximum height of the patella, X_1):髌骨最高点至髌尖最下点之间的直线距离。用直脚规测量。

髌骨宽(maximum breadth of the patella, X_2):髌骨两侧最突出点之间的直线距离,与髌骨高相垂直。用直脚规测量。

髌骨厚(maximum thickness of the patella, X_3):关节面与前面最突出点之间的距离。用直脚规测量。

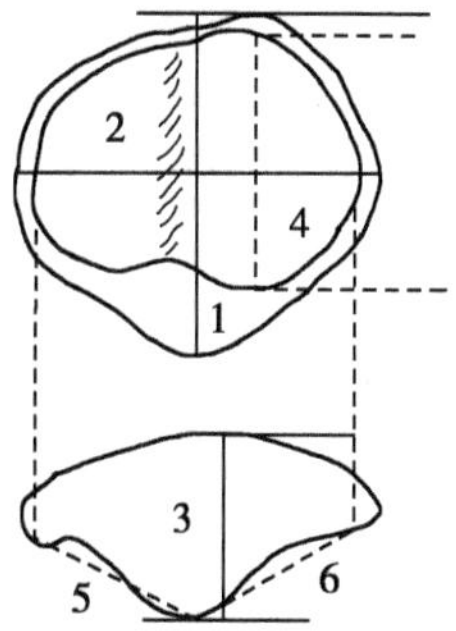

图6-27　髌骨主要项目的测量方法

髌骨内关节面高(height of the medial faces patella, X_4):内关节面上下缘最突出点之间的距离。用直脚规测量。测量时主尺与关节面纵嵴保持平行。

髌骨内关节面宽(breadth of the medial faces patella, X_5):髌骨内侧关节面向内侧缘最突出点至关节面纵嵴的垂直距离。用直脚规测量。

髌骨外关节面高(height of the lateral faces patella, X_6):外关节面上下缘最突出点之间的距离。用直脚规测量。测量时主尺与关节面纵嵴保持平行。

髌骨外关节面宽(breadth of the lateral faces patella, X_7):外关节面向外侧缘最突出点至纵嵴的垂直距离。用直脚规测量。

髌骨体积(volume of the patella, X_8):髌骨完全浸入水中所排出水的体积。

髌骨的性别判定方法如表6-22所示。

表6-22　髌骨的性别判别函数

	判别函数	判别率(%)		
		男	女	合计
左侧髌骨	$Y_1 = 0.6081X_5 + 0.7393X_6 + 0.6221X_7 - 0.5872X_8 - 21.7914$	96.1	93.7	95.3
	$Y_2 = 0.6254X_5 + 0.7489X_6 + 0.5917X_7 - 0.7084X_8 - 19.9753$			
	$Y_1 = 0.6764X_1 + 0.4046X_2 + 0.6371X_3 + 0.1721X_4 - 0.2841X_5 + 0.2459X_6 + 0.5044X_7 - 1.5050X_8 - 33.2994$	93.8	93.7	93.8

判别函数	判别率（%）		
	男	女	合计
左侧髌骨 $Y_2 = 0.6365X_1 + 0.4245X_2 + 0.6301X_3 + 0.1522X_4 - 0.3004X_5 + 0.2739X_6 + 0.4610X_7 - 1.6290X_8 - 31.3981$			
$Y_1 = 0.9441X_2 - 0.6300X_8 - 15.8526$	94.4	91.1	93.4
$Y_2 = 0.9525X_2 - 0.7604X_8 - 14.4094$			
$Y_1 = 0.4010X_1 + 0.0744X_2 + 0.2547X_3 + 0.3238X_7 - 17.4721$	91.6	86.1	89.9
$Y_2 = 0.3594X_1 + 0.0616X_2 + 0.2149X_3 + 0.2765X_7 - 13.2709$			
$Y_1 = 0.4001X_1 + 0.2985X_2 - 15.3131$	89.3	86.1	88.3
$Y_2 = 0.3585X_1 + 0.2522X_2 - 11.7075$			
右侧髌骨 $Y_1 = 0.5778X_5 + 0.4521X_6 + 0.5324X_7 - 0.3096X_8 - 17.9060$	96.1	96.2	96.1
$Y_2 = 0.5587X_5 + 0.4522X_6 + 0.4968X_7 - 0.4161X_8 - 15.5555$			
$Y_1 = 0.4893X_1 + 0.3073X_2 + 0.5952X_3 + 0.2083X_4 - 0.1969X_5 + 0.0380X_6 + 0.3800X_7 - 0.8211X_8 - 27.5825$	94.4	94.9	94.5
$Y_2 = 0.4663X_1 + 0.3115X_2 + 0.5602X_3 + 0.1999X_4 - 0.2078X_5 + 0.0535X_6 + 0.3471X_7 - 0.9115X_8 - 25.5264$			
$Y_1 = 0.7896X_2 - 0.3865X_8 - 14.3995$	95.5	93.6	94.9
$Y_2 = 0.7765X_2 - 0.4927X_8 - 12.4066$			
$Y_1 = 0.4366X_1 + 0.0989X_2 + 0.3895X_3 + 0.2690X_7 - 19.3708$	91.0	91.0	91.0
$Y_2 = 0.3947X_1 + 0.0769X_2 + 0.3331X_3 + 0.2326X_7 - 17.4734$			
$Y_1 = 0.4831X_1 + 0.2879X_2 - 16.8013$	89.3	88.5	89.1
$Y_2 = 0.4347X_1 + 0.2393X_2 - 12.8397$			

应用时将测量数据按侧别代入两个相应公式，若 $|Y_1|>|Y_2|$，判定为男性，反之为女性。

（三）跟骨的性别判定

测量项目及变量（图 6-28）：

跟骨最大长（maximum length of the calcaneus，X_1）：跟结节向后最突点至骰关节面上缘最前点之间的连线投影于水平面的长度。

跟骨全长（physical length of the calcaneus，X_2）：跟骨结节向后最突点至骰关节面中点之间的直线距离。

跟骨中部宽（breadth of the calcaneus at middle，X_3）：载距突最内侧点至后距关节面最外侧点之间的投影距离。

跟骨最小宽（minmum breath of the calcaneus，X_4）：跟骨体内侧面最凹点至外侧面相应的最凹点之间的投影距离。

跟骨高（height of the calcaneus，X_5）：跟骨体上面凹陷最深点至下面相应点的投影距离。

跟骨最小高（minmum height of the calcaneus，X_6）：跟骨体中部的最小高度。

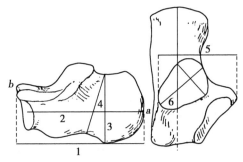

图 6-28　跟骨主要项目的测量方法

跟骨的性别判别函数如表6-23所示。

表6-23　跟骨的性别判别函数

编号		判别函数	临界值	判别率（%）
左侧	1	$Z=0.1039X_2+0.2713X_3+0.1038X_6-0.164X_4-19.5691$	-0.8234	87.22
	2	$Z=0.2428X_2-0.0014X_1-17.9369$	-0.6438	82.22
	3	$Z=0.1029X_2+0.2861X_3+0.0006X_5-19.3412$	-0.7907	86.36
	4	$Z=0.1904X_2+0.3163X_3-0.0753X_1-0.0811X_4-19.1187$	-0.8055	88.07
	5	$Z=0.3646X_3+0.06597X_5-17.5689$	-0.7492	85.80
右侧	1	$Z=0.08795X_2+0.1994X_3+0.1200X_6-19.0583$	-0.7497	84.94
	2	$Z=0.1484X_1-0.0904X_2-18.0841$	-0.62568	80.68
	3	$Z=0.0955X_2+0.2443X_3+0.0532X_5-19.13052$	-0.72828	83.81
	4	$Z=0.0794X_2+0.2574X_3-0.0106X_4+0.0417X_1-19.23843$	-0.72521	84.09
	5	$Z=0.1167X_3+0.3177X_5-17.6118$	-0.6896	83.81

使用判别函数进行性别判定时，将跟骨的测量值代入判别函数式求得 Z 值。如果 Z 值大于临界值则判定为男性，反之为女性。

本章小结

本章主要讲授人体骨骼的性别差异，而性别差异明显的骨骼主要集中在骨盆、头骨、下颌骨、胸骨等，人体的躯干骨、四肢骨的性别差异相对小，通过测量与观察可以判断其性别。但并不是说其他骨骼没有性别差异，比如说牙齿等，只是说其他骨骼的性别差异目前的研究显示差异不明显或不稳定，因此在使用时准确性不够高。在实际工作中应结合多个骨骼的特性共同进行判定，这样会提高判定的准确性。同时，利用其他现代技术，比如 DNA 等技术可以更准确地对尸骨进行性别判定，使用者可从成本、时间效率、准确性等方面进行综合考虑，使用相应的技术进行判定。

关键术语

性别鉴别（sex estimation）

男性（male）

女性（female）

粗糙（rough）

光滑（smooth）

讨论题

性别差异与年龄之间有什么关系？

（吴　坚）

思考题

1. 人体哪些骨骼性别差异最大？

2. 骨盆的性别判定方法有哪些？

3. 颅骨性别差异的形态特点是什么？

第七章　根据骨骼推断年龄

学习目标

通过本章的学习,你应该能够:

掌握:根据颅骨推断年龄的原理;根据骨盆骨推断年龄的原理。

熟悉:躯干骨推断年龄;附肢骨推断年龄。

了解:骨组织学推断年龄。

在法医工作中,需要对碎尸、白骨化、杀人焚尸等疑难案件和重大灾难事故中的尸骸进行技术鉴定,由于机体完整性和软组织受到严重破坏和毁损,凭借发现提取的骨骼来推断个体的年龄,成为个体识别中非常重要的工作。骨骼的年龄变化受营养、发育、种族、地区、饮食、习惯等诸多因素的影响,只有对发现或送检的骨骼进行全面认真的检验观测、综合评定,才能得出比较正确的结论。

一般而言,热带地区的人比温带地区的人发育成熟早;温带地区的人比寒带地区的人发育成熟早,各相差一年左右。再则,骨骼的年龄与性别有关,一般女性骨骼的年龄变化较男性的略早,这与女性性腺较男性发育成熟早有关。在5~10岁间相差约1年,10~15岁间相差约2年,15~20岁之间相差约1年。由于营养、地域及性别等诸多因素的影响,同一年龄不同个体的骨骼会出现不同的年龄特征;具有相同或近似年龄特征的骨骼,却分属于不同年龄个体。

种族差异对骨骼年龄的影响,有些学者认为不明显,但确实存在。虽然根据不同种族的骨骼研究出的判定骨骼年龄的方法可以互相参考使用,但仍以根据本民族、本地区的骨骼研究出的判定骨骼年龄的方法为最佳。

根据骨骼推断年龄,主要有以下几个方面:

1. 骨化中心与骨骺愈合　骨骼的生长发育与骨化中心的发生、发展和骨骺的愈合密切相关,这使得根据骨化中心的出现和骨骺愈合情况推断青少年骨骼的年龄成为可能。

2. 骨的形态变化　因为骨骼的形态一生都在随着年龄、身体状况和生活条件而不停地变化着。青少年时期,骨骼组织中有机成分较多,故骨弹性及可塑性较大,硬度较小;成年时期,骨骼组织中有机成分与无机成分之比为1:2,使骨骼坚硬;老年时期,骨骼组织中无机质较多,故脆性较大而易发生骨折,骨质增生及吸收使骨骼退行性变。由于骨组织的增生、吸收致使骨骼的形态发生变化,据此根据骨骼推断成人年龄成为可能。这是法医人类学领域实践中最常用的方法。

3. 骨骼的大小、长短和骨组织学改变　随着人体的生长发育成熟,作为人体支架的骨骼也由小变大,由短变长。所以,根据骨骼的大小或长短可以推断青少年的年龄。随着机体的成熟、衰老,骨组织的成骨、改建和破骨及哈弗斯系统都发生变化。这些变化有助于推断骨骼年龄,特别是对破碎严重的骨片更为适用。

除此以外,测定骨骼中无机盐的含量也可以帮助确定骨骼的大致年龄。

第一节　根据颅骨推断年龄

颅骨是法医学、考古学和人类学领域中进行种族、性别鉴定的重要物证,也是推定死者年龄的重要材料。颅骨是由23块不同形状的骨骼借缝结缔组织和软骨彼此牢固结合而成,有许多形态变化可作为判定骨龄的根据。

一、根据未成年人颅骨推断年龄

(一)新生儿的颅骨

1. 新生儿的面颅　狭小,约占全颅的1/8。两眶较大,鼻骨短而宽;鼻窦及上下颌骨都未发育,乳牙未露;牙槽缺陷;下颌骨平直无角,肌线和骨突都不明显;颧骨及下鼻甲较大,泪骨薄而脆弱。

2. 新生儿的脑颅　颅盖薄而光滑,只由一层骨板构成,无板障。内面无大脑轭、脑压迹及动脉沟等。额结节及顶结节显著。眉间及眉弓不明显。骨缝之间充满纤维组织,在多骨相接的交界处,由于骨化还未完毕,故仍为结缔组织膜,称为颅囟(cranial fontanelle)。前囟最大,呈菱形,位于冠状缝与矢状缝相合处。后囟位于矢状缝与人字缝交接处。蝶囟成对,形状不规则,由额骨、顶骨、蝶骨大翼与颞骨围成。乳突囟成对,位于顶骨、颞骨及枕骨间(图7-1)。

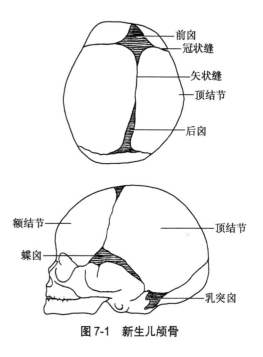

图7-1　新生儿颅骨

颅底短而狭窄。因骨化尚未完全,因此蝶骨大翼与蝶骨体之间,下颌骨的两半侧之间及茎突与颞骨之间都未愈合;枕骨仍分离成四个独立的部分;颞骨各部之间的裂缝还很清楚。乳突不明显,颞骨岩部较短。下颌窝平浅,并稍偏向外侧。关节结节还未发育。外耳道短而直,因骨性部分还未骨化,故仍为一纤维软骨片。枕骨无咽结节及颈静脉突。额嵴缺如。切牙缝还未愈合。视神经孔较大,呈三角形。垂体窝底部可见颅咽管。鞍背仍为软骨。无棘孔。翼突较短。

(二)出生后颅骨的变化

颅骨在出生后的发育,一般分为三个时期:

第一期:由出生至7岁末,为成长期。此时脑颅诸骨与面颅发育较快,骨的边缘不断骨化,同时伴随骨面的增生与吸收,使骨变厚和变宽。出生后2~3个月时蝶囟与后囟闭合;1岁左右乳突囟闭合;2岁时前囟闭合;4岁后,颅顶骨出现两层骨板及板障,同时由于咀嚼运动增加,骨面开始出现肌线;7岁时,筛骨、两眶及鼻腔上部大致已发育完毕。由于两眶的扩大及鼻中隔的生长,使上颌骨向前下方移位。

第二期:由7岁末至16岁,为相对静止期。这个期间颅骨生长缓慢,逐渐出现性别上的差别。

第三期:由14~16岁至20~23岁,为成长期。出现额部向前突出;鼻窦、眉弓及乳突发育生长迅速;枕骨与蝶骨开始愈合;下颌角向外展开等。

(三)根据颞骨的发育推断骨龄

Weaver(1979年)提出了根据颞骨的发育来推断胎儿至2.5岁婴儿年龄的方法,将鼓室板的发育分为6个阶段:

第一级：其明显的特征是鼓室环缺如而颞骨岩部乳突部存在，平均年龄为胎生期或新生儿。

第二级：鼓室环部分形成（呈 U 形）于外耳道口的下半，与岩部乳突部部分相连。该特征见于新生儿至 6 个月的婴儿。

第三级：鼓室环于下方与颞骨相连良好，U 形的开口端不完全封闭。相当于 1～2.5 岁。

第四级：通过 U 形开口端的完全封闭，鼓室环发育为鼓室板，且形成一个中央部开口的锯齿状 V 形。见于 1～2.5 岁婴儿。

第五级：锯齿状 V 形已成半环状，构成在成年者上见到的外耳道下缘，鼓室板中央的开口缩小但仍存在。

第六级：鼓室板构成如成年者的外听道，但鼓室板上可见小孔的痕迹。

（四）根据枕骨的发育推定年龄

Redfield（1970 年）提出根据未成熟枕骨推断年龄的方法。其除按惯例将枕骨分为四个部分（枕鳞、基底部及两外侧部）外，新提出一个顶间部。根据文献记载，枕鳞与外侧部基本上在胎生第 6～9 周出现，基底部的出现时间却看法不一，范围在 6～12 周。至于 4 个部分的软骨性结合时间差异则较大。Redfield 根据对不同种族和地区的大量骨骼进行的调查观测，认为枕骨的 4 个部分都在 7 岁愈合。另外，他还测量了基底部的长度和宽度、外侧部的长度来推断年龄。

此外，Redfield 还指出蝶枕软骨（基底缝）在 20～29 岁愈合。Krogman 根据对数百个未成熟颅骨及 500 余张颅骨 X 线片的研究结果发现约 95% 的基底缝在 20～25 岁愈合，多见于 23 岁。而我国人基底缝的愈合时间较前所提早 1～2 岁。

二、根据成年人颅骨推断年龄

（一）成年颅骨的年龄变化

在 23 岁或 25 岁以后，颅盖骨内面矢状沟加深变宽，脑膜中动脉沟渐趋明显，至中年时变为深沟，晚年时成为槽状，少数甚至出现管型。蛛网膜颗粒压迹在 12 岁以前非常罕见，50 岁以上，出现率为 82%。50 岁后，板障静脉管腔变少，逐渐被增生骨质所填充，外板与板障的界线变得模糊。

老年人颅骨，因鼻窦及板障中的骨质不断吸收，颅骨变薄，重量减轻。同时随着牙齿的脱落，牙槽骨的吸收，牙槽变平消失。面骨的垂直径变小；下颌角增大（表 7-1）。

表 7-1　下颌角的变化与年龄的关系

出生时	牙齿交换	恒牙完成	35 岁	55 岁	70 岁	出生时	牙齿交换
170°	150°	100°	110°	120°	130°	170°	150°

颅骨缝的愈合程度作为根据颅骨判定年龄的一项指标，近百年来一直是许多学者致力研究的课题。但迄今为止的研究表明，颅骨缝的愈合个体差异太大。颅骨缝愈合年纪最小者可在 20 岁左右，而 50 岁以上颅骨缝尚未愈合者也不鲜见。

Todd 等（1924 年）对 307 例白人男性颅骨和 120 例黑人男性颅骨骨缝愈合程度的研究表明，13.3% 的白人和 34.2% 的黑人颅骨骨缝愈合缺乏规律，且同一颅骨的一条骨缝愈合不规则即表明所有颅骨缝愈合不规则。同时其研究提示颅骨内缝和外缝开始愈合的时间不存在差异，但发现前者作为年龄判定指标较后者可信。其原因为颅骨外缝经常显示出间断性愈合。

虽然颅骨缝的愈合变异较大，但仍存在一定的规律性。Broca 用图式法将颅骨骨缝的愈合分为五级。一级：骨缝未愈合，连结骨的边缘处仍有小缝隙；二级：骨缝开始愈合，但锯齿状的边续线清晰可见；三级：骨缝线变细，变直且有部分骨缝完全愈合而中断；四级：骨缝完全愈合，愈合处仅有小凹陷存在；五级：骨缝完全消失，变平、光滑，甚至其原位所在也无法辨认。该分级法为广大研究者所接受。颅骨内外各段骨缝愈合年龄详见表 7-2 和表 7-3。

表 7-2　颅内缝的愈合年龄（岁）

颅缝名称	开始愈合	完全愈合
矢状缝	22	35
蝶额缝（蝶骨小翼段）	22	64
蝶额缝（蝶骨大翼段）	22	65
冠状缝（前囟段和复杂段）	24	38
冠状缝（翼区段）	26	41
人字缝（人字点段和中间段）	26	42
人字缝（星点段）	26	47
枕乳缝（下段）	26	72
蝶顶缝	29	65
蝶颞缝（下段）	30	67
蝶颞缝（上段）	31	64
枕乳缝（上段和下段）	30	81
顶乳缝	37	81
鳞缝（前段）	37	81
鳞缝（后段）	37	81

表 7-3　颅外缝的愈合年龄（岁）

颅缝名称	开始愈合	完全愈合
矢状缝	22	35
蝶额缝	22	65
冠状缝	24	41
人字缝	26	47
枕乳缝	26	81
蝶乳缝	29	65
蝶颞缝	30	67
顶乳缝	37	81
鳞缝	37	81

（二）颅盖骨厚度的年龄变化

　　1975 年前苏联学者对 400 余具 20～86 岁的男女性尸体的颅盖骨进行了观测研究。其用精度为 0.05mm 的仪器对颅顶点、前囟点和人字点的颅骨厚度进行了测量。经统计运算分析表明，男女人字点及前囟点的颅骨厚度几乎是一样的，而且都比颅顶点的厚度大。但是，男女在同一点上的指数值（不同两点骨厚度的比值）实际没有显著差别。

　　男女的差别不是反映在颅骨厚度，而是在随年龄变化的速度上。随着年龄增长，不论男女，颅盖骨都变厚。而且 60 岁以下的男性，前囟点及人字点的平均值较大。随后男女两性的数值就接近了。在男性，顶部及人字点骨头变厚从 40～49 岁开始，50～59 岁开始放慢，超过 70 岁时头颅顶部确实变厚，而在人字缝尖处还稍微变薄，与年轻人的数值相近。在女性，颅顶点及人字点变厚在 30～49 岁及 60～86 岁，前囟点变厚在 40～49 岁和 70～86 岁。在 50～59 岁的妇女，其颅骨变厚的情况没有见到。

　　研究揭示颅盖骨变厚存在不平衡性。男性头颅，特别是女性头颅的相关系数值有很大的变化。男性骨厚度的值比女性（特别是 50～69 岁的妇女）有更明显的相互联系。而且不论男女，前囟点及人字点的数值，比颅顶点数值有更密切的联系。因此，根据颅盖骨厚度判定年龄，原则上是可能的（表

7-4)。对 20～39 岁、40～69 岁、70～86 岁年龄的女性而言，可以正确地进行鉴别。相邻两个年龄组，如 20～29 岁及 30～39 岁之间，根据指数不能鉴别出来。

表 7-4　头颅骨厚度指数与年龄的关系

头颅部位	年龄（岁）											
	20～29		30～39		40～49		50～59		60～69		70～80	
	男	女	男	女	男	女	男	女	男	女	男	女
颅顶点 - 前囟点	0.545	0.581	0.512	0.230	0.463	0.558	0.704	0.245	0.802	0.616	0.333	0.656
颅顶点 - 人字点	0.471	0.129	0.418	0.177	0.364	0.459	0.727	0.376	0.771	0.290	0.484	0.592
前囟点 - 人字点	0.725	0.378	0.648	0.674	0.512	0.593	0.690	0.670	0.744	0.642	0.664	0.430

（三）根据颅缝愈合推断年龄

对国人颅骨骨缝（skull suture）愈合的年龄变化研究报道的很少，没有形成百家争鸣的现象。印国梁 1987 年报告了对 16～92 岁的 140 例男女性颅骨的颅内外冠状缝、矢状缝、人字缝愈合的年龄变化规律，并对观测数据用多元回归方程进行了统计处理，求得了推算年龄的方程式。

用肉眼对颅外、颅内的冠状缝、矢状缝和人字缝的愈合情况进行观察，参照 Frederic 的分级标准将颅骨缝愈合分为 5 级。0 级为未愈合；1 级为开始愈合；2 级为部分愈合（骨缝处留存锯齿线等痕迹超过 1/2 范围）；3 级为大部分愈合（骨缝处锯齿线少于 1/2 范围）；4 级为完全愈合（骨缝处锯齿线等痕迹已湮没）。颅内外冠状缝均以与矢状缝交点为界分为左右侧，各侧依此向外侧均等地分为 4 部分；人字缝与矢状缝交界处由后向前均等分为 4 部分；人字缝以与矢状缝交点分为 3 部分。按此分级标准对 140 例颅骨标本进行评级，将评级用统计方法处理，求出推断死者年龄的多元回归方程：

$$Y = 25.4948 - 0.469X_2 + 4.7056X_{10} + 11.1653X_{14} + 7.609X_{25} - 6.1145X_{28} + 14.0371X_{30}$$

复相关系数 $r = 0.7381$

式中 Y 为推断年龄，X_2 为身长，X_{10} 为颅外冠状缝右侧第 3 部，X_{14} 为颅内冠状缝左侧第 3 部，X_{25} 为颅内矢状缝第 2 部，X_{28} 为颅外人字缝左侧第 1 部，X_{30} 为颅外人字缝左侧第 3 部。

研究结果表明，颅内骨缝愈合均早于颅外骨缝的愈合。这与国外学者报道的一致。而颅骨骨缝左右侧愈合程度是不一致的，与国外学者的研究结果不同。颅骨骨缝的愈合情况受性别、营养、生活状况等诸多因素的影响。应用所建立的方程对 140 例标本进行组内考核，推算值与实际值相差在 9 岁以内的有 78 例，占总数的 55.71%。相差在 14 岁以内的有 106 例，占总数的 75.71%。这些数字反映出根据颅骨骨缝愈合情况推断年龄结果只能作为一种参考，它必须与其他方法求得的结果结合使用才会有较高价值。

（四）根据腭缝愈合推断年龄

根据腭缝（maxilla suture）愈合推断年龄是一种较新的方法。赵鸿举（1988 年）对取材于广西、云南、贵州和山东的 231 具男性颅骨腭缝愈合的年龄变化规律进行了研究。将上腭缝按照解剖学分为前部的切齿缝、后部的横缝、腭中缝以横缝与腭中缝的交点为界分为前后两段，共四个部分（图 7-2）。腭缝的愈合情况分为 5 级。0 级：腭缝未见愈合；1 级：腭缝愈合未及 1/3 或达 1/3；2 级：腭缝愈合达 1/2，未及 2/3；3 级：腭缝愈合达 2/3 或以上；4 级：腭缝全部愈合。

1. 切齿缝愈合的年龄变化　中国汉族男性切齿缝在 20 岁以前多已愈合 1/2，而后随年龄增加继续愈合。在 25 岁以前多已愈合到 2/3 或更多，45 岁以后基本全部愈合，但也有少数个体未愈合。

2. 后横缝的年龄变化　后横缝在 25 岁以前开始愈合，30 岁以前大部分愈合达 1/3，40 岁以上则大部分愈合达 1/3 以上或 1/2。41 岁至 50 岁之间年龄变化不明显，55 岁以上则大部分愈合达 2/3 或更多。后横缝愈合的年龄较晚。

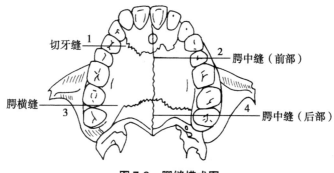

图 7-2　腭缝模式图

3. 腭中缝前部的年龄变化　腭中缝前部在 30 岁以前大部分未愈合,35 岁以后、55 岁以前大部分愈合没有超过 1/3。腭中缝前部愈合较晚。45 岁以后其年龄变化规律不明显。

4. 腭中缝后部的年龄变化　腭中缝后部在 30 岁以前大部分未愈合或刚开始愈合,35 岁以前多数标本已愈合在 1/2 以上。45 岁以后,则大部分已全部愈合。

5. 腭缝愈合的综合年龄变化　将上腭缝的 4 个分区的愈合级数加在一起,所得出的级数和,就是上腭缝愈合的综合得分。腭缝的综合评分表明,随着年龄的增加,评分数明显增加。综合评分与年龄的关系比单一腭缝与年龄的关系更为密切(表 7-5)。

表 7-5　综合评分的平均年龄、年龄范围、标准差、标准误及 95% 置信区间(单位:岁)

评分	例数(n)	平均年龄	年龄范围	标准差(SD)	标准误(SE)	95% 置信区间
0	0					
1	0					
2	1	18	18			
3	2	21	19~23			
4	17	22.94	19~28	2.86	0.92	21.41~24.47
5	10	27.30	23~32	2.45	0.77	25.50~29.04
6	18	29.94	23~41	5.70	1.37	27.12~32.76
7	27	31.39	24~42	4.68	0.98	29.37~33.41
8	34	36.70	23~60	10.05	1.75	33.14~40.27
9	36	44.30	24~67	13.1	2.15	39.94~48.66
10	30	45.26	25~71	13.9	2.35	40.46~50.06
11	21	46.70	31~63	12.3	2.90	40.65~52.75
12	15	48.40	32~73	14.5	4.59	38.55~58.26
13	10	50.40	36~66	9.99	3.10	43.39~59.41
14	6	55.20	46~74			
15	2	66.60	59~74			
16	2	65.8	63~69			

就目前国内外对腭缝研究的结果而言,其年龄变化规律不是非常理想。年龄变化范围差距较大,高达 10 余岁。故在实际应用此方法时也必须与其他有关材料相结合,才能得出接近实际情况的结果。

第二节　下肢带骨的年龄鉴定

下肢带骨由左右侧髋骨构成。髋骨由髂骨、坐骨和耻骨三部分组成,年幼时三骨相互分离,成年后三骨在髋臼处愈合,称为髋骨。下面分别对根据耻骨联合面和髂骨耳状面推断年龄进行介绍。

一、根据耻骨联合面推断年龄

在耻骨上下支移行处的内侧面，由长卵圆形的耻骨联合面，与对侧同名联合面相接，构成耻骨联合。进入青春期后，耻骨联合面（pubic symphyseal surface）的形态改变随年龄增长而呈现出较强的规律性，这已经国内外的学者研究所证实。因此，目前根据耻骨联合面形态变化推断年龄已成为人类学和法医学工作者广泛采用的最重要手段之一。根据耻骨联合面鉴定年龄，在14～30岁期间，误差仅±1岁；在30～50岁期间，误差为±2岁。从此可看出，它对刑事案件中青年期骨骼的年龄鉴定具有重要价值。

耻骨联合面年龄变化关系密切的指标主要有联合面的沟与嵴、骨化结节、耻骨结节、联合面周缘、腹侧斜面及下角等（图7-3），因其变化存在性别差异，故将男女两性耻骨联合面的形态变化与年龄的关系分述如下。

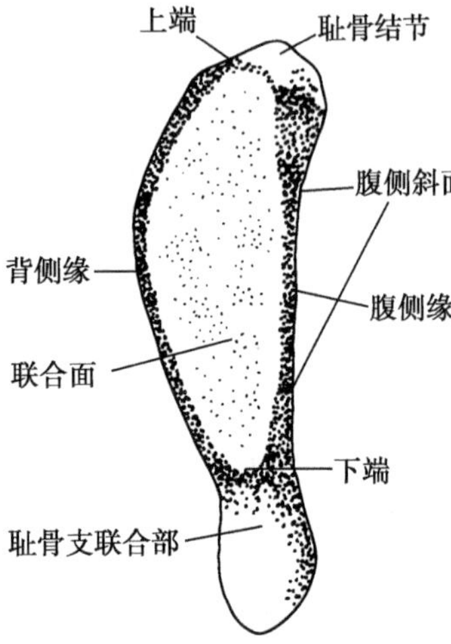

图7-3 耻骨联合面年龄变化观测部位

（一）男性耻骨联合面的年龄变化

青春前期：14岁——耻骨联合面中部最高，嵴沟交替，沟内有散在小孔，类似蜂窝状。延续至耻骨结节嵴显著（表7-6）。

表7-6 男性各年龄组标准差（单位：岁）

年龄组	平均年龄	标准差（SD）	2SD范围
青春前期	15.5	0.69	14.12～16.38
一级	18.5	0.71	17.08～19.92
二级	21.5	0.94	19.69～23.38
三级	24.5	1.25	22～27
四级	29	2.51	23.98～34.02
五级	33	2.52	27.96～38.04
六级	37.5	2.61	32.28～42.72
七级	42.5	2.68	37.14～47.86
八级	47.5	2.73	42.04～52.96
九级	55	3.45	48.1～61.9

一级：17岁——联合面中部略成水平，嵴高锐，达2～3mm，可见早期平。

二级：20岁——联合面嵴低钝，沟变浅。联合面上出现骨化结节。耻骨结节嵴开始消失。

三级：23岁——联合面嵴基本消失，沟变平，骨化结节融合出现骨化形态。背侧缘腹侧斜面形成。

四级：27岁——联合面骨化基本结束而平坦，有时可见嵴残痕。腹侧缘逐渐形成。斜面向上扩大。

五级：31岁——联合面平坦，联合缘形成，下角明显。斜面向上扩大至顶端。从此期开始，联合面出现程度不同的下凹。

六级：35岁——联合缘及下角清晰明显。联合面骨质开始致密。腹侧斜面上段出现破损。

七级：40岁——联合面骨质较光滑细腻坚硬。下角明显。斜面开始出现结节状。

八级：45岁——联合缘背侧部分外翻如唇状。近50岁时，联合面开始凹凸不平或疏松，斜面成结节状。

九级：50岁——联合面凹凸不平，下角内常有密集小孔。联合缘破损，腹侧上段较明显，下角变平。耻骨逐渐疏松。

研究表明，耻骨结节的愈合和骨化结节的出现时间是比较稳定的。耻骨结节愈合年龄在20～25

岁；骨化结节的出现年龄在21～25岁，一般不超过25岁。

（二）女性耻骨联合面年龄变化

女性耻骨联合面的形态变化有的较男性早3～4年，有的较男性晚7～8年。故在根据耻骨联合面鉴定骨龄时应先确定其性别，然后再用相应的方法鉴定骨龄。现将女性耻骨联合面的年龄变化分级介绍如下，见表7-7。

表7-7　女性各年龄组标准差（单位：岁）

年龄组	平均年龄	标准差（SD）	2SD 范围
青春前期	15.5	0.68	14.14～16.84
一级	18.5	0.70	17.1～19.9
二级	21.5	0.92	19.66～23.34
三级	24.5	0.98	22.54～26.46
四级	29	1.43	26.14～31.86
五级	33	1.63	29.76～36.24
六级	37.5	1.98	33.54～41.46
七级	42.5	2.25	38～47
八级	47.5	2.49	42.54～52.48
九级	55	3.45	48.1～61.9

青春前期：14岁——耻骨联合面类似蜂窝状，中部略水平。延续至耻骨结节的嵴明显。腹侧下缘略倾斜。

一级：17岁——联合面中部略成水平，嵴高锐，达2～3mm，可见早期平。

二级：20岁——联合面嵴略钝，背侧缘逐渐形成，可见早期平。耻骨结节嵴开始消失。出现骨化结节。

三级：23岁——联合面的嵴由钝至消失。骨化结节与联合面逐渐融合，出现骨化形态，背侧缘完全形成。

四级：27岁——联合面嵴由痕迹至消失，骨化形态逐渐结束而平坦或舟状。腹侧缘多数未形成。

五级：31岁——联合面较平坦。部分腹侧上缘尚未形成。下角明显。斜面隆起形向上扩延至顶端。

六级：35岁——联合骨质较致密。腹侧缘逐渐形成。斜面增宽，其侧缘成嵴状。

七级：40岁——联合面骨质较细腻坚硬。联合缘形成。斜面侧缘显著成嵴状。

八级：45岁——联合面骨质开始疏松。斜面骨质疏松。嵴状侧缘逐渐变短，50岁以后基本消失。

九级：50岁——联合面骨质明显疏松。联合缘逐渐破损或单纯变圆。60岁后整个耻骨类似焦渣状。

（三）应用多元回归方程推断年龄

刘武等1988年对182例年龄在17～40岁之间的来自多个省市的男性耻骨标本进行了联合面形态变化的观察，分析了耻骨联合面形态变化与年龄之间的关系，并在耻骨联合面选择了8处形态变化参考点，依据其各自的形态变化规律，制定了相应的形态变化评分等级（表7-8，图7-3）。依此标准对182例标本进行了观察评分，采用多元逐步回归和数量化理论模式 I 两种方法分别对数据进行处理，求出了根据男性耻骨推断骨龄的多元回归方程和数量化理论 I 方程。

表7-8　耻骨联合面评分标准和数量化理论评分

变量	形态特征	形态变化	形态分	数量化理论标准分
X_1	联合面沟嵴	沟嵴明显，沟深，嵴隆起明显	1	17.98
		沟嵴减弱，沟变浅，嵴变低平	2	19.99
		沟嵴变成痕迹状	3	20.88
		沟嵴完全消失	4	22.68

续表

变量	形态特征	形态变化	形态分	数量化理论标准分
X₂	耻骨结节	骨骺未愈合，可见骨骺线痕迹	1	0
		骨骺完全愈合，骨骺线消失	2	0.67
X₃	联合面下端	未形成，联合面与耻骨下支上端之间无明显分界	1	0
		开始形成，联合面与下支之间出现一嵴状分界，下端呈三角形轮廓	2	0.73
		完全形成，下端嵴状缘增宽增高，三角形轮廓更加明显	3	2.57
X₄	背侧缘	未出现	1	0
		开始形成，于背侧缘中部或中上部开始出现一嵴状缘	2	1.66
		基本形成，背侧缘波及至上下端	3	2.08
		完全形成，背侧缘增宽，增高，轮廓更加明显	4	3.91
X₅	骨化结节	未出现	1	0
		出现	2	0.05
		愈合消失	3	0.79
X₆	腹侧斜面	未出现	1	0
		开始形成，腹侧斜面自联合面腹侧下	2	1.24
		完全形成，腹侧斜面波及至上端	3	2.36
		腹侧斜面上端出现破损	4	4.66
X₇	联合缘	联合周缘一半以上未形成	1	0
		基本形成，联合面椭圆形周缘形成，但较薄弱	2	1.05
		完全形成，联合缘增宽，增高，椭圆形轮廓更加明显	3	2.93
X₈	联合面隆起度	联合面隆起状	1	0
		联合面平坦	2	−0.81
		联合面凹陷	3	1.07

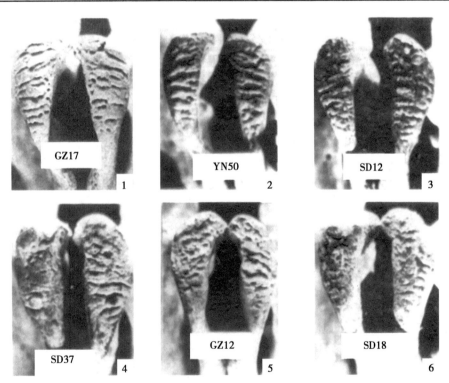

图 7-4　中国汉族男性耻骨联合面变化与年龄的关系

1. 17 岁；2. 19 岁；3. 21 岁；4. 23 岁；5. 25 岁；6. 27 岁

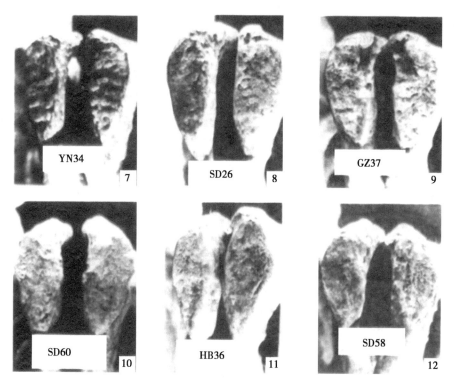

图7-4　中国汉族男性耻骨联合面变化与年龄的关系（续）
7. 28 岁；8. 30 岁；9. 32 岁；10. 34 岁；11. 35 岁；12. 40 岁

多元逐步回归方程：

$$Y = 9.34 - 0.33X_1 + 1.17X_2 + 1.66X_3 + 1.74X_4 + 0.56X_5 + 1.79X_6 + 1.30X_7 + 1.06X_8$$

复相关系数 $r = 0.9586$，剩余标准差 $s = 1.80$。方差分析结果表明 $P < 0.01$，回归高度显著。

数量化理论 I 方程：

$$Y = 17.98X_1(1) + 19.99X_1(2) + 20.88X_1(3) + 22.68X_1(4) + 0.67X_2(2) + 0.73X_3(2)$$
$$+ 2.57X_3(3) + 1.66X_4(2) + 2.08X_4(3) + 3.91X_4(4) + 0.05X_5(2) + 0.79X_5(3) +$$
$$1.24X_6(2) + 2.36X_6(3) + 4.66X_6(4) + 1.06X_7(2) + 2.93X_7(3) - 0.81X_8(2) +$$
$$1.07X_8(3)$$

复相关系数 $r = 0.9743$，剩余标准差 $s = 1.42$。为便于应用计算，将该方程改写为表 7-8 的应用方式。实际应用时只需将各形态等级分相对应的标准分相加即为推算年龄。

方差分析表明 $P < 0.012$，回归高度显著。

研究统计分析结果表明，数量化理论 I 应用于耻骨年龄判定效果较多元回归分析法为佳。

张忠尧对我国东北地区汉族 454 例男女性耻骨联合部的形态变化进行了研究、观察和评分，采用多元逐步回归和数量化理论模式 I 两种方法对数据进行处理，求出了根据耻骨联合推断男、女性年龄的方程。评分标准见表 7-9 和表 7-10。

表 7-9　根据男性耻骨联合部推断年龄表

变量	形态特征	形态分	形态变化	系数 I	系数 II
X_1	联合面沟与嵴	0	沟嵴交替明显，沟深多孔	0	
		1	沟嵴交替不明显，沟深少孔	0	
		2	嵴低钝，沟浅	0.89	0
		3	嵴沟残存痕迹	0	
		4	嵴沟消失	0	

续表

变量	形态特征	形态分	形态变化	系数 I	系数 II
X_2	耻骨结节	0	嵴明显	0	
		1	嵴为痕迹状	2.56	1.76
		2	嵴消失	3.99	
X_3	联合面下端	0	未形成	0	
		1	联合面与下支出现分界	1.32	1.71
		2	V字形角形成或基本形成	3.10	
		3	V字形角萎缩或变圆消失	5.75	
X_4	腹侧斜面	0	未形成	0	
		1	局部出现斜面	1.44	
		2	完全形成	4.70	2.47
		3	增宽或上端呈结节状	9.18	
X_5	骨化结节	0	未出现	0	
		1	出现	0	0
		2	融合消失	2.49	
X_6	背侧缘	0	未出现	0	
		1	出现棱状边	1.32	
		2	增大外翻	4.21	1.68
		3	中部破损或全部萎缩	5.76	
X_7	腹侧缘	0	未形成	0	
		1	棱状边缘清晰	2.37	3.03
		2	下段变平或消失	4.86	
X_8	联合面骨质	0	有嵴或无嵴,粗糙疏松	0	
		1	较光滑,细密,坚硬	5.63	
		2	表面凹凸不平或有密集小孔	9.62	7.30
		3	大凹坑或稀疏类似焦渣状	19.45	
常数				16.46	16.79
标准差				1.97	2.13

表 7-10　根据女性耻骨联合部推断年龄表

变量	形态特征	形态分	形态变化	系数 I	系数 II
X_1	联合面的沟与脊	0	沟嵴交替,嵴高锐,沟深多孔	0	
		1	横行沟嵴少,孔少	0	
		2	横嵴低钝,沟浅	2.39	1.96
		3	嵴残存痕迹	3.86	
		4	沟嵴消失	3.77	
X_2	骨化结节	0	未出现	0	
		1	出现	0.88	1.40
		2	融合消失	1.46	
X_3	联合面下端	0	未形成	0	
		1	联合面与下支出现分界	1.40	
		2	U字形角基本形成	1.48	0
		3	显著突出	0	

续表

变量	形态特征	形态分	形态变化	系数 I	系数 II
X_4	腹侧斜面	0	未形成	0	
		1	局部出现斜面	3.53	2.43
		2	完全形成	7.36	
		3	网眼样疏松	8.61	
X_5	背侧缘	0	未形成	0	
		1	出现棱状边	1.67	
		2	边缘增大外翻	4.02	1.66
		3	中部破损或萎缩	5.11	
X_6	腹侧缘	0	未形成	0	
		1	未完全形成	0	
		2	形成完整边缘	1.74	0.99
		3	破损或单纯变圆	1.95	
X_7	斜面侧缘	0	未形成	0	
		1	明显呈棱状	0	
		2	形成高嵴	5.86	2.48
		3	残存痕迹或消失	5.53	
X_8	联合面形态	0	隆起状	0	
		1	不规则,出现联合面上端	0	-1.73
		2	完全平坦或下凹	0	
X_9	联合面骨质	0	无嵴或有嵴,粗糙疏松	0	
		1	较光滑,细密,坚硬	3.92	6.07
		2	小网眼样疏松	12.51	
		3	大凹坑,稀疏类似焦渣状	1.56	
常数				15.32	14.90
标准差				1.56	1.89

多元逐步回归方程：

男：$Y=16.79+1.76X_2+1.71X_3+2.47X_4+1.68X_6+3.03X_7+7.30X_8$

女：$Y=14.90+1.96X_1+1.40X_2+2.43X_4+1.66X_5+0.99X_6+2.48X_7-1.73X_8+6.07X_9$

数量化理论 I 方程：

$$Y=M+X_1+X_2+X_3+X_4+X_5+X_6+X_7+X_8+X_9$$

复相关系数 r 为 0.9906，剩余标准差为 1.97 和 1.56。

方差分析 $P<0.01$，回归高度显著。

该公式中 Y 为推断年龄。M 为常数，在男性 M＝16.45，女性 M＝15.32。X 为各变量的等级分相对应的标准分。在使用时先评出各变量的等级分，然后把相应的标准分相加后再加上常数 M，即可得出推断年龄。

二、根据髂骨耳状面推断年龄

（一）根据髂骨耳状面形态变化推断年龄

骨盆后部、骶髂关节面和髂骨耳状面（auricular surface of os coxae）的变化受性别、生长及年龄的影响。Loveioy 及其同事对 750 余例髂骨标本的研究，特别是耳状面的形态改变与年龄的关系，将其年龄变化分为八级。图 7-5 显示耳状面的两个半关节面和耳状面后部，揭示每一级的代表性变化。

第 1 级（20～24 岁）：耳状面呈细颗粒状并有显著的横行结构。耳后部及尖端无活动，骨面无孔隙。其横行结构表现为宽而境界清楚的波浪状。涉及绝大部分骨关节面。软骨下缺损呈光滑的轮廓和圆形（图 7-6A）。

第 2 级（25～29 岁）：与前一级比较无显著变化，主要表现为横波浪状结构轻或中度消失，被条纹状结构取代。无尖端及耳后部活动，无多孔性。表面的横行结构仍显著，颗粒略变粗大（图 7-6B、C）。

第 3 级（30～34 岁）：上下面除横行结构有些消失外，无太大变化。大部分波浪结构减少并被清晰的条纹代替。表面粗糙，颗粒较前一期更明显。尖端无显著变化。在有的小区出现微孔偶见轻微的耳部活动（图 7-6D、E、F）。

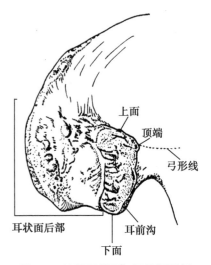

图 7-5　髂骨耳状面与耳状面后部

第 4 级（35～39 岁）：上下两面粗糙且呈一致性颗粒，波浪状结构明显减少。所见的波浪状结构其境界多不清楚。耳后部常有轻度活动。尖端变化很小。微孔结构较少，无大孔结构。此级又称为一致性颗粒状初期（图 7-6G、H、I）。

第 5 级（40～44 岁）：波浪状结构消失。条纹可能尚存但很模糊。表面仍有部分呈粗颗粒状。横纹结构明显消失。表面致密化（可在岛状小区）并伴有相应的颗粒消失。耳后部轻至中度活动，偶见大孔结构，但不典型。尖端常有轻度改变。随着致密程度的增加，微孔结构也增加。由颗粒性表面向致密性表面转化是本期的主要特征（图 7-6J、M）。

第 6 级（45～49 岁）：绝大多数样本其颗粒显著消失，被致密骨质取代。无波浪及无条纹。尖端有轻至中度改变。微孔结构几乎均已消失而出现致密化。边缘的不规整性增加。耳后部活动中等（图 7-6N、O、S）。

第 7 级（50～59 岁）：表面明显不整是本期最重要的特征。无横行及其他形式结构。中等颗粒性偶可见到，但通常缺如。下面下端呈唇状外延超过髂骨体。尖端的改变不等且可能更明显。边缘的不规则性增加。有些样本可见大孔结构。绝大部分标本耳后部有中度至显著的活动（图 7-6P、Q、R）。

第 8 级（60 岁以上）：最重要的特征是非颗粒性的不规则的表面伴有软骨下破坏的明显征象。无横行结构，绝无青年期的特征。约 1/3 的标本有大孔性结构。尖端活动常很明显但并非必备的指征。边缘显著不整呈唇状，伴有典型性的退行性关节改变。耳后部有界限清楚的弥漫性低至中度凹凸不平的骨赘（图 7-6S、T）。

除女性的明显的耳前部发育外，上述各级无两性差异。学者强调如看到的年龄性变化主要在耳前缘和尖端部，则在估计年龄时应予忽略。

张继宗等（1988 年）对中国汉族男性髂骨耳状面的年龄变化也进行了观察研究。根据髂骨的解剖特征，将耳状面关节的周缘、耳状关节面、耳状面后区三个区域形态变化与年龄增长的关系进行分级，建立了根据髂耳状面的形态变化推断中国汉族男性骨龄的方法。

第 1 级：耳状面关节缘形成，关节面有垄状小骨嵴，耳状面后区骨表面光滑。年龄范围 17～25 岁。

第 2 级：耳状面关节缘形成，关节面趋向光滑，垄状小骨嵴开始减少，耳状面后区骨表面光滑。年龄范围 23～29 岁。

第 3 级：耳状面关节缘开始变得不规则。关节面明显光滑，垄状小骨嵴呈痕迹状，耳状面后区骨表面开始变粗糙。年龄范围 28～36 岁。

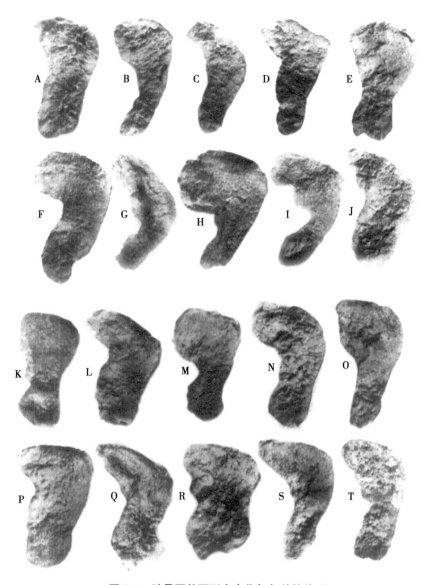

图7-6　髂骨耳状面形态变化与年龄的关系

第4级：耳状面关节缘明显不规则，关节面垄状小嵴消失，仅可见骨纹，耳状面后区明显粗糙。年龄33～41岁。

第5级：耳状面关节缘开始有骨质突起，关节面开始出现粟粒状改变，耳状面后区骨表面骨质突起。年龄范围38～47岁。

第6级：耳状面关节缘有骨质突起，关节面上常出现大的骨孔，耳状面后区骨表面有大的礁状骨质突起。年龄范围45～60岁。

随着年龄增大，髂骨骨质的突起、吸收骨化孔亦表现得更加明显，但已不好作更细的分组。该方法分级较粗，且组间年龄范围跨度较大。故本方法宜作为一种初步推断骨龄的方法使用。

（二）应用多元回归方程推断年龄

刘玉勇（2006年）对根据中国人髂骨耳状面形态变化推断年龄进行了研究，并对观察指标髂骨耳状面周缘（X_1）、髂骨耳状面后区（X_2）、髂骨耳状面骨质（X_3）、髂骨耳状面沟嵴（X_4）、顶端变化（X_5）进行了分级，制定了分级和评分标准（观察部位详见图7-6）。同时建立了根据中国汉族男性髂骨耳状面形态变化推断年龄的多元回归方程（表7-11和表7-12）。

表 7-11　髂骨耳状面年龄判定的分级标准及评分

变量	观察部位	评分	形态变化特征
X_1	髂骨耳状面周缘	1	关节缘尚未形成
		2	关节缘初步形成
		3	关节缘开始变的不规则
		4	关节缘明显不规则,凹凸不平
		5	关节缘有骨质突起,下缘呈唇状,外缘超过髂骨体
		6	关节缘有大量骨质突起,外缘显著不整,唇状外翻
X_2	髂骨耳状面后区	1	骨质表面光滑
		2	开始出现骨质突起
		3	有大的礁石样骨质隆起,凹凸不平
		4	骨赘增生界线清楚,呈弥漫性,骨质粗糙,有破损及孔状结构
X_3	髂骨耳状面骨质	1	关节面呈细颗粒状,无空隙
		2	关节面开始粗糙,细颗粒变的粗大
		3	关节面上下部均变的粗糙,颗粒粗大、明显、均匀一致
		4	关节面仍为颗粒状,但已有部分表面致密化
		5	关节面上大部颗粒缺失,可见表面致密化,骨质表面不整,有大孔结构
		6	关节面上颗粒基本消失,表面骨质不规则,骨质破坏
X_4	髂骨耳状面沟嵴	1	关节面上有垄状骨嵴,横行结构波浪状,较宽,境界清楚
		2	垄状横行结构减少,被条纹结构取代
		3	大部分横行结构被清晰的条纹结构取代,波浪状结构模糊
		4	无横行结构及波浪状结构
X_5	顶端变化	1	无变化
		2	变化不明显,有少量微孔结构
		3	变化不明显,微孔结构增加
		4	微孔结构几乎消失,骨质致密化

由于左右髂骨耳状面的基本结构相同,其形态特征随年龄增长的变化规律也相同,因此,根据左侧或右侧髂骨耳状面进行年龄推断使用相同的分级和评分标准。

表 7-12　髂骨耳状面年龄判定的线性回归方程

方程	相关系数
单变量回归方程	
$Y = 2.6858 + 11.4157X_1$	0.8584
$Y = 9.0469 + 11.8895X_2$	0.8170
$Y = 7.8352 + 10.3320X_3$	0.8951
$Y = 0.9297 + 15.4185X_4$	0.8200
$Y = 17.0534 + 15.3584X_5$	0.7910
多变量回归方程	
$Y = 2.7169 + 2.4956X_1 + 2.4452X_2 + 4.6282X_3 + 1.7531X_4 + 1.6039X_4$	0.9322

髂骨耳状面推断年龄的多元线性回归方程的盲测结果表明,推断年龄与实际年龄的误差在 3 岁以下者达到 75%,其余 25% 盲测结果均小于 5 岁,判断效果较好。

第三节　躯干骨的年龄推断

躯干骨包括脊柱、肋骨和胸骨三部分。下面即对其分别进行介绍。

一、根据腰椎椎体推断年龄

椎体形态结构变化与年龄的关系国内外的研究均不多。Ericksen 于 1976—1978 年对腰椎各椎体的六项指标的观测表明,随着年龄增大,椎体变矮变宽。这些变化主要是椎体退行性变所致,与 A.H.Mepkymob 的研究发现一致。A.H.Mepkymob 的研究结果如下:

19 岁左右:椎体的上下关节面上有放射状骨纹理。

30 岁以前:椎体和椎体间的间歇没有任何变化。

31～40 岁:第 1、2 腰椎体变形时可见,椎体前面高度减低,椎间隙有不明显的、不均一的变窄;椎体前部有灶状骨质松化。

41～50 岁:退行性变化明显。椎体变形,椎体前部骨质松化;椎间间隙变小,椎间盘软骨钙化。

51～60 岁:上述改变加重。骨质松化广泛发展,呈大圈状结构;骨小梁在质和量上都有改变,见于椎体各部;第 4、第 5 腰椎体的透明椎间盘有的可见大块状钙化。

61～70 岁:退行性改变最为明显。骨质松化普遍发展,仅偶见个别椎体前部有灶状松化;椎体上常见多数软骨性小结;椎间间隙明显缩小。

71 岁以上:骨质松化极度发展,椎体上下面的封闭层不仅变薄,而且广泛中断;骨小梁的量和范围显著减少;海绵质小房增大,椎体变形。

二、应用多元回归方程推断年龄

张彦甫(2006 年)对 175 例已知生前年龄在 17～78 岁范围的汉族男性腰椎进行了研究,通过对腰椎的观察,找出腰椎大体形态随年龄增加的变化规律,并对腰椎形态变化进行分级、评分。将腰椎的评分与年龄的关系进行统计处理,建立了根据男性腰椎推断年龄的回归方程。其观察指标及特征见图 7-7。

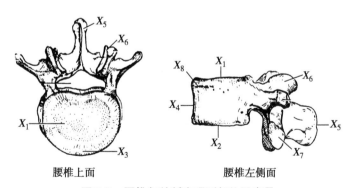

腰椎上面　　　　　　　　腰椎左侧面

图 7-7　腰椎年龄判定观测部位及变量

椎体上表面(X_1);椎体下表面(X_2);椎体骨赘增生程度(X_3);椎体情况(X_4);棘突(X_5);椎体上关节突(X_6);椎体下关节突(X_7);椎体骨骺(X_8)

腰椎年龄推断分级的标准及评分见表 7-13。

腰椎各椎体的基本结构相似,其形态特征随年龄增加的变化过程也相似,因此,无论根据第几腰椎进行年龄推断都相同的评级、评分标准。腰椎特征性指标与年龄的相关关系分析表明,椎体上表面(X_1)、椎体下表面(X_2)、椎体骨赘增生程度(X_3)、椎体情况(X_4)、棘突(X_5)和椎体上关节突(X_6)与年龄的相关性有统计学意义。故选择上述指标建立腰椎推断年龄的多元线性回归方程。腰椎的变量用 L_1-L_2 表示（表7-14）。

表7-13　腰椎年龄推断的分级标准及评分

变量	观察部位	评分	形态变化特征
X_1	椎体上表面	1	椎体表面呈波浪状，条纹状，粗糙。椎体边缘钝。关节面圆隆
		2	波浪状骨嵴变低平，沟变浅，表面呈细颗粒状，周缘开始形成
		3	关节面残留较多点状沟嵴，呈放射状。周缘形成，骨质光滑致密，周围有岛状骨质残留
		4	放射状岛状骨质残留，岛状骨质少量残留
		5	骨嵴完全消失，关节面骨质均匀致密
		6	骨质被吸收破坏，骨环周围有较多吸收孔
X_2	椎体下表面		评分（1～6）及形态变化特征同 X_1
X_3	椎体骨赘增生程度	1	完全无骨赘出现
		2	骨赘轻度增生，有一或两个骨突。椎体缘开始形成
		3	骨赘增生增多，有两个以上骨突。椎体缘唇状突起广泛形成
		4	边缘增生严重，形成大的骨赘或多量小的骨赘，并向椎体中央或其他椎体扩散
		5	骨赘极度增生，向椎体中央或椎间隙发展，与周围椎体接触或融合
X_4	椎体情况	1	表面光滑无变形，可见多量粗大的滋养血管孔
		2	椎体轻度变形，骨质光滑致密，前缘高度稍微下降，滋养孔散在
		3	椎体较明显变形，出现细条纹状骨嵴。前部可见一两处灶状骨质吸收
		4	椎体变形明显，全部椎体骨质疏松。椎体骨质粗糙，出现粗条纹状骨嵴。椎体多处局灶性骨质吸收
		5	椎体变形极端明显，骨质疏松极度发展。椎体椎弓密布骨质吸收孔
X_5	棘突	1	骨质平滑，尖端可见骨骺附着
		2	骺板愈合，棘突骨质出现沿应力线走向的微小骨嵴
		3	有较多细小骨嵴或出现一两条粗大骨嵴。骨赘开始出现
		4	有较多粗大骨嵴。骨赘增生广泛
		5	沿应力线出现多量粗大骨嵴，骨赘增生严重可出现吸收孔
X_6	上关节突	1	关节缘不整，未完全形成，关节突可见骨骺附着
		2	关节缘清晰、锐利，周围骨质薄而脆
		3	关节缘圆钝感，关节突骨质增厚，可有一两个骨赘出现
		4	关节缘变模糊，间或有中断或向背侧弯曲，骨赘增生明显
		5	关节突明显增厚、变形，骨赘广泛存在，骨质吸收孔多见
X_7	下关节突		评分（1～5）及形态特征同 X_6
X_8	椎体骨骺	1	无骨骺愈合发生
		2	愈合区域局限，愈合部分的骨骺薄而脆
		3	骨骺几乎完全愈合，椎体关节表面大部被骨骺开始愈合骨骺覆盖，骨骺与椎体间的界限部分消失
		4	骨骺完全愈合，骨骺与椎体间的界限完全消失

表 7-14 腰椎推断年龄的多元回归方程

方程	相关系数
$Y=-5.5152+4.0529X_1L_1+2.8613X_2L_1+1.9085X_3L_1+1.4786X_4L_1+2.2544X_5L_1+2.6534X_6L_1$	0.9067
$Y=-4.9146+4.2135X_1L_2+1.6990X_2L_2+1.3537X_3L_2+1.7671X_4L_2+2.9496X_5L_2+2.4485X_6L_2$	0.9217
$Y=-8.9228+2.9468X_1L_3+2.3580X_2L_3+1.7310X_3L_3+1.9084X_4L_3+3.4416X_5L_3+2.6560X_6L_3$	0.9144
$Y=-12.1631+2.8144X_1L_4+1.9404X_2L_4+2.2238X_3L_4+1.5041X_4L_4+3.3036X_5L_4+3.7807X_6L_4$	0.9147
$Y=-12.1975+4.3710X_1L_5+1.7660X_2L_5+2.9972X_3L_5+3.5290X_5L_4+3.0911X_6L_5$	0.8889

上述方程经盲测检验,推断年龄与实际年龄的误差在 4 岁以下者达到 80%,效果较好,有一定实用价值。

三、根据胸骨推断年龄

胸骨作为构成胸廓的一部分,在白骨化骨和碎尸案中常可提取到。目前国内外学者对胸骨的研究均表明,随着年龄的增长胸骨的形态变化表现出较良好的规律性,并建立了根据男女性胸骨推断年龄的回归方程。现将该方程介绍于下。

(一)根据男性胸骨形态变化推算年龄

由于男性胸骨和女性胸骨的二态性较明显,随年龄增长其形态变化规律也不一致。故将男女性胸骨推断年龄的方法分别介绍。

1. 男性胸骨推算年龄的回归方程 肖冬根等(1987 年)对 74 例男性汉族干燥胸骨标本进行了观察研究,按年龄变化的显著性、规律性进行全面评价。在胸骨上筛选出 7 个标志点,然后按胸骨特征在不同年龄段的形态特点,划分出 2～6 个形态等级,并制定出相应等级评分标准(表 7-15)。根据评分标准,对胸骨标本进行了观察评分,然后将评分和实际年龄输入计算机进行多元回归分析,求出汉族男性依据胸骨推算年龄的回归方程。

$$Y=10.78+0.82X_1+0.85X_2+0.80X_3+0.38X_4+2.51X_5+0.64X_6+3.02X_7$$

复相相关系数 $r=0.9521$,标准差 $s=2.45$。

式中 Y 为推算年龄,$X_1\sim X_7$ 为各变量之评分。经方差分析,$F=91.41$,查 F 值表 $F(7.66)0.01=2.95$,$F<F(7.66)$,$P<0.01$,回归高度显著。

表 7-15 胸骨各形态变化点的评分标准

部位	变量	观察部位	评分	形态变化
胸骨柄	X_1	腹侧面中上部"八"形	1	无
		骨嵴及外下	2	骨嵴及下方凹窝不明显
		方凹窝	3	骨嵴及凹窝明显
	X_2	第一肋迹前缘	1	骨突不超过第 1 肋切迹前缘延长线
		侧向骨突	2	骨突超过第 1 肋切迹前缘延长线
柄体结合面	X_3	柄体结合面周缘及第二胸肋关节	1	柄体关节缘完整,第二胸肋关节缘未完全形成
		缘	2	第二胸肋关节缘完全形成
			3	出现少数低钝的嵴突
			4	关节缘唇状外翻,嵴突较多
			5	关节缘出现小孔状缺损
			6	关节缘缺损严重,边缘呈锯齿状
	X_4	腹侧面肋切迹	1	无
		周围放射状皱	2	有,尚未延伸至中线
		纹	3	延伸至中线,两侧汇合
			4	汇合并在骨面形成隆起线

部位	变量	观察部位	评分	形态变化
	X_5	背侧面骨质	1	致密,骨面光滑
			2	稍粗糙,下部出现局灶性蜂窝状骨质疏松
			3	粗糙,中部或上部亦出现蜂窝状骨质疏松
	X_6	背侧面下部凹窝	1	无
			2	有,较浅
			3	深,明显
	X_7	第三至第六肋,	1	不完整,前后缘平直
		胸肋关节缘	2	完整圆钝前后缘始隆起
			3	关节缘唇状外翻,出现少数嵴突
			4	嵴突增多,边缘不规则
			5	关节缘出现小缺损
			6	缺损增多呈锯齿状,腹侧面隆起呈间断突起

2. 柄体愈合钙化胸骨的年龄判定　胸骨的形态变异较多见,如柄体、剑突关节面的愈合钙化,胸骨体由于骨质吸收而出现骨化孔等。对 154 例汉族男性胸骨进行研究表明,这些特征与年龄的变化关系不大。值得注意的是,柄体愈合钙化的标本在 19～50 岁年龄组中,占所观察标本总数的 27%。柄体愈合钙化的胸骨不能对自变量 X_3 进行观察评分。因此,也不能用上述回归方程进行胸骨的年龄制定。根据对胸骨的观察和分析,得出一个自变量 X_3 的经验评分标准(表 7-16)。

表 7-16　柄体骨性结合的胸骨 X_3 评分标准

$\sum X(1,2,3,4,5,6,7)$	X_3
6～7	1
8～9	2
10～11	3
12～13	4
14～17	5
18～21	6

对柄体关节愈合钙化标本中的 X_3 进行评分时,只需根据其余 6 个自变量评分的总和按表 7-16 对 X_3 进行相应的评分,然后即可代入回归方程,对胸骨的年龄判定结果与柄体关节未愈合的胸骨是相同的。

使用本方法时在处理胸骨标本须严格注意。如用石灰或碱液处理胸骨一定要适度。否则,腐蚀过度,某些标志点受损,骨面粗糙,直接影响胸骨的评分,常使年龄估计偏大。故在实际应用中一定要掌握好对标本的处理程度。

(二)根据女性胸骨推断年龄

肖冬根等(1994 年)对 89 例 11～61 岁的中国汉族女性胸骨的 8 个部位的形态随年龄增长而变化的规律进行了研究,采用与研究男性胸骨类似的方法将 8 个部位的形态变化特征划分成 4～6 个等级,并制定出相应的等级评分标准(表 7-17)。然后,采用多元线性回归和逐步回归分析方法对标本评分进行处理,求出了由女性胸骨形态推算年龄的回归方程;对于柄 - 体和(或)体 - 剑突骨性融合的胸骨也建立了相应的方程。各方程经检验 $P<0.01$,$r=0.99$,回归高度显著,自变量与因变量高度相关;s 在 1.33～1.71 岁之间,较男性者小(表 7-17,表 7-18)。

表 7-17　女性胸骨各形态变化点的等级评分标准

变量	观察部位	评分	形态变化
X_1	胸锁关节面	0	圆钝,有较浅的凹沟或小圆孔
		1	出现明显的沟嵴
		2	沟嵴呈残痕状或消失,外侧缘未形成或仅有薄而均匀的外侧缘
		3	前后缘形成,关节面平滑,致密
		4	关节面粗糙,边缘呈不规则结节状
X_2	第一肋切迹	0	出现明显沟嵴
		1	沟嵴呈残痕状或消失,前后缘不明显
		2	前后缘形成,两上角皮质结节状增厚突起
		3	上缘增厚突起,切迹面骨质致密
		4	切迹面疏松粗糙,前后缘增厚
		5	皮质钙化向髓质部发展,边缘破损
X_3	背侧面外缘	0	第一、第二肋切迹间无条索状骨嵴
		1	出现骨嵴,但外侧面圆钝或薄锐
		2	外侧面增厚,背腹侧缘骨嵴间可见纵行深凹切迹
		3	骨嵴增高并向上延续至第一肋切迹外缘
X_4	柄体结合面及第二肋切迹	0	沟嵴明显
		1	沟嵴呈残痕状或消失
		2	背腹侧缘形成,或有少数低钝突起
		3	柄体结合面与第二肋切迹面融合,周缘皮质延续并均匀隆起
		4	结合面粗糙疏松,皮质缘呈结节状
		5	周缘增厚,皮质钙化向髓质部分发展,或结合面呈焦渣样
X_5	胸骨体背侧面骨质	0	无放射状骨纹
		1	外侧缘出现纵行骨嵴
		2	上部也出现粗糙疏松
		3	外侧缘出现纵行骨嵴
X_6	胸骨体腹侧面肋骨切迹	0	无放射状骨纹
		1	出现细密放射状骨纹
		2	形成放射状骨皱
		3	骨皱粗大,切迹缘处唇状翻卷
X_7	第三至第五肋切迹	0	第三肋切迹处分离底部有深凹沟孔
		1	沟孔消失,该处前后缘皮质中断
		2	周缘完整,或有少数低钝突起
		3	切迹缘向背腹侧隆起,棘突多而高
		4	切迹面骨质粗糙疏松
X_8	第六、七肋切迹及体剑突结合面	0	有凹孔及沟嵴,第六肋切迹面未形成
		1	胸骨体下端中部有纵行切迹,第六肋切迹面形成
		2	下端中部前后缘形成
		3	第七肋切迹边缘形成,切迹面骨质致密
		4	切迹面粗糙疏松,髓质部可见结节状白色钙化区

表 7-18　推算女性胸骨年龄回归方程

回归方程	复相关系数	标准差	P 值	适用类型
$Y = 14.56 + 1.50X_1 + 1.18X_2 + 3.68X_3 + 2.04X_4 + 1.73X_7 + 1.27X_8$	0.9914	1.3251	<0.01	柄体剑突分离胸骨
$Y = 14.56 + 1.46X_1 + 1.25X_2 + 3.66X_3 + 1.99X_4 + 0.47X_5 + 0.38X_6 + 1.82X_7 + 1.20X_8$	0.9916	1.3290	<0.01	柄体剑突分离胸骨
$Y = 14.14 + 2.11 + 1.69X_2 + 3.30X_3 + 1.21X_5 - 0.22X_6 + 1.98X_7 + 1.84X_8$	0.9886	1.5377	<0.01	柄体结合胸骨
$Y = 14.61 + 1.26X_1 + 1.26X_2 + 4.30X_3 + 2.38X_4 + 0.72X_5 - 0.45X_6 + 2.25X_7$	0.9905	1.4034	<0.01	体剑突结合胸骨
$Y = 14.09 + 1.98X_1 + 1.86X_2 + 4.28X_3 + 1.87X_5 - 0.03X_6 + 2.78X_7$	0.9857	1.7100	<0.01	柄体剑突均结合胸骨

该方法对各种形状的胸骨均进行了观测研究,并建立了相应的多元回归方程。标准差较小,对实际办案应用有较高价值。

四、根据肋骨推断年龄

肋骨和全身其他骨骼一样,其形态一生都随着年龄的增长而变化。早在 1970 年,kerley 就发现,青春期的肋骨胸骨端呈波浪状;中年期的呈杯状,有锐的边缘;老年期的呈不规则状。1990 年国内报道的对中国汉族男性肋骨的研究结果表明,从第一肋到第十二肋均有骨骼形态的改变,但第一、第十一和第十二肋的改变不明显,缺乏规律性。而第二、第三肋,第四至第八肋及第九、第十肋随年龄而发生的变化均较为相似。故选用第二、第四、第九肋的形态变化进行分级,并进行评分。将评分与年龄进行统计处理,得到推断年龄的多元线性回归方程。

(一)根据肋骨形态变化推断年龄

一级(17～26 岁):肋骨胸骨端呈深深的锥形凹陷,脊柱端肋骨小头关节面与肋骨体没有愈合,形成不平整的骨骺面,肋骨体下缘后段骨表面光滑。

二级(20～28 岁):肋骨胸骨端锥形凹陷变浅,有微嵴出现,脊柱端肋骨小头关节面开始与肋骨体愈合,愈合范围小于 1/2,肋骨体表面无变化。

三级(25～31 岁):肋骨胸骨端微嵴消失,开始出现隆起的缘,脊柱端肋骨小头关节面开始与肋骨体愈合,愈合范围大于 1/2,肋骨体表面无变化。

四级(26～32 岁):肋骨胸骨端周缘隆起明显,脊柱端肋骨小头关节面与肋骨体完全愈合,肋骨体表面仍无明显变化。

五级(31～40 岁):肋骨胸骨端周缘出现小棘,肋小头关节缘形成,肋骨体表面较光滑。

六级(32～56 岁):肋骨胸骨端深深凹陷呈 V 形,深谷的长轴与肋骨的横断面的长轴一致,肋小头关节缘出现小结节,肋骨表面较粗糙。

七级(34～62 岁):肋骨胸骨端在上极或下极出现骨化小结,其余等同六级。

八级(48～71 岁):肋骨胸骨端深深凹陷呈 U 形,周缘明显增厚,其余变化不大。

九级(56～76 岁):肋骨胸骨端深深凹陷呈 U 形,周缘形成大的骨嵴,肋小头关节缘形成大的骨嵴,肋骨体极为粗糙。

该九级分类法因后面几级年龄范围波动较大,用于推断年龄误差可能较大。前面几级平均年龄波动范围较小,用于推断年龄效果可能较好。而且 45 岁以后肋骨的形态特征改变不是极其明显,根据肋骨推断年龄对于老年人肋骨误差也较大。

(二)应用多元回归方法推断年龄

应用多元回归方法推断年龄,其方法简单,易于掌握,同时所得误差也较小,目前该方法在法医人类学领域被广泛采用。

在形态分类法的基础上,其研究者对肋骨的形态变化又进行了观察研究,制定了相应的评分标准,建立了多元线性回归方程(表7-19)。

根据第二肋骨判定年龄的多元线性回归方程:

$$Y = 12.71 + 1.31 \text{左} X_1 + 1.19 \text{左} X_2 - 0.20 \text{左} X_3 + 0.33 \text{左} X_4$$
$$+ 2.16 \text{右} X_1 + 1.28 \text{右} X_2 - 0.11 \text{右} X_3 + 0.19 \text{右} X_4$$

表7-19 肋骨年龄变化的观察评分标准

变量	观察部位	评分	形态变化特征
X_1	肋骨胸骨端关节面	1	关节面呈锥形凹陷
		2	锥形凹陷消失,呈小沟嵴状
		3	小沟嵴消失,开始边光滑
		4	开始向下凹陷
		5	向下凹陷呈V形
		6	向下凹陷呈U形
X_2	胸骨肋骨端关节缘	1	关节缘尚未形成
		2	关节缘基本形成
		3	关节缘开始出现突起
		4	关节缘开始破损
		5	关节缘上下极或其中一极出现骨化结节
		6	关节缘明显增厚
		7	关节缘有大的骨质突起
X_3	肋骨体表面	1	光滑
		2	脊柱端开始变粗糙
		3	整个骨体开始变粗糙
X_4	肋小头关节面	1	呈骨骺面,或关节面与肋骨体的愈合面积 <1/2
		2	关节面与肋骨体的愈合面积 >1/2
		3	关节面与肋骨体完全愈合
		4	肋小头形成完整的关节面
		5	关节缘开始出现骨嵴
		6	肋小头关节缘骨嵴特别明显

复相关系数 $r = 0.9037$,标准差 $s = 3.6589$。该方程的适用年龄范围为18~50岁。

根据第四肋骨判定年龄的多元线性回归方程:

$$Y = 12.05 + 1.22 \text{左} X_1 + 2.91 \text{左} X_2 + 0.27 \text{左} X_3 + 0.78 \text{左} X_4$$
$$+ 1.12 \text{右} X_1 + 1.79 \text{右} X_2 - 0.20 \text{右} X_3 + 0.11 \text{右} X_4$$

复相关系数 $r = 0.8859$,标准差 $s = 3.7401$。该方程的适用年龄范围为19~45岁。

$$Y = 15.56 + 1.32 X_1 + 1.02 X_2 + 1.05 X_3 + 1.68 X_4$$

复相关系数 $r = 0.9962$,标准差 $s = 2.5342$。该方程为根据左侧第四肋骨判定年龄的方程。

$$Y = 15.19 + 0.98 X_1 + 1.41 X_2 + 1.05 X_3 + 2.14 X_4$$

复相关系数 $r = 0.8947$,标准差 $s = 2.6724$。该方程为根据右侧第四肋骨判定年龄的方程。

根据第九肋骨判定年龄多元线性回归方程:

$$Y = 12.98 + 1.65 左 X_1 + 0.90 左 X_2 + 0.35 左 X_3 + 0.25 左 X_4$$
$$+ 3.04 右 X_1 + 0.84 右 X_2 - 0.27 右 X_3 + 0.77 右 X_4$$

复相关系数 $r = 0.8561$，标准差 $s = 4.5405$。该方程的适用年龄范围为 19～50 岁。

第四节 附肢骨骼的年龄鉴定

附肢骨骼包括上肢骨和下肢骨，其骨骼数目较多，现仅对有研究报道的进行介绍。

一、根据锁骨推断年龄

锁骨为上肢带骨，其骨皮质厚实，坚硬，虽位于体表下，但一般外力作用较难使之受损；而且锁骨易于提取，其胸骨端和肩峰端年龄变化明显，为法医学工作者判定年龄的良好材料。国内学者通过对 125 副年龄范围在 17～73 岁的汉族男性干燥锁骨的研究，建立了锁骨年龄变化的分级评分方法及其标准。根据锁骨胸骨端的关节面及其关节缘，肩峰端关节面及关节缘，以及肩峰端背面近关节缘处骨质情况的年龄变化的评分，对数据进行统计学处理，得出了根据锁骨判定年龄的多元线性回归方程，使根据锁骨推断年龄的方法更简便准确（表 7-20）。

表 7-20 锁骨年龄变化的分级和评分

观察部位	变量	评分	形态变化
锁骨胸骨端关节面	X_1	1	关节面（骨骺面）呈颗粒状凹陷
		2	出现骨骺小片
		3	骨骺小片呈痕迹状
		4	关节面光滑，向前下翻卷
		5	出现粟粒状小孔
锁骨胸骨端关节缘	X_2	1	没有形成
		2	基本形成
		3	完全形成呈波浪状弯曲
		4	开始隆起
		5	开始破损
		6	出现骨质突起
锁骨肩峰端关节面	X_3	1	没有形成
		2	形成，表面光滑
		3	开始出现小孔
		4	呈蜂窝状
锁骨肩峰端关节缘	X_4	1	可见骺线
		2	开始形成关节缘
		3	关节缘基本形成
		4	关节缘出现小的棘突或破损
		5	关节缘增宽变锐
锁骨肩峰端下面近关节缘处骨质变化	X_5	1	光滑
		2	开始出现骨质吸收
		3	骨质吸收明显

通过与已知的标本实际年龄相互比较可以发现综合评分（各变量部分）与年龄的关系（表7-21）。

表7-21　锁骨综合评分与年龄的关系

综合评分	例数	年龄范围	平均年龄	SD	95%置信区间
10—	28	17～29	23.96	3.1679	22.74～25.19
15—	10	26～31	27.40	2.0111	25.96～28.84
20—	13	25～36	30.15	3.0509	28.31～32.00
25—	12	27～36	30.67	3.1718	28.35～32.68
30—	32	30～71	49.28	11.9764	44.96～53.60
35—	23	31～73	47.83	12.4304	42.45～53.20
40	7	43～66	59.60	8.1930	52.50～67.20

从上表可以看出，随着综合评分的增加，平均年龄也增加。综合评分在30以下，平均年龄在49岁以前，标准差数值较小，95%置信区间的范围亦较小，即年龄较小时，锁骨的年龄变化较明显，进行年龄判定的效果较好。为了确保回归方程的准确性，求回归方程时只采用了17～50岁之间标本的数据。

左右双侧锁骨判定年龄的回归方程：

$Y=13.1613+1.0598$ 左 $X_1+0.5176$ 左 $X_2-0.4293$ 左 $X_3+0.8438$ 左 $X_4+2.1723$ 左 $X_5-1.0699$ 右 $X_1+0.7975$ 右 $X_2+1.3369$ 右 $X_3+1.8606$ 右 $X_4+0.6433$ 右 X_5

复相关系数 $r=0.8086$，标准差 $s=4.5871$。

左侧锁骨判定年龄的回归方程：

$$Y=14.2971+2.6182X_1+0.5944X_2+1.1641X_3+0.4331X_4+2.2039X_5$$

复相关系数 $r=0.8086$，标准差 $s=4.6309$。

右侧锁骨判定年龄的回归方程：

$$Y=11.0145+3.0594X_1+1.2445X_2+0.8203X_3-0.1266X_4+2.8019X_5$$

复相关系数 $r=0.8863$，标准差 $s=3.4837$。

二、根据股骨推断年龄

从公安部物证鉴定中心收集的有生前详细资料（民族、籍贯、年龄、性别等）的中国汉族成年男性股骨中筛选研究标本，样本来自吉林、河北、山东、安徽、贵州、江西、广西、青海、云南等省区。共选出的215例标本，年龄范围在18～70岁之间，其中20～50岁有138例。

把股骨标本按年龄段分组，20岁以下为一组，20～60岁以5岁为跨度分为8组，60岁以上为一组，共计10组。对每组股骨的大体形态进行详细的观察、比对和记录，找出了13项随年龄变化规律性较为明显的指标。

股骨年龄推断观察的指标及变量：中央凹（X_1）、股骨头关节缘（X_2）、转子间线（X_3）、转子间嵴（X_4）、骨干粗线（X_5）、股骨小转子侧边正面骨嵴（X_6）、髌面正面关节缘（X_7）、股骨髁表面（X_8）、股骨颈表面（X_9）、转子窝（X_{10}）、下端髁间窝（X_{11}）、股骨干滋养孔（X_{12}），以及中央凹边缘（X_{13}）。

观察部位及变量的说明：

转子间线：大、小转子之间前面的骨性隆起。

转子间嵴：大、小转子之间后面的骨性隆起。

骨干粗线：股骨体后面纵行的骨嵴。

股骨小转子侧边正面骨嵴：股骨小转子侧面的骨性隆起。

股骨大体形态观察指标及对应的观察部位见图7-8。

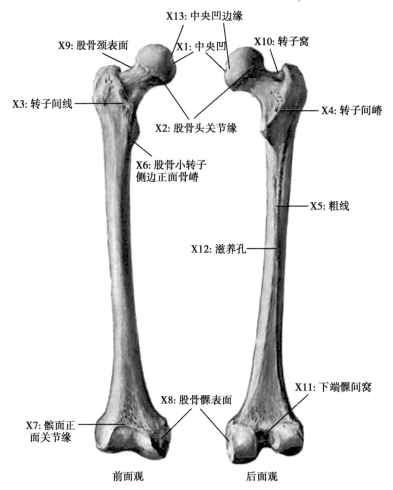

图 7-8　股骨年龄推断的观察部位

在进行相关性检验时,股骨干滋养孔(X_{12})的相关性值为 0.017,其 P 值为 0.875>0.05,股骨干滋养孔与年龄的相关性不显著。

在初步的统计分析中发现,中央凹边缘(X_{13})与中央凹(X_1)的共线性关系非常明显,故将其形态特征合并入中央凹(X_1)中,进行统一描述。因此,为了保证研究结果的准确性,剔除了股骨干滋养孔(X_{12})和中央凹边缘(X_{13})这两项指标。

(一)股骨大体形态学特征、分级和评分方法

将股骨按年龄段分级进行观察,找出年龄变化规律,根据股骨年龄变化的大体形态特征进行描述和分级评分,标准如下(表 7-22,图 7-8)。

表 7-22　股骨 11 项观察指标的分级及大体形态特点

变量	分级	特征
X_1	1	凹陷浅,有滋养孔(7-7-1)
	2	边缘部分凸出,凹陷变深,有韧带附着点(7-7-2)
	3	边缘完全凸出,凹陷变浅(7-7-3)
	4	边缘变平,凹陷消失(7-7-4)
X_2	1	关节缘完整形成(7-7-5)
	2	关节缘有部分磨损(7-7-6)
	3	关节缘增宽,并有磨损(7-7-7)
	4	关节缘痕迹残留(7-7-8)

变量	分级	特征
X_3	1	无(7-7-5)
	2	出现(7-7-6)
	3	隆起明显(7-7-7)
	4	隆起消退，痕迹残留(7-7-8)
X_4	1	无(7-7-9)
	2	有滋养孔出现(7-7-10)
	3	滋养孔大而多(7-7-11)
	4	滋养孔消失(7-7-12)
X_5	1	骨嵴隆起不明显(7-7-13)
	2	骨嵴隆起明显，锐利(7-7-14)
	3	骨嵴变宽变平(7-7-15)
	4	骨嵴变平消失，骨质增生(7-7-16)
X_6	1	无(7-7-1)
	2	出现隆起(7-7-2)
	3	隆起变宽变高，骨质部分覆盖(7-7-3)
	4	骨质增生，隆起完全覆盖(7-7-4)
X_7	1	关节缘完全存在(7-7-17)
	2	关节缘部分消失<1/2(7-7-18)
	3	关节缘部分消失>1/2，骨质少量增生(7-7-19)
	4	关节缘骨质增生(7-7-20)
X_8	1	滋养孔少而浅，表面光滑，凹陷明显(7-7-21)
	2	滋养孔变深，凹陷变浅，质地致密(7-7-22)
	3	表面粗糙，出现骨吸收孔(7-7-23)
	4	出现骨质疏松孔，有礁状骨质(7-7-24)
X_9	1	表面光滑，滋养孔少(7-7-9)
	2	骨致密，滋养孔增多(7-7-10)
	3	骨致密，疏松孔出现(7-7-11)
	4	骨疏松，疏松孔大而多(7-7-12)
X_{10}	1	浅而小(7-7-1)
	2	逐渐变深变宽，滋养孔少(7-7-2)
	3	深而宽，滋养孔大而多(7-7-3)
	4	浅而宽，滋养孔消失(7-7-4)
X_{11}	1	深而窄，(7-7-25)
	2	深而宽，有滋养孔(7-7-26)
	3	变浅，边缘有骨质增生(7-7-27)
	4	变浅而宽，孔变多，边缘有骨质增生(7-7-28)

然后，按照此标准对第一组标本（200例）进行了各指标的分级、计分。计分办法：

1. 大体形态的级别和所评定的分数一致。如评定为第1级，则计1分。

2. 对各标本观察指标左、右侧要分别评分，并记录。

研究发现即使是同一个体，其左右侧股骨的级别会存在差异。这在一定程度上说明，左右股骨的受力情况存在差异，因此要分别评分。

（二）股骨推断年龄的回归方程

股骨年龄推断的二次逐步回归分析方程如下：

$$Y = 6.846 + 2.231X_2 + 2.59X_3 + 2.925X_5 + 2.397X_6 + 1.556X_8 + 2.803X_9$$

将股骨的年龄推断的评分相加得到总评分，根据总评分建立回归方程（表7-23）。

表7-23　股骨推断年龄总评分回归方程

总评分	例数	方程	决定系数	校正决定系数	估值标准误
评分	192	$Y = 7.268 + 1.296X_{14}$	0.936	0.935	3.909

为了在实际工作应用中提高判定年龄的准确度，将数据进行分组回归分析，经统计分析建立起分组判定年龄的回归方程。通过年龄段的划分，将新数据集以45岁为界限分为二组：青壮年组（18～44岁）、老年组（≥45岁），分别对各年龄段进行回归分析，建立推断年龄的回归方程（表7-24）。拟合优度检验、回归方程检验、回归系数显著性检验以及残差分析结果均有统计学意义。

表7-24　股骨推断年龄的年龄分组回归方程

类别	例数	方程	决定系数	校正决定系数	估值标准误
青壮年	127	$Y = 10.43 + 2.692X_2 + 2.22X_3 + 1.209X_4 + 2.277X_6 + 2.361X_8 + 1.232X_9$	0.864	0.857	2.821
老年	65	$Y = -7.981 + 4.45X_3 + 5.165X_5 + 2.307X_6 + 2.714X_8 + 4.014X_9$	0.783	0.764	4.008

在法医实际检案中，经常会碰到对残碎股骨的个人识别。这时法医就需要对残留的股骨所存的指标进行判定。为了以后实际工作应用中的方便，将存在股骨上的各项指标进行人为划分为三段，然后分别对它们进行逐步回归分析，建立方程（表7-25）。

表7-25　股骨不同部位推断年龄的回归方程

类别	例数	方程	决定系数	校正决定系数	估值标准误
上段	192	$Y = 7.103 + 3.071X_2 + 3.88X_3 + 3.532X_6 + 3.924X_9$	0.934	0.933	3.995
中段	192	$Y = 11.381 + 12.787X_5$	0.857	0.857	5.825
下段	192	$Y = 8.044 + 4.557X_7 + 5.324X_8 + 3.916X_{11}$	0.903	0.901	4.839

三、根据胫骨的年龄推断

观察从公安部物证鉴定中心秦城基地中国人骨骼信息库提取的200例有详细资料记载（年龄、性别、籍贯等）的中国汉族成年男性胫骨，对胫骨推断年龄的方法进行了研究。标本的筛选标准如下：

1. 死者生前未患影响骨骼发育和代谢疾病。

2. 骨骼外观无畸形，无影响观察的破损。

3. 年龄范围在18～78岁之间。

所有胫骨按年龄进行分组，18～78岁每5岁为一个观测年龄组，共计12个年龄组。对胫骨进行外观形态详细观察、对比和记录，找出与年龄呈明显规律性变化的指标。

（一）胫骨推断年龄的指标及变量

胫骨推断年龄的观察部位及变量如下：外侧髁关节缘（X_1）、内侧髁关节缘（X_2）、胫骨上端胫腓关节面（X_3）、胫骨上端干骺缘（X_4）、内侧髁间结节（X_5）、外侧髁间结节（X_6）、胫骨粗隆（X_7）、比目鱼肌线（X_8）、踝关节面前缘（X_9），以及胫骨下端胫腓关节缘（X_{10}）。

胫骨各观察指标及观察部位见图7-9。

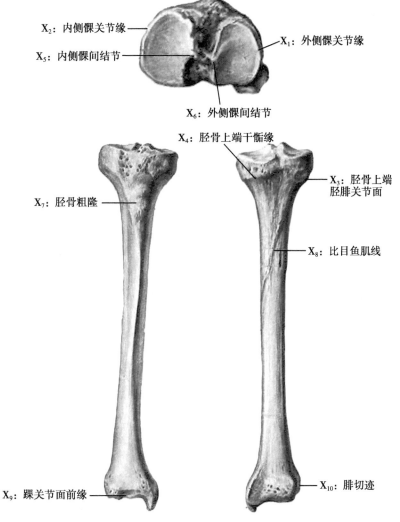

图7-9 胫骨年龄推断的观察部位

各观察指标定义如下：

（1）外侧髁关节缘：外侧髁边缘骨嵴形态。

（2）内侧髁关节缘：内侧髁边缘骨嵴形态。

（3）胫骨上端胫腓关节面：胫骨上端胫骨与腓骨关节面形态。

（4）胫骨上端干骺缘：胫骨上端干骺线愈合后形态。

（5）内侧髁间结节：胫骨髁内侧隆起的结节状突起。

（6）外侧髁间结节：胫骨髁外侧隆起的结节状突起。

（7）胫骨粗隆：胫骨上端前面粗大骨性结节。

（8）比目鱼肌线：胫骨骨干中上段背面粗大骨嵴，为比目鱼肌附着处。

（9）踝关节面前缘：胫骨踝关节面前缘骨嵴形态。

（10）腓切迹：胫骨下端腓骨侧腓骨切迹。

胫骨的形态学特征、分级和评分方法：将胫骨按年龄排序，然后进行观察，找出年龄变化的规律。根据胫骨年龄变化的形态学特征，对其进行了描述和分级评分，标准见表7-26。

按照此标准对样本进行分级、评分，方法如下：

1．每一级的评分为其相对应的级别。如评定为 1 级，则评分为 1 分。

2．样本的观察指标的形态学特征难以进行相邻级别的确定，可以取其中间级别，即加上或减上半级。

表 7-26　胫骨各观察指标的年龄判定评分标准

指标	分级	评分	特征
X_1（外侧髁关节缘，图 7-9-X_1）	1 级	1 分	边缘光滑圆润
	2 级	2 分	边缘突起、尖锐，不超过 1/3
	3 级	3 分	边缘突起、尖锐，不超过 2/3
	4 级	4 分	边缘突起、尖锐，环绕内侧髁边缘
X_2（内侧髁关节缘，图 7-9-X_2）	同 X_1		同 X_1
X_3（胫骨上关节面，图 7-9-X_3）	1 级	1 分	关节面初步形成，与其他骨面在同一层面上
	2 级	2 分	关节面突出于骨表面，关节边缘境界清晰
	3 级	3 分	关节面明显突出骨表面，关节面形成骨嵴
X_4（胫骨上端干骺缘，图 7-9-X_4）	1 级	1 分	干骺未愈合或局部愈合
	2 级	2 分	干骺缘愈合线明显，遗留痕迹超过 1/3
	3 级	3 分	干骺缘愈合线不明显，遗留痕迹不超过 1/3
X_5（内侧髁间结节，图 7-9-X_5）	1 级	1 分	基本形成结节，轻微隆起
	2 级	2 分	已经形成结节，中度隆起
	3 级	3 分	结节顶端尖锐，部分可见骨嵴
X_6（外侧髁间结节，图 7-9-X_6）	同 X_6		同 X_6
X_7（胫骨粗隆，图 7-9-X_7）	1 级	1 分	粗隆结节形成，与骨表面在一层面
	2 级	2 分	粗隆结节与胫骨形成境界，与骨表面在一层面
	3 级	3 分	粗隆结节与胫骨形成境界，轻微突出于骨面
	4 级	4 分	粗隆结节与胫骨形成境界，中度突出于骨面
	5 级	5 分	粗隆结节与胫骨形成境界，突出于骨面显著且粗隆粗大
X_8（比目鱼肌线，图 7-9-X_8）	1 级	1 分	骨面光滑，有散在骨嵴、未连成线
	2 级	2 分	骨面粗糙、散在骨嵴，局部连成短线、不超过 1/3
	3 级	3 分	骨面粗糙、骨嵴较多，骨嵴连线超过 1/3
	4 级	4 分	骨嵴连线突出骨面，骨连线较粗大
	5 级	5 分	骨嵴连线突出骨面，骨连线粗大
X_9（踝关节面前缘，图 7-9-X_9）	1 级	1 分	前缘光滑，无突起
	2 级	2 分	前缘形成部分唇形突起，未超过 1/3
	3 级	3 分	前缘形成部分唇形突起，超过 2/3
X_{10}（腓切迹，图 7-9-X_{10}）	1 级	1 分	光滑、无骨嵴
	2 级	2 分	散在骨嵴
	3 级	3 分	骨嵴密集
	4 级	4 分	骨嵴密集，形成突起
X_{11}（总评分）			有统计学意义的指标评分之和

（二）胫骨推断年龄的回归方程

将胫骨的形态改变评分与年龄之间进行相关分析，建立了胫骨推断年龄的回归方程。

胫骨推断年龄的全指标回归方程为：

$$Y=-6.993+5.777X_1+7.138X_2+2.698X_7+2.027X_8+3.659X_9+2.623X_{10}$$

在全指标回归分析的基础上，进行逐步回归分析，对变量进行选择，拟合最优或较理想的多元线性回归方程,以期能够提高判定年龄的准确性。设置引入变量的 F 检验水准为 0.05($\alpha \leqslant 0.05$),剔除变量的 F 检验水准为 0.10($\alpha \geqslant 0.10$)。

多元线性逐步回归方程的系数,常数项(constant)、偏回归系数(B)、回归系数的标准误(Std. Error)、标准化回归系数(Beta)、t 值及其概率(Sig., P)。P 值均小于 0.05,其检验结果符合要求。

标准化回归系数可以用来比较各个自变量 X 对应变量 Y 的影响强度,通常在有统计学意义的前提下,标准化回归系数的绝对值愈大说明自变量对 Y 的作用愈大。

经检验和逐步拟合,男性 6 个自变量均引入方程,故其"最优"回归方程与全指标方程相同。

分组逐步回归分析:为了增强实际工作中的适用度和提高判定年龄的准确度,将数据进行分组回归分析,经统计分析建立起男性和女性判定年龄的回归方程。

相对于全指标回归分析,分组逐步回归分析估计值的标准误,低年龄组(18～40 岁)降低 5.237,高年龄组(40～78 岁)降低 0.732,提高了判定年龄的准确性。相对于逐步回归分析,分组逐步回归分析估计值的标准误,低年龄组(18～40 岁)降低 5.259,高年龄组(40～78 岁)降低 0.754,提高了判定年龄的准确性。

在低年龄组(18～40 岁)中,标准化回归系数最大的自变量分别为 X_7 和 X_9,说明在低年龄组中胫骨粗隆形态(X_7)和踝关节面前缘形态(X_9)对判定年龄的影响最大;在高年龄组(40～78 岁)中,标准化回归系数最大的自变量均为 X_2,说明在高年龄组中内侧髁关节缘形态(X_2)对年龄的影响最大。

所建立的多元线性回归方程为:

(1)18～40 岁:$Y = 5.573 + 2.683X_2 + 2.100X_4 + 2.022X_7 + 1.386X_8 + 2.935X_9$

(2)40～78 岁:$Y = 97.990 + 3.039X_1 + 4.554X_2 - 21.601X_4 + 3.013X_{10}$

分段逐步回归分析:在法医实际检案中,经常会碰到对残碎胫骨的个人识别。这时法医就需要对残留的胫骨所存的指标进行判定。为了以后实际工作应用中的方便,将存在胫骨上的各项指标进行人为划分为两段,然后分别对它们进行逐步回归分析,建立方程。所建立的方程都有意义,对各方程的检验在此不再列出(表 7-27)。

表 7-27　胫骨推断年龄的分段逐步回归方程

类别	例数	方程	决定系数	校正决定系数	估值标准误
上段	218	$Y = -6.665 + 7.025X_1 + 8.276X_2 + 4.737X_4 + 3.613X_7$	0.608	0.601	10.387
中段	218	$Y = 22.686 + 8.412X_8$	0.274	0.271	14.038
下段	218	$Y = -0.544 + 12.815X_9 + 5.928X_{10}$	0.310	0.304	13.718

第五节　根据骨组织学推断年龄

早在 20 世纪初,有的学者对骨组织学结构在不同年龄段的变化就已进行了观测。进入 20 世纪 70 年代和 20 世纪 80 年代以后,对骨组织结构与年龄变化的研究达到高潮,有许多文章发表。在这一领域研究工作做得比较完善的是 Kerley。其研究揭示,骨组织学年龄变化有以下特点。

1. 骨单位数　骨单位在镜下很容易识别,因每个骨单位的周围都有一条折光性很强的黏合线。对于骨单位,只要其周围可见数层结构完整,分层清楚的同心环骨板,外界或多或少地存在黏合线,同样列入骨单位数的计数。随着年龄增长,骨单位数不断增多。

2. 旧骨单位数　即被破骨细胞吸收破坏的骨单位的残余数。旧骨单位仍有同心性排列的特征,但因不完整而呈同心弓线性,填充在骨单位之间。随着年龄的增长,旧骨单位数也不断地增多。

3. 外环骨板平均相对厚度　外环骨板是由间隔相等的骨板组成,这些骨板互相平行地环绕于骨皮质的周边部。在每张骨片的 4 个标准视野内,用目镜测微计分别测量外环骨板在互相垂直的横径和前后径上的厚度,然后将其累加平均,再将平均厚度与标准视野的宽度(1500μm)相比,即得外环骨板平均相对厚度。相对厚度随年龄的增长而下降。

4. 非哈弗斯管数　非哈弗斯管是构成骨单位或非哈弗斯系统中容纳血管的管腔，为血管通过骨皮质时形成。仅有少数环形骨板呈带状环绕在非哈弗斯管的外周，非哈弗斯管没有倒转线或黏合线环绕其外界，很易识别。非哈弗斯管数随年龄增长而下降。

根据骨组织结构推断年龄的方法，其所用的材料目前基本限于长骨中段骨皮质，也有取第6肋骨中 1/3 骨皮质者。取材方法有下述两种：①从长骨中段锯取厚约 1mm 的骨片，经磨片机或粗磨石粗磨后，再细磨至厚 50～85μm 的骨磨片；②于长骨中段上，用高速空心骨钻钻取圆柱形骨皮质（直径为 0.4cm），然后磨制成厚 50～85μm 的骨磨片，该方法可使长骨的形态基本保持完好，较第一种方法更为理想。

骨磨片制成后，通过互相垂直的前后径和横径确定骨磨片外侧缘的前后，内外4个极点。用普通光学显微镜在 100 倍（10×10）视野（宽度为 1.5mm）下进行观测。视野外缘应恰与前后、内外极点相切。这样得出的在特定部位、特定大小的视野，即为标准视野。在每个标准视野内，分别计数骨单位数、旧骨单位数、非哈弗斯管数及外环骨板厚度。然后，将前三项的平均值和最后一项的平均相对厚度代入表 7-28 中各公式计算，即可得出年龄。

表 7-28　根据长骨皮质推断年龄的回归方程

取材部位	变量	回归方程	标准差
股骨	骨单位数	$Y = 2.278 + 0.187X + 0.002\,26X^2$	9.19
	旧骨单位数	$Y = 5.241 + 0.509X + 0.017X^2 - 0.000\,15X^3$	6.98
	外环骨板相对厚度	$Y = 75.017 - 1.79X + 0.0114\,X^2$	12.52
	非哈弗斯管数	$Y = 58.39 - 3.184X + 0.0628\,X^2 - 0.000\,36$	12.12
胫骨	骨单位数	$Y = -13.4218 + 0.66X$	10.53
	旧骨单位数	$Y = -26.997 + 2.501X - 0.014\,X^2$	8.42
	外环骨板相对厚度	$Y = 80.934 - 2.281X + 0.019\,X^2$	14.28
	非哈弗斯管数	$Y = 67.872 - 9.07X + 0.044\,X^2 - 0.0062\,X^3$	10.19
腓骨	骨单位数	$Y = -23.59 + 0.745\,11X$	8.33
	旧骨单位数	$Y = -9.89 + 1.064X$	3.66
	外环骨板相对厚度	$Y = 124.09 - 10.92X + 0.372\,X^2 - 0.0042X^3$	10.74
	非哈弗斯管数	$Y = 62.33 - 9.776X + 0.5502\,X^2 - 0.007\,04X^3$	14.62

朱芳武（1983 年）对国人股骨显微结构与年龄的关系也进行了研究。研究表明，骨单位数和旧骨单位数随年龄增长而增加；外环骨板相对厚度和非哈弗斯管数随年龄增长而减少，并建立了相应的推断年龄回归方程。

1. 骨单位数和年龄的关系　$Y = 0.53X - 10.69$

相关系数 $R = 0.81$，$P<0.0005$，标准估计误差为 12.84（岁）。

2. 旧骨单位数和年龄的关系　$Y = 2.11X + 16.26$

相关系数 $R = 0.76$，$P<0.0005$，标准估计误差为 13.80（岁）。

3. 外环骨板平均相对厚度和年龄的关系　$Y = 5.7359X^{-0.6654}$

相关系数 $R = -0.79$，$P<0.0001$，相关属高度显著，标准估计误差为 2.01（岁）。

4. 非哈弗斯管数和年龄的关系　$Y = 77.64X^{-0.5345}$

相关系数 $R = -0.85$，$P<0.0001$，相关属高度显著，标准估计误差为 1.51（岁）。

根据骨组织显微结构推断年龄，从取材、制骨磨片到观测计数，耗时较长，且较繁杂，所得结果误差范围也较大。尽管该方法对不同年龄的检材均适用，但在条件较好（骨骼检材较完整）的情况下宜采用简便快捷之法为妥。

本章小结

本章主要介绍了通过骨化中心的发生、发展情况和骨骺的愈合情况推断青少年骨骼年龄的原理和方法。对于成年人，重点介绍了依据骨组织的增生、吸收致使骨骼的形态发生变化的原理，通过耻骨联合面、髂骨耳状面、胸骨和肋骨等推断骨骼年龄。

关键术语

年龄推断（estimation of age）

骨骺（epiphyses）

骨化中心（ossification center）

颅骨骨缝（skull suture）

耻骨联合面（pelvis and clavicle）

讨论题

比较成年人和未成年人年龄鉴别方法的异同。

（舒永康）

思考题

1. 耻骨联合面鉴定年龄的要点是什么？
2. 对未成年人如何进行年龄鉴定？

第八章　骨骼推断身高

第一节　概　　述

在无名白骨化尸骨案件中,或在尸体被肢解后残留部分肢体的案件中,法医工作者需要根据骨骼或残骨进行身高推断(stature estimation)。采用公式来推断的方法受种族、性别、年龄和个体差异的影响,因而推断所得的数据,实为死者生前近似身高。

地域和种族对身高的影响较大。通常白种人比黄种人身高要高。国内统计表明:东北人身高高于黄河以北地区,黄河以北地区人身高高于长江以北地区,长江以北地区人身高高于长江以南地区。

身高有明显的性别差异。种族、民族、地区相同的人群,女性身高均低于男性。

身高与年龄密切相关。一般认为,一个人最大身高在 18～20 岁,30 岁以后,每年身高降低0.06cm,即每 20 年身高降低 1.2cm。

据骨骼推断身高,四肢长骨(long bones of limbs)比其他类型骨骼推断身高的准确性高;下肢长骨推断身高的准确性比上肢长骨高;用多根长骨推断身高,其准确性比一根长骨为高;全身骨骼以股骨推断身高的误差最小。据骨骼推断死者生前身高,依骨骼和采用的公式不同,一般误差在 2～10cm 之间。

根据骨骼推断身高的检验程序如下:

1. 清洁送检骨骼,对破碎骨骼进行拼接,尽量恢复原来的解剖学形态。

2. 首先确定骨骼的性别、年龄,必要时确定种族和民族。

3. 按测量项目和测量要求,测量骨骼。

4. 选择与性别、年龄和种族相当的身高推算公式,将测得数据代入公式内,求得身高数值。

5. 根据长管骨推断身高,应考虑年龄的影响,30 岁以上的人,应从所得数值中每岁减去 0.06cm(公式已考虑年龄因素者除外)。

第二节　全身骨骼推断身高

对于全套完整的无名尸骨,可测量全套骨骼的总长度,再加上 5cm 软组织厚度(含椎间盘),即为死者身高。也可采用下列方法计算。该法先测得颅高、各椎骨椎体长的总和、股骨生理长、胫骨生理

长、距骨高与跟骨高之和,用下列公式,即可求得死者生前身高:

身高=[0.98×骨骼全长(即上述测量值总和)+14.63±2.05]cm

第三节 根据四肢长骨推断身高

一、中国汉族成年男性上肢长骨的身高推断

根据江西、云南、贵州、广西、山东、安徽、河北、青海、吉林省(区)公安机关联合研究小组收集的已知生前身高和死后身长的汉族成年男性骨骼472具,经测量和数理统计计算出下列一元和多元回归方程式,适用于上述九省区汉族成年男性,经检验无地区性差异,故也适用于国内其他地区汉族成年男性身高的推断。

该回归方程式按年龄分组,故作长骨推断身高时应先确定尸骨年龄,如尸骨年龄确定有困难,则采用31~40年龄组的回归方程(regression formulae)计算。

1. 根据肱骨最大长、肱骨全长推断身高的一元回归方程见表8-1。

表8-1 肱骨推断身高的回归方程

测量项目	侧别	年龄(岁)	例数	回归方程	r	P
肱骨最大长(X)	左	21~30	126	Y=826.39+2.66X±41.31	0.705	<0.01
		31~40	108	Y=704.10+3.05X±46.01	0.675	<0.01
		41~50	62	Y=679.24+3.15X±43.62	0.688	<0.01
		51~60	57	Y=817.29+2.68X±51.60	0.669	<0.01
		61~80	84	Y=807.93+2.67X±42.88	0.610	<0.01
	右	21~30	133	Y=744.62+2.91X±40.13	0.725	<0.01
		31~40	109	Y=751.77+2.88X±44.24	0.677	<0.01
		41~50	62	Y=685.92+3.11X±41.37	0.715	<0.01
		51~60	57	Y=808.85+2.67X±41.38	0.697	<0.01
		61~80	82	Y=983.21+2.08X±45.01	0.611	<0.01
肱骨全长(X)	左	21~30	126	Y=983.54+2.18X±45.53	0.623	<0.01
		31~40	108	Y=684.86+3.16X±45.42	0.685	<0.01
		41~50	62	Y=647.20+3.30X±42.37	0.709	<0.01
		51~60	57	Y=8826.04+2.69X±42.23	0.681	<0.01
		61~80	84	Y=1012..28+2.03X±45.20	0.593	<0.01
	右	21~30	131	Y=684.83+3.16X±40.16	0.735	<0.01
		31~40	109	Y=761.76+2.89X±44.48	0.673	<0.01
		41~50	62	Y=649.86+3.29X±41.09	0.720	<0.01
		51~60	57	Y=1096.31+1.67X±46.62	0.589	<0.01
		61~80	82	Y=1009.22+2.03X±45.96	0.589	<0.01

2. 根据桡骨最大长、桡骨功能长推断身高的一元回归方程见表8-2。

表8-2 桡骨推断身高的回归方程

测量项目	侧别	年龄(岁)	例数	回归方程	r	P
桡骨最大长(X)	左	21~30	131	Y=827.08+3.49X±41.36	0.701	<0.01
		31~40	109	Y=870.15+3.30X±48.38	0.622	<0.01
		41~50	59	Y=791.35+3.65X±42.16	0.711	<0.01
		51~60	54	Y=905.61+3.11X±44.69	0.640	<0.01
		61~80	81	Y=1091.48+2.30X±51.19	0.447	<0.01

测量项目	侧别	年龄（岁）	例数	回归方程	r	P
桡骨最大长（X）	右	21～30	130	Y＝880.65＋3.26X±41.58	0.672	<0.01
		31～40	109	Y＝885.91＋3.22X±46.58	0.640	<0.01
		41～50	61	Y＝821.69＋3..49X±45.69	0.655	<0.01
		51～60	56	Y＝898.05＋3.14X±42.08	0.681	<0.01
		61～80	83	Y＝1040.77＋2.51X±49.46	0.482	<0.01
桡骨功能长（X）	左	21～30	131	Y＝929.39＋3.25X±43.33	0.665	<0.01
		31～40	109	Y＝916.59＋3.31X±49.67	0.594	<0.01
		41～50	59	Y＝858.81＋3.57X±43.16	0.693	<0.01
		51～60	54	Y＝937.54＋3.17X±45.43	0.618	<0.01
		61～80	83	Y＝943.21＋3.14X±47.32	0.556	<0.01
	右	21～30	130	Y＝898.28＋3.37X±42.37	0.662	<0.01
		31～40	110	Y＝958.36＋3.11X±48.35	0.600	<0.01
		41～50	61	Y＝851.31＋3.58X±46.20	0.645	<0.01
		51～60	56	Y＝898.90＋3.34X±42.27	0.678	<0.01
		61～80	83	Y＝895.71＋3.35X±46.10	0.578	<0.01

3. 根据尺骨最大长、尺骨功能长推断身高的一元回归方程见表8-3。

表 8-3　桡骨推断身高的回归方程

测量项目	侧别	年龄（岁）	例数	回归方程	r	P
尺骨最大长（X）	左	21～30	123	Y＝928.21＋2.86X±44.68	0.621	<0.01
		31～40	98	Y＝810.19＋3.32X±47.37	0.642	<0.01
		41～50	58	Y＝791.40＋3.42X±43.68	0.675	<0.01
		51～60	56	Y＝927.23＋2.83X±45.06	0.621	<0.01
		61～80	80	Y＝906.63＋2.90X±48.91	0.521	<0.01
	右	21～30	125	Y＝886.51＋3.00X±43.13	0.636	<0.01
		31～40	104	Y＝845.92＋3.15X±47.11	0.638	<0.01
		41～50	57	Y＝898.77＋2.95X±46.73	0.583	<0.01
		51～60	55	Y＝881.77＋2.99X±43.84	0.652	<0.01
		61～80	78	Y＝769.29＋3.43X±45.11	0.613	<0.01
尺骨功能长（X）	左	21～30	127	Y＝931.91＋3.21X±44.17	0.640	<0.01
		31～40	100	Y＝890.46＋3.39X±48.19	0.620	<0.01
		41～50	59	Y＝1069.93＋2.56X±44.58	0.659	<0.01
		51～60	57	Y＝959.31＋3.05X±45.71	0.610	<0.01
		61～80	82	Y＝931.70＋3.16X±48.56	0.529	<0.01
	右	21～30	123	Y＝979.70＋2.97X±46.06	0.584	<0.01
		31～40	110	Y＝933.54＋3.17X±47.72	0.620	<0.01
		41～50	59	Y＝862.93＋3.48X±45.66	0.647	<0.01
		51～60	57	Y＝943.05＋3.11X±44.85	0.629	<0.01
		61～80	83	Y＝867.42＋3.43X±45.14	0.601	<0.01

4. 根据上肢长骨推算身高的二元回归方程见表8-4。

表 8-4　根据上肢长骨推断身高的回归方程

年龄（岁）	例数	侧别	回归方程（mm）	r	P
21～30	121	左	Y＝847.75＋1.47（X₁±X₂)±43.12	0.679	<0.01
	124	右	Y＝862.07＋1.43（X₁＋X₂)±43.15	0.660	<0.01
	114	左	Y＝768.21＋1.57（X₁＋X₃)±41.18	0.698	<0.01
	119	右	Y＝847.10＋1.42（X₁＋X₃)±44.15	0.628	<0.01
	121	左	Y＝800.96＋2.32X₁＋0.55X₂±42.10	0.70	<0.01
	124	右	Y＝724.81＋2.92X₁＋0.07X₂±40.05	0.72	<0.01
	114	左	Y＝768.11＋1.82X₁＋1.26X₃±41.27	0.70	<0.01
	119	右	Y＝725.56＋2.74X₁＋0.28X₃±41.20	0.70	<0.01

年龄（岁）	例数	侧别	回归方程（mm）	r	P
31～40	121	左	$Y = 847.75 + 1.47(X_1 + X_2) \pm 43.12$	0.679	<0.01
	124	右	$Y = 862.07 + 1.43(X_1 + X_2) \pm 43.15$	0.660	<0.01
	114	左	$Y = 768.21 + 1.57(X_1 + X_3) \pm 41.18$	0.698	<0.01
	119	右	$Y = 847.10 + 1.42(X_1 + X_3) \pm 44.15$	0.628	<0.01
	106	左	$Y = 697.61 + 1.88X_1 + 1.56X_2 \pm 43.68$	0.68	<0.01
	104	右	$Y = 791.67 + 1.81X_1 + 1.24X_2 \pm 42.56$	0.66	<0.01
	96	左	$Y = 644.53 + 1.87X_1 + 1.68X_3 \pm 42.27$	0.71	<0.01
	100	右	$Y = 756.90 + 1.81X_1 + 1.28X_3 \pm 41.83$	0.69	<0.01
41～50	58	左	$Y = 613.76 + 1.91(X_1 + X_2) \pm 39.59$	0.755	<0.01
	59	右	$Y = 649.55 + 1.83(X_1 + X_2) \pm 41.42$	0.729	<0.01
	56	左	$Y = 618.20 + 1.84(X_1 + X_3) \pm 40.80$	0.735	<0.01
	56	右	$Y = 668.31 + 1.74(X_1 + X_3) \pm 41.13$	0.693	<0.01
51～60	54	左	$Y = 813.85 + 1.52(X_1 + X_2) \pm 42.47$	0.684	<0.01
	56	右	$Y = 792.90 + 1.55(X_1 + X_2) \pm 40.18$	0.715	<0.01
	56	左	$Y = 821.19 + 1.46(X_1 + X_3) \pm 42.18$	0.680	<0.01
	55	右	$Y = 773.70 + 1.53(X_1 + X_3) \pm 40.79$	0.708	<0.01
61～80	80	左	$Y = 1218.60 + 0.77(X_1 + X_2) \pm 51.69$	0.412	<0.01
	81	右	$Y = 1228.01 + 0.74(X_1 + X_2) \pm 51.79$	0.412	<0.01
	79	左	$Y = 1201.56 + 0.78(X_1 + X_3) \pm 51.51$	0.421	<0.01
	76	右	$Y = 1182.87 + 0.80(X_1 + X_3) \pm 51.35$	0.451	<0.01

注：X_1 肱骨最大长；X_2 桡骨最大长；X_3 尺骨最大长

二、中国汉族成年女性上肢长骨的身高推断

张继宗（2002 年）根据江西、云南、贵州、广西、山东、安徽、河北、青海、吉林省（区）公安机关联合研究小组收集的已知生前身高和死后身长的汉族成年女性骨骼 69 套，标本的年龄范围 19～66 岁。中国汉族女性长骨最大长及生理长测量值的统计结果发现：上肢左右侧测量值差异显著，而下肢除股骨最大长外，其他测量值两侧 t 检验均无显著差异。

1. 女性上肢长骨推断身高的一元回归方程见表 8-5。

表 8-5 女性上肢长骨推断身高的一元回归方程（单位：mm）

回归方程	复相关系数	回归标准误
$Y = 638.470 + 3.242$ 左肱骨最大长	0.734	50.27
$Y = 742.932 + 3.530$ 左尺骨最大长	0.659	54.60
$Y = 565.720 + 4.721$ 左桡骨最大长	0.708	53.39
$Y = 611.507 + 3.393$ 左肱骨生理长	0.755	48.53
$Y = 986.872 + 2.795$ 左尺骨生理长	0.542	63.20
$Y = 712.023 + 4.286$ 左桡骨生理长	0.617	59.56
$Y = 741.288 + 2.875$ 右肱骨最大长	0.678	55.69
$Y = 463.228 + 4.786$ 右尺骨最大长	0.733	53.33
$Y = 519.208 + 4.873$ 右桡骨最大长	0.746	49.10
$Y = 684.358 + 3.112$ 右肱骨生理长	0.699	54.13
$Y = 920.551 + 3.113$ 右尺骨生理长	0.546	63.20
$Y = 1496.73 + 0.294$ 右桡骨生理长	0.125	73.21

2．女性上肢长骨推断身高的二元回归方程见表8-6。

表8-6 女性上肢长骨推断身高的二元回归方程（单位：mm）

回归方程	复相关系数	回归标准误
Y＝591.611＋2.132左肱骨最大长＋1.558左尺骨最大长	0.742	50.26
Y＝528.515－1.018左尺骨最大长＋5.958左桡骨最大长	0.804	44.43
Y＝476.983＋0.0269左肱骨最大长＋5.086左桡骨最大长	0.796	45.84
Y＝611.368＋3.114左肱骨生理长＋0.368左尺骨生理长	0.760	49.67
Y＝670.160－0.326左尺骨生理长＋4.797左桡骨生理长	0.674	55.80
Y＝564.871＋2.699左肱骨生理长＋1.238左桡骨生理长	0.760	49.20
Y＝444.045＋1.189右肱骨最大长＋3.383右尺骨最大长	0.760	51.88
Y＝377.567＋2.995右尺骨最大长＋2.381右桡骨最大长	0.813	45.89
Y＝530.192＋1.073右肱骨最大长＋3.376右桡骨最大长	0.760	48.71
Y＝671.680＋2.870右肱骨生理长＋0.383右尺骨生理长	0.733	52.18
Y＝900.949＋3.061右尺骨生理长＋0.160右桡骨生理长	0.550	64.98
Y＝654.234＋3.040右肱骨生理长＋0.240右桡骨生理长	0.733	50.96

3．女性上肢长骨推断身高的三元回归方程见表8-7。

表8-7 女性上肢长骨推断身高的三元回归方程（单位：mm）

回归方程	复相关系数	回归标准误
Y＝543.092－0.932左肱骨最大长－1.378左尺骨最大长＋7.543左桡骨最大长	0.809	45.47
Y＝564.901＋2.657左肱骨生理长－0.417左尺骨生理长＋1.685左桡骨生理长	0.760	50.72
Y＝389.252＋0.784右肱骨最大长＋3.070右尺骨最大长＋1.125右桡骨最大长	0.820	46.09
Y＝636.304＋2.928右肱骨生理长＋0.250右尺骨生理长＋0.245右桡骨生理长	0.742	53.09

三、根据上肢长骨推断身高

既往的研究往往是测量干燥尸骨的长骨，身高值也是源于生前记录或尸体测量，两者与真实值之间往往存在差异；随着放射学的发展，放射学检查在法医学鉴定工作中的价值逐渐凸显。

2007年邓振华、周晓蓉等对325例样本进行统计描述和回归分析。其中男性168例，女性157例；年龄20～75岁，平均41.5岁。身高测量和上肢的数字X线检查，测量上肢各长骨不同标志点之间的长度，用SPSS统计软件对各测量值与身高进行相关回归分析，建立了身高推断的一元线性回归方程（表8-8～表8-12）。

具体测量指标（图8-1，图8-2）：

（1）肱骨1：肱骨大结节最高点（A）至外上髁最高点（B）之间的距离；

（2）肱骨1-1：肱骨大结节最高点（A）至外上髁最低点（C）之间的距离；

（3）肱骨2：肱骨头最高点（D）至内上髁最高点（E）之间的距离；

（4）肱骨2-1：肱骨头最高点（D）至内上髁最低点（F）之间的距离；

（5）肱骨3：肱骨外科颈内侧最高点（G）至内上髁最高点（E）之间的距离；

（6）桡骨1：桡骨头外侧最高点（A）至桡骨茎突最低点之间的距离（B）；

（7）桡骨2：桡骨头内侧最高点（A1）至尺切迹最低点之间的距离（B1）；

（8）尺骨1：尺骨鹰嘴最高点（C）至尺骨茎突最低点之间的距离（E）；

（9）尺骨2：尺骨喙突内侧最高点（D）至尺骨茎突最低点之间的距离（E）。

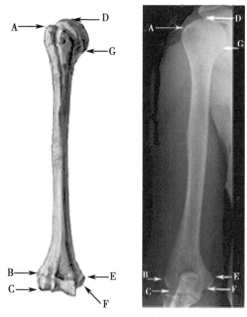

图 8-1　肱骨测量标志点

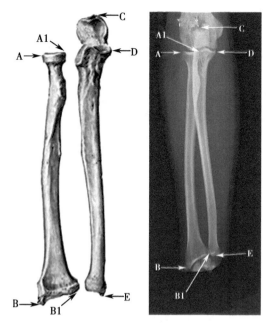

图 8-2　尺骨、桡骨测量标志点

表 8-8　男性身高（Y）与上肢长骨各测量值（X_i）的相关关系及回归方程（$n=168$）

测量指标	回归方程	相关系数 r	估计值的标准误差 sy/cm	F 值	t 值
肱骨 1（X_1）	$Y=67.795+3.492X_1$	0.750	4.4790	213.514	14.612
肱骨 1-1（X_2）	$Y=66.884+3.323X_2$	0.749	4.4842	212.638	14.582
肱骨 2（X_3）	$Y=63.170+3.519X_3$	0.772	4.3065	244.534	15.638
肱骨 2-1（X_4）	$Y=61.736+3.412X_4$	0.758	4.4206	223.603	14.953
肱骨 3（X_5）	$Y=76.679+3.467X_5$	0.731	4.6232	190.208	13.792
桡骨 1（X_6）	$Y=65.966+4.295X_6$	0.777	4.2620	253.150	15.911
桡骨 2（X_7）	$Y=68.021+4.410X_7$	0.753	4.4601	216.735	14.722
尺骨 1（X_8）	$Y=56.220+4.451X_8$	0.783	4.2138	262.784	16.211
尺骨 2（X_9）	$Y=62.680+4.661X_9$	0.783	4.2156	262.430	16.200

F 和 t 的 $P<0.01$

表 8-9　女性身高（Y）与上肢长骨各测量值（X_i）的相关关系及回归方程（$n=157$）

测量指标	回归方程	相关系数 r	估计值的标准误差 sy/cm	F 值	t 值
肱骨 1（X_1）	$Y=61.827+3.568X_1$	0.724	4.2797	171.156	13.083
肱骨 1-1（X_2）	$Y=63.626+3.304X_2$	0.718	4.3242	164.486	12.825
肱骨 2（X_3）	$Y=59.692+3.505X_3$	0.738	4.1923	184.906	13.598
肱骨 2-1（X_4）	$Y=55.359+3.516X_4$	0.748	4.1231	196.400	14.014
肱骨 3（X_5）	$Y=69.458+3.533X_5$	0.718	4.3241	164.491	12.825
桡骨 1（X_6）	$Y=73.251+3.873X_6$	0.717	4.3293	163.727	12.796
桡骨 2（X_7）	$Y=73.470+4.030X_7$	0.710	4.3745	157.176	12.537
尺骨 1（X_8）	$Y=60.736+4.192X_8$	0.726	4.2696	172.706	13.142
尺骨 2（X_9）	$Y=70.045+4.186X_9$	0.731	4.2363	177.885	13.33

F 和 t 的 $P<0.01$

表8-10 不分性别组身高（Y）与上肢长骨各测量值（X_i）的相关关系及回归方程（$n = 325$）

测量指标	回归方程	相关系数 r	估计值的标准误差 sy/cm	F 值	t 值
肱骨 1（X_1）	$Y = 46.079 + 4.231X_1$	0.844	4.6406	801.612	28.313
肱骨 1-1（X_2）	$Y = 47.091 + 3.956X_2$	0.845	4.6334	805.084	28.374
肱骨 2（X_3）	$Y = 42.844 + 4.182X_3$	0.854	4.5045	870.588	29.506
肱骨 2-1（X_4）	$Y = 41.762 + 4.040X_4$	0.857	4.4592	894.950	29.916
肱骨 3（X_5）	$Y = 50.192 + 4.431X_5$	0.811	5.0636	621.571	24.931
桡骨 1（X_6）	$Y = 60.649 + 4.506X_6$	0.865	4.3418	961.722	31.012
桡骨 2（X_7）	$Y = 59.114 + 4.787X_7$	0.854	4.5010	872.448	29.537
尺骨 1（X_8）	$Y = 50.726 + 4.661X_8$	0.871	4.2611	1010.830	31.794
尺骨 2（X_9）	$Y = 54.378 + 5.006X_9$	0.867	4.3224	973.27	31.197

F 和 t 的 $P < 0.01$

表8-11 多元回归方程

测量指标	x_1	x_2	回归方程	相关系数 r	估计值的标准误差 sy/cm	F 值	t 值
男性	尺骨 1	肱骨 2	$y = 43.438 + 2.667X_1 + 1.949X_2$	0.835	3.7384	189.899	6.956
女性	肱骨 2-1	尺骨 2	$y = 48.925 + 2.146X_1 + 2.242X_2$	0.792	3.8026	805.084	7.443
不分性别	尺骨 1	肱骨 2	$y = 37.590 + 2.786X_1 + 2.040X_2$	0.899	3.7924	680.936	11.182

F 和 t 的 $P < 0.01$

表8-12 尺骨与肱骨之和与身高的相关关系及回归方程

测量指标	自变量（x）	回归方程	相关系数 r	估计值的标准误差 sy/cm	F 值	t 值
男性	肱骨 2 + 尺骨 1	$y = 44.248 + 2.262X$	0.833	3.7431	377.420	19.427
女性	肱骨 2-1 + 尺骨 2	$y = 48.800 + 2.188X$	0.792	3.7905	260.788	16.149
不分性别	肱骨 2 + 尺骨 1	$y = 36.818 + 2.395X$	0.898	3.8032	1351.349	36.761

F 和 t 的 $P < 0.01$

第四节 根据下肢长骨推断身高

一、中国汉族成年男性推断身高的公式

根据江西、云南、贵州、广西、山东、安徽、河北、青海、吉林省（区）公安机关联合研究小组收集的已知生前身高和死后身长的汉族成年男性 472 具骨骼标本研究，结果如下。

1. 根据股骨最大长、股骨两髁长推断身高的一元回归方程见表8-13。

表8-13 股骨推断身高的回归方程

测量项目	侧别	年龄（岁）	例数	回归方程（mm）	R	P
股骨最大长（X）	左	21～30	131	$Y = 643.62 + 2.30X \pm 34.87$	0.793	<0.01
		31～40	109	$Y = 640.21 + 2.32X \pm 33.32$	0.847	<0.01
		41～50	63	$Y = 617.48 + 2.36X \pm 31.16$	0.845	<0.01
		51～60	55	$Y = 784.03 + 1.96X \pm 34.30$	0.804	<0.01
		61～80	82	$Y = 712.09 + 2.11X \pm 37.54$	0.752	<0.01

测量项目	侧别	年龄（岁）	例数	回归方程（mm）	R	P
	右	21～30	131	Y＝644.84＋2.31X±34.86	0.789	<0.01
		31～40	114	Y＝635.64＋2.33X±32.98	0.846	<0.01
		41～50	63	Y＝687.57＋2.20X±32.35	0.832	<0.01
		51～60	57	Y＝780.19＋1.98X±35.85	0.783	<0.01
		61～80	82	Y＝687.66＋2.17X±36.60	0.761	<0.01
股骨两髁长（X）	左	21～30	131	Y＝690.15＋2.22X±36.70	0.772	<0.01
		31～40	109	Y＝632.20＋2.36X±33.49	0.845	<0.01
		41～50	63	Y＝615.61＋2.38X±31.83	0.838	<0.01
		51～60	55	Y＝789.85＋1.96X±33.66	0.812	<0.01
		61～80	83	Y＝702.69＋2.15X±37.54	0.752	<0.01
	右	21～30	130	Y＝714.70＋2.17X±36.92	0.759	<0.01
		31～40	114	Y＝631.18＋2.36X±33.26	0.843	<0.01
		41～50	63	Y＝699.66＋2.19X±33.20	0.822	<0.01
		51～60	57	Y＝794.10＋1.96X±35.69	0.786	<0.01
		61～80	82	Y＝680.09＋2.21X±36.57	0.761	<0.01

2. 根据胫骨最大长、胫骨全长推断身高的一元回归方程见表8-14。

表8-14 胫骨推断身高的回归方程

测量项目	侧别	年龄（岁）	例数	回归方程（mm）	R	P
胫骨最大长（X）	左	21～30	136	Y＝853.39＋2.22X±38.74	0.743	<0.01
		31～40	110	Y＝776.34＋2.44X±38.66	0.773	<0.01
		41～50	60	Y＝742.77＋2.52X±36.51	0.775	<0.01
		51～60	56	Y＝811.68＋2.33X±36.93	0.773	<0.01
		61～80	82	Y＝811.95＋2.29X±42.89	0.657	<0.01
	右	21～30	136	Y＝833.10＋2.28X±38.13	0.745	<0.01
		31～40	112	Y＝759.27＋2.49X±38.02	0.787	<0.01
		41～50	61	Y＝1033.92＋1.71X±47.31	0.598	<0.01
		51～60	56	Y＝810.40＋2.34X±36.50	0.770	<0.01
		61～80	82	Y＝749.08＋2.46X±40.88	0.694	<0.01
胫骨全长（X）	左	21～30	136	Y＝867.53＋2.22X±38.69	0.744	<0.01
		31～40	108	Y＝775.88＋2.47X±36.66	0.806	<0.01
		41～50	59	Y＝746.61＋2.55X±36.59	0.767	<0.01
		51～60	56	Y＝815.64＋2.36X±37.28	0.768	<0.01
		61～80	82	Y＝848.38＋2.22X±44.07	0.635	<0.01
	右	21～30	135	Y＝854.36＋2.26X±38.21	0.746	<0.01
		31～40	112	Y＝803.15＋2.40X±38.82	0.777	<0.01
		41～50	61	Y＝754.25＋2.53X±35.86	0.794	<0.01
		51～60	56	Y＝797.80＋2.41X±35.94	0.779	<0.01
		21～30	82	Y＝786.06＋2.29X±42.11	0.671	<0.01

3. 根据腓骨最大长推断身高的一元回归方程见表8-15。

表 8-15 腓骨最大长推断身高的回归方程

测量项目	侧别	年龄（岁）	例数	回归方程（mm）	R	P
腓骨最大长（X）	左	21～30	113	$Y = 761.45 + 2.54X \pm 38.05$	0.760	<0.01
		31～40	97	$Y = 739.25 + 2.59X \pm 36.35$	0.804	<0.01
		41～50	53	$Y = 1213.21 + 1.23X \pm 51.75$	0.468	<0.01
		51～60	49	$Y = 807.31 + 2.39X \pm 37.47$	0.773	<0.01
		61～80	73	$Y = 1081.79 + 1.58X \pm 49.19$	0.526	<0.01
	右	21～30	116	$Y = 762.29 + 2.54X \pm 36.84$	0.776	<0.01
		31～40	102	$Y = 703.31 + 2.70X \pm 34.25$	0.828	<0.01
		41～50	52	$Y = 1158.70 + 1.38X \pm 50.99$	0.537	<0.01
		51～60	53	$Y = 819.76 + 2.35X \pm 39.71$	0.738	<0.01
		61～80	73	$Y = 1001.42 + 1.81X \pm 48.46$	0.558	<0.01

4. 根据下肢长骨推断身高的二元回归方程见表8-16。

表 8-16 男性下肢长骨推断身高的回归方程

年龄（岁）	例数	侧别	回归方程（mm）	R	P
21～30	129	左	$Y = 777.75 + 1.10(X_1 + X_2) \pm 39.07$	0.741	<0.01
	128	右	$Y = 709.37 + 1.19(X_1 + X_2) \pm 36.84$	0.765	<0.01
	109	左	$Y = 669.45 + 1.25(X_1 + X_3) \pm 37.20$	0.764	<0.01
	113	右	$Y = 673.86 + 1.25(X_1 + X_3) \pm 36.66$	0.772	<0.01
	129	左	$Y = 764.13 + 1.24X_1 + 0.96X_2 \pm 39.18$	0.74	<0.01
	128	右	$Y = 736.98 + 0.55X_1 + 1.88X_2 \pm 36.11$	0.78	<0.01
	109	左	$Y = 697.15 + 0.55X_1 + 2.04X_3 \pm 36.20$	0.78	<0.01
	113	右	$Y = 705.55 + 0.47X_1 + 2.12X_3 \pm 35.30$	0.79	<0.01
31～40	129	左	$Y = 777.75 + 1.10(X_1 + X_2) \pm 39.07$	0.741	<0.01
	128	右	$Y = 709.37 + 1.19(X_1 + X_2) \pm 36.84$	0.765	<0.01
	109	左	$Y = 669.45 + 1.25(X_1 + X_3) \pm 37.20$	0.764	<0.01
	113	右	$Y = 673.86 + 1.25(X_1 + X_3) \pm 36.66$	0.772	<0.01
	106	左	$Y = 655.15 + 1.77X_1 + 0.63X_2 \pm 31.68$	0.85	<0.01
	110	右	$Y = 641.74 + 1.77X_1 + 0.67X_2 \pm 31.53$	0.85	<0.01
	93	左	$Y = 660.52 + 1.54X_1 + 0.91X_3 \pm 31.39$	0.85	<0.01
	100	右	$Y = 639.09 + 1.42X_1 + 1.11X_3 \pm 30.40$	0.86	<0.01
41～50	60	左	$Y = 616.14 + 1.30(X_1 + X_2) \pm 32.50$	0.827	<0.01
	61	右	$Y = 665.74 + 1.24(X_1 + X_2) \pm 34.96$	0.806	<0.01
	52	左	$Y = 787.13 + 1.09(X_1 + X_3) \pm 46.76$	0.719	<0.01
	52	右	$Y = 784.75 + 1.10(X_1 + X_3) \pm 39.10$	0.763	<0.01
51～60	54	左	$Y = 725.42 + 1.16(X_1 + X_2) \pm 32.70$	0.827	<0.01
	56	右	$Y = 736.44 + 1.14(X_1 + X_2) \pm 34.34$	0.800	<0.01
	47	左	$Y = 746.32 + 1.14(X_1 + X_3) \pm 32.78$	0.823	<0.01
	73	右	$Y = 740.07 + 1.15(X_1 + X_3) \pm 36.43$	0.785	<0.01
61～80	81	左	$Y = 660.26 + 1.22(X_1 + X_2) \pm 37.98$	0.748	<0.01
	80	右	$Y = 644.26 + 1.24(X_1 + X_2) \pm 36.41$	0.763	<0.01
	72	左	$Y = 801.54 + 1.06(X_1 + X_3) \pm 43.28$	0.666	<0.01
	71	右	$Y = 693.62 + 1.20(X_1 + X_3) \pm 39.53$	0.736	<0.01

X_1：股骨最大长；X_2：胫骨最大长；X_3：腓骨最大长

二、华南汉族男性推断身高的公式

根据对华南（包括广西、广东、湖南等省区）地区已知生前身高的汉族成年男性骨骼（50具）的研究,结果如下:

估计身高 Y＝a＋bX±Syx（单位:cm）

Y＝74.91＋2.82×肱骨长 ±3.53

Y＝92.23＋2.93×桡骨长 ±3.78

Y＝93.65＋2.66×尺骨长 ±4.19

Y＝81.58＋1.85×股骨长 ±3.74

Y＝83.28＋2.24×腓骨长 ±3.74

Y＝86.53＋2.10×胫骨长 ±3.82

三、西南汉族男性推断身高的公式

根据对西南汉族成年男性骨骼的研究,结果如下:

Y＝3.48×(肱骨最大长)＋55.54±4.01cm

Y＝3.58×(桡骨最大长)＋78.89±4.30cm

Y＝3.38×(尺骨最大长)＋78.39±4.40cm

Y＝1.84×(肱骨最大长＋桡骨最大长)＋62.95±3.98cm

Y＝1.84×(肱骨最大长＋尺骨最大长)＋60.15±4.07cm

Y＝2.52×(股骨生理长)＋54.69±3.59cm

Y＝2.80×(胫骨最大长)＋64.33±3.58cm

Y＝2.68×(腓骨最大长)＋69.85±3.64cm

Y＝1.42×(股骨生理长＋胫骨最大长)＋52.08±3.28cm

Y＝1.42×(股骨生理长＋腓骨最大长)＋52.67±3.34cm

四、根据胫腓骨推算身高

随着经济的发展与人们的营养水平不断增高,人类的身高有不断增高的趋势。既往的研究成果已经不能适用于现代人类的身高推算。2012年邓振华、王玉琢等采用计算机X线摄影(computer radiogra-phy,CR)放射学方法,在活体人群胫腓骨正位CR图像上测量胫腓骨特定标志点之间的长度(图8-3),建立中国汉族人群胫腓骨推算身高的回归方程。

参考邵象清《人体测量手册》,并结合胫腓骨正位X线影像特点,选取7个骨性标志点利用一元和二元回归方程进行身高推断(图8-3,表8-17)。

具体测量指标:

（1）胫骨1(X₁):胫骨内侧髁上内侧缘最高点(A)至胫骨内踝尖端最低点(B)之间的距离。

（2）胫骨2(X₂):胫骨内踝尖端最低点(B)至胫骨髁间隆起最高点(C)之间的距离。

（3）胫骨3(X₃):胫骨髁间隆起最高点(C)至胫骨下端外侧最低点(D)之间的距离。

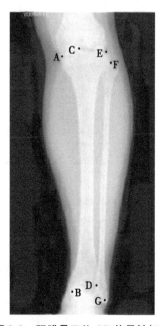

图8-3　胫腓骨正位CR片骨性标志

A为胫骨内侧髁上内侧缘最高点,B为胫骨内踝尖端最低点,C为胫骨髁间隆起最高点,D为胫骨下端外侧最低点,E为胫骨外侧髁上外侧缘最高点,F为腓骨小头最高点,G为腓骨外踝最低点

（4）胫骨 4（X_4）：胫骨下端外侧最低点（D）至胫骨外侧髁上外侧缘最高点（E）之间的距离。

（5）腓骨 5（X_5）：腓骨小头最高点（F）至腓骨外踝最低点（G）之间的距离。

表 8-17　根据胫腓骨推算身高的一元和二元回归方程（单位：mm）

变量	公式	相关系数	估计标准误	准确度 %　1 个估计标准误	2 个估计标准误
不分性别（$n=412$）					
X_1	$Y=3.49(X_1)+470.01$	0.895	36.05	85	97.5
X_2	$Y=3.37(X_2)+482.48$	0.889	36.99	70	95
X_3	$Y=3.54(X_3)+452.04$	0.889	37.04	75	97.5
X_4	$Y=3.55(X_4)+466.45$	0.889	37	80	100
X_5	$Y=3.65(X_5)+427.58$	0.880	38.47	80	100
X_1+X_4	$Y=2.33(X_1)+1.21(X_4)+458.28$	0.897	35.75	85	100
男性（$n=201$）					
X_1	$Y=2.88(X_1)+695.69$	0.885	27.39	90	100
X_2	$Y=2.68(X_2)+744.22$	0.869	29.13	80	100
X_3	$Y=2.88(X_3)+699.88$	0.893	26.45	80	100
X_4	$Y=2.86(X_4)+720.55$	0.887	27.17	80	100
X_5	$Y=2.95(X_5)+685.92$	0.881	27.83	80	100
X_3+X_5	$Y=2.06(X_3)+0.88(X_5)+682.28$	0.896	26.22	85	100
女性（$n=211$）					
X_1	$Y=2.58(X_1)+738.84$	0.848	27.10	75	95
X_2	$Y=2.57(X_2)+721.07$	0.855	26.51	80	95
X_3	$Y=2.63(X_3)+720.66$	0.845	27.29	80	100
X_4	$Y=2.67(X_4)+721.93$	0.845	27.29	90	100
X_5	$Y=2.68(X_5)+711.45$	0.831	28.39	85	95

五、不完整长骨推断身高的公式

在法医实践中经常遇到尸骨已破坏，可考虑依骨骼某一段推断身高。有研究小组对部分不完整长骨推断身高进行了研究，结果见表 8-18～表 8-20。

表 8-18　中国汉族男性不完整长骨推断身高的一元回归方程（单位：mm）

侧别	方程	SE
左	$Y=973.03+5.02$ 肱骨头周	45.32
右	$Y=1012.01+4.70$ 肱骨头周	46.09
左	$Y=680.49+2.36$ 股骨转子全长	36.12
右	$Y=720.72+2.27$ 股骨转子全长	36.14
左	$Y=738.50+2.65$ 股骨骨干长	39.57
右	$Y=775.54+2.54$ 股骨骨干长	39.70
左	$Y=1186.79+5.55$ 股骨骨干中部周	49.87
右	$Y=1180.17+5.62$ 股骨骨干中部周	49.26
左	$Y=1182.03+10.12$ 股骨头垂直径	48.60
右	$Y=1116.29+11.52$ 股骨头垂直径	47.46
左	$Y=980.91+4.58$ 股骨头周	45.01
右	$Y=946.20+4.80$ 股骨头周	45.35

侧别	方程	SE
左	Y=1164.67+6.07 股骨上髁宽	48.50
右	Y=946.74+8.52 股骨上髁宽	46.96
左	Y=1106.88+7.24 胫骨上端宽	48.31
右	Y=928.99+9.64 胫骨上端宽	45.38
左	Y=1461.12+4.95 腓骨最小周	53.62
右	Y=1489.95+4.24 腓骨最小周	54.63

表 8-19　中国汉族男性不完整长骨推断身高的二元回归方程（单位：mm）

侧别	方程	SE
左	Y=964.85+2.04 肱骨上端宽+4.35 肱骨头周	45.98
右	Y=1037.91+2.47 肱骨上端宽+5.40 肱骨头周	46.78
左	Y=1057.46+6.75 肱骨下端宽+3.11 肱骨骨干最小周	46.22
右	Y=1165.72+6.36 肱骨下端宽+6.36 肱骨骨干最小周	50.21
左	Y=1343.61+9.24 胫骨中部最大径+0.37 胫骨骨干最小周	53.12
右	Y=1371.24+6.00 胫骨中部最大径+1.32 胫骨骨干最小周	53.52
左	Y=1025.25+5.83 胫骨下端宽+8.75 胫骨下端矢状径	46.78
右	Y=1317.40+8.17 胫骨下端宽-1.86 胫骨下端矢状径	51.97
左	Y=953.38-0.01 肱骨头周+4.81 股骨头周	45.56
右	Y=995.16+3.87 肱骨头周-0.89 股骨头周	45.87

表 8-20　中国汉族男性不完整长骨推断身高的三元回归方程（21～30岁）（单位：mm）

侧别	方程	SE
左	Y=1284.84+2.85 肱骨干最小周+5.19 桡骨干最小周-0.74 尺骨干最小周	50.22
右	Y=1315.71+1.53 肱骨干最小周+4.56 桡骨干最小周+1.24 尺骨干最小周	52.07
左	Y=1201.51+4.25 桡骨干最小周+7.05 桡骨干横径+13.82 桡骨干矢状径	51.37
右	Y=1280.22+5.45 桡骨干最小周+1.37 桡骨干横径+10.01 桡骨干矢状径	51.60
左	Y=631.36+2.32 股骨干长-0.25 股骨干中部矢状径+2.74 股骨干中部周	37.89
右	Y=676.33+2.22 股骨干长+1.57 股骨干中部矢状径+2.03 股骨干中部周	38.20
左	Y=1048.55+0.95 股骨上髁宽+5.06 股骨外髁长+3.41 股骨内髁长	45.65
右	Y=1051.91+1.13 股骨上髁宽+4.68 股骨外髁长+3.49 股骨内髁长	47.70
左	Y=988.51+5.29 胫骨上端宽+0.41 胫上内侧关节面矢状径+6.14 胫上外侧关节面矢状径	45.02
右	Y=1261.52-1.30 胫骨上端宽+4.68 胫上内侧关节面矢状径+6.46 胫上外侧关节面矢状径	49.06
左	Y=1169.92+4.48 股骨干中部周-0.12 桡骨干最小周+3.10 腓骨干最小周	50.19
右	Y=1143.18+5.11 股骨干中部周+0.05 桡骨干最小周+2.10 腓骨干最小周	50.21

六、中国汉族成年女性下肢长骨的身高推断

张继宗（2002年）根据江西、云南、贵州、广西、山东、安徽、河北、青海、吉林省（自治区）公安机关联合研究小组收集的已知生前身高和死后身长的汉族成年女性骨骼69套，标本的年龄范围19～66岁。

1. 女性下肢长骨推断身高的一元回归方程见表8-21。

表8-21　女性下肢长骨推断身高的一元回归方程（单位：mm）

回归方程	复相关系数	回归标准误
Y＝483.913＋2.671 左股骨最大长	0.759	47.92
Y＝597.332＋2.899 左胫骨最大长	0.757	48.88
Y＝526.090＋3.185 左腓骨最大长	0.801	43.21
Y＝508.464＋2.640 左股骨生理长	0.751	48.63
Y＝612.644＋2.890 左胫骨生理长	0.739	50.36
Y＝493.785＋3.308 左腓骨生理长	0.811	42.25
Y＝459.290＋2.752 右股骨最大长	0.748	50.00
Y＝603.069＋2.908 右胫骨最大长	0.723	51.46
Y＝524.021＋3.226 右腓骨最大长	0.732	52.07
Y＝513.157＋2.646 右股骨生理长	0.727	51.70
Y＝638.501＋2.837 右胫骨生理长	0.710	52.48
Y＝540.056＋3.200 右腓骨生理长	0.720	53.00

2. 女性下肢长骨推断身高的二元回归方程见表8-22。

表8-22　女性下肢长骨推断身高的二元回归方程（单位：mm）

回归方程	复相关系数	回归标准误
Y＝489.499＋1.683 左股骨最大长＋1.175 左胫骨最大长	0.781	47.49
Y＝481.774－3.058 左胫骨最大长＋6.434 左腓骨最大长	0.868	35.86
Y＝499.299＋0.763 左股骨最大长＋2.307 左腓骨最大长	0.822	40.81
Y＝493.158＋1.805 左股骨生理长＋1.054 左胫骨生理长	0.774	48.14
Y＝452.536－2.304 左胫骨生理长＋5.765 左腓骨最大长	0.868	35.90
Y＝486.803＋0.570 左股骨生理长＋2.613 左腓骨生理长	0.862	40.41
Y＝456.189－1.372 右股骨最大长＋1.691 右胫骨最大长	0.770	48.80
Y＝507.768＋2.069 右胫骨最大长＋1.160 右腓骨最大长	0.746	51.68
Y＝456.189＋1.372 右股骨最大长＋1.691 右腓骨最大长	0.769	50.30
Y＝505.778＋1.270 右股骨生理长＋1.703 右胫骨生理长	0.752	50.41
Y＝540.219＋2.083 右胫骨生理长＋1.078 右腓骨生理长	0.735	52.66
Y＝399.047＋1.310 右股骨生理长＋2.025 右腓骨生理长	0.769	50.30

3. 女性下肢长骨推断身高的三元回归方程见表8-23。

表8-23　女性下肢长骨推断身高的三元回归方程（单位：mm）

回归方程	复相关系数	回归标准误
Y＝392.029＋1.384 左股骨最大长－4.724 左胫骨最大长＋6.688 左腓骨最大长	0.885	34.30
Y＝399.451＋0.906 左股骨生理长－3.028 左胫骨生理长＋5.544 左腓骨生理长	0.876	35.43
Y＝370.220＋1.127 右股骨最大长＋1.334 右胫骨最大长＋0.946 右腓骨最大长	0.790	49.04
Y＝422.425＋0.973 右股骨生理长＋1.302 右胫骨生理长＋1.045 右腓骨生理长	0.773	50.80

第五节　根据颅骨推断身高

一、颅围的身高推断

根据对华南地区具有生前身高记载成年男性 70 具骨骼颅围测量研究,由颅骨推断身高的回归方程结果如下:

$$Y = 1.32 \times 颅围 + 94.73 \pm 5.63 cm$$

广西地区调查 48 具骨骼颅围与身高的关系,由颅骨推断身高的回归方程结果如下:

$$Y = 0.826 \times 颅围 + 119.1 cm$$

二、颅骨测量的身高推断

张继宗等(1996 年)对公安部物证鉴定中心收藏的已知身高的中国汉族男性颅骨标本 427 例进行研究,结果如下:

(一)根据颅骨测量推断身高的直线回归方程(单位:cm)

$Y_1 = 125.726\,2499 + 2.061\,626\,11 \times 颅骨最大长$

$Y_2 = 132.001\,0301 + 5.125\,384\,515 \times 颅底长$

$Y_3 = 133.603\,0589 + 1.657\,516\,046 \times 眉间至枕外隆突长$

$Y_4 = 134.689\,446 + 1.636\,432\,866 \times 鼻根至枕外隆突长$

$Y_5 = 110.835\,4852 + 3.804\,818\,559 \times 颅高$

$Y_6 = 115.804\,5611 + 4.049\,684\,601 \times 耳上颅高$

$Y_7 = 125.424\,4109 + 0.730\,036\,017 \times 颅围$

$Y_8 = 137.657\,2751 + 3.418\,260\,178 \times 上面高$

$Y_{10} = 140.849\,346 + 4.130\,204\,237 \times 鼻高$

$Y_{11} = 144.246\,403 + 5.426\,817\,785 \times 下颌联合高$

$Y_{12} = 140.108\,3805 + 7.196\,299\,08 \times 下颌体高$

$Y_{13} = 137.273\,3092 + 4.084\,925\,828 \times 下颌支高$

$Y_{14} = 140.392\,5371 + 3.410\,697\,462 \times 下颌喙突高$

(二)根据颅骨测量推断身高的多元回归方程(单位:cm)

$Y_1 = 85.284\,607 - 0.095\,62 \times 颅骨最大长 + 3.424\,32 \times 颅高 + 4.310\,44 \times 眶高 + 2.776\,48 \times 下颌支高$

$Y_2 = 92.078\,02 + 3.953\,34 \times 颅高 + 4.715\,84 \times 眶高$

$Y_3 = 86.456\,389 + 3.287\,453 \times 颅高 + 4.249\,236 \times 眶高 + 2.628\,28 \times 下颌支高$

$Y_4 = 126.251\,301 + 4.212\,52 \times 下颌联合高 + 3.555\,74 \times 下颌支高$

第六节　根据其他骨骼推断身高

在其他骨骼推断身高中,使用较多的有胸骨、锁骨、肩胛骨、髋骨和骶骨。

一、胸骨推断身高

胡佩儒等(1987 年)对北京、沈阳、锦州三地区胸骨与身高关系的研究,结果见表 8-24。

表8-24 由胸骨长度推断身高的回归方程（单位：cm）

地区	性别	方程	R	P
北京	男	Y = 3.92 胸骨全长 + 107.66±4.65	0.72	<0.005
	女	Y = 4.42 胸骨全长 + 93.39±4.62	0.61	<0.005
沈阳	男	Y = 6.93 胸骨柄长 + 130.12±5.43	0.58	<0.025
	女	Y = 10.44 胸骨柄长 + 101.78±4.83	0.56	<0.05
锦州	男	Y = 3.666 胸骨体长 + 128.85±5.48	0.57	<0.05
	女	Y = 4.934 胸骨体长 + 110.03±4.62	0.61	<0.05

二、锁骨推断身高

根据对华南地区 50 具成年汉族男性锁骨进行研究，结果如下：

1．身高均值 163.01±4.274cm

2．左侧锁骨最大长均值 14.91±0.865cm

回归方程 Y = 140.94 + 1.48 左锁骨最大长 ±4.13cm

3．右侧锁骨最大长均值 14.69±0.811cm

回归方程 Y = 130.40 + 2.22 右锁骨最大长 ±3.93cm

4．两侧锁骨最大长均值 14.80±0.824cm

回归方程 Y = 135.04 + 1.89 两侧锁骨最大长均值 ±4.03cm

三、肩胛骨推断身高

彭书琳等（1983 年）对华南地区 70 具成年汉族男性肩胛骨进行研究，结果如下：

1．身高均值 161.63±0.7cm

2．左侧肩胛形态宽均值 14.70±0.80cm

回归方程 Y = 3.83 左侧肩胛形态宽均值 + 105.36±5.04cm

3．右侧肩胛形态宽均值 14.70±0.77cm

回归方程 Y = 3.63 右侧肩胛形态宽均值 + 108.29±5.18cm

4．左右肩胛形态宽均值 14.70±0.77cm

回归方程 Y = 3.84 两侧肩胛形态宽均值 + 105.24±5.09cm

四、髋骨推断身高

花锋等（1994 年）对贵州、江西、山东等九省（区）有生前身高记录的汉族成年男性 248 对髋骨的研究，结果见表 8-25。

髋骨最大长（X_1），髋骨最大宽（X_2），髂骨高（X_3），髂骨宽（X_4），坐骨长（X_5），耻骨长（X_6），闭孔长（X_7），闭孔宽（X_8），髋臼最大径（X_9），最大坐耻径（X_{10}），最小髂宽（X_{11}），耳状面最大长（X_{12}）。

表8-25 男性髋骨的身高推断的回归方程（单位：cm）

测量项目（X）	左	右
髋最大长	Y = 67.91 + 4.66X	Y = 68.42 + 4.64X
髋最大宽	Y = 112.37 + 3.23X	Y = 108.97 + 3.44X
髋骨高	Y = 82.92 + 6.29X	Y = 83.46 + 6.28X
髋骨宽	Y = 93.96 + 4.60X	Y = 96.29 + 4.45X
坐骨长	Y = 107.02 + 7.10X	Y = 104.90 + 7.35X
耻骨长	Y = 113.46 + 6.07X	Y = 108.43 + 6.66X

测量项目（X）	左	右
闭孔长	$Y=136.30+5.59X$	$Y=143.20+4.21X$
闭孔宽	$Y=153.58+3.34X$	$Y=148.81+4.75X$
髋臼最大径	$Y=117.17+8.20X$	$Y=125.10+6.76X$
最大坐耻径	$Y=101.32+5.36X$	$Y=99.93+5.49X$
最小骼髋	$Y=120.73+5.98X$	$Y=116.35+6.63X$
耳状面最大长	$Y=136.96+4.87X$	$Y=136.91+4.82X$

五、骶骨推断身高

张继宗等（1988年）对广西、云南、贵州、江西省（区）已知生前身高的健康汉族男性干燥骶骨108具的研究，结果见表8-26。

表8-26　骶骨各测量值及标准差（单位：cm）

测量项目	均值	标准差
骶骨弧（X_1）	11.5570	0.8062
骶骨前弧（X_2）	10.5067	0.7988
骶骨耳状面长（X_3）	6.0312	0.4590
骶骨最大宽（X_4）	10.0220	0.5721
骶骨中部宽（X_5）	8.3890	0.5430
骶骨上面宽（X_6）	10.1321	0.7651
骶骨正中矢状径（X_7）	5.0042	0.4057
骶骨底横径（X_8）	3.4710	2.6462

回归方程：

（1）$Y=69.9128+2.5230X_1+0.3601X_2+1.0448X_3+2.8281X_4+1.0813X_5+1.6485X_6+0.3683X_7+0.6312X_8$

（2）$Y=70.3614+2.4827X_1+0.4315X_2+1.1098X_3+2.8214X_4+1.1221X_5+1.6859X_6+0.6306X_8$

（3）$Y=70.7239+2.8405X_1+1.1283X_3+2.8964X_4+1.0621X_5+1.6629X_6+0.6418X_8$

（4）$Y=74.5955+3.1660X_1+3.3901X_4+1.9737X_6+0.6462X_8$

六、掌骨推断身高

金东沫等（1984年）对延边地区朝鲜族成人98例（男48例，女50例）第三掌骨推断身高的研究，结果见表8-27。

表8-27　第三掌骨推断身高的回归方程

例数	$Y=bX+a\pm Sy.x$（cm）	r	P
男48	$Y=1.1264$ 右第三掌骨长（mm）$+95.45\pm4.68$	0.75	0.0005
	$Y=1.0649$ 左第三掌骨长（mm）$+98.97\pm4.91$	0.59	0.0005
女50	$Y=1.0573$ 右第三掌骨长（mm）$+93.14\pm2.66$	0.71	0.0005
	$Y=0.8946$ 左第三掌骨长（mm）$+102.8\pm2.47$	0.72	0.0005

七、指骨推断身高

张继宗等对公安部物证鉴定中心法医室收集的中国9个地区有生前资料记载的骨骼的研究，结果见表8-28。

中指骨最大长（X）：左右中指的近节及中节指骨的指骨底最近测点至指骨小头最远测点的距离。

表8-28　中指骨推断身高的直线回归方程（单位：cm）

项目（最大长）	回归方程	标准误差
右中指近节指骨	$Y_1 = 89.32 + 1.59X$	4.55
左中指近节指骨	$Y_2 = 8832 + 162X$	452
两侧中指近节指骨均值	$Y_3 = 91.13 + 1.55X$	4.61
右中指中节指骨	$Y_4 = 108.99 + 1.86X$	4.73
左中指中节指骨	$Y_5 = 107.16 + 1.92X$	4.98
两侧中指中节指骨均值	$Y_6 = 100.27 + 2.17X$	4.73
两侧中指近节指骨＋两侧中指中节指骨	$Y_7 = 8712 + 101X$	478
中指近、中节指骨	$Y_8 = 67.93 + 1.23X_1 + 1.35X_2$	4.66

注：方程7中的变量为个体左右中指近节、中节长度均数之和；方程8中的变量X_1为左右中指近节指骨长度均值，X_2为左中指中节指骨的长度均值

使用指骨推断身高的误差在±3cm以内者在50%左右，在±5cm以内者在80%左右，笔者认为指骨推断身高，侧别对推断身高的准确性影响不大。

第七节　骨骼推断身高的注意事项

目前中国人骨骼推断身高的方法，大多是应用20世纪70年代末收集的标本完成的。所用的骨骼标本中，年龄较小的个体也是20世纪50年代出生的。根据目前身高研究的结果，中国人平均身高有很大的提高。家系亲代与子代身高的比较研究中发现：子代身高明显高于亲代。一般子代的身高高于亲代5～10cm。城乡之间，个体的身高也存在明显的差异。城市中个体的平均身高高于农村，农村中亲代与子代身高的差别也很明显，一般农村子代的身高高于亲代4～8cm。

为了弥补平均身高变化所致的误差，法医人类学工作者应收集现今人的骨骼标本进行研究，建立新的骨骼推断身高的方法；也可以考虑在使用原来的个体骨骼推断身高的方法时，参考目前中国人的平均身高值，对骨骼推断身高的结果进行适当的校正。

中国成人正常身高的参考值见表8-29、表8-30。

表8-29　中国成年男子身高评价表（单位：cm）

年龄段	上等	中上等	中等	中下等	下等
18～25岁	177.8以上	174.0～177.7	166.5～173.9	162.6～166.4	162.5以下
26～30岁	177.5以上	174.0～177.4	166.2～173.9	162.5～166.1	162.4以下
31～35岁	177.3以上	173.9～177.2	166.0～173.8	162.2～165.9	162.1以下
36～40岁	177.0以上	173.5～176.9	165.5～173.4	162.0～165.4	161.9以下
41～45岁	176.1以上	172.8～176.0	165.0～172.7	161.5～164.9	161.4以下
46～50岁	175.0以上	172.0～174.9	164.5～171.9	161.2～164.4	161.1以下
51～55岁	175.0以上	172.0～174.9	164.0～171.9	161.0～163.9	160.9以下
56～60岁	175.0以上	172.0～174.9	164.0～171.9	161.0～163.9	160.9以下

表 8-30　中国成年女子身高评价表（单位：cm）

年龄段	上等	中上等	中等	中下等	下等
18～25 岁	166.2 以上	163.0～166.1	155.3～162.9	152.0～155.2	151.9 以下
26～30 岁	166.4 以上	163.0～166.3	155.7～162.9	152.5～155.6	152.4 以下
31～35 岁	166.0 以上	162.5～165.9	155.1～162.4	152.0～155.5	151.9 以下
36～40 岁	165.9 以上	162.5～165.8	155.0～162.4	152.0～154.9	151.9 以下
41～45 岁	165.0 以上	162.0～164.9	154.3～161.9	151.0～154.2	150.9 以下
46～50 岁	164.4 以上	161.0～164.3	154.0～160.9	151.0～153.9	150.9 以下
51～55 岁	164.0 以上	160.7～163.9	154.0～160.6	150.9～153.9	150.8 以下

本章小结

　　法医人类学身高推断是个人识别的重要内容，采用公式来推断的方法受种族、性别、年龄和个体差异的影响，因而推断所得的数据，实为死者生前近似身高；身高有明显的性别差异。女性身高均低于男性。身高与年龄密切相关。一般认为，一个人最大身高在 18～20 岁，30 岁以后每年身高降低 0.06cm，即每 20 年身高降低 1.2cm。

　　据骨骼推断身高，长骨比其他类型骨骼推断身高的准确性高；下肢长骨推断身高的准确性比上肢长骨高；用多根长骨推断身高，其准确性比一根长骨为高；全身骨骼以股骨推断身高的误差最小。据骨骼推断死者生前身高，依骨骼和采用的公式不同，一般误差在 2～10cm 之间。目前中国人骨骼推断身高的方法，大多是应用 20 世纪 70 年代收集的标本完成的。所用的骨骼标本中，年龄较小的个体也是 20 世纪 50 年代出生的。根据目前身高研究的结果，中国人平均身高有很大的提高，子代身高明显高于亲代。一般子代的身高高于亲代 5～10cm。城乡之间，个体的身高也存在明显的差异。城市中个体的平均身高高于农村，农村中亲代与子代身高的差别也很明显，一般农村子代的身高高于亲代 4～8cm。

关键术语

　　身高推断（stature estimation）
　　四肢长骨（long bones of limbs）
　　回归方程（regression formulae）

（吴　谨）

思考题

　　1. 骨骼推断身高主要有哪几种方法？
　　2. 哪一种骨骼推算身高的方法相对最准确？
　　3. 骨骼推算身高应注意哪些问题？
　　4. 影响身高发育的因素有哪些？

第九章　颅骨面貌复原和颅相重合

学习目标

通过本章的学习，你应该能够：

掌握：颅骨面貌复原的定义、原理、基本方法；颅相重合技术的定义、原理、基本方法。

熟悉：面部软组织厚度的数据；五官特征的确定；颅相重合的认定标准。

了解：计算机辅助颅骨面貌复原方法；颅相重合的操作程序；颅相重合中可能出现的问题。

法医人类学中的颅骨面貌复原（facial reconstraction）是一种以颅骨为基础，以人体头面部解剖学规律为依据，借助造型手段（绘画、雕塑、计算机图像等），以再现颅骨的生前面貌为目的的技术。法医人类学中的颅骨面貌复原是由体质人类学中的颅骨面貌复原派生而来的。体质人类学中的颅骨面貌复原用于再现远古人类和历史名人，法医人类学中的颅骨面貌复原用于查找高度腐败或白骨化的无名尸，为侦查工作提供线索。

颅相重合（cranial coincide）是一种用可能是出自同一人的颅骨和照片，在一个特殊的装置上使两者的影像按相同的成像条件相互重合，以重合时能否达到解剖关系上的一致来判定颅骨和照片是否出自同一人，以进行个人识别的技术。法医人类学中的颅相重合用于为侦察提供线索和为诉讼提供证据。

第一节　颅骨面貌复原

一、概念

颅骨面貌复原也称复颜法或复容法（facial reconstraction；facial restoration；restoration of physiognomy），是指根据人体头面部软组织及五官的形态特征与颅骨形态特征间的相关关系，在颅骨上或颅骨的石膏模型上，或颅骨的影像上，用可塑物质（橡皮泥、黏土、塑像蜡等）雕塑或其他方法（颅骨侧面描记、计算机颜面影像等）重建颅骨生前面貌形象的技术。在体质人类学中，颅骨面貌复原用于再现远古人类和历史名人。在法医人类学中，颅骨面貌复原用于无名尸身源查找工作。

颅骨面貌复原的设想，最早由解剖学家 Schaffhausen 在 1877 年提出：他认为根据颅骨复原其生前面貌是完全可能的。1883 年，德国学者 Welcker 首次对 13 具男性尸体头面部的软组织厚度进行了测定。1895 年，在德国的莱比锡市，因扩建圣约翰教堂，音乐家巴赫的墓不得不迁走。由于墓穴密集和棺木损坏，在迁坟时许多白骨混在一起，以致无法辨认出哪一具是巴赫的遗骸，于是人们便从这些白骨中选出了一件被认为可能是巴赫的颅骨来，交给解剖学教授 His，要求他鉴定这颗颅骨是否属于巴赫。His 试想在这颗颅骨上塑上肌肤毛发，看是否能够得到和巴赫生前肖像相近似的面貌。于是 His 选出 24 具男性自杀尸体（考虑到病死尸体会因生前所患疾病的消耗而影响面部软组织的正常厚度,故选用自杀尸体),在面部定出了15个定位点,并测出了各点的软组织厚度,再将这些厚度数据和那个颅骨交给了雕塑家Seffner,并在事先未说明颅骨可能属于谁的情况下要求Seffner用这些软组织厚度数据在颅骨上进行雕塑,结果得到了一个和巴赫的生前肖像非常相似的塑像(图9-1)。这是世界上第一次尝试用科学的方法复原颅骨的生前面貌。之后,又有Kollman和Buchly、Birkner、Fischer、Von eggeling、Stadnuller、铃木尚、Герасимов等学者对不同种族的颅骨面貌复原进行了研究,研究方法也逐渐成熟,从单纯研究软组织厚度发展到研究五官形态和软组织形态之间的相关关系。特别是前苏联学者Герасимов,他在研究本国多民族颅骨面貌复原的基础上,总结并提出了较为全面和系统的理论和研究方法,出版了研究专著《从头骨复原面貌的方法》,对这一技术的发展起到了一定的推动作用。

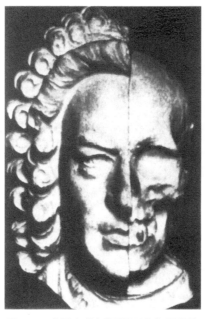

图9-1　世界上首例颅骨面貌复原塑像

二、原理

颅骨面貌复原是一种结合了体质人类学和造型艺术的"科学的造型特技"(scientific parlor trick)。它的科学依据是人体头面部的解剖学规律。人们知道,尽管每个人的面貌各不相同,但都有其一般规律。首先,每个人的头面部都是由肌肤、毛发等软组织包裹着的颅骨构成。颅骨是容貌的内核和构架,五官和头面部的软组织附着在颅骨的相应部位上,其形态受颅骨各部位形态和结构关系的影响和制约。例如,额骨、颧骨和上下颌骨形态决定了每个人的正面和侧面脸型;鼻骨的高低曲直和梨状孔的形态与鼻前棘的方向决定鼻子的形态;嘴部的形态由颌骨、齿槽突和牙齿的大小、形态、角度及齿列的咬合形式决定;眼球的位置、眼裂的方向及上下眼睑的形态与眼眶的形态、位置、间距、突出程度以及鼻骨、眉弓的形态都有很大关系。第二,头面部的软组织厚度,除颊部变化较大外,其余部位,尤其是决定侧面轮廓的正中矢状位上各部位的软组织厚度比较恒定。第三,面貌特征上的年龄变化和性别特点在颅骨上可以得到比较明确的反映。第四,成年人的颅骨个体形态比较恒定。因此,根据颅骨来复原其生前面貌是完全可行的,这已被一百余年以来的国内外实践所证实。

随着科学技术水平的不断提高,颅骨面貌复原的准确性也越来越高,但是,面貌形态特征毕竟不可能全部反映在颅骨上,例如,一些瘢痕、皱纹、酒窝、肤色等面部软组织特征在骨骼上并无反映,因而也不可能根据颅骨将其复原出来。特别是颅骨面貌复原只能做到形似,而对于音容笑貌这类有关神似的问题,是无能为力的。因此,它能起到的作用又是有限的。尽管如此,颅骨面貌复原对那些失去了任何身源线索的无名尸骨的身源查找工作,仍有着特殊重要的意义,正如美国颅骨面貌复原专家 Gatliff 所说:"……对侦察人员来说,当破案的一切努力都成为泡影时,这便是可以利用的最后一张王牌了"。

(一)面部软组织厚度

面部软组织的厚度(facial soft tissue thickness)是决定面貌特征的一个重要因素,因而掌握面部软组织的厚度数据是制作颅骨面貌复原塑像的基本依据之一。因此,面部软组织厚度的测量是颅骨面貌复原的最基础工作。测量的方法分为刀刺法、针刺法、X 线片法、超声波法、CT 法及磁共振扫描法等,刀刺法和针刺法仅适用于测量尸体,其他方法则可在活体上测量。

刀刺法由德国学者 Welcker 在 1883 年所创,他在 13 具男性尸体的面部选择了 9 个点,并用薄刀片在测量点上垂直刺入软组织,直至刀尖抵达骨骼为止,然后在刀上做一标记,再将刀拔出测量其刺入部分的尺寸。

针刺法由德国学者 His 在 1895 年所创,他在 28 具尸体(24 男 4 女)的头面部选择了 15 个测量点,其中颜面中线上 9 个,两侧为 6 对(图 9-2)。他用钢针从测量点垂直刺入软组织,抵达骨骼后用微型血管钳夹住钢针予以固定,拔出钢针后测量其刺入部分的尺寸,或在钢针上涂油并穿上橡皮薄片,从测量点上垂直刺入软组织,抵达骨骼后,上下调节橡皮薄片,使其紧贴皮肤表面,拔出后测量橡皮薄片下面至针尖的尺寸。

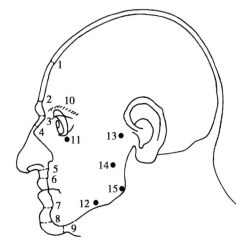

图 9-2　His 的头面部软组织厚度测点

1898 年,瑞士学者 Collman 和 Buchly 改进了 His 的针刺法,他们去掉了橡皮薄片,改用油烟把针熏黑,然后从测量点垂直刺入软组织,这样,针的刺入部分的黑烟就被软组织擦掉,拔出后再测量被擦掉黑烟部分的尺寸。他们选定了 18 个测量点(正面 10 个,侧面 8 对),测量了 29 具尸体(21 男 8 女),并根据尸体的营养状况,将其分成极瘦型、瘦型、营养良好型和营养极好型四种类型,测量和计算出了各型的平均值和标准差。

1903—1907 年,Birkner 测量了 6 个已处死刑的中国人头面部软组织厚度,选用的也是和 Collman 一样的 18 个测量点。这大概是文献中有关中国人甚至是黄种人面部软组织厚度测量的最早报道。

1905 年,Fischer 测量了两个巴布亚人(Papuans),1909 年,Eggeling 测量了三个赫雷罗部族(Hereros)的黑人的面部软组织厚度,用的也是 Collman 的 18 个测量点,这也是文献中最早见到的黑人面部软组织厚度的报道。

1923—1925 年,Stadtmüller 以 Collman 的 18 个测量点为基础,在正中线上又增加了 2 个测量点,他用这 20 个测量点测量了 2 个新荷兰人,1 个爪哇人,3 个美拉尼西亚人和 2 个喀麦隆人的面部软组织厚度。

1948 年,日本学者铃木尚选定 23 个测量点(图 9-2),其中正中线 12 个,侧面 11 对,对 55 个日本人(48 男 7 女)的面部软组织厚度进行了测量。1960 年,小川将所有测量样本分成五个年龄组,并将颜面分成上、中、下三个部分进行研究并得出以下结论:上部(即额部、颞部、枕部)的软组织厚度与性别、年龄及个人的胖瘦无关,厚约 3mm;中部(眼部和鼻部)的软组织厚度也不受性别、年龄和胖瘦的影响,厚 4~6mm;下部(颊部、口部、颏部)的软组织厚度变化较大,从 4~20mm 不等;受年龄、性别和胖瘦影响很大,是进行面貌复原时最难掌握的部位(图 9-3,表 9-1)。

1963 年,我国学者丁涛按 His 的 15 个测量点,对 109 具新鲜急死尸体进行了面部软组织厚度的测量,这是我国首次进行这项研究(表 9-2)。

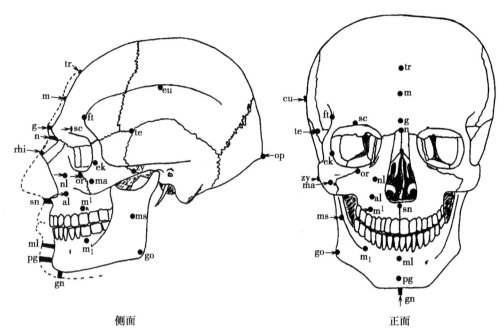

侧面　　　　　　　　　　　　　　　　　正面

图 9-3　铃木的头面部软组织厚度测量点

tr. 发缘点；m. 额中点；g. 眉间点；n. 鼻根点；rhi. 鼻尖点；sn. 鼻下点；ml. 颏唇沟点；pg. 颏前点；gn. 颏下点；ft. 额颞点；sc. 眉心点；ek. 眶外缘点；or. 眶下点；ma 颧骨点；nl. 鼻唇沟上点；al. 鼻翼点；zy. 颧弓点；m^1. 上颌第一磨牙点；m_1. 下颌第一磨牙点；ms. 下颌支点；go. 下颌角点；te. 颞点；eu. 颅侧点

表 9-1　日本人的头面部软组织厚度

部位	测量点	20～29 岁	30～39 岁	40～49 岁	50～59 岁	60 岁以上
		M±m	M±m	M±m	M±m	M±m
额部	tr	2.74±0.26	2.76±0.28	2.61±0.17	2.63±0.38	2.47±0.17
	m	3.26±0.27	2.60±0.55	3.31±0.24	3.07±0.30	2.39±0.35
	ft	3.59±0.47	3.36±0.41	4.58±0.30	3.36±0.20	2.89±0.22
	g	3.71±0.33	3.56±0.44	3.59±0.19	3.59±0.41	3.36±0.29
鼻部	n	3.59±0.78	4.34±0.35	3.92±0.22	3.61±0.43	3.41±0.28
	rhi	2.03±0.32	2.14±0.29	1.99±0.21	2.10±0.41	1.64±0.71
口部	sn	11.35±0.65	12.32±0.49	9.45±0.55	10.57±1.50	7.70±0.9
	ml	8.43±0.40	10.84±0.69	10.04±0.32	12.38±1.22	7.57±1.34
	m^1	17.76±1.18	19.45±2.06	17.06±0.99	17.64±2.01	19.17±1.85
	m_1	10.69±0.65	12.54±3.70	11.50±1.16	11.34±0.95	11.76±2.65
颏部	pg	10.06±0.63	10.90±1.88	10.60±0.57	10.59±0.62	10.20±0.86
	gn	4.03±0.49	4.20±0.49	4.76±0.43	4.51±0.47	4.00±0.27
眼部	sc	4.84±0.29	4.92±0.64	4.65±0.55	4.69±0.64	4.30±0.41
	or	4.86±0.35	6.84±1.10	5.49±0.62	6.93±0.75	5.93±1.00
	ek	3.31±0.16	2.94±0.40	3.16±0.33	3.94±0.69	2.70±0.46
眼下部	nl	6.58±0.85	6.08±1.74	6.88±0.61	8.50±0.84	7.10±0.70
	al	11.08±0.69	11.40±0.67	11.66±0.75	12.59±0.66	11.09±1.40
	ma	6.38±0.94	8.04±1.17	5.79±0.41	5.89±0.63	6.34±0.75
颧部	zy	4.60±0.55	6.62±1.41	4.79±0.71	5.77±1.19	3.76±0.74
颊部	go	8.32±0.75	10.98±3.82	8.24±0.67	8.20±0.85	8.19±1.67
	ms	14.94±1.31	19.46±2.30	16.51±2.44	14.90±0.93	14.30±1.50
颞部	te	9.45±1.20	5.86±1.74	8.22±0.96	6.43±1.30	5.39±1.10
枕部	op	4.14±0.52	5.50±0.46	4.26±0.34	3.94±0.43	4.57±0.39

表9-2　109例男女尸体面部软组织厚度的测量

测量部位	消耗性疾病尸体 (7)	原因不明的急死尸体										变动范围 (109)
		男性 (74)				17~24岁 (4)	女性 (28)					
		25~34岁 (26)	35~44岁 (29)	45~50岁 (13)	60岁以上 (8)		25~34岁 (4)	35~44岁 (7)	45~50岁 (6)	60岁以上 (3)		
甲. 正中线测点												
1. 发际	2.24±0.57	3.52±0.10	3.22±0.13	3.89±0.10	2.45±0.24	3.20±0.33	2.98±0.20	2.89±0.29	2.75±0.23	2.73±0.39		1.2-5.0
2. 眉间	3.11±0.29	4.74±0.26	4.59±0.12	4.36±0.23	2.62±0.52	4.87±0.47	4.16±0.18	4.27±0.31	3.92±0.39	4.30±0.41		2.0-6.3
3. 鼻根	2.66±0.31	3.97±0.16	4.03±0.22	3.61±0.20	3.25±0.30	4.50±0.38	3.19±0.27	3.84±0.09	9.73±0.58	4.30±0.58		1.9-6.5
4. 鼻背	1.84±0.17	2.44±0.12	2.32±0.12	2.27±0.20	2.03±0.30	2.15±0.25	2.26±0.31	2.37±0.37	2.97±0.63	3.40±0.17		1.0-5.3
5. 上唇根部	9.10±1.03	11.47±0.43	10.34±0.37	10.29±0.57	7.60±0.80	9.05±0.86	9.11±0.60	8.87±0.59	6.57±0.52	10.30±0.21		4.0-15.0
6. 人中	7.54±1.33	10.37±0.26	9.59±0.30	9.75±0.53	7.62±1.41	8.50±0.54	8.99±0.69	8.71±0.40	6.65±0.36	9.76±0.18		4.2-13.0
7. 颏唇沟	7.64±0.46	10.69±0.31	10.28±0.04	10.46±0.39	8.10±0.72	9.12±0.17	9.83±0.62	10.30±0.27	8.78±0.44	12.36±1.08		5.0-14.0
8. 颏隆凸	7.67±0.70	10.58±0.31	10.39±0.18	10.25±0.76	6.82±0.78	10.05±0.33	10.25±0.24	10.50±0.45	8.62±0.81	11.80±1.47		3.0-14.5
9. 颏下	4.69±1.18	5.87±0.28	5.59±0.32	5.75±0.45	3.00±0.42	5.35±1.02	4.88±0.36	6.37±1.08	4.80±0.46	5.30±0.85		1.0-11.0
乙. 侧面测量点												
10. 眉中央	3.26±0.27	5.12±0.19	5.28±0.15	5.02±0.29	3.77±0.40	4.87±0.27	4.94±0.38	5.21±0.45	5.10±0.41	5.13±0.69		2.0-7.4
11. 眶下缘中部	2.97±0.47	4.58±0.38	4.43±0.30	4.31±0.40	3.07±0.48	7.02±1.08	6.01±0.64	5.44±0.37	6.05±0.89	6.90±1.37		1.4-9.5
12. 下颌下缘(咬肌前)	4.01±0.70	10.52±0.99	10.58±0.67	10.84±0.84	10.68±1.18	14.45±1.98	13.00±1.21	10.56±0.59	11.30±0.48	9.90±0.69		2.5-20.0
13. 颧弓上缘	2.86±0.32	5.14±0.18	5.67±0.29	5.14±0.68	3.97±0.40	9.20±1.32	6.75±0.98	7.00±0.59	5.50±0.52	4.90±0.81		1.7-13.0
14. 下颌升枝(咬肌中)	10.06±1.97	18.52±1.19	17.96±1.08	17.07±0.95	11.00±2.12	20.62±1.32	19.06±1.51	16.23±1.29	14.77±0.85	17.00±1.00		3.0-28.0
15. 下颌角	5.16±1.11	12.89±0.75	12.22±1.01	11.90±0.86	10.68±1.05	18.25±1.74	14.98±1.40	12.83±1.58	10.57±0.50	10.73±0.76		2.4-23.0

注：括号内数字为例数

1976—1978 年，Rhine 和 Campbel 选定了 32 个测量点（正中线 10 个，两侧 22 个）对 91 个人（68 男、23 女，其中 32 个白人，59 个黑人）的面部软组织厚度进行了测量，并将黑人的面部软组织厚度数据与文献中的白人数据进行了比较研究（图9-4，表9-3）。

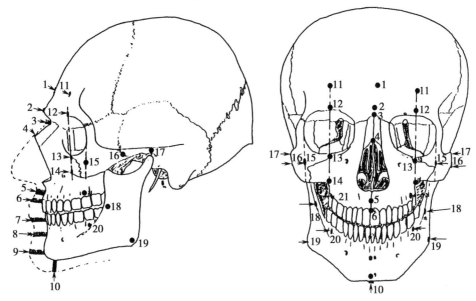

图 9-4　Rhine 和 Campbel 的头面部软组织测量点

表 9-3　美国白人和黑人的面部软组织厚度表

测量点	黑人		白人（瘦）		白人（中等）		白人（胖）	
	男	女	男	女	男	女	男	女
	(44)	(15)	(3)	(3)	(37)	(19)	(8)	(3)
眉间上点	4.75	4.50	2.25	2.50	4.25	3.50	5.50	4.25
眉间点	6.25	6.25	2.50	4.00	5.25	4.75	7.50	7.50
鼻根点	6.00	5.75	4.25	5.25	6.60	5.50	7.50	7.00
鼻背点	3.75	3.75	2.50	2.25	3.00	2.75	3.50	4.25
人中点	12.25	11.25	6.25	5.00	10.00	8.50	11.00	9.00
上唇点	14.00	13.00	9.75	6.25	9.75	9.00	11.00	11.00
下唇点	15.00	15.50	9.50	8.50	11.00	10.00	12.75	12.25
颏唇沟点	12.00	12.00	7.00	8.50	11.25	10.10	14.00	14.25
颏隆凸点	8.00	7.75	4.50	3.75	7.25	5.75	10.75	9.00
颏隆凸点	8.25	8.00	3.00	2.75	4.25	3.50	5.50	5.00
眶上缘点	4.75	4.50	6.25	5.25	8.25	7.00	10.26	10.00
眶下缘点	7.50	8.50	2.75	4.00	5.75	6.00	8.25	8.50
颧下缘点	16.25	17.25	8.50	7.00	13.25	12.75	15.25	14.00
眶侧点	13.00	14.25	5.00	6.00	10.00	10.75	13.25	14.75
颧弓点	8.75	9.25	3.00	3.50	7.25	7.50	11.75	13.00
下颌关节窝上缘	11.75	12.00	4.25	4.25	8.50	8.00	11.25	10.50
咬合线	19.50	18.25	14.50	15.00	11.50	12.00	17.50	17.50
下颌角点	14.25	14.25	12.00	12.00	19.50	19.25	25.50	23.75
下颌第二前磨牙	15.75	16.75	12.00	11.00	18.25	17.00	23.50	20.25
上颌第二前磨牙	22.25	20.75	10.00	9.50	16.00	15.50	19.75	18.75

用针刺法测量头面部软组织厚度，虽有便于操作的优点，但由于只能在尸体上进行而受到标本来源的限制，而且由于死后脱水和针刺都不可避免地会造成软组织的变形，因而会给软组织厚度的测量带来一些误差。1985 年，Gabrielle　Hodson 用 B 型超声波测厚仪对 50 名美国白人儿童（28 男，22 女）面部 20 个测量点（正中线 10 个，两侧 10 对）的软组织厚度进行了测量（图 9-5，表 9-4）。

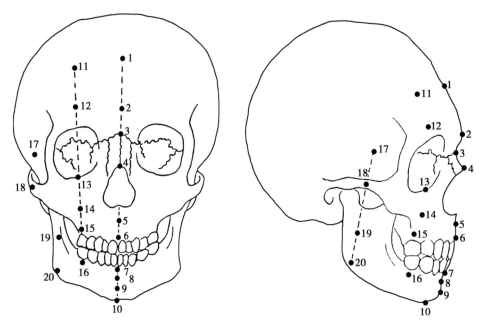

图 9-5　Gabrielle Hodsen 的美国儿童头面部软组织厚度测量点

1. 眉间上点；2. 眉间点；3. 鼻根点；4. 鼻尖点；5. 鼻下点；6. 上唇点；7. 下唇点；8. 颏上点；9. 颏前点；10. 颏下点；11. 额结节点；12. 眉心点；13. 眶下点；14. 颧骨点；15. 上颌第二磨牙点；16. 下颌第二磨牙点；17. 颞点；18. 颧弓点；19. 下颌支点；20. 下颌角点

表 9-4　美国儿童的头面部软组织厚度（单位：mm）

测量点	男（n=28）			女（n=22）		
	均值	标准差	变动范围	均值	标准差	变动范围
1. 眉间上点	5.7	0.59	4.6～6.7	5.5	0.46	4.7～6.6
2. 眉间点	5.4	0.83	4.0～8.1	5.3	0.7	4.3～6.8
3. 鼻根点	5.3	0.81	3.6～6.6	5.3	0.95	3.5～6.8
4. 鼻尖点	2.2	0.72	1.3～3.6	2.2	0.59	1.5～3.8
5. 鼻下点	10.8	1.1	8.6～13.6	10	1.51	7.3～12.5
6. 上唇点	9.7	1.26	7.4～11.6	9.8	1.32	7.5～12.2
7. 下唇点	10.8	1.15	8.3～13.3	10.4	1.09	8.2～12.8
8. 颏上点	8.5	1.11	6.4～10.6	7.9	0.97	5.8～9.8
9. 颏前点	6.9	1.18	4.6～9.2	6.6	1.07	4.6～8.6
10. 颏下点	4.3	0.86	2.3～6.1	4.1	0.71	2.5～5.1
11. 额结节点	5.9	0.67	4.5～7.5	5.6	0.69	4.5～7.0
12. 眉心点	6.4	1.28	4.5～9.3	6.4	0.8	5.2～8.0
13. 眶下点	6.5	0.94	5.2～8.4	6.6	0.99	4.8～9.3
14. 颧骨点	17.5	2.14	14.0～21.4	17.1	1.76	12.0～20.0
15. 上颌第二磨牙点	12.4	1.6	8.8～14.9	12.3	1.2	10.2～14.5
16. 下颌第二磨牙点	10.7	1.69	7.4～14.0	10.2	1.27	7.2～12.4

续表

测量点	男（n＝28）			女（n＝22）		
	均值	标准差	变动范围	均值	标准差	变动范围
17. 颞点	9.3	1.15	6.6～11.4	8.7	1.27	5.9～11.0
18. 颧弓点	7.4	0.9	5.8～9.2	7.2	0.96	5.5～9.3
19. 下颌支点	18.4	1.78	15.6～21.6	17.8	2.3	12.0～22.1
20. 下颌焦点	7.4	1.42	4.8～10.8	7.9	1.45	5.4～11.1

　　用超声波和 X 线片测定头面部软组织厚度，较之针刺法有如下优点：①因是在活体上测量，所以不受标本来源的限制，可获得较大样本的资料；②避免了死后由于尸体变化而带来的误差；③避免了针刺过程引起的软组织变形。

　　面部软组织厚度数据是颅骨面貌复原工作的基础，但仅仅根据软组织厚度是不够的。因为年龄和性别的不同，特别是年龄的不同，不仅会使面部软组织的厚度产生变化，而且还会使面部软组织的形态和颅骨的形态与结构发生变化，而这些变化使面容发生改变的程度要远远地大于由于软组织厚度变化而发生的面容改变程度。例如，在额部和鼻部，看不出年龄变化对软组织厚度的影响，但其形态却随年龄的变化而有所变化，如老人会在额部和鼻背出现皱纹以及鼻尖下垂等。同样，在上下颌部位，也基本上看不出年龄变化对软组织厚度的影响，有影响的是形态和结构的变化。例如，当颌骨和牙齿都长得很向外突时，在它上面附着的软组织也会顺势外翻，口唇看上去很厚，而老年人由于牙齿脱落，颌骨萎缩，口唇也随之向内翻卷，看上去似乎变薄，就是由于咬合这种结构关系（即组合关系、构成关系）发生了变化，使颌骨产生了萎缩这种形态上的变化，进而使口唇部的软组织也发生了形态上的变化。矫正错颌畸形正是一个用改变颌骨的结构关系来改变颌骨的形态，进而改变口唇部软组织形态的例子。由此可见，软组织的厚度、颅骨的形态和颅骨的结构关系这三者是有机联系的，在进行颅骨面貌复原时要予以充分的注意。

（二）五官特征

　　对颅骨面貌复原来说，了解五官形态特征与颅骨相应部位形态特征间的相关关系，比了解软组织厚度更重要也更困难。虽然人们对这方面的研究远远不如对软组织厚度的研究成熟，但经过几十年的努力，仍取得了一定的进展。

　　1. 眉毛　对眉毛与眼眶的位置关系的研究，最早见于日本学者森坚志（1954 年），以后又有小川晴昭（1960 年）和酒井贤一郎（1970 年），他们根据眼眶上缘和眉中心线的位置关系将其分成四种类型（图9-6）：

　　1 型：眉中心线在眼眶上缘的上方，出现率为：左侧 11.40%±4.79%；右侧 13.70%±5.1%。

　　2 型：眉中心线与眼眶上缘一致。出现率为：左侧 40.90%±7.41%；右侧 34.00%±7.50%。

| 1型 | 2型 | 3型 | 4型 |

图 9-6　眼眶和眉毛的位置关系

　　3 型：眉中心线位于眼眶上缘的下方 3mm 以内。出现率为：左侧 34.00%±7.15%；右侧 36.40%±7.26%。

　　4 型：眉中心线位于眼眶上缘的下方 3mm 以外。出现率为：左侧 13.70%±5.19%；右侧 15.90%±5.52%。

　　国内学者孙尔玉等（1991 年）将眉毛与眼眶的位置关系，分成三种类型，研究结果如下：

　　1 型：眉中心线在眼眶上缘的上方。出现率：左右均为 6.67%。

　　2 型：眉中心线与眼眶上缘一致。出现率：左右均为 21.67%。

　　3 型：眉中心线在眼眶上缘的下方，出现率：左右均为 70.00%.

　　上述学者将眉毛和眼眶的上下位置关系，分成了四种和三种类型，并对各个类型在总数中所占的比例进行了统计，但未统计每种类型的眉毛距眶上缘的具体尺寸，针对这种情况，纪元等（1997 年）

用 X 线片对眉毛中心点至眶上缘的距离进行了测量和统计,研究结果如下(表 9-5):

表 9-5　眉毛中心点与眶上缘的位置关系和距离(单位:mm)

	左			右		
	上	中	下	上	中	下
例数	9	20	27	11	19	26
均值	2.38	0	3.1	1.58	0	2.26
标准差	0.87	0	1.32	1.22	0	1.61
最大值	3.52	0	6.35	4.99	0	7.52
最小值	0.98	0	0.98	0.98	0	0.49
所占比例	16.7%	35.71%	48.21%	19.64%	33.93%	46.43%

　　2. 眼睛　　早在 1912 年,Wilder 就指出,眼裂的两角由骨性眼眶决定。眼裂内角的标志是泪囊窝,眼裂外角的标志是颧骨结节。颧骨结节位于颧骨额蝶突内侧,也叫眶结节或眶嵴。ГераСИМОВ(1949 年)也认为,眼裂外角对应于颧骨结节,眼裂内角为泪囊窝的中部所固定。这样,颧骨结节和泪囊窝中部的连线就是眼裂在冠状面上的横向中轴线(图 9-7)。

　　1960 年,小川晴昭报道,在测得的日本人样本中,有 70%～80% 的眼裂内角(en)的纵向位置在眼眶高径的下 3/10 处,横向位置在距眶内侧缘 3mm 处。有 50% 的眼裂外角(ex)的纵向位置在眼眶高径的下 1/3 处,横向位置在眶外侧缘 3mm 以内。小川晴昭还认为,日本人眼裂内角低于眼裂外角者居多,特别是眼内角间宽(en-en)大于 33mm(日本成年人平均值)时,可能性更大(图 9-8)。

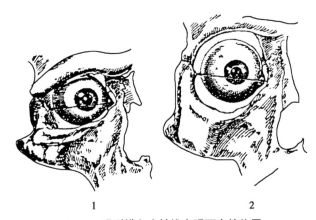

图 9-7　眼裂横向中轴线在眼眶中的位置

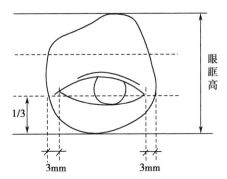

图 9-8　眼内外焦点在眼眶中的位置

　　1984 年,大井笃将眼裂内、外角点与眶内、外侧缘的关系分成了三种类型。

眼裂内角点与眶内侧缘的关系:

1 型:眼裂内角点与眶内侧缘处于同一矢状面上。

2 型:眼裂内角点位于眶内侧缘颞侧 3mm 以内。

3 型:眼裂内角点位于眶内侧缘颞侧 3mm 以外。

研究表明:3 型最多(80%～90%),其次为 2 型(10%～20%),1 型最少。

眼裂外角点与眶外侧缘的关系:

1 型:眼裂外角点与眶外侧缘处于同一矢状面上。

2 型:眼裂外角点位于眶外侧缘鼻侧 3mm 以内。

3 型:眼裂外角点位于眶外侧缘鼻侧 3mm 以外。

研究表明:1 型最多(63%),2 型次之(22%),3 型最少。

　　1997 年,纪元等研究了眼裂与眼眶及其他骨性标志的关系,结果如下(表 9-6～表 9-8):

表 9-6　外眦 - 眶高指数（眶下缘点切线至外眦点高与眶高的比值）统计表

	例数	均值	标准差	最大值	最小值
左	55	29.00	5.00	43.00	19.00
右	55	29.00	5.00	40.00	20.00

表 9-7　内眦 - 眶高指数（眶下缘点切线至内眦点高与眶高的比值）统计表

	例数	均值	标准差	最大值	最小值
左	56	29.67	3.50	41.37	21.00
右	56	30.33	3.73	42.19	24.37

表 9-8　内眦间宽指数（内眦间宽与眼裂长的比值）统计表

	例数	均值	标准差	最大值	最小值
左	56	1.27	0.15	1.81	1.01
右	56	1.26	0.16	1.81	0.96

1983 年，Stewart 报道了他对眼裂内角点位置的研究，他认为睑内韧带的附着处距眶内缘点（d 点）约 10mm。眶内缘点在眶内侧壁，位于额骨、泪骨和上颌骨额突相衔接之处，即为额泪缝、额上颌缝和泪上颌缝三者相交之点。睑内韧带的附着处在上颌骨额突斜坡的上方。将两侧颧额缝和眶外缘交点连成直线，恰过两侧眶内缘点（d 点）；将两侧颧骨结节连成直线，恰过两侧睑内韧带的附着处。两条直线互相平行，相距约 10mm，下位线相当于两眼裂的连线，即两侧眼内外角在一条直线上，瞳孔的下缘恰好与这条连线相切（图 9-9）。

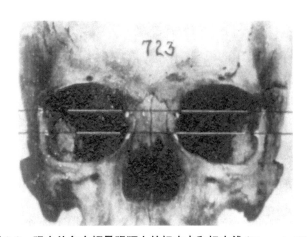

图 9-9　眼内外角在颅骨眼眶上的标志点和标志线（Stewart，1983）

Герасимов 对眼眶和眼裂的关系进行了比较深入的研究。他指出，眼和睑的外形主要由眼眶的形态和结构决定。他将眼眶按眶口形态分成了角型、圆钝型、矮型和高型（图 9-10），并指出角型、矮型和高型都是欧罗巴人种的眼眶，其中角型是典型的欧洲人眼眶类型，矮型为古代欧洲智人（克洛马农人）的眼眶类型，高型是斯拉夫人和中亚欧罗巴人种（塔吉克人）的眼眶类型，而圆钝型则是典型的蒙古人种的眼眶类型。圆钝型眼眶泪部特殊的前突使眼眶的下缘丧失了屏障的功能，因而使眼内角向下并有蒙古褶。

Герасимов 将眼眶按矢状剖面形态分为关闭式和敞开式（图 9-11），并认为关闭式眼眶使眼球小而位置较深，较多见于欧罗巴人种，敞开式眼眶的眼球较突出，较多见于蒙古人种，且常和圆钝型和高型眼眶伴随出现。

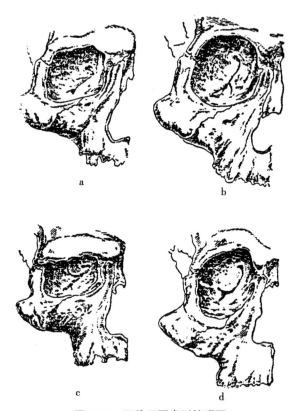

图9-10　四种不同类型的眼眶

a. 角型眼眶；b. 圆钝型眼眶；c. 矮型眼眶；d. 高型眼眶

Герасимов 还将眶缘分为锐缘、钝缘、圆缘和翻卷缘四种形式，并认为锐缘常与敞开式眼眶伴随出现，并伴随有薄的眼睑和向前突出的眼睛。圆缘多与角型眼眶有连带关系，并常见于强烈突出的颜面，眶上部的圆缘反映出眼睑软部有某种遮掩眼的上外角的肿胀，在这种眶下缘的边缘上有时可看到眶内部的骨质疏松，与下睑部的水肿和膨出有关。翻卷缘与显著垂直突出的关闭式眼眶有连带关系，这种眶缘反映了深位的眼球和肿胀眼睑的附属皱裂的遮盖。

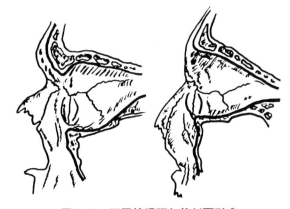

图9-11　不同的眼眶矢状剖面形式

左为关闭式眼眶，右为敞开式眼眶

Герасимов 认为，了解眼眶的水平位置对客观地解决眼睑的外形问题是非常重要的，他用骨骼描画器画出面颅的正面轮廓模式图（处在法兰克福平面），并将代表法兰克福平面的水平线画在模式图上，使它经过左右眶下缘点，再由眉间点向下画一条垂直于法兰克福平面的直线，然后经额突和上颌骨相接的最边缘的一点和颧骨眶缘与上颌骨相接的最边缘的一点连一直线，即构成三角形的斜边，垂线和代表法兰克福平面的水平线构成三角形的两条直角边，所作三角形说明眼眶在冠状面上的位置（图9-12）。

三角形的两个斜边相乘再除以其底边所获得的结果 AB×BC/AC，就是眼眶的水平位置指数。

眼眶的水平位置指数分为：①水平型：X～33.999；②中间型：34.000～75.999；③高升型：76.000～X。

眼眶在冠状面上的水平位置还可借助该图上的钝角 C 来确定，角 C 由代表法兰克福平面的水平线和 BC 线构成，该角越大，则眼的水平位置越平。分类如下：①水平型：135°以上；②中间型：134°～120°；③高升型：119°以下。

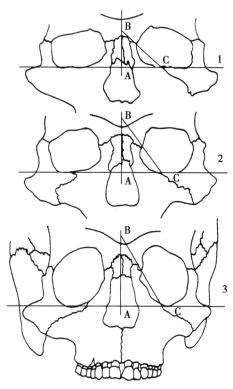

图 9-12　眼眶在冠状面上的水平位置

　　高加索人种常是水平型和中间型,蒙古人种常是高升型和中间型。

　　了解眼眶的水平位置有助于了解眼睑的结构。当眼眶的位置是高升型时,眼球在眼眶的上内角和下外缘附近有游离的空间,当眼眶的位置是水平型时,眼球在眼眶的外侧有游离的空间。眶内角上部有游离的空间与薄而深陷的眼睑有连带关系;眶下外侧有游离空间与肿大的下睑有连带关系。

　　3. 鼻子　Герасимов 认为,鼻子的形态由鼻骨、梨状孔和鼻前棘的形态决定。鼻尖的位置就是鼻骨的下 1/3 部的延长线与鼻前棘的延长线的交点,鼻前棘所指示的方向为鼻尖的方向(图 9-13)。

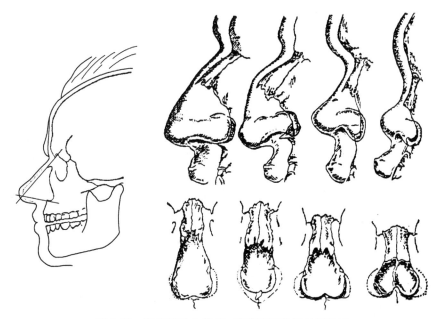

图 9-13　鼻子形态与鼻骨、梨状孔及鼻前棘的关系

小川晴昭（1960年）在活体头面部 X 线片上测量了梨状孔外缘至鼻翼点的距离，经统计学处理后得出的结论是右侧为（4.02±0.33）mm，左侧为（3.66±0.30）mm。他还研究了黄种人脸型和鼻子宽度、梨状孔宽度间的关联性，得出的结论是：短脸型的鼻翼点在梨状孔外侧 5mm 处，宽脸型的鼻翼点在梨状孔边缘外侧 3.5mm 处。石桥宏（1986年）的研究结论是鼻翼最下缘位于梨状孔下缘的 4～7mm 处（图 9-14）。

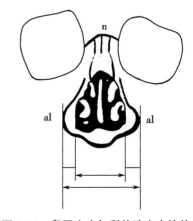

图 9-14　鼻翼宽度与梨状孔宽度的关系

n 鼻根点；al 鼻翼点

小川晴昭（1983年）还以鼻底线为基线，将鼻尖的状态分为三种类型：

1 型：鼻尖与鼻底线齐平，出现率为 33%。

2 型：鼻尖在鼻底线上方，出现率为 36%。

3 型：鼻尖在鼻底线下方，出现率为 31%。

纪元等（1997年）在 X 线片上观察和测量了鼻下点与梨状孔下缘的相互位置，将其分为三种类型：

1 型：鼻下点在梨状孔下缘切线上方。

2 型：鼻下点与梨状孔下缘切线齐平。

3 型：鼻下点在梨状孔下缘切线下方。

测量与统计的结果如下（表 9-9）：

表 9-9　鼻下点和梨状孔下缘的相互位置（单位：mm）

型别	例数	均值	标准差	最大值	最小值	所占比例
1	1	1.25	——	1.25	1.25	1.96%
2	6	0	——			11.76%
3	44	4.02	2.14	7.74	0.44	86.27%

Krogman（1986年）指出，不同种族的鼻尖形态有显著的变异，白人锐、黑人钝。矢状面鼻尖的突出状态，白人比黑人平均高出 8～10mm。

Gatliff 认为，只需了解鼻宽和鼻子的突出度便可重建鼻子。鼻的宽度，白人为梨状孔宽加 10mm，黑人为梨状孔宽加 16mm。鼻的突出度（从鼻下点 sn 到鼻尖点 prn 的距离）为鼻棘长的 3 倍，由此得出的鼻尖点至鼻根点的距离就是鼻长。

市川和义（1979年）认为，从鼻根点（n）到鼻下点（sn）为鼻骨长（从鼻根点到鼻骨末端的距离，即 n-rhi）的投影距离的 3 倍（图 9-15）。

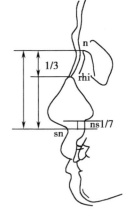

图 9-15　鼻长和鼻骨长的关系

n 鼻根点；rhi 鼻尖点；ns 鼻棘点；sn 鼻下点

1986年，Macho 用 353 名维也纳人（154 名男性和 199 名女性）的头部侧面 X 线片研究了外鼻的形态、大小和软组织厚度与颅骨的各项测量值之间的关系，他一共测取了 15 个项目（图 9-16），并对测取的数据进行多元逐步回归分析，发现鼻长和鼻高与颅骨的测量特征有关，而与年龄关系很小，骨性鼻的高度和突出程度是确定外鼻的高度和长度的主要因素。在男性，这两个值可确定 52% 的鼻高和 45% 的鼻长的变异；在女性，这两个值可确定 37% 的鼻高和 43% 的鼻长的变异。鼻深与鼻部软组织厚度主要受年龄的影响，鼻部软组织厚度还与外源性因素（如营养）关系很大，与外鼻的大小呈负相关，即鼻子越高越长者的软组织厚度越薄。

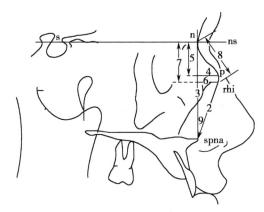

图 9-16　Macho 的鼻部测量示意图

2. 梨状孔高（鼻尖点 rhi 至鼻前棘 spna 的距离）；3. 骨性鼻高（鼻根点 n 至鼻前棘 spna 的距离）；4. 鼻骨最突出点 p 至 n-spna 参比平面的距离；5. Pmax 距 n 的高度；6. rhi 至 n-spna 平面的距离；7. 鼻尖点高；8．鼻骨长；9. n-spna 与 rhi-spna 的夹角（尚有 6 个项目未列入图中）

表 9-10　Macho 的推算鼻长、鼻高与鼻深的回归方程（单位：mm）

项目	性别	回归方程
鼻高	男	$4.43+0.79$（n-spna）$+0.48$（rhi.promin.）$+0.06$（年龄）
	女	$11.09+0.68$（n-spna）$+0.46$（rhi.promin.）$+0.03$（年龄）
鼻长	男	$-2.99+0.74$（n-spra）$+0.79$（rhi.promin.）$+0.08$（年龄）
	女	$3.81+0.66$（n-spna）$+0.71$（rhi.promin.）$+0.03$（年龄）
鼻深	男	$9.69+0.30$（n-spna）$+0.04$（年龄）
	女	$7.88*0.44$（年龄）$+0.23$（n-spna）$+0.24$（Pmax）-0.13（Pmax.proj）

4. 口唇　Герасимов 认为，口的形态由牙齿的大小、形态、角度和齿列的咬合形式决定，与齿槽突及颌骨的凹凸形态有关。他把齿列的咬合形式分为剪子型、夹子型、屋顶型、墙檐型、露齿型和阶梯型六类（图 9-17）。其中剪子型较为多见，这种咬合的上门齿略盖住下门齿，同时上唇也略突出于下唇；夹子型咬合的上下门齿完全对合，这种咬合的下唇常略突出于上唇，屋顶型咬合的上门齿明显突出，因而上唇也明显向前突出于下唇，嘴唇在自然闭合状态下略开；墙檐型咬合者具有强烈的上颌突颌，上唇也强烈地向前突出于下唇，不能完全闭合；露齿型咬合有弯曲的门齿和明显的齿槽突颌，这种咬合的双唇难以闭拢，阶梯型咬合的上颌门齿仿佛被下颌门齿包围而形成阶梯，这种咬合的下唇强烈发育，明显地突出于上唇，即所谓的"地包天"。

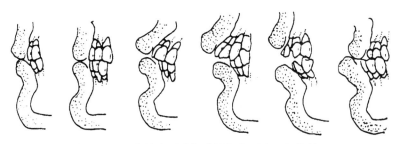

图 9-17　牙齿咬合形式与嘴唇闭合形式之间的关系

Герасимов 对 100 例牙齿良好且咬合位置正常的口唇进行了测量和观察，结果发现 97 例的口裂宽度等于两侧第二前磨牙外面之间的距离，有 2 例超过此距离，有 1 例比此距离狭 3.5mm，同时还发现，上中门齿釉质的高度接近嘴唇中部无色素部的厚度，一般唇的厚度比上中门齿釉质的高度要稍大一些，但不超过 1.2～1.5mm。中门齿和侧门齿的大小相差越大，上唇的弓状弯曲就越明显。100

例中有 83 例的口裂闭合线位于上中门齿釉质高度的一半,闭合线的形态和齿列闭合的图形一致,有 11 例的口裂闭合线与门齿的切缘一致。

牙齿的损伤、疾病和缺失也会影响口唇部位的外形,并可据此推断出一个人的职业和生活习惯。例如,鞋匠一般都有用嘴衔钉子的习惯,这就使经常衔钉子的牙齿出现特殊的磨损,并由于钉子经常刺破口腔黏膜而使嘴唇变形。抽烟的人(特别是抽烟斗的人)也常常会使嘴变形,这是因为衔烟斗或烟嘴的牙齿(一般为侧门齿)会出现特有的磨损(图 9-18),导致整个齿列变形所致。烟嘴还会刺激相应部位的口腔黏膜,使之肿胀甚至变色,不少抽烟斗的人有不对称的微笑和单侧咀嚼食物的习惯,就是这样形成的。特别是由于齿列的歪曲,咀嚼转移到另外一侧,还会引起下颌及其关节面在经常工作的那一侧产生代偿性的变形。这些都能为面貌复原提供非常重要的个性化特征。

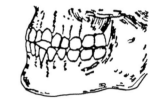

图 9-18 烟嘴引起的牙齿磨损

和牙齿有着同等重要的部位是颌骨和齿槽。颌骨是否前突及齿槽的倾斜角度都是影响口唇部外形的重要因素。一般说来,齿槽突颌(上颌垂直,牙齿显著朝前)和双全突颌(下颌及门齿均向前倾斜,在闭合时形成明显的角度)会使嘴唇显著突出,甚至外翻(如黑种人);而平颌常常使人感觉嘴唇很薄(如白种人)。另外,同一个人在不同的年龄时期的嘴唇形态也是不同的。在年轻时,由于颌骨和牙齿的支撑,嘴唇看上去丰满而突起。随着年龄的增长,牙齿逐渐脱落,颌骨逐渐萎缩,嘴唇也跟着向内翻卷,外形变得松弛无力,看上去似乎变薄、干瘪。

许多学者还对口裂线的位置、口裂点的位置及口角间距(口裂宽度)进行了研究,他们采用了不同的参照系统,因而得出了多种可供互相参照的结论。

市川和义(1979 年)认为,口角点的位置在上颌尖牙的下端,口角间的距离大约是鼻宽的 1.3～1.5 倍。Gatliff(1984 年)和 Krogman(1978 年)的结论与市川和义接近。Gatliff 认为,口角位置在犬齿与第一前臼齿相接处,基本上等于嘴唇覆盖着前面的六对牙齿。Krogman 认为口角的宽度为上颌左、右第一前臼齿之间的距离,和瞳孔间距等宽。小川晴昭(1981 年)则认为口角点间的距离是左右内眼角点间距的 1.4 倍。纪元等在 X 线片上研究了正面口角点的位置,他们将其分成了四种类型,1 型:口角点在第五牙以内;2 型:口角点在第五牙上;3 型:口角点在第五牙以外,但在第六牙以内;4 型:口角点在第六牙上。各型分布见表 9-11。

表 9-11 各型正面口角点位置的统计和比较

型别	例数	所占比例	平均位置
1	1	1.45	4.5
2	40	57.97	5.0
3	12	17.39	5.5
4	16	23.19	6.0

石桥宏(1986 年)对口裂线位置的研究结论是:口裂线与上颌切牙前缘基本一致者约占 84%,位于切缘上下 3～6mm 左右者大约占 16%。而 George(1987 年)则认为,口唇中点在口裂线的位置上,在男性低于上颌中切牙的上 1/4,在女性则为 1/3。上唇最高点位于上颌中切牙的 3/4 以下,其突出程度取决于上颌中切牙。

小川晴昭在 1982 年用 X 线片研究了上下颌牙齿之间的"安静位空隙",空隙大时,下颌中切牙切缘处于等高的位置;空隙小时,上下切缘可有 1～2mm 的重叠。上下颌第一前磨牙、第一磨牙的空隙多为 2～4mm。因此,在连接颅骨与下颌骨时,以在上下颌第一前磨牙、第一磨牙间留有 3mm 的空隙为宜。

5.耳朵 迄今为止人们对耳的复原研究不多,尚未充分了解耳朵表面形态的凹凸规律,而只是大致掌握了耳朵的大小、安放位置和方向。

Krogman（1948 年）的研究认为，软骨耳孔的最外侧部位于骨性耳孔最外侧部上方的 5mm 处，后方 2.6mm 处，外方 9.6mm 处。

石桥宏（1986 年）研究了骨性耳孔与耳屏的位置关系，得出如下结论：外耳孔位于耳屏的直后方的占 91%，位于耳屏上后方或下后方的均在 5% 以下。

Герасимов 的研究认为，耳的大小、外张程度和方向受骨性耳道、乳突和下颌枝的影响。宽大而展开的钟形骨性耳道的外耳较大，窄而深的骨性耳道的外耳较小；小而尖端向内的乳突的外耳小而紧贴颅侧，大而尖端向外的乳突的外耳大而外张，常常是"招风耳"；外面平滑且很发达的乳突与垂直安放的、张开的外耳有连带关系，外面有鞍状凹陷的乳突与向外弯曲的外耳有连带关系。外耳的长度相当于鼻子的长度，耳宽等于耳长的一半。外耳的长轴方向与下颌枝的方向呈平行关系（图 9-19）。

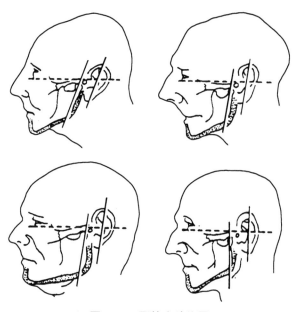

图 9-19　耳的安放位置

三、颅骨面貌复原技法

颅骨面貌复原方法可分为塑像法、画像法和计算机三维复原法。

（一）塑像法

塑像法是最传统和最成熟的一种方法，它的工作步骤是：

1. 对送检颅骨进行基本的人类学检验　在进行面貌复原之前，要先对颅骨进行观察和测量，确定年龄、性别、种族和生前有无影响面容的损伤和疾病。

2. 对送检颅骨进行多个角度的拍照。

3. 翻制石膏颅骨模型。

（1）在翻制石膏模型前，要观察颅骨有无破损，对破损颅骨进行修复。修复时，破碎骨片可用硝基清漆或 502 黏合剂进行结黏。如有部分骨片缺失，参照对侧完整部分的形态用橡皮泥或石膏补上。下颌骨复位时应注意在下颌关节窝内垫上 2mm 厚的纸片代替下颌关节盘，使之固定在正常咬合的位置上。

（2）颅骨修复完毕后，在眼眶、梨状孔等较深孔洞部位堵上棉花和橡皮泥。然后在颅骨上薄薄地涂一层凡士林油，将橡皮泥用小滚子压成厚片，立着贴在颅骨表面，作为分模块用的隔墙。向隔墙内倒入调好的石膏浆，待其凝固后，修刮好边缘，即做好一块分模块，再接做下一块模子。如分块合理，五块模子即可翻下一个颅骨。在调石膏浆时，要注意石膏粉与水的比例，一般为每 100ml 水中放入180～200g石膏粉，按这种比例石膏粉正好到达水面。用该比例调制的石膏凝固后最为结实适度。调石膏的容器应用搪瓷盆或牙科用的橡胶碗。

（3）颅骨的石膏外模翻好后，在外模内面涂二至三遍软肥皂（也叫硫酸钾肥皂）液作隔离剂，把外模块拼好并捆扎结实，然后将调好的石膏浆徐徐注入，不停地摇动模子，直至石膏浆凝固。石膏浆要分几次调制少量注入，第一遍凝固后再注第二遍，直至注满为止。这样做可使石膏层薄厚均匀，石膏颅骨模型结实。

（4）待石膏全部凝固后，从分模线处将石膏外模顺序掰下或用凿子敲下，取出颅骨的石膏模型，对石膏模型上留有的模子缝印，可用修石膏刀刮去。

4．固定石膏颅骨模型　翻好的石膏颅骨模型要按法兰克福平面固定在架子上。

5．在石膏颅骨模型上粘贴软组织厚度标高和塑造面貌复原塑像。

在颅骨石膏模型固定好后，按各部位软组织厚度数据制成的"标高小桩"（也叫"指标小柱"，一般用牙签裁成）粘在石膏颅骨模型上，再以这些标高小桩的高度为标准，用小滚子压好的橡皮泥条贴在石膏颅骨模型上，将各指标点联成一个橡皮泥网，然后把橡皮泥填入这些网状空格中，作出面貌复原塑像的基本轮廓（图9-20）。基本轮廓形成后，再根据对颅骨特征和解剖关系的分析塑上眼睛、鼻子、嘴巴、耳朵、肌肤、毛发等细部，为避免主观误差，在操作时应尽可能采用量化标准和统计数据。头发的样式应参照在现场发现的头发样式，可根据需要着色、着装，着装的样式应参照现场发现的着装样式。

图9-20　面貌复原塑像的制作步骤

（二）画像法

画像法是一种较为简便快捷的方法，它的工作步骤是：

1．对送检颅骨进行基本的人类学检验　在进行面貌复原之前，要先对颅骨进行观察和测量，确定年龄、性别、种族和生前有无影响面容的损伤和疾病。

（1）对送检颅骨进行多个角度的拍照。

（2）将颅骨的正面和侧面照片按实际比例打印在纸上，再将打印了颅骨照片的纸放在灯光拷贝台上，在纸的背面用铅笔描画出颅骨的反向线条轮廓图。将反向的颅骨线条轮廓图拷贝在素描纸的反面，再翻转素描纸，在素描纸的正面用铅笔描画出正向的颅骨轮廓图。

（3）根据确定的年龄、性别和种族查出相应的各标志点的软组织厚度。将查出的软组织厚度标记在颅骨线条轮廓图的各相应标志点上，再将这些点用曲线连接起来，形成面貌的轮廓图。

（4）在面貌的轮廓图上，找出相应的五官位置并画出五官。

2．五官的位置关系

（1）眼睛在眼眶中的位置：眼裂内外角的位置由骨性眼眶决定，在多数情况下，眼裂内角点位于眶内侧缘向内3mm、眼眶纵径的下3/10处，大约对应于泪囊窝的中点；眼裂外角点位于眶外缘点向内3mm处。

（2）鼻子的位置和形态：鼻子的位置和形态由鼻骨、鼻前棘和梨状孔决定。鼻尖的位置就是鼻骨的下1/3部的延长线与鼻前棘的延长线的交点，鼻前棘所指示的方向为鼻尖的方向。鼻翼的宽度，蒙古人种为3.5～5mm，高加索人种约为5mm，尼格鲁人种约为8mm。鼻长约为鼻骨长（n-rhi）的3倍。

（3）口的位置和形态：口的位置和形态由牙齿的大小、形态、角度和齿列的咬合形式决定，与齿槽突及颌骨的凹凸形态有关。齿列的咬合形式分为剪子型、夹子型、屋顶型、墙檐型、露齿型和阶梯型六类。其中剪子型较为多见，这种咬合的上门齿略盖住下门齿，同时上唇也略突出于下唇；夹子型咬合的上下门齿完全对合，这种咬合的下唇常略突出于上唇，屋顶型咬合的上门齿明显突出，因而上唇也明显向前突出于下唇，嘴唇在自然闭合状态下略开；墙檐型咬合者具有强烈的上颌突颌，上唇也强烈地向前突出于下唇，不能完全闭合；露齿型咬合有弯曲的门齿和明显的齿槽突颌，这种咬合的双唇难以闭拢，阶梯型咬合的上颌门齿仿佛被下颌门齿包围而形成阶梯，这种咬合的下唇强烈发育，明显地突出于上唇，即所谓的"地包天"。正面口角点的位置，多数在第5牙或第6牙之间；口裂线的位置，多数位于切牙切缘或向上1～2mm处；突颌程度越高，口裂线位置越高，口列开度越大。

3．根据确定的面部轮廓和五官位置以及对颅面特征和解剖关系的分析完成画像。为避免主观误差，在操作时应尽可能采用量化标准和统计数据。

（三）计算机三维复原法

近年来，随着CT、MRI等高分辨率医学图像数字采集设备的快速发展及广泛应用，计算机图形学、可视化技术、医学图像处理等信息科学新技术为颅骨面貌复原提供了新的技术手段。新技术和新方法的使用能够实现活体样本颅面数据的采集和三维建模，实现活体样本面部特征点和稠密点的软组织厚度测量、统计与分析，为利用计算机技术开展颅骨面貌复原提供了技术支撑。

计算机辅助颅骨面貌复原方法是现有手工面貌复原方法的继承和发展，该方法充分发挥计算机在数据处理、分析和展示方面的优势，针对颅骨和面貌三维模型，利用计算机软件探索颅骨和面貌之间的形态规律，建立颅骨和面貌间的形态表示模型，并依据该模型生成给定颅骨的三维面貌。该方法具有复原速度快、复原方法科学、复原结果客观、复原过程操作简便的优势。

计算机辅助颅骨面貌复原可分为二维复原和三维复原两种。二维复原方法主要是利用计算机图像处理技术实现面貌复原，基本流程是：首先导入颅骨照片，根据统计得到的颅骨特征点的软组织厚度信息，估计对应的面貌特征点位置；然后，依据面貌特征点确定面貌的基本轮廓，依据颅骨几何形态确定面部五官的基本轮廓；最后，通过融合头发、五官等信息实现面貌复原。

近年来，计算机辅助三维颅骨面貌复原方法已逐渐成为颅骨面貌复原研究的热点，与二维复原方法相比较，该方法充分利用了颅骨和面貌之间的形态关系以及面部软组织的分布规律，能够生成待复原颅骨的三维面貌，可以从不同角度观察复原面貌的细节特征，复原方法更为客观和可靠。

1．计算机辅助三维颅骨面貌复原方法分类　可以分为三类：

（1）基于稀疏特征点的颅骨面貌复原方法：该方法实质是采用计算机技术模拟传统手工复原方

法，复原结果将受到颅骨特征点的软组织厚度和颅骨特征点分布两个方面的影响。颅骨特征点定义得越多，分布得越广泛，颅骨特征点的软组织厚度越接近实际面貌的软组织厚度，面貌复原结果越准确。面貌复原过程中首先根据待复原颅骨的年龄、性别、民族等信息确定所属的颅面分类库；然后，将该分类库的平均软组织厚度作为待复原颅骨特征点的软组织厚度；根据待复原颅骨的颅骨特征点的位置和对应软组织厚度均值，计算待复原颅骨各个特征点对应的面貌特征点的位置；最后，将选择的参考人脸的面貌特征点向待复原颅骨的特征点对应的面貌特征点变形，将上述变形过程中的变换应用于参考人脸模型进而实现面貌复原。复原结果在颅骨特征点处的软组织厚度与所选颅面分类库的软组织厚度均值一致，复原结果的面部软组织分布与参考人脸的面部软组织分布近似。

（2）基于数据配准的面貌复原方法：该方法不需要测量软组织厚度，其本质是将参考颅面模型的软组织厚度分布作为待复原颅骨的面部软组织分布，进而实现面貌复原。复原结果将受到颅骨非刚性配准方法和参考颅面模型选择方法两个方面的影响。非刚性配准结果越准确，参考颅骨模型与待复原颅骨的软组织分布越接近，面貌复原结果越准确。面貌复原过程中首先根据待复原颅骨的年龄、性别、民族、预期胖瘦等信息从颅面数据库中选择参考颅面模型；然后，利用非刚性配准方法将参考颅骨向待复原颅骨进行非刚性变形；最后，将上述变换应用于参考面貌模型进而实现面貌复原。

（3）基于统计学习的面貌复原方法：该方法不需要选择参考颅面模型，其本质是针对大样本颅骨和面貌三维模型，利用机器学习方法建立颅骨几何信息和面貌几何信息之间定量的表达关系，进而依据该表达关系实现给定颅骨的面貌复原。与前两种方法相比较，该方法充分利用了计算机运算速度快、学习能力强的优势，不受软组织厚度均值和参考颅面模型选择方法的影响，复原结果更符合客观规律。

2. 计算机三维复原法的工作步骤

（1）活体样本的颅面三维建模：计算机断层扫描（computed tomography，CT）是利用人体组织对X射线的吸收系数进行成像，其断层图像是人体组织对X射线吸收系数的分布图。由于CT影像对骨组织和软组织有非常好的区分度，目前已被广泛应用于颅骨和面貌的三维建模。针对活体样本的颅面三维建模问题，推荐采用多探测螺旋CT进行头部影像数据的采集，扫描方式采用轴体位螺旋扫描，切片层间分辨率为512像素×512像素，颜色深度为16位，重建精度不低于0.75mm，数据描述、传输和保存采用DICOM 3.0标准。

1）影像数据采集：数据采集范围为从头顶至颈部，采集范围覆盖整个头部，采集者颌面部不能有金属假体或者不可移除的金属装饰。采集前采集者填写个人信息表格，包括采集年龄、性别、民族、籍贯、出生地、成年生活地区和目前的居住地等个人信息，测量采集者的身高和体重。采集过程中采集者平躺于CT采集床上，头部靠近传感器，双手自然下垂、双脚并拢、面部表情自然、双眼自然闭合、嘴唇自然闭合。

2）颅骨和面貌三维重建：针对采集获得的活体样本CT影像数据集，首先需要对影像数据进行预处理，去除影像中无关数据，包括挡板和脊椎。然后，利用图像分割方法从影像数据集中分别获得颅骨和面貌对应的区域。最后，利用基于点云或者体素重建算法实现颅骨和面貌的三维建模。图9-21为基于CT影像的颅骨和面貌三维重建结果。

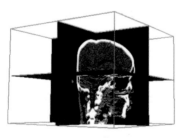  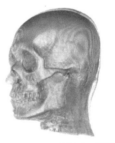 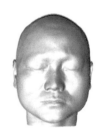

　　　CT影像　　　　　　　　颅骨模型　　　　　颅骨表面附着的软组织和肌肉　　　　　面貌模型

图 9-21　基于CT影像的颅骨和面貌三维重建

颅面数据库用于存储、管理每个样本对应的颅骨三维模型、面貌三维模型，以及样本编号、性别、年龄、身高、体重、民族、出生地、居住地、照片等基本信息。

（2）待复原颅骨的三维建模：

1）针对 CT 影像的颅骨外表面建模：将待复原颅骨放置在 CT 设备内部进行扫描，获得颅骨断层影像序列集，利用图像处理软件去除影像数据中的非颅骨图像，仅保留颅骨图像（图 9-22）；采用图像分割及图像轮廓跟踪技术，提取颅骨影像数据的外轮廓点集，利用基于点云的建模技术实现待复原颅骨外表面的三维建模（图 9-23）；对于直接采用体素方法建模的颅骨模型，由于其建模结果包含颅骨的内外表面，可采用射线与颅骨模型求交的方法获得颅骨的外表面模型（图 9-24）。

2）针对激光扫描深度图像的颅骨外表面建模：三维激光扫描仪等非接触式设备已经被广泛应用于数字建模，其基本原理是将激光或者可见光投射到物体表面，然后利用设备的 CCD 镜头捕捉反射回来的光，形成由扫描设备的激光发射器、物体表面的激光发射点和 CCD 镜头构成的三角形，最后利用三角测距原理计算模型表面的深度信息，该方法能够较为准确地计算物体外表面的几何信息。

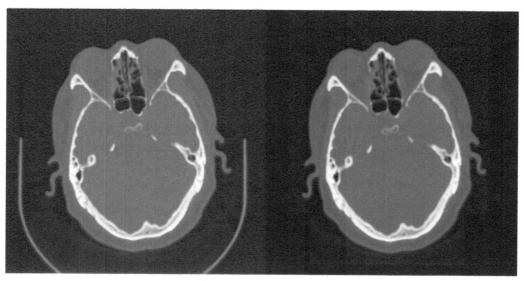

图 9-22　CT 图像预处理
左为原始 CT 图像，右为去除影像中的挡板

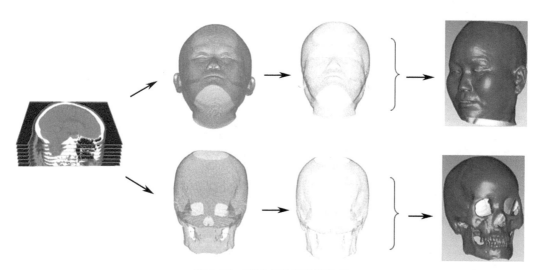

图 9-23　基于点云的建模技术

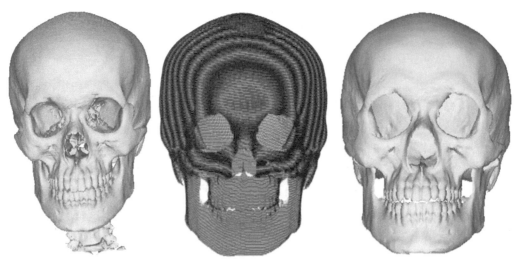

图 9-24　颅骨模型外轮廓提取结果
左为颅骨模型,中为提取外轮廓点云,右为颅骨重建

由于扫描设备采集数据的视域范围有限,仅通过单次扫描不能实现待复原颅骨的完整重建,因此需要利用三维扫描仪从不同角度采集颅骨的深度图像。采集过程中可以将待复原颅骨放置在云台上,调节扫描环境的外部光源强度以及三维激光扫描仪的焦距、激光强度等设备参数,确保颅骨深度图像的正常采集。扫描过程中,可以固定角度作为旋转角度间隔(如 30°),按照固定方向转动云台,每转动一次云台采集一次颅骨的深度图像,然后再分别从颅骨正上方和正下方采集深度图像,采集过程中不宜在颅骨表面粘贴标识点,三维扫描仪采集精度不宜低于 1mm。可以利用计算机软件(如 Polyworks、Geomagic studio、Rapidform 等)进行多视深度图像配准与网格融合,进而实现颅骨外表面的建模(图 9-25)。

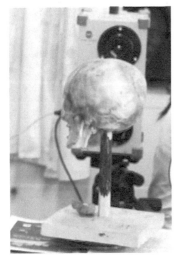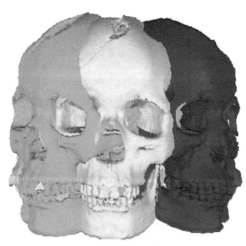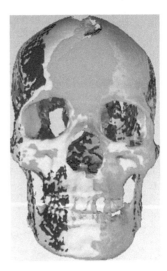

图 9-25　基于深度图像的待复原颅骨建模
左为三维扫描仪,中为多视深度图像,右为深度图像配准融合

(3)残缺颅骨的虚拟修复:待复原颅骨可能会出现结构缺损或不完整的情况,给基于颅骨的面貌复原造成了极大的影响。对残缺颅骨的几何形状进行准确的修复,将为颅骨面貌复原工作的开展提供保证。

1)待修补孔洞的识别:针对颅骨网格模型,利用网格模型边界判别方法,识别并跟踪颅骨孔洞的轮廓,从轮廓序列集中人工交互地选择待修补孔洞。

2）颅骨孔洞分类：根据孔洞边缘的形状变化程度、是否存在对称区域及孔洞三维轮廓在二维平面的投影多边形的投影，将孔洞分为以下三类：①易修补孔洞：孔洞面积小且形状变化平缓；②一般孔洞：孔洞面积大或形状变化剧烈，但存在对称区域；③不易修补孔洞：孔洞面积大或形状变化剧烈，且不存在对称区域。

3）易修补孔洞：根据孔洞边缘的邻接区域数据，采用曲面插值或拟合的方法实现孔洞修补（图9-26）。图 9-26a 为含有孔洞的颅骨模型，图 9-26b 为孔洞边界的邻接顶点集，图 9-26c 为利用径向基函数拟合孔洞边界邻接顶点集并通过 Marching Cubes 网格化的结果。

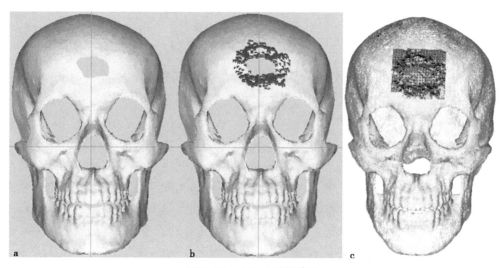

图 9-26　小尺寸孔洞填充
a. 颅骨孔洞模型；b. 孔洞邻接顶点；c. 孔洞修补

4）一般孔洞：利用颅骨的对称性采用镜像的方法进行修复，根据颅骨的正中矢状面计算待修补孔洞区域的对称区域，然后将该对称区域的颅骨模型作为修补基础数据，依据基础数据和颅骨的正中矢状面采用镜像方法计算待修补孔洞区域的填充数据，通过非刚性配准方法将填充数据向待修补颅骨进行几何变形，最后将待修补颅骨的孔洞边缘和变形后的填充数据进行网格融合，实现孔洞修补（图 9-27）。图 9-27a 为待修补区域，图 9-27b 为计算得到的用于填充孔洞的填充数据，图 9-27c 为利用对称性新产生的填充数据与孔洞的位置关系，但边界轮廓存在间隙，图 9-27d 为经过非刚性配准的结果实现孔洞修补。图 9-27e 为含有孔洞的颅骨内外表面建模结果，图 9-27f 为颅骨内表面修补结果，图 9-27g 为颅骨外表面修补结果。

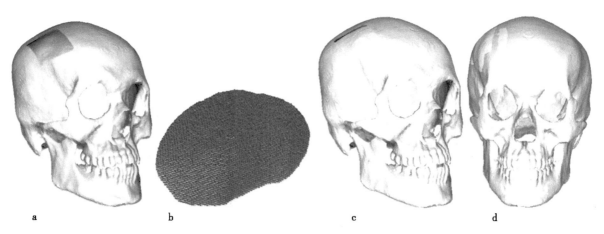

图 9-27　具有对称性的颅骨孔洞修补结果
图从左到右分别为待修补区域，填充数据，直接合并结果，孔洞填充

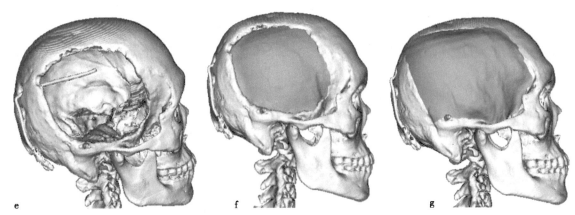

图9-27　具有对称性的颅骨孔洞修补结果（续）

图从左到右分别为含有孔洞的颅骨建模结果,颅骨内表面修补,颅骨外表面修补

5）不易修补孔洞：从颅骨模型数据库中选择与其几何形状近似的颅骨模型作为参考颅骨模型,利用非刚性配准方法将参考颅骨模型向待修补模型迭代地进行几何变形,直到两个模型形状相似时停止迭代。计算参考颅骨模型中与待修补颅骨的孔洞区域对应的局部模型作为填充数据,最后将待修补颅骨的孔洞边缘和填充数据进行网格融合,实现孔洞修补（图9-28）。图9-28a为存在缺失的待复原颅骨,图9-28b为从颅骨数据库中选择的参考颅骨,图9-28c为修补颅骨与参考颅骨的差异,图9-28d为经过非刚性配准后用于填充孔洞的填充数据,图9-28e为最终修复结果。

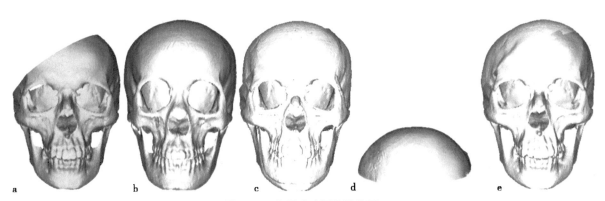

图9-28　大尺寸孔洞修补结果

从左到右分别为待修补区域,参考颅骨,颅骨差异,填充数据,修复结果

（4）颅骨特征点的定义及软组织厚度测量：

1）颅骨特征点定义：针对计算机三维面貌复原法的实际应用需要,在现有法医人类学和解剖学标准特征点的基础上共定义了78个颅骨特征点,其中12个特征点位于中线,其余66个特征点对称的位于正中矢状面两侧,特征点的位置（图9-29）及名称参见表9-12和表9-13。

2）颅骨特征点的标定：特征点标定时将鼠标光标移至颅骨特征点的标准位置,单击鼠标左键确定屏幕空间中特征点的二维坐标(x, y),根据颅骨特征点标定软件中当前时刻对应的投影变换矩阵和模型视图变换矩阵,利用射线与颅骨模型求交的方法,计算颅骨特征点的实际三维坐标(x, y, z)。

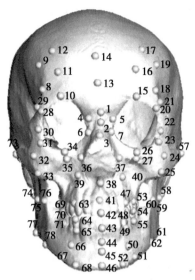

图 9-29　定义 78 个颅骨特征点

表 9-12　中线特征点

序号 (Index)	类别 (Category)	名称 (Name)	序号 (Index)	类别 (Category)	名称 (Name)
14	颜面	发际点（tr）	41	五官	人中点
13	颜面	额缝点（m）	42	五官	上齿槽前缘点（pr）
1	颜面	眉间点（g）	43	五官	下齿槽点（id）
2	五官	鼻根点（n）	44	五官	颏唇沟点（ml）
3	五官	鼻骨末端点（rhi）	45	颜面	颏前点（pg）
38	五官	鼻棘下点（ss）	46	颜面	颏下点（gn）

表 9-13　中线两侧特征点

序号 (Index)	类别 (Category)	名称 (Name)	序号 (Index)	类别 (Category)	名称 (Name)
4、5	五官	上颌额点（mf）	6、7	五官	眼内角点
8、18	颜面	额颞点（ft）	9、19	颜面	冠缝点（co）
10、15	五官	眶上缘点	11、16	颜面	额结节点
12、17	颜面	额结节上点	20、28	五官	眶额颧点（fmo）
21、29	五官	颧额颞点（fmt）	22、30	五官	眶外缘点（ek）
23、31	五官	眶外缘下点	24、32	颜面	颧骨中点
25、33	颜面	颧颌点（zm）	26、34	五官	眶下缘点（or）
27、35	颜面	犬齿窝上缘点	36、37	五官	鼻甲嵴点
39、40	五官	上犬齿根点	47、63	五官	上犬齿齿槽缘点
48、64	五官	上犬齿尖点	49、65	五官	下犬齿齿槽缘点
50、66	颜面	颏孔点	51、67	颜面	颏孔下后点
52、68	颜面	颏孔下点	53、69	颜面	上齿槽第一磨牙点
54、70	颜面	上下第一磨牙接触部位外缘点	55、71	颜面	下齿槽第一磨牙点
56、72	颜面	法兰克福平面端点	57、73	颜面	颧点
58、74	颜面	下颌支中部后点	59、75	颜面	下颌支中点
60、76	颜面	下颌支中部前点	61、77	颜面	下颌角点（go）
62、78	颜面	下颌支前下点			

3）软组织厚度测量：软组织厚度的测量值将影响颅面形态分析和面貌复原的结果，测量过程中软组织测量方向直接决定软组织厚度测量值。为了保证软组织测量结果具有统计意义，软组织测量过程中应尽量保证相同序号的特征点的测量方向一致，宜采用沿颅骨特征点的法线方向或直线方向测量颅骨特征点处的软组织厚度。图 9-30 中浅色点表示颅骨顶点，深色点表示面貌对应点，线段表示软组织厚度。

（5）待复原颅骨模型的规格化：

1）法兰克福坐标系校正：确定颅骨的法兰克福正交坐标系，利用三维模型的几何变换方法，将待复原颅骨调整到法兰克福坐标系下（图 9-31）。左为原始颅骨三维模型，右为校正后的颅骨模型。

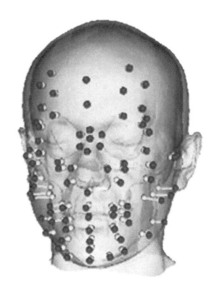

图 9-30　软组织厚度示意图

2）颅骨模型的规格化：颅骨模型规格化的目的是实现待复原颅骨模型与颅骨数据库中的颅骨模型的点云稠密对应，规格化后的颅骨模型满足以下两个条件：①待复原颅骨模型的顶点数量与颅骨模型库中颅骨模型的顶点数量相同；②待复原颅骨模型的每个顶点和与其对应的颅骨模型库中的颅骨模型的顶点具有相同的解剖学对应关系。规格化过程中首先对模型进行归一化处理，将颅骨模型的每个顶点坐标除以左右两侧外耳门上缘点之间的距离，其次利用刚性配准与非刚性配准结合的方法实现待复原颅骨与颅面模型库中标准颅骨的几何变形，最后确定待复原颅骨与标准颅骨间的顶点对应关系，实现颅骨模型的规格化。

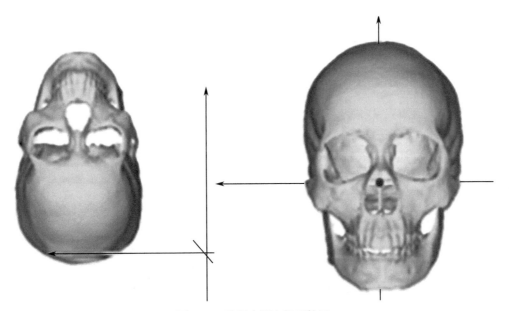

图 9-31　法兰克福坐标系校正

（6）计算机三维面貌复原：

1）颅面模型的规格化：颅面模型规格化的目的是实现颅面数据库中颅骨模型的点云稠密对应以及面貌模型的点云稠密对应，规格化后的颅骨和面貌模型应满足以下两个条件：①颅面数据库中的颅骨模型具有相同的顶点数，面貌模型具有相同的顶点数；②对于颅面数据库中颅骨模型和面貌模型，具有相同序号的顶点具有相同的解剖学对应关系。规格化过程中首先对颅骨和面貌模型进行归一化处理，分别将对应的颅骨模型和面貌模型的每个顶点坐标除以颅骨左右两侧外耳门上缘点之间的距离,其次利用刚性配准与非刚性配准结合的群组配准方法分别实现所有颅骨模型和面貌模型的配准,最后分别确定颅骨模型间顶点的对应关系和面貌模型间顶点的对应关系,实现颅面模型的规格化。

2）颅面复原模型:针对颅面数据库中规格化后的颅骨和面貌模型样本,将颅骨模型和对应的年龄、性别、胖瘦等属性信息作为自变量,对应的面貌模型作为因变量,计算颅骨和面貌之间的函数表达关系。实际计算过程中可分别利用主成分分析方法表示颅骨模型、面貌模型,计算颅骨模型的特征向量矩阵、面貌模型的特征向量矩阵、每个颅骨模型对应的主成分系数和面貌模型对应的主成分系数。将每个颅骨模型对应的主成分系数及其属性作为自变量 X,对应的面貌模型的主成分系数作为因变量 Y,计算颅骨及面貌模型间的相互关系,该关系是颅骨和面貌之间的函数表达式,宜定义为非线性函数。为了提高面貌复原结果的准确性,可将颅面数据库中的颅骨和面貌模型分区,分为左眼、右眼、鼻、嘴、其余部分五个对应区域,可利用上述方法建立颅面分区复原模型。

3）三维面貌复原:进行面貌复原时,将规格化后的待复原颅骨模型对应地分为左眼、右眼、鼻、嘴、其余部分共五个区域,分别计算各区域对应的主成分系数,将该系数和对应的属性信息作为颅面分区复原模型的输入参数实现分区面貌复原,最后将五个区域的复原结果融合,实现三维面貌复原。

(7) 复原面貌真实感处理:

1）面部肤色处理:用户可根据经验或其他相关线索,从面部材质素材库中选择合适的材质,实现面貌复原结果肤色的调整。

2）眉毛及头发的处理:用户可根据经验或其他相关线索,从头发及眉毛素材库中选择合适的发型及眉毛,实现面貌复原结果发型及眉毛的调整。

3）面貌五官替换:用户可根据人类学专家知识或其他相关线索,从鼻、嘴、眼睛模型素材库中选择合适的五官模型进行替换,实现面貌复原结果五官的调整。

(8) 面貌复原电子报告:出具待复原颅骨的电子化文档;出具颅骨和面貌的形态测量分析电子化报告;出具待复原颅骨的三维复原面貌的数字模型;利用彩色打印机或 3D 打印机输出待复原颅骨不同视角的面貌复原结果照片。

第二节　颅相重合技术

颅相重合是一种用可能是出自同一人的颅骨和照片,在一个特殊的装置上使两者的影像按相同的成像条件相互重合,以重合时能否达到解剖关系上的一致来判定颅骨和照片是否出自同一人,以进行个人识别的技术。法医人类学中的颅相重合用于为侦察提供线索和为诉讼提供证据。

一、概念

颅相重合技术(superimposing, superposition, supererojection technique)是用未知身源的颅骨和失踪人在失踪前的照片,在一个特殊的装置上使两者的影像按相同的偏转,仰俯角度和焦距互相重叠,以重叠时能否达到解剖关系上的一致,来确定颅骨与照片是否出自同一人的一种技术,是个人识别的一种方法。

颅相重合技术,是为了检验历史名人的肖像是否真实而发展起来的。19 世纪 80 年代,人们怀疑许多历史名人的肖像画可能因画家为取悦名人而不够真实,因而要求解剖学家根据这些名人的颅骨和其肖像画进行比对,以确认其真实性。但由于肖像画的绘制方位与解剖学上的标准方位(法兰克福平面)不同且难以确定,因而也就无法绘制出颅骨的同一方位的轮廓,所以这样尝试常以失败而告终,但这些早期的工作为后来的用颅骨和照相的重合来识别颅骨身源提出了一条崭新的思路。

1935 年,Glaister 和 Brach 在对著名的 Ruxton 夫人案件进行鉴定时,将两具无名颅骨与失踪人 Ruxton 夫人和她的女佣 Rogerson 在失踪前的照片进行了重叠照相,结果确认了其中一具颅骨属于

Ruxton 夫人，另一具颅骨属于 Rogerson，从而使案件得以破获。这是人类首次用颅骨——人像照片重叠照相法（简称颅相重合法）成功地鉴定了无名颅骨的身源（图 9-32）。

以后，各国对颅相重合法进行了不同程度的研究和应用。1941 年，前苏联法医研究所用颅相重合法对《依斯特林斯克真理报》记者契金失踪案进行了身源鉴定。1957 年，前苏联学者 Буров 根据对萨拉托夫医学院收集的 200 余副颅骨和 14 例不同年龄和性别的活体头面部 X 线片的研究，提出了用标志点鉴定法对颅相重合进行改进。1959 年，前联邦德国学者 Gruner 指出，颅骨的拍摄距离和拍摄角度是否与人像照片的拍摄距离和拍摄角度一致是正确重合的关键，他通过对点位深度差假定值的研究推导出颅骨的最佳拍摄距离，并专门设计了用于颅相重合的光具座（optical bench）。1964 年，日本学者石桥宏对光具座进行了改进，加上了连续拍照装置。1977 年，前苏联学者 Филипчук 设计了一种可将被检颅骨和被检人像照片同时投影在成像屏上进行重合

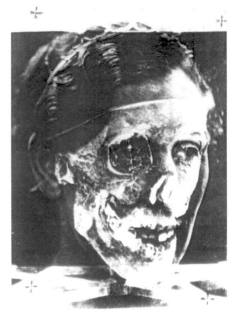

图 9-32　第一例成功的颅相重合

比对，并可一次拍下颅相重合照片的二重投影装置。同年，德国学者 Helmer 和 Grüner 首先尝试了把视频图像技术引入颅相重合。他们用两台摄像机分别摄取被检颅骨和被检照片的图像信号，然后通过视频信号混合器将两者信号同步传送到监视器上，显示被检骨和嫌疑照片互相重叠的影像，通过对形态轮廓曲线和软组织厚度等指标的观察，来判定被检颅骨与照片是否出自同一人。

1981 年，我国学者兰玉文、才东生和贾静涛首次提出了一套应用颜面解剖投影的平面数据指标对重合照片进行测量比较的方法。这种方法由原来的只靠外缘轮廓来评价重合结果变为综合考察数据和外缘轮廓，从而使颅相重合更趋科学。

二、颅相重合的原理

人的头面部是由肌肤、毛发包裹着的颅骨组成的，颅骨是面貌的骨质内核，五官和其他软组织都按各自的解剖学位置固定在颅骨的相应部位上，因此，颜面的形态特征基本上由颅骨的形态特征所决定。由于每个人的颅骨形态的差异性决定着颜面形态的个体特定性，人像照片是这个特定性的客观反映，因此，同一人的颅骨及其生前人像照片的影像在相同的成像条件下通过特殊装置按正确的解剖位置重合，会显现出颜面的形态特征和颅骨的形态特征的一致性。如果不是出自同一人的颅骨和人像照片，即使还原了人像照片的成像条件，也不可能使颅骨的影像和人像照片的影像按正确的解剖位置全部重合。这就是颅相重合的基本原理。

三、颅相重合的方法

颅相重合法鉴定颅骨身源，首先要了解并还原出人像照片的成像条件，其中最主要的是拍摄角度和拍摄距离。其次要了解五官与颅骨相应部位的位置关系和软组织厚度规律，否则难以进行正确的认定。

（一）人像照片的拍摄角度

如何从人像照片上了解其拍摄角度，一直是颅相重合技术的一个难题。石桥宏（1964 年）指出，人像照片与颅骨的拍摄角度差不能超过 10°，否则，重合的一致性就显著下降。为使人像照片和颅骨的拍摄角度一致，锡谷彻（1963 年）提出，手持照相机变换各种角度对颅骨进行拍摄，拍摄角度尽可能和人像照片一致，要拍摄 10 张左右。酒井贤一郎（1977 年）用一种可以从各个角度拍摄颅骨的装置，将颅骨上、下、左、右每隔 5° 拍摄一张，然后选定一张看上去与照片上的人像角度最为一致的进

行重合。石桥宏（1979年）则用一种电动装置来移动颅骨，以使颅骨的拍摄角度与照片上人像的拍摄角度一致。但是，这些使颅骨和人像照片拍摄角度一致的方法都缺乏科学的、量化的标准，容易出现误差。

1981年，兰玉文、才东升等提出用水平偏转指数和仰俯指数来推算人像照片的拍摄角度，较好地解决了这个问题。

1. 水平偏转指数和偏转角度 用水平偏转指数（horizontal deflection index，HDI）来推算偏转角度的原理是根据在透视成像条件下线段长短的比值和角度偏转的回归关系来推断偏转角度。先假定人的颜面是左右完全对称的，因此，两侧外眼角点 ex 和 ex′ 到中点 o 的距离相等，即 ex-o＝o-ex′。设 ex-ex′ 为一条水平线，当颜面正对镜头（也就是线段 ex-ex′ 与镜头焦平面平行，与镜头光轴垂直）时，其水平偏转角度为 0°，即 ex-o 和 o-ex′ 的长度相等。当水平偏转角度大于 0° 时，离镜头近的一侧线段成像后的长度要大于离镜头远的一侧线段成像后的长度，设离镜头远的一侧的外眼角点为 ex，离镜头近的一侧的外眼角点为 ex，则线段 o-ex′＞线段 ex-o，水平偏转指数为 ex-o 与 o-ex′ 之比即 HDI＝ex-o/o-ex′。以水平偏转指数为 X，以照片上的人像偏转角度为 Y，通过实验可以看出，X 随着照片上的人像 Y 的增大而变小，呈反比直线关系。根据实验数据作出的回归方程式为：

$$Y = 91.33 - 89.09X, \quad S_{yx} = 1.83$$

下面是水平偏转指数与偏转角度的关系图（图9-33）。

由于颅骨被软组织包裹在人的颜面之中，所以，颜面（人像）照片的偏转角度也就是颅骨的偏转角度。在人像照片上测得 ex-o 和 o-ex′ 的长度后，代入公式：HDI＝ex-o/o-ex′，算出水平偏转指数。在计算水平偏转指数时，总是把小值作为分子，大值作为分母，使指数是一个小于 1 的正值。在算得水平偏转指数后，再以水平偏转指数为 X，代入回归方程：Y＝91.33-89.09x，所得 Y 值即为人像和颅骨的偏转角度。

2. 仰俯指数和仰俯角度 用仰俯指数（pitch index，PI）来推算仰俯角度的原理也是用在透视成像条件下线段长短的比值和角度大小的回归关系来推算照片上人像的仰俯角度。将正中矢状面上从眉间点（g）过鼻下点（sn）到颏下点（gn）连成一条直线，以鼻下点（sn）为界，分为上下两部分，g-sn 和 sn-gn。这两条线段的长度比值，就是仰俯指数。根据实验测得，当眉间点（g）到颏下点（gn）的连线 g-gn 与镜头焦平面呈平行，与地面呈垂直关系时，仰俯指数 PI＝g-sn/sn-gn＝0.96，在 0°～+20° 范围内，随着上仰角度的增加，仰俯指数变小，在 0°～-20° 范围内，随着下俯角度的增加，仰俯指数变大。根据实验数据作出的回归方程为：

$$Y = 94.54 - 98.70X \quad S_{yx} = 1.38$$

图9-34 是仰俯指数与仰俯角度的关系图：

在人像照片上测得 g-sn 和 sn-gn 的长度后，代入公式：仰俯指数（PI）＝g-sn/sn-gn，再将算得的仰俯指数（PI）值为 X，代入回归方程：Y＝94.54-98.70X，所得 Y 值即为人像的仰俯角度。

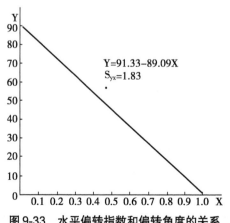

图9-33 水平偏转指数和偏转角度的关系

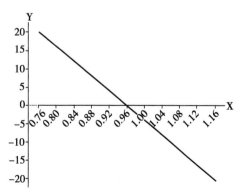

图9-34 仰俯指数和仰俯角度的关系

（二）人像照片的拍摄距离

根据颅相重合的原理，要想成功地用颅相重合法鉴定无名颅骨身源，除要了解人像照片的拍摄角度外，还要了解人像照片的拍摄距离，并将被检颅骨放在同一距离作重合检验和拍照。由于现代光学技术的发展，使摄影者可在各种距离拍照，仅靠一张照片来确定摄影距离难度极大。兰玉文、才东升等在这方面的研究，巧妙地解决了这个问题。

他们的基本研究思路是这样的：因为照相机的成像原理是焦点透视，所以摄影物距不同焦距就不同，而焦距不同透视变形的比例就不同，所以要研究照片的原始拍摄距离并还原它，否则就无法满足"相同成像条件"的要求，为此，它们做了如下实验：

1. 成像尺寸的相对稳定区域和变异区域　在颅骨面部经一定标志点画出五条经线和五条纬线（图9-35），并使这些线在透视成像时成为直线，然后在一侧眼眶中放入比例尺，分别在各个不同距离拍照，并根据比例尺放成实物1/2大的照片。在对这些照片上的颅骨进行测量时发现，颅长、颅宽、下颌角间宽等指标会随摄影距离的变化而变化，但上至发际线，下至颏下线，最宽处至两侧眶结节、最窄处至两侧口角点这一区域的长度指标不随摄影距离的改变而改变。这样，在颅骨上就形成了一片成像尺寸相对稳定的区域（图9-35中白色部分）和一片成像尺寸出现变异的区域（图9-35中的斜线部分）。由于相对稳定区域的最高最低处的连线和最宽处的连线都与镜头焦平面大体平行，所以又叫相对平行区（relative parallel area, RPA）。

该区的特点是，不管在什么距离拍摄，按比例尺尺寸还原后都不变形，即区域内影像的尺寸比例和被摄物的实际尺寸比例一样，这是因为这个区域是一个和镜头焦平面平行的平面，没有深度也就没有因近大远小原理而产生的透视变形，所以它可以随拍摄距离的远近变小变大但不变形（即不变长宽高比例）。因此，不管在什么距离拍摄的照片，都可按比例标尺来还原实际尺寸，还原后的长宽高比例没有变化。可是，实际的颅相重合案例不同于实验，是没有比例尺的，但是可以找到替代品，这个替代品就是颅骨本身。因为通过测量统计证明，颅骨两侧眶外缘点间的距离就是人脸两侧外眼点间距离加上6mm，所以颅骨两侧眶外缘点间距减去6mm就是人脸两侧眼外角点间距，这一距离就是该区的比例标尺，可以依此尺寸还原而该区不会有比例上的变化，所以，对重合鉴定最重要的八条标志线都在该区。

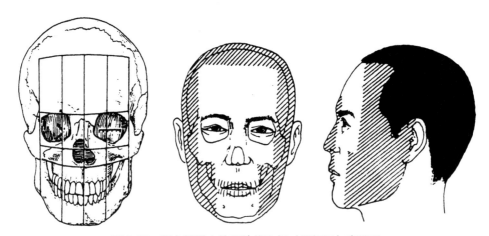

图9-35　画在颅骨上的经纬线和相对平行区与变异区

2. 变异区的尺寸变化规律　在变异区（variablearea, VA），之所以会随摄影距离的变化而使成像尺寸发生变化，是因为这些区域的深度差值较大。据研究，平均值达（80.0±5.12）mm，受透视成像近大远小原理的影响也相应增大。为弄清这种深度上的差值（也叫点位深度差）对成像尺寸变化的影响，兰玉文等做了如下实验，在相当于尺寸相对稳定区的位置放一高60mm的物体A，在距物体A 80mm处（相当于尺寸变异区的最深处）也放一高60mm的物体B，摄影物距为：距前一物体（A）

1000mm,距后一物体(B)1000mm+80mm＝1080mm,成像比例为0.93,成像后的尺寸为:前一物体(A)高60mm,后一物体(B)高55.6mm,比实际尺寸缩小4.4mm。如以物距1m为标准,在拍摄距离0.6～4.0m范围内,成像尺寸差在3mm以内,属于判断变异区软组织厚度的允许误差范围,即使物距再增加,差值也不会有太大变动。所以,物距1m是在照片原始拍摄距离不明的情况下的最佳首选距离。

3.相对稳定区的尺寸变化规律 相对平行区的成像尺寸只是在水平偏转0°时相对稳定,而在偏转角度大于0°时,两眼外角点连线在成像后变短。为弄清不同偏转角度对眼外角点连线长度的影响,让若干名受试者带上比例尺,分别在各个规定角度拍照,结果如图9-36所示:偏转角度在30°以内时,眼外角点连线的长度变化较小,呈曲线关系,偏转角度在40°～90°时,眼外角点连线的长度变化较大,呈直线关系(图9-36)。

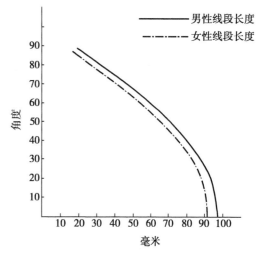

图9-36 两眼外角点连线长度和偏转角度的关系

(三)人像透明正片的成像比例

用颅相重合法选定的镜头焦距为240mm的照相机在1m的最佳物距上拍照,其成像比例为原大的0.316倍,因此用于重合检验的人像透明正片的成像比例为原大的0.316倍。

(四)标志点和标志线

被检颅骨和待检人像照片上颜面部的标志点、标志线的重合情况是判定颅骨和人像照片是否出自同一人的重要标准之一。因此,在颅骨和人像照片上准确地确定标志点和标志线是能否正确地进行重合的关键。

1.标志点和标志线的选取和设立 用于颅相重合的基本标志点共有34个,其中正中线上有12个,两侧有11对(表9-14)。

表9-14 用于颅相重合的基本标志点

正中线(个)		侧面(对)	
名称	代号	名称	代号
颅顶点	v	眉心点	sc
发际点	tr	眶外缘点	ek
眉间点	g	眼外角点	ex
颅后点	op	眼内角点	en
鼻根点	n	颅侧点	eu
鼻尖点	rhi	耳屏点	t
鼻棘点	ns	鼻翼点	al
鼻下点	sn	颧点	zy
上齿槽前缘点	pr	尖牙点	ca
下齿槽点	id	口角点	ch
颏前点	pg		
颏下点	gn		

被检人像照片上,颜面部位的标志线共有八条(图9-37),它们是:

(1)正中线(g-sn-gn):是颜面正中的一条垂直线,是g、sn、n等中线标志点在焦平面上的投影的连线。该线是确定仰俯指数的重要标志线。

（2）眼外角点连线（ex-ex'）：左右眼外角点的连线，与正中线垂直并相交于 O 点。该线是确定水平偏转指数的重要标志线。

（3）眉心点连线（sc-sc）：左右眉心点的连线，与正中线垂直，与眼外角点连线平行。

（4）鼻下点线（-sn-）：该线过鼻下点，与正中线垂直，与眼外角点连线平行。

（5）眼内角点垂线（en-ch）：为一对垂直线，为过眼内角点和口角点直线，与眼外角点连线垂直，与正中线平行。

（6）口角点连线（也叫口裂线，ch-ch）：左右口角点的连线，与正中线垂直，与眼外角点连线平行。

（7）颏下点线（-gn-）：该线经过颏下点，与正中线垂直，与口角点线平行。

2．颅骨标志点和人像片颜面部标志点、标志线的关系　颅骨和人像片颜面部、标志点、标志线之间的相互关系指标如下：

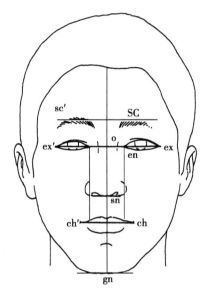

图 9-37　颜面上的标志线

（1）眉心点（SC）与眶上缘切线的距离：眶上缘切线为颅骨两侧眼眶上缘弧状弯曲（当有切迹存在时，以眶上缘总的弧状弯曲确定）顶点间的连线。眉心点与该线在仰俯 0°时的距离（$\overline{X}\pm S$）为（0.69±1.74）mm。当仰俯角度有变化时，这一距离也随之发生变化，变化规律如以下公式：

$$Y=-0.98+0.298X$$

X 为照片上人像的仰俯角度，Y 为眉心点与眶上缘切线的距离，当 Y 是负值时表示眉心点位于眶上缘切线的下方。

（2）眼外角点至眶外缘点的距离：在偏转为 0°时，眼外角点（ex）距眶外缘点（ek）的距离为（$\overline{X}\pm S$）（2.18±0.46）mm。如照片上的人像有水平偏转，这一距离也随之产生有规律的变化，变化规律为：

$$Y=(X-6.13)/(1.0314+4.603\times10-2X)$$

要特别注意的是，随着年龄的增大，外眼角常出现鱼尾纹（图 9-38），会影响外眼角点的选取，为此，需采用以下公式进行修正：

眼裂长＝眼裂全长－鱼尾纹长

经对研究样本的测量统计，得知鱼尾纹长约为眼裂全长的11%，因此，

眼裂长＝眼裂全长－眼裂全长×0.11

或：

眼裂长＝眼裂全长×0.89

（3）鼻下点（sn）至梨状孔下缘切线的距离：梨状孔下缘切线是一条与正中线垂直与梨状孔下缘弧线相切的直线。在仰俯角度为 0°时，鼻下点距梨状孔下缘切线的距离为（$\overline{X}\pm S$）

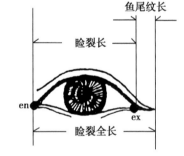

图 9-38　眼裂全长及鱼尾纹长的关系

（-3.36±1.77）mm（负值表示鼻下点在梨状孔下缘切线的下方），当照片上的人像仰俯角度有变化时，这一距离也随之发生变化，变化规律如以下公式：

$$Y=-2.9191\pm0.470X$$

X 为照片上的人像仰俯角度，Y 为鼻下点至梨状孔下缘切线的距离。

（4）眼外角点指数：眼外角点指数是眼外角点至眶上缘切线的距离和眶高的比值（图 9-39），表示眼外角点在眼眶垂直方向上的位置。当仰俯角度为 0°时，眼外角点指数（$\overline{X}\pm S$）为 0.61±0.05。当仰俯角度有变化时，这一指数也会发生有规律的变化。

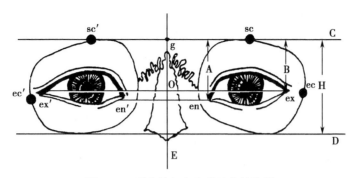

图9-39　眼内外角点在眼眶中的位置

（5）眼内角点指数：眼内角点指数表示眼内角点在眼眶内的垂直位置，是眼内角点至眶上缘切线的距离和眶高的比值（图9-39）。当仰俯角度为0°时，眼内角点指数（$\overline{X}\pm S$）为0.67±0.05。当仰俯角度有变化时，这一指数也发生有规律的变化，变化规律为：

$$Y = 0.6586 - 0.0057X$$

X为照片上的人像仰俯角度，Y为眼内角点指数。

（6）眼内角间宽指数：眼内角间宽指数表示眼内角点在眼眶内的水平位置，是左右眼内角点间距（en-en）与左右眶外缘点间距（ek-ek）的比值。当偏转角度为0°时，眼内角间宽指数（$\overline{X}\pm S$）为0.7±0.02。该指数较稳定，即使人像偏转也变化不大，其变化可忽略不计。

（7）口裂线指数：也称口角点连线指数，是上齿槽前缘点（pr）至口裂线（ch-ch）的距离和下齿槽点（id）到口裂线（ch-ch）的距离的比值，表示上下齿槽缘和口裂线的关系。当仰俯角度为0°时，口裂线指数（$\overline{X}\pm S$）为1.103±0.236，该项指数在人像呈不同仰俯角度时变化很小，可忽略不计。

（五）颅骨的轮廓曲线和照片上人像轮廓曲线的关系

颅相重合除了颅骨上的标志点和照片上人像头部的标志点、标志线的重合情况来判断颅骨和照片是否出自同一人外，还要看颅骨的轮廓曲线和照片上人像的轮廓曲线的形态是否一致。但由于有些被检照片上的人像有偏转角度，一些轮廓曲线无法观察到。轮廓曲线的出现和照片上人像偏转角度的关系见表9-15。

表9-15　轮廓曲线的出现与偏转角度的关系

轮廓曲线	水平偏转角度（°）					
	0	15	30	45	60	90
头穹隆	+	+	+	+	−	−
眉弓（左）	+	+	+	+	+	−
眉弓（右）	+	+	+	+	+	+
鼻	+	+	+	+	+	+
下颌角（左）	+	+	+	−	−	−
下颌角（右）	+	+	+	+	+	+
下颌	+	+	+	+	+	+
后头	−	−	−	−	−	+
额	−	−	−	−	−	+
颏隆凸	−	−	−	−	−	+
颧（左）	+	+	+	−	−	−
颧（右）	+	−	−	−	−	−

注：+能看到，−看不到

（六）头面部的软组织厚度

头面部的软组织厚度是判断颅骨与照片是否出自同一人的又一重要指标。由于透视成像原理的影响，不同偏转角度会使软组织的厚度值有所变化。

（七）颅相重合的操作程序

1. 审定检材

（1）对送检颅骨的审定：送检的颅骨应尽可能地完整，或虽有破损，但不影响面颅基本特征的；对称的部位，在一侧有损伤，可以参照完整的一侧进行修复。

（2）对送检的人像照片的审定：送检的人像照片应是在失踪人失踪前 10 年之内拍摄的，如超过 10 年，鉴定结果将不可靠。照片必须是半英寸以上的正面或侧面头像，要求影像清晰，轮廓完整并与背景的界线明显，五官部位的影像层次分明、可辨，以便能够看清标志点的位置。

2. 制作透明人像正片

（1）翻拍放大：将送检的人像照片翻拍放大，制成约为 1/2 真人原大的照片。

（2）取点：详见本章第二节—三—（二）—1。

（3）画线：详见本章第二节—三—（二）—1。

（4）计算照片上人像的偏转角度和仰俯角度：用游标卡尺分别测出两侧眼外角点至正中线的距离，用较短的距离比较长的距离（用小值除以大值），所得的比值就是水平偏转指数（HDI）。再用这个算得的水平偏转指数在"水平偏转指数与人像偏转角度关系图"上查出人像的偏转角度。

用游标卡尺分别测出眉间点（g）至鼻下点（sn）的长度和鼻下点（sn）至颏下点（gn）的长度，再用眉间点至鼻下点的长度比鼻下点至颏下点的长度（即：g-sn /sn-gn），所得的比值就是仰俯指数（PI）。用这个算得的仰俯指数在"仰俯指数与仰俯角度关系图"上查出人像的仰俯角度。

（5）按成像比例制作用于重合检验的透明人像正片：因为颅相重合法规定的摄影物距是 1m，镜头 F＝240mm，而用 F＝240mm 的镜头在物距 1m 处拍照的成像比例是原大的 0.316～0.317 倍，所以要将重合用的透明人像正片制成原大的 0.316 或 0.317 倍（实际上就是眼外角点间距乘以 0.316 或 0.317）。又因为如果存在大于 0° 的偏转角度，则眼外角点连线就会变短，所以在制作人像有偏转角度的透明正片时，必须用缩短了的眼外角点连线长度乘以 0.316 或 0.317。眼外角点连线的缩短尺寸和偏转角度的关系可以从图 9-36 中查出。

在制作用于重合检验的人像透明正片时，如有数字照相机，则可一次完成。如无此设备，可用先拍负片，再做正片的方法，方法如下：①翻拍人像负片：先将已取好标志点、画好标志线的人像照片放在翻拍架上，用游标卡尺定好眼外角点间距乘以 0.316 或 0.317 的尺寸（如有偏转角度，需进行修正），对准聚焦屏面上的眼外角点连线的两端，调整好焦距，直至尺寸一致后拍下；②制作透明人像正片：将翻拍好的负片，用接触印相的方法，印在一张透明度较高的盲色片上，作为拍照颅骨时的重合检验正片。

3. 颅骨的准备

清理和修复颅骨：①将颅骨煮沸、清洗，漂白，方法详见第三章；②如颅骨有破损，要予以修复，修复方法详见第三章；③标记和固定颅骨。

用黑墨水在颅骨的眉间点（g），两侧眶外缘点（ek）、鼻棘点（ns）和两侧尖牙窝点作上标记，然后把颅骨按计算好的仰俯和偏转角度固定在距镜头 1m（即物距 1m）的托架上。

4. 重合检验 将焦点调整到两侧眶外结节所在平面，与镜头光轴相垂直。用人像的透明正片在聚焦屏上与颅骨的映像进行重合检验，先将人像的透明正片左右反转，和聚焦屏上的颅骨映像重叠，使透明正片上人像颜面部位的八条标志线按要求重合在颅骨的相应标志点上。可以对颅骨的角度进行微调，但微调的幅度不得超过 3°。在按要求重合和调整后，如八条标志线全部与相应的标志点重合在正常的范围内；颅骨映像的形态轮廓曲线和透明正片上的人像的形态轮廓曲线一致；软组织的厚度指标在正常值范围内，则可认定被检颅骨与被检照片是出自同一人，并可制作重合照片。

5. 重合照片的制作 当透明正片上的人像和照相机聚焦屏上的颅骨映像能够按颅相重合规定

的全部条件重合时，就可拍下颅骨的重合用负片，该负片的密度应该是制作用于重合检验的人像透明正片的负片的密度的 1/3。将拍好的颅骨负片和用于制作重合检验的人像透明正片的负片按颅相重合法的要求重叠，并用透明胶纸将两者黏合在一起，制成重合负片，再将其晒相或放大，即可制成颅相重合照片。

第三节　颅相重合的认定标准和对重合结果的认定

一、颅相重合的认定标准

颅相重合的认定标准，归纳起来为四大项，即八条标志线的审定；相关指数的审定；软组织厚度的审定和轮廓曲线的审定。这四大项共有 52 个认定指标，统称四项五十二个指标。

1. 八条标志线的审定　见表 9-16。

表 9-16　八条线的审定

项目	标准
眼外角点连线	（1）眼外角点连线长：男 96mm，女 91mm
眶外缘点连线	（2）眶外缘点连线长：男 102mm，女 98mm
正中线	（3）Y＝0.067X　Y 为偏转时人像和颅骨像正中线间距，X 为偏转角度
眉心线和眶上缘切线	（4）正位：−0.69mm±1.74mm 仰俯：Y＝0.98±0.298X
	（5）眉间点 g 正位时：−1.25−4mm±1.60mm
鼻下线和梨状孔下缘切线	（6）正位：−3.63mm±1.769mm 仰俯：Y＝−2.9186±0.4696X
口角线和上齿部	（7）正位：口角点投影在上颌第 5、6 齿间
	（8）正位：口角线在上中门齿切缘上方 2mm
颏下点线与下颌颏部	（9）7.37mm±1.07mm
左眼内角点垂线和左尖牙点	（10）正位：0.05mm±0.71mm
右内角点垂线和右尖牙点	（11）正位：0.05mm±0.65mm

2. 相关指数的审定　见表 9-17。

表 9-17　相关指数的审定

项目	
眼内角点指数	（12）正位：0.67±0.047 仰俯：Y＝0.6586−5.714×10−3X
眼外角点指数	（13）正位：0.61±0.05
眼内角点间距指数	（14）正位：0.67±0.047 仰俯：Y＝0.6586−5.714×10−3X
眼外角点间距指数	（15）正位：0.94±0.02
下颌角间距指数	（16）正位：0.799±0.04
口角线指数	（17）1.183±0.24
眼外角点至 眶外缘点的距离	（18）正位：2.18mm±0.457mm
耳屏点距 骨性耳孔距离	（19）正位：12.66mm±2.80mm

3. 软组织厚度的审定 见表9-18。

表9-18 软组织厚度的审定

项目	标准	
	男	女
颅顶点	(20)7.95±0.64	(33)6.08±0.84
颅侧点	(21)7.65±0.68	(34)左 6.95±1.67
颧弓点	(22)6.56±0.57	右 6.96±1.61
耳屏点	(23)	

4. 轮廓曲线的审定 见表9-19。

表9-19 轮廓曲线的审定

项目	标准
头穹隆曲线	(44)人像与颅骨形态一致,测量颅顶点 v、颅侧点 eu 的软组织厚度
颧曲线	(45)观察人像与颅骨颧弓形态,测量颧弓点 zy 的软组织厚度
下颌角曲线	(46)观察人像与颅骨下颌角形态,测量下颌角点 go 的软组织厚度
下颌曲线	(47)观察人像与颅骨下颌颏部形态,测量颏下点 gn 的软组织厚度
额曲线	(48)观察矢状位额部形态,测量发际点 tr、眉间点 g 的软组织厚度
眉弓曲线	(49)观察矢状位眉突形态,测量眉心点 sc 的软组织厚度
鼻背曲线	(50)观察鼻背形态,测量鼻尖点 rhi 的软组织厚度
颏前曲线	(51)观察矢状位颏结节形态,测量颏前点 pg 的软组织厚度
颅后曲线	(52)观察矢状位颅后枕部形态,测量颅后点 op 的软组织厚度

二、对重合结果的认定

在颅相重合时,根据认定标准(四项五十二个指标),对可见指标进行检验时,会出现三种情况:①全部指标符合认定标准,即可认定被检颅骨和被检的人像照片是出自同一人;②有两个或两个以上指标与认定标准不符,即可认定被检颅骨与被检的人像照片不是出自同一人;③只有一项指标与认定标准不符,而其他指标均与认定指标相符时,要特别慎重,先暂且定为疑是出自同一人,然后要进行复核检验,看是否有取点、测量和计算错误,如未发现错误,则需请送检单位提供失踪者的其他照片,重新进行颅相重合检验,如果不能达到上述要求,则应考虑其他个人识别手段,千万不要勉强认定。

三、对颅相重合可信性的检验

为检验颅相重合技术的可信性,兰玉文等先用 10 例男性颅骨和 700 张无关男性照片进行了 7000 次重合试验,然后又用 10 例女性颅骨与 1000 张无关女性照片进行了 10 000 次重合试验,结果在 8 条标志线中有 3 条线重合者占 100%,4 条线重合者占 90%,5 条线重合者占 60.8%,6 条线重合者占 19.6%,7 条线重合者占 2.4%,8 条线重合者为 0%。

四、颅相重合中可能出现的问题

1. 在人像照片上取点不准(特别是条件差、影像虚的照片)。取点不准既有照片条件差、影像虚的原因,也有在点的设置上难于操作的问题。如决定仰俯指数的 g 点是只有在矢状位人像上才能正确选取的点,而在颅相重合中却要在冠状位人像(正面照片)上选取,这就会造成操作上的极大困难。取点不准特别是眼外角点、眉间点、鼻下点和颏下点取得不准,会使偏转和仰俯指数算得不准,导致偏转和仰俯角度推算出现偏差,对眼外角点连线长度的修正也不准,进而使透明人像正片的尺寸出现过大或过小。

2. 颅相重合的原理是建立在人的颜面左右完全对称和上下比例恒定（即 PI = g-sn/sn-gn = 0.96）这样一个理论假设上的，而实际上不是所有颅骨和颜面都符合这种标准条件，由于被检照片的人像颜面左右不对称或上下比例和本研究选取样本的平均比例出入太大，这样即使选点准确也会造成推算出的角度不对，如误差超过了 3° 则会使重合结果不可靠。

3. 有的重合指标的离散度过大，如眉心线和眶上缘切线的正位重合标准是 -0.69mm±1.74mm，均值大于标准差，这也可能是重合出现误差的原因之一。

4. 在用透明正片作重合检验时，左右颠倒，反向重合。

5. 检验人员受案情干扰，先入为主。

6. 人像照片在拍摄时的年龄与颅骨年龄相差 10 岁以上。

7. 由于颅相重合法的研究样本来源受地区、民族的限制，故此认定标准不能和体质特征与样本来源地区和民族差异较大的地区和民族通用。

当这些问题同时出现时，可能会因积累而产生放大效应，因此，对重合结果应特别慎重。

本章小结

本章第一节从颅骨面貌复原的概念、原理入手，系统地介绍了面部软组织厚度的测量方法与其相关参考数据以及五官特征。五官特征的确定需要了解眼眶与眉毛的位置关系、眼的复原要点、鼻子的形态特征、口和耳的复原要点。颅骨面貌复原技法分为塑像法、画像法和计算机三维复原法，本章详细讲述了上述方法的具体工作步骤。第二节从颅相重合的原理和方法入手，具体讲述了如何分析人像照片的拍摄角度与拍摄距离、人像透明正片的成像比例、基本的标志点和标志线、颅骨的轮廓曲线和照片上人像轮廓曲线的关系、头面部的软组织厚度和颅相重合的操作程序。颅相重合的认定标准归纳为四大项，包括八条标志线的审定、相关指数的审定、软组织厚度的审定和轮廓曲线的审定，统称四项52 个指标。注意颅相重合中可能存在的几个问题，慎重分析颅相重合的结果。颅骨面貌复原和颅相重合技术是进行无名颅骨身源认定的重要辅助方法，可以为法医检案提供重要的线索和依据。

关键术语

颅骨（skull）

刀刺法（stabbed method）

针刺法（acupuncture method）

计算机三维复原法（computer 3D facial reconstruction）

个人识别（personal identification）

讨论题

颅骨面貌复原和颅相重合技术在法医人类学中的应用。

（纪　元　陈　玲　税午阳）

思考题

1. 颅骨面貌复原的科学依据是什么？

2. 法医人类学中的颅骨面貌复原和体质人类学中的颅骨面貌复原的相同点和不同点是什么？

3. 科学技术的进步对颅骨面貌复原有什么影响？

4. 颅相重合与颅骨面貌复原的区别是什么？

5. 颅相重合的科学依据是什么？

6. 颅相重合受哪些条件的限制？

第十章 牙齿的鉴定

学习目标

通过本章的学习,你应该能够:

掌握:1. 通过牙齿发育规律和增龄性变化规律推断年龄的原理。

2. 咬痕鉴定的基本原理和方法。

3. 牙片同一认定的基本原理和方法。

熟悉:1. 牙的形态结构、牙齿的观察与测量。

2. 牙体性别差异的判别函数分析。

3. 牙齿的种族特异性和种属特异性。

了解:1. 义齿在法医人类学中的意义。

2. 咬痕的形成机制。

齿科学在法医学方面的研究有两个方面。一是牙齿钙化及萌出的年龄变化,以及牙齿形态学上的性别、种族、年龄与饮食习惯等所致的差异。此方面的研究可以进行个体的种族、年龄、性别、社会经济地位和疾病的推断,被称为牙科画像。其二是用齿科学档案记录和咬痕特征进行个体识别。由于牙齿的结构、排列、治疗记录及义齿的位置形态等方面的差异,使不同个体具有完全相同牙齿特征的可能性几乎为零,这构成了牙齿对个体进行身源认定的基础。世界上很多名人死后身份的认定,以及重大灾害事故遇难者的个体识别都是以牙齿的法医学检验为依据的。目前,应用齿科学的理论与技术研究解决相关(有关)法律问题已经成为一门学科,即法医牙科学(forensic odontology)。

第一节 概 述

一、牙齿的形态结构

(一)牙的外部形态

根据牙齿的外部形态可将牙齿分为牙冠(tooth crown)、牙颈(tooth neck)和牙根(tooth root)三部分。

牙冠是牙体裸露在口腔和被牙龈覆盖的部分。牙根是牙体插入颌骨牙槽窝内的部分,牙根的尖端称为根尖(root apex),每个根尖都有通过牙髓血管神经的小孔称为根尖孔,根端以根尖孔开口于外。牙冠与牙根交界处为牙颈,多为弧线结构。

(二)牙的组织成分及纵面观察

1. 牙组织成分 人类牙中无机物含量可高达 99%,主要以磷酸钙形式存在。有机物主要包括胶原纤维、基质和釉蛋白等。胶原纤维存在于牙本质和牙骨质中,基质包括脂类、多肽、糖蛋白和胺基葡聚糖,釉蛋白在未成熟釉质中含量较高,在成熟釉质中含量少于1%。

2.牙的纵面观察 牙由三层硬组织及一种软组织组成。

(1)牙釉质(enamel):釉质覆盖于牙冠表面,是人体中最坚硬的物质。各部位釉质厚度不一,牙尖及切缘部最厚,愈近牙颈愈薄。

釉质由釉柱(enamel rod,enamel prism)与柱间质构成。釉质含有数以万计的釉柱,如上切牙约有5 000 000条,上颌第一磨牙约有12 000 000条。釉柱排列紧密,相互平行地从釉牙本质界向釉质表面延伸,每条釉柱几乎贯穿釉质全层。釉质的颜色主要取决于它的透明度,透明度大则透露出牙本质的黄色,使牙冠显得较黄;若透明度不大,则牙冠显得较白。

(2)牙本质(dentin):牙本质构成牙的主体,其冠部覆盖着釉质,根部被牙骨质包被,中心有牙髓。牙本质的硬度较釉质小,但弹性较好。牙本质是种活组织。年轻人牙本质呈浅黄色,透过釉质可辨其颜色,牙髓发生病变,牙本质可变色。牙本质的组织结构包括:

1)牙本质小管:牙本质小管呈细管状,其管腔被成牙本质细胞突及其周围间隙占据。小管从牙髓腔四周向牙本质表面呈放射状分布,近牙髓腔一端的小管管径约4μm,平均密度为45 000/mm^2,越近表面越细,近牙本质表面的管径仅为1μm,平均密度为20 000/mm^2,牙本质小管的总体积约占牙本质总体积的10%。

2)管内牙本质:管内牙本质是牙本质矿化程度最高的部分,只存在于矿化了的牙本质,它围绕成牙本质细胞突及其周围间隙,构成牙本质小管的壁。它随着牙本质的增厚,围绕着成牙本质细胞突不断地往小管内沉积,管壁渐增厚,管腔进行性狭窄。管内牙本质在横磨片上呈白色光环。

3)管间牙本质:管间牙本质位于牙本质小管之间,是牙本质的主体,约占牙本质总体积的90%,矿化程度较低。

4)牙本质生长线:在牙的磨片或脱钙切片上,可以看到两种牙本质生长线,分别是安德森线(Andresen lines)和冯·艾伯纳线(lines of von Ebner),前者间距20～30μm,后者间距2～4μm。

(3)牙骨质(cementum):牙骨质覆盖在根部牙本质表面,从釉质牙骨质界一直延续到根尖。牙骨质是一种变形的骨组织,虽有板层骨的某些特点,但不含血管,而且在生理情况下只有增生而不被吸收。牙骨质功能多样,包括支持牙体,不断增生以补充因磨损而丢失的釉质,以维持牙体的正常长度和冠根的适当比例;还能使牙周韧带的宽度维持在0.2mm左右,以适应牙周韧带的不断改建和附着等。牙骨质无机成分占恒牙骨质干重的45%～50%,主要是羟基磷灰石晶体;其余为有机成分,主要是胶原和糖蛋白。牙骨质可分为以下几类:

1)无细胞无纤维牙骨质:不含纤维和细胞,分布于牙本质牙骨质交界处,矿化度较高,厚度一般只有数微米,是最先形成的牙骨质。

2)无细胞外源性纤维牙骨质:也称原始牙骨质,分布在根部牙本质表面,其中外纤维的走向几乎与牙骨质表面垂直,排列紧密,形成平行纤维层,纤维层之间无细胞,也无内纤维。这类牙骨质矿化良好,是牙根开始发生时或在行使(发生)功能前缓慢形成的。

3)混合纤维牙骨质:混合纤维牙骨质含有内、外两种纤维,因功能和组成成分不同而呈现出明显的层状,是牙骨质的主要构成成分。

4)内纤维细胞牙骨质:内纤维细胞牙骨质常见于老年人根尖区的牙骨质斑,这种牙骨质不含外纤维而含内纤维、牙骨质细胞和基质。基质呈板层结构,没有支持牙体的功能。

(4)牙髓(pulp):牙髓位于髓腔内,被坚硬的牙本质包围,借根尖孔侧支根管与周围组织相连。牙髓腔可分为两部分,一部分位于牙冠并扩大为室,称髓室;另一部分是延伸向牙根的部分缩小成管,称为根管,末端开口于根尖孔。

(三)牙的形态特征

牙的形态包括恒牙的形态与乳牙的形态。

1.上颌中切牙(maxillary central incisor) 是8个切牙中最大的一个,排列在中线的两侧。

（1）牙冠：

唇面：有方圆形、卵圆形和尖圆形三种。其牙冠从颈部到切端长度大于近远中宽度，整个唇面较平坦，呈梯形。近中缘较平直，与切缘形成一个直角；而远中缘与切缘相连圆钝，颈部为一个凸面根部的弧形线，切缘是由近中向远中斜行的直线。

舌面：其面积较唇面小。中央凹陷称为舌窝。四周均为突起的嵴，在颈部有舌面隆突。

近中面及远中面：呈三角形，底部为一曲线，呈 V 字形，称为颈曲线。近中面较大而平，远中面较小而突。

切嵴：唇面较平，舌侧圆突成嵴。经过切割后磨耗而成一个切斜面，上颌切嵴位于牙长轴的唇侧。

（2）牙根：为单根，粗壮而直，根尖略偏远中。根与冠长度几乎相等，或略有差异。

2．上颌侧切牙（maxillary lateral incisor）　形态变异较大，以锥形牙较多见。

（1）牙冠：

唇面：与中切牙相比，其冠小而显得圆尖。近中切角为锐角，远中切角为弧形。

舌面：边缘嵴、舌窝及舌隆突结构均比中切牙明显。舌窝深而窄，并有沟从舌面隆突的远中越过而延伸到根部。

邻面：近中面，远中面均为三角形，较突。

切嵴：较明显。

（2）牙根：牙根长而弯曲，根弯曲，方向不定。

3．下颌中切牙（mandibular central incisor）与下颌侧切牙（mandibular lateral incisor）　下颌中切牙是全口牙中体积最小，牙冠宽度仅占上颌中切牙的 2/3，切缘较平直，牙冠左右形态较对称，近远中切角与近、远中缘较对称。下颌侧切牙比下颌中切牙略宽。其形态与下颌中切牙相似。

4．上颌尖牙（maxillary canine）　牙冠与根的颊舌径均比切牙大。

（1）牙冠：

唇面：由颈缘、近中缘、远中缘，牙尖的近中斜缘组成。颈缘为椭圆弧形，远中缘较近中缘短而突出。其唇侧面有突出的轴嵴，由牙尖顶端延伸到颈 1/3 处，分牙冠唇面为近远中两个斜面，牙冠唇面外形高点在冠中 1/3 与颈 1/3 交界处。

舌面：舌面形似唇面，但较小。周边由近、远中边缘嵴构成，颈部舌面 - 隆突显著称为舌轴嵴，此结构将舌窝分成近远中两个部分。

邻面：似三角形。近中邻面较远中邻面大而平。

牙尖：上颌单尖牙的牙尖为全口牙中最大的，其冠长约占牙冠高度的 1/3 或 2/5。

（2）牙根：上颌单尖牙的牙根为全口牙中最长的，为冠长 1.5～2 倍。牙根唇舌径大于近远中径。牙尖为圆锥形。

5．下颌尖牙（mandibular canine）　牙冠细长，窄而薄，冠唇面的近中缘最长，与牙长轴近似平行，牙尖较上颌尖牙小，仅占冠长的 1/4，舌面结构不明显。

6．上颌第一双尖牙（maxillary first bicuspid）

（1）牙冠：

颊面：与尖牙唇面相似，但冠较短小，其颊尖略偏远中，嵴近中牙尖嵴略长于远中牙尖嵴，牙尖向远中偏斜。

舌（腭）面：略小于颊面，结构特征不明显，舌尖略偏近中，舌侧轴面最突出处为牙冠中 1/3。

邻面：呈四边形，颈部最宽，近中面近颈部凹陷，有沟从𬌗面近中缘跨至近中面。

𬌗面：为六边形。颊侧宽于舌侧，远中缘长于近中缘。有颊、舌两个牙尖，舌尖小而圆钝，两牙尖自牙尖顶向𬌗面中心发出牙尖三角嵴。𬌗面中心凹陷，有一条近远中向的沟。

（2）牙根：牙根扁，约 80% 在牙根中部或根尖 1/3 处分叉为颊舌两个根。

7. 上颌第二双尖牙（maxillary second bicuspid）　特征不如第一双尖牙典型,牙尖较圆钝,颊尖偏近中,颈宽,颊舌尖大小较近似。

8. 下颌第一双尖牙（mandibular first bicuspid）

（1）牙冠:颈部明显缩小,颊轴嵴在颊面中1/3处较显著,如新月形突起。舌尖较小,两牙尖在𬌗面自牙尖顶端向中心发出两条三角嵴,相连横过𬌗面,构成一条横嵴,将𬌗面分成近远中两部分,远中部分稍大。在横嵴中央有一条近远中向沟通过横嵴。

（2）牙根:为扁形细长的单根,根尖略向远中偏斜。

9. 下颌第二双尖牙（mandibular second bicuspid）

（1）牙冠:呈长方形,其长度、宽度、高度几乎相等。颊面颈部较宽,颊舌尖几乎相等,有时舌尖又分成近中、远中两个牙尖,在两牙尖中有沟通过,𬌗面发育沟在两个牙尖的双尖牙中多为H与U形,而在三个牙尖的双尖牙中多呈Y形。𬌗面中央窝内可能出现一个锥形牙尖,称为畸形中央尖。

（2）牙根:为扁圆单根。

10. 上颌第一磨牙（maxillary first molar）

（1）牙冠:

颊面:为四边形,近远中径大于龈𬌗颈径,𬌗缘略长于颈缘,远中缘较近中缘较突,颈缘中部略凸向根部,𬌗缘由四个牙尖嵴组成两个牙尖,两牙尖中有颊沟通过。颊面在颈1/3较突出。

舌面:为四边形,大小与颊面相似。𬌗缘由两个较圆钝的牙尖组成,近中舌牙尖是四个牙尖中最大的一个,远中舌尖为四个牙尖中最小的一个。

邻面:近中邻面为梯形,远中面不规则。邻面最突出处为𬌗缘1/3处。

𬌗面:呈斜方体形,结构复杂。周边为颊舌牙尖嵴及近远中𬌗缘组成。𬌗舌轴角为钝角。四个牙尖自牙尖顶向𬌗面中心发出三角嵴,近中舌三角嵴与远中颊三角嵴相连斜行通过咬𬌗面,形成强大斜嵴,是该牙𬌗面的显著特点。在斜嵴中间有一条横过斜嵴的中央沟。由中央沟近中端向颊侧发出颊发育沟;由中央沟的远中端向舌侧发出一条舌发育沟。

（2）牙根:由三个牙根组成。颊侧根有近、远中两个跟,较细小,两颊根互相环抱,舌侧根较粗大而直,三个根分叉较大,故所以较稳固,能承受较大的𬌗力。

11. 上颌第二磨牙（maxillary second molar）

（1）牙冠:略小于上颌第一磨牙。近中舌尖明显减小,远中舌尖更小,很少有第五牙尖,舌面明显小于颊面。

（2）牙根:有三根,两颊根分叉较小,近于平行,略向远中偏斜。

12. 上颌第三磨牙（maxillary third molar）　形态、大小和位置变异较大,牙冠形态相似于上颌第二磨牙,牙根的数目和形态变异很大,有时融合为一个根,有时牙根数目多于三个。

13. 下颌第一磨牙（mandibular first molar）

（1）牙冠:呈长方体形,近远中径大于颊舌径,舌侧有两个牙尖,而远中边缘有一个牙尖,颊侧面在两个牙尖之间有两条颊沟;舌侧面有两个牙尖,牙尖中有发育沟通过,两邻面为四边形,𬌗缘为最突出的部分,𬌗面为长方形。牙冠向舌侧倾斜。五个尖牙中,近中颊尖为最大,远中尖为最小。𬌗面可见到五条发育沟。颊、舌发育沟均由中央窝发出,远中颊发育沟一条,下颌磨牙颊尖圆钝,舌尖尖锐。

（2）牙根:多为扁厚的双根,近中根较远中根大,根尖向远中偏。

14. 下颌第二磨牙（mandibular second molar）　有四个或五个牙尖,近中颊尖两尖大于远中颊舌两尖。𬌗面有四条发育沟呈十字形,及颊、舌、近中、远中沟。整个𬌗面似一个田字形。牙根为两根,少数融合为单根。

15. 下颌第三磨牙（mandibular third molar）　其形态、位置、大小、数目变异大。

16. 乳牙的形态 deciduous tooth form　乳牙的解剖形态与恒牙相似,但也有其特点。

（1）乳前牙：包括上下乳中切牙、乳侧切牙、乳尖牙。

（2）乳磨牙：包括第一乳磨牙、第二乳磨牙。乳磨牙的体积与恒磨牙不同，其体积是依次递增的。

二、牙齿的分类

（一）根据牙列出现的先后分类

1. 乳牙（deciduous tooth）　一般在婴儿出生6～8个月开始萌出，两岁半完全萌出。6～7岁乳牙开始脱落，12～13岁完全脱落。

乳牙共20颗，即上下颌左右各5颗，依次命名为乳中切牙、乳侧切牙、乳尖牙、第一乳磨牙和第二乳磨牙。

2. 恒牙（permanent tooth）　6岁时恒牙开始萌出，接替相应部位脱落的乳牙。到12～14岁时，除第三磨牙外，其他恒牙均已萌出。

恒牙共32颗，即上下颌左右各8颗，依次命名为中切牙、侧切牙、尖牙、第一双尖牙、第二双尖牙、第一磨牙、第二磨牙和第三磨牙。

（二）根据形态特点分类

1. 切牙（incisor）　位于口腔前部，共8颗。共同特点是单根，从邻面观察呈楔形，颈部厚，到切缘逐渐变薄。

2. 尖牙（cuspid or canine tooth）　共4颗，近中面与侧切牙相邻。特点是牙冠呈圆锥形、切缘中央有一显著的牙尖，邻面观呈楔形，单根，牙根最长。

3. 双尖牙（bicuspid or premolar）　共8颗。牙冠呈不规则立方形、咬合面大。有两个牙尖，排列在牙冠咬合面的舌侧和颊侧，下颌第二双尖牙有时有三个牙尖。单根、牙根扁、上颌第一双尖牙有时有两个牙根。

4. 磨牙（molar）　共12颗。牙冠大，呈立方形。咬合面呈不规则梭形，周围有4～5个牙尖。上颌磨牙一般有三个牙根，下颌磨牙多为双根。

三、牙齿的标记法

（一）帕尔曼（Palmer）牙位标记法

以水平线代表口裂，经左、右中切牙的相邻面做与水平线相交的垂线，构成的图形类似平面直角坐标系，分为左上、左下、右上、右下四个牙区。

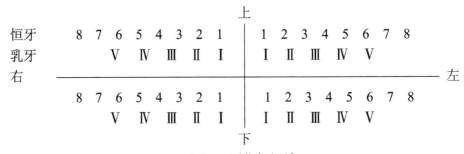

Palmer牙位标记法

（二）哈德鲁普（Haderrup）牙位标记法

上、下、左、右牙位的标记采用正负号标记，即"＋"号表示上位牙，"－"号表示下位牙，正负号在牙位号前面表示左侧牙。在牙位号后右表示右侧牙，如，－1表示下颌左中切牙，5＋表示上颌右第二双尖牙。

（三）Zsigmondy标记法

本法与Palmer标记法相似，只是乳牙用英文字母A至E表示。

8	7	6	5	4	3	2	1	1	2	3	4	5	6	7	8
				E	D	C	B	A	A	B	C	D	E		
8	7	6	5	4	3	2	1	1	2	3	4	5	6	7	8
				E	D	C	B	A	A	B	C	D	E		

Zsigmondy 标记法

（四）帕雷特（Parreidt）/ADA 牙位标记法

此法也用（+）字符号将口腔按冠状面分为 4 个牙区，从上颌右第三颗磨牙开始，用阿拉伯数字 1～32 按顺时针方向表示各个牙位，到下颌右第三颗磨牙为止。乳牙则用大写英文字母表示，从上颌右第二磨牙开始用 A，B，C，D 按顺时针方向表示乳牙牙位，止于下颌右第二磨牙。

恒牙	1	2	3	4	5	6	7	8	9	10	11	12	13	14	15	16
乳牙				A	B	C	D	E	F	G	H	I	J			
				T	S	R	Q	P	O	N	M	L	K			
	32	31	30	29	28	27	26	25	24	23	22	21	20	19	18	17

ADA 牙位标记法

（五）二位数系统标记法

二位数字标记法（Two Digit System）是每个牙均用两位数表示。

18	17	16	15	14	13	12	11	21	22	23	24	25	26	27	28
48	47	46	45	44	43	42	41	31	32	33	34	35	36	37	38

TDS 标记法

四、牙齿的观察与测量

（一）常用术语

中线（middle line）：设想的一条直线，该线过中切牙的近中面，将牙弓分为左右对称的两部分。

牙长轴（long axis）：纵行穿过牙体并经过牙体中心的几何轴。

接触区（contact area）：相邻牙齿接触的部位为接触区；上、下牙列在咬合面接触区在面和切端。

线角（line angle）与点角（point angle）：牙冠上相邻两面所成的角为线角。如前牙远中面与舌面所成的角叫远中舌线角；后牙近中面与颊面所成的角叫近中颊线角等。牙冠相邻三个面相交所成的角叫点角。点角的名称有三个面来确定，如后牙近中面、颊面与𬌗面相交所成的角叫近中颊𬌗点角等。

外形高点（height of contour）：为牙的各面最突出的点。

牙体三等分（division into thirds）：为确定牙体表面一定区域位置，将牙冠各面和牙龈划分为三等分。如前牙牙冠水平三等分可有切 1/3、中 1/3 和颈 1/3；后牙邻面垂直三等分有舌 1/3、中 1/3 和颊 1/3。牙根只有水平三等分，为颈 1/3、中 1/3 和根尖 1/3。

（二）牙冠各部位名称及观察标志

1. 牙冠各部位名称

唇颊面：切牙、尖牙向口唇的一面为唇面，双尖牙、磨牙向面颊的一面为颊面。

舌面：全口牙冠接近舌的一面。上颌牙的舌面又称腭面。

近中面：牙冠两个邻接面中靠近中线的一面。

远中面：牙冠两个邻接面中远离中线的一面。

咬合面：上、下颌双尖牙和磨牙咬合时相互接触的一面，又称𬌗面。

切嵴：在咬合时，上、下颌切牙和尖牙相对的功能嵴，又称切缘。

2. 观察标志

（1）牙冠突起部分：

牙尖（cusp）：牙冠拾面或嵴上的椎体形突起。

结节（tubercle）：是牙冠不特定部位釉质过于集中钙化形成的小突起，分布位置和形态大小变化很大。

嵴（ridge）：牙冠釉质的长线状隆起，称为嵴。有以下几种类型：

轴嵴（axial ridge）：从牙尖到牙颈的纵形隆起。

边缘嵴（marginal ridge）：位于后牙的拾面与其他轴面的相交处。前牙的边缘嵴位于舌面近中、远中边缘处。

三角嵴（triangle ridge）：拾面的牙尖两个斜面会合而成的椎体样嵴。

横嵴（transverse ridge）：两个三角嵴在拾面中央连接而成的嵴。

斜嵴（oblique ridge）：拾面三角嵴之间斜行相连形成的嵴。斜嵴是上磨牙的标志，以上颌第一磨牙最为明显。

颈嵴（cervical ridge）：前牙牙冠唇面和后牙牙冠颊面沿颈线部位的釉质突起，称为颈嵴。

舌面隆突（cingulum）：在切牙和尖牙舌面的颈 1/3 处，为牙釉质形成的半月形隆起。

（2）牙冠凹陷部分：

窝（fossa）：位于切牙舌面和后拾面的不规则凹陷。

沟（groove）：牙冠表面细长的凹下部分。两生长叶相融合形成的沟叫发育沟，釉质钙化程度较低，如钙化不全，表面未能融合，则形成裂，是龋齿的好发部位。

点隙：后牙牙冠表面发育沟汇合处，如果钙化不全则形成三角形凹陷，严重的形成点状裂隙。点隙的好发部位是后牙的拾面及下颌磨牙的颊面。

（3）斜面（incline surface）：为组成牙尖的各个面。相邻斜面形成嵴，斜面按牙尖位置命名。如上颌第一磨牙颊尖颊侧的近中斜面。

（4）叶（lobe）：叶是牙体发育过程中的钙化中心，牙尖是叶的重要标志，叶与叶相交处出现的浅沟为发育沟。多数牙由 4 个叶发育而成，5 个叶的较为少见。

（三）牙列与牙的测量

1. 牙体的测量

牙体全长：前牙切缘和后牙拾面的外形高点到根尖的垂直距离。如有两个以上牙根，则测至最长的根尖。

牙冠高：前牙切缘和后牙拾面的外形高点到颈缘向牙根最突点的垂直距离。

牙冠宽：即牙冠的近中、远中面径，取牙冠两颌面间的最大距离。

牙冠厚：为牙冠唇（颊）面与舌面外形高点间的垂直距离。

牙颈宽：牙冠唇（颊）面的颈线在近中面与远中面之间的距离。

牙颈厚：牙冠唇（颊）面与舌面的颈线向牙根突出点间的距离。

牙根长：颈线向牙根的最突出点到根尖的距离。

2. 牙弓的形状　上下颌牙的牙根生长在牙槽窝内，其牙冠连续排列成近似抛物线的弓形，称为牙列或牙弓。在上颌者称为上牙列，在下颌者称为下牙列。牙弓的形状在个体之间并不完全相同，可概括地分为三种基本类型：方圆形、卵圆形和尖圆形。但通常多为三种基本类型的混合型。

牙形、牙弓形与面形三者的相关关系，通常是相互协调的，在个体发育中表现一致，面部发育较宽者，其颌骨牙弓也较宽，面部与牙弓统一为较宽型，即方圆形或卵圆形；面部发育较窄者，其面部与牙弓统一于较窄型，即尖圆形。

3. 牙弓的测量

（1）牙弓宽：牙弓是抛物线形状，不同部位的宽度不同。常取同颌左右对应牙位间的距离作为某牙位的牙弓宽度，各牙位中的最宽处也是牙弓的最大宽度。

3-3：两侧尖牙牙尖顶点间的距离，也称牙弓前段宽。

4-4：为两侧第一双尖牙牙冠中央沟中点间的距离。

6-6：两侧第一磨牙中央窝间的距离，也称牙弓后段宽。

7-7：两侧第二磨牙中央窝间的距离。

（2）牙弓长：

牙弓前段长：两中切牙触点唇面到牙弓前段宽（3-3）的距离。

牙弓中段长：两中切牙触点唇面到4-4的距离。

牙弓全长：两中切牙触点唇面到牙弓后段宽（6-6）的距离。

（3）牙弓角度：牙弓的角度是以中切牙近中触点的唇面为顶点，向左右相同牙位引线所成的角。

尖牙角：以中切牙近中触点唇面为顶点，以"3-3"为底所形成的角度。

双尖牙角：以中切牙近中触点唇面为顶点，以"4-4"为底所形成的角度。

磨牙角：以中切牙近中触点唇面为顶点，以"6-6"为底所形成的角度。

第二节　乳牙与恒牙的鉴定

如果是整套牙，特别在牙与颌骨完整的情况下，区别乳牙与恒牙是比较容易的。但在牙与颌骨分离尤其是只有一颗牙的情况下，乳牙与恒牙的鉴别较困难，主要依据形态学和颜色的变化。乳牙与恒牙的区别见表10-1。

表10-1　乳牙与恒牙的区别

区别	乳牙	恒牙
数量	共20颗（切牙8颗、尖牙4颗、磨牙8颗）	计32颗（切牙8颗、尖牙4颗、双尖牙8颗，磨牙12颗）
颜色	浅淡，呈白色，釉质透明度差，缺乏光泽	黄色，透明度大
体积与比重	体积较小，比重轻	体积较大、比重大，且比重随年龄增大而增大
硬度	硬度小	硬度大
牙冠形态	牙冠各角钝圆，牙颈明显收缩狭窄，磨牙牙冠颊面近颈部1/3处有类似结节样隆起，以上下颌第一乳磨牙最显著	牙冠各角较尖锐，牙颈收缩不显著，牙冠无结节样隆起，牙冠比乳牙稍高
咬𬌗面磨损	在口腔混合牙中，乳牙萌出时间早，钙化程度低，磨损较同口腔的恒牙为重	比乳牙轻
牙根	细而长，有一恒牙胚在乳牙根区发育成长，使乳牙根分叉并向离心方向伸展，伸展范围一般超过咬𬌗面	较粗而短，牙根伸展范围等于或小于咬𬌗面
牙髓腔	髓腔与牙体比例大于恒牙，髓角高，根管粗大	髓腔小于乳牙，根管较细

第三节　牙科画像

当无法获得生前牙科记录时，根据死者牙齿特征可判断死者生前的社会经济地位、疾病、职业、生活习惯等，称之为牙科画像（dental profiling）。牙齿种族、种属、性别、年龄判断亦属此范畴。另外，可以根据牙病、牙齿修复痕迹和修复用材料可判断社会经济地位，如严重、活动性的龋病而未经治疗提示社会经济地位较低；如修复技术较好，使用材料昂贵，提示社会经济地位较高。

一、牙齿的种族鉴定

牙齿的种族特征主要表现在牙齿的大小、咬合面特征、门齿形态、磨牙结节等方面。

（一）牙齿的大小与形态

对多数种族而言，身材高大的种族牙齿较大，矮小则牙齿较小。

美国黑人牙冠平均值较大。黑种人的下颌第一磨牙较白种人的小，呈四方形，颊面没有颈嵴，黄种人第一磨牙比黑种人大，呈圆形，颊面中央有轴嵴。

白种人的上颌尖牙牙冠宽常较上颌中切牙略宽，其尖牙宽指数较因纽特人及日本人大。绝大多数种族磨牙由第一至第三是逐次变小的。澳大利亚土著则有第二磨牙最长的倾向。印第安人等则由第一至第三逐次增大。

澳大利亚土著牙根较长；布西曼人牙根长而牙冠甚短。黄种人的牙根不论是相对的或绝对的，都较短，且其磨牙牙根多趋向融合。

（二）门齿形态

铲形门齿（shoveling of lingual incisors）：上颌切牙舌侧面沿牙冠的边缘形成隆起的边缘嵴，而边缘嵴内侧的舌侧面平滑，形似铲状。中国人、日本人、印第安人等，铲形门齿的出现率91%~100%，黑种人和白种人铲形门齿的出现率9%~11%。

片形门齿（spatulate lingual incisors）：上颌切牙舌侧面无边缘嵴及舌窝，整个舌侧面较平滑。高加索人种和尼格罗人种几乎均为片形门齿。

（三）磨牙结节

白种人上颌第一磨牙的舌侧面近牙颈处可见一个釉质结节，在第二、第三磨牙上也有少量分布，第一磨牙上的结节常位于舌面的近中半，第二磨牙上的结节常位于更远的部位，黄种人罕见此釉质结节，但在下颌磨牙颊侧面牙颈处也常有釉质结节，而这种结节在其他种族的人群中非常罕见。

（四）牙冠咬合面特征

牙冠咬合面由齿沟、牙尖组成，牙尖的多少存在着明显的种族差异。黑种人的下颌双尖牙咬合面上多有三个牙尖，黄种人的双尖牙咬合面上只有舌侧、颊侧两个牙尖，因纽特人牙尖非常发达，西欧侧切牙呈圆锥形，中欧人中切牙牙冠的唇面大于舌面，白种人下颌第一磨牙的牙冠和牙尖细长、锋利。非裔美国人磨牙牙尖常呈钝圆形。

磨牙的咬合面，根据牙尖的分布，分为Y型、十型及X型。下颌第一磨牙有5个牙尖呈Y型的磨牙咬合面，以美洲印第安人、因纽特人及黑人的分布比例较高。荷兰人及丹麦人第一磨牙十型的出现率明显高于其他人种。

二、牙齿的性别鉴定

（一）牙体测量值的性别差异

对牙体的全长、冠长、根长、冠宽、颈宽、冠厚和颈厚等指标测量发现性别差异最大的是下颌尖牙，其次是上颌切牙、尖牙、第一和第二磨牙。

（二）牙弓测量值的性别差异

有学者研究发现牙弓的宽度、长度有性别差异，而牙弓角度无性差。

（三）牙体物理、化学的性别差异

1．牙体物理学分析的性别差异

（1）釉质分光透射率的性别差异：由唇舌方向取牙釉质切片磨片，由分光光度计在可见光下监测其分光透射曲线，分别求出在波长为400nm、500nm和600nm时的分光透射率（spectro-penetrating ratio）。然后按下式求出其透射率的平均斜率：

$$透射率平均斜率=（600nm时的透射率-400nm时的透射率）/2$$

其平均值男性为5.4±0.3，女性为4.7±0.3。即釉质分光透射率的平均斜率在男性比女性为高。

（2）牙本质比重的性别差异：利用比重的浮游测定法（hydrostatic test for specific gravity）发现牙本质比重有两性的差异。

2．牙体化学分析的性别差异　利用改良Bernadskij法可确定牙本质与颌骨的性别差异。

三、牙齿的种属鉴别

人类的牙齿与动物的牙齿有着明显的区别，鉴别时可以根据牙齿的排列形态、牙冠和髓腔的形态和牙齿的构造区分。

（一）牙齿的排列形态

人类在进化过程中吻部退化缩短，形成了与其他哺乳动物完全不同的上、下颌齿弓的固有特点。人类的齿弓为抛物线形，牙齿紧密排列。而大部分动物牙齿的牙弓多为平直形，即使与人类最为接近的灵长类中巨猿科动物的齿弓、与人类齿弓的形态也完全不同，它们的齿弓呈 U 字形。另外，动物牙齿仅前臼齿及臼齿紧密排列，且牙齿的排列为直线形。

如果齿弓的牙齿缺失时，可以根据齿槽上牙齿窝的形态及排列情况，推断牙齿排列的情况。人类上下颌骨的齿槽窝的走行是弧形的，动物上下颌骨上齿槽窝的走行是直线形的。当牙齿缺失后，动物仍存活时，齿槽窝会被吸收消失，在原来牙齿存在的地方可以看到齿槽窝的痕迹，或看到一条与上下颌骨体走行方向一致的骨嵴，可以根据这些特征，来判断齿列走行的方向，可以区分人类与动物的齿槽。

（二）齿冠与髓腔的形态

动物的牙齿可分为短冠齿和长冠齿两大类。马的切齿和臼齿以及牛的臼齿属于长冠齿。长冠齿可以随牙齿磨面的不断磨损而不停地向外生长，所以没有明显的牙颈。长冠齿的齿骨质除分布于齿根外，还包括分布在齿冠釉质的外面，并折入齿冠磨面的齿坎内，致牙齿磨面凹凸不平，有助于草类食物的磨碎。猪的牙齿和牛的切牙属于短冠齿，齿根及齿颈无明显的齿坎。食草类动物臼齿形态，齿冠呈嵴状排列，齿冠面呈平行排列新月形齿嵴。食肉类动物的臼齿，牙尖呈匕首状，三尖，中间高，前后低。猪为杂食动物，臼齿牙尖为丘状。

牙齿牙髓的形态与齿冠是相同的。动物长冠齿的牙髓腔呈 H 形，而短冠齿的牙髓腔呈 M 形，与人类的牙髓腔明显不同。

（三）牙齿的构造

人类牙齿牙釉质，在齿冠部分不是均匀分布的，齿冠磨耗面部分釉质较厚，齿冠磨面以外部分的釉质较薄。而且，与动物牙齿相比，牙釉质相对较厚。动物牙齿的牙釉质则是相对均匀地分布于齿冠表面，相对于牙本质，牙釉质相对薄。有齿坎的牙齿，还可以看到中央釉质。而且齿冠断面的整体结构，人类与动物也是完全不同的。

四、牙齿的年龄判定

根据牙齿进行年龄判定主要遵循两种规律：一种是根据牙齿的生长发育来判定年龄，适用于未成年人。另一种是牙齿发育成熟后的增龄性变化规律，如牙齿磨耗、继生牙本质、牙龈退缩等，牙齿磨耗的变化规律性较强，是最常用的年龄判断方法，主要用于成年人。

（一）根据牙齿发育规律进行年龄判定

人胚第 7 周时，成釉器、牙乳头和牙囊共同构成牙的胚基，简称牙胚，其中成釉器将发育成釉质，牙乳头将发育成为牙本质和牙髓，牙囊将发育成为牙骨质和牙周组织。胚胎第 2 个月，已发生了全部 20 个乳牙成釉器，胚胎第 3 个月至出生后第 10 个月，又陆续发生 28 个恒牙成釉器，第三恒磨牙成釉器发育最晚，大约在出生后第 5 年才出现。

根据牙齿发育规律进行年龄判定的方法主要包括 X 线片法、釉柱横纹计数法、牙齿萌出时间法、牙发育图法等。

1. X 线片

（1）Demirjian 法：在牙齿的发育过程中，伴随着不断的矿化，而且矿化的时间规律性较强。因此，通过矿化程度可以推断年龄。Demirjian 等人于 1973 年对法裔加拿大儿童牙齿矿化（tooth mineralization）规律进行研究，建立了根据牙片进行年龄判定的方法，目前此法是国际上应用最广的方法,很多学者制定了适应该国情况的量表。Demirjian 法根据一定标准将左下颌 7 个恒牙的矿化发育分为 A~H 共 8 期。

A~H 期的判定标准如下:

A 期:无论单根牙或是多根牙,在牙囊的顶部可见开始形成的倒锥形或锥形的矿化点,但矿化点并未融合。

B 期:矿化点融合形成一个或多个尖顶,连接的尖顶形成有规律轮廓的咬合表面。

C 期:

a. 牙冠咬合表面的牙釉质完全形成并向牙颈部区域扩展或集中。

b. 牙本质开始形成,可见牙本质沉积。

c. 在牙齿咬合面(下方)边缘,牙髓腔的轮廓呈现曲线形状。

D 期:

a. 牙冠在牙釉质牙骨质界以上完全形成。

b. 单根牙:牙髓腔的上缘形成清晰的弯曲并朝向颈部形成凹面。如果出现牙髓角的投射影,其轮廓形状似雨伞的顶端。磨牙:牙髓腔为梯形。

c. 针状的牙根开始形成。

E 期:单根牙:

a. 牙髓腔的腔壁呈线直至牙髓角,髓腔较前一阶段变大。

b. 牙根长度较牙冠高度短。

磨牙:

a. 牙根分叉开始形成,呈矿化点或半月形。

b. 牙根长度较牙冠高度短。

F 期:单根牙:

a. 牙髓腔的腔壁形成等腰三角形,根端呈漏斗状。

b. 牙根长度等于或长于牙冠高度。

磨牙:

a. 矿化的牙根分叉从半月形进一步分化为有清晰轮廓的漏斗形牙根。

b. 牙根长度等于或长于牙冠高度。

G 期:牙齿根管侧壁平行,根尖孔部分开放,未闭合(在磨牙中其远中牙根才有评估价值)。

H 期:

a. 根管的根尖孔完全闭合(包括磨牙的远中牙根)。

b. 牙根及根尖的牙周膜宽度均匀一致。

每个发育阶段给男性和女性赋以的分值见表 10-2 和表 10-3,6 个恒牙分值之和为牙齿成熟指数(dental maturity score,DMS),借助换算表(表 10-4,表 10-5)可将牙齿成熟指数转化为牙龄(图 10-1)。计分方法相关例子见增值服务。

表 10-2 男性的 Demirjian 法分期及对应的分值

牙齿	等级								
	0	A	B	C	D	E	F	G	H
M_2	0.0	2.1	3.5	5.9	10.1	12.5	13.2	13.6	15.4
M_1	0.0	0.0	0.0	0.0	8.0	9.6	12.3	17.0	19.3
PM_2	0.0	1.7	3.1	5.4	9.7	12.0	12.8	13.2	14.4
PM_1	0.0	0.0	0.0	3.4	7.0	11.0	12.3	12.7	13.5
C	0.0	0.0	0.0	0.0	3.5	7.9	10.0	11.0	11.9
I_2	0.0	0.0	0.0	0.0	3.2	5.2	7.8	11.7	13.7
I_1	0.0	0.0	0.0	0.0	0.0	1.9	4.1	8.2	11.8

表 10-3　女性的 Demirjian 法分期及对应的分值

牙齿	等级								
	0	A	B	C	D	E	F	G	H
M_2	0.0	2.7	3.9	6.9	11.1	13.5	14.2	14.5	15.6
M_1	0.0	0.0	0.0	0.0	4.5	6.2	9.0	14.0	16.2
PM_2	0.0	1.8	3.4	6.5	10.6	12.7	13.5	13.8	14.6
PM_1	0.0	0.0	0.0	3.7	7.5	11.8	13.1	13.4	14.1
C	0.0	0.0	0.0	0.0	3.8	7.3	10.3	11.6	12.4
I_2	0.0	0.0	0.0	0.0	3.2	5.6	8.0	12.2	14.2
I_1	0.0	0.0	0.0	0.0	0.0	2.4	5.1	9.3	12.9

表 10-4　男性的 Demirjian 法牙齿成熟指数和牙龄换算表

年龄	分值	年龄	分值	年龄	分值
3.0	12.4	7.0	46.7	15.0	97.6
3.1	12.9	7.1	48.3	15.1	97.7
3.2	13.5	7.2	50.0	15.2	97.8
3.3	14.0	7.3	52.0	15.3	97.8
3.4	14.5	7.4	54.3	15.4	97.9
3.5	15.0	7.5	56.8	15.5	98.0
3.6	15.6	7.6	59.6	15.6	98.1
3.7	16.2	7.7	62.5	15.7	98.2
3.8	17.0	7.8	66.0	15.8	98.2
3.9	17.6	7.9	69.0	15.9	98.3
4.0	18.2	8.0	71.6	16.0	98.4
4.1	18.9	8.1	73.5		
4.2	19.7	8.2	75.1		
4.3	20.4	8.3	76.4		
4.4	21.0	8.4	77.7		
4.5	21.7	8.5	79.0		
4.6	22.4	8.6	80.2		
4.7	23.1	8.7	81.2		
4.8	23.8	8.8	82.0		
4.9	24.6	8.9	82.8		
5.0	25.4	9.0	83.6		
5.1	26.2	9.1	84.3		
5.2	27.0	9.2	85.0		
5.3	27.8	9.3	85.6		
5.4	28.6	9.4	86.2		
5.5	29.5	9.5	86.7		
5.6	30.3	9.6	87.2		
5.7	31.1	9.7	87.7		
5.8	31.8	9.8	88.2		
5.9	32.6	9.9	88.6		

年龄	分值	年龄	分值	年龄	分值
6.0	33.6	10.0	89.0		
6.1	34.7	10.1	89.3		
6.2	35.8	10.2	89.7		
6.3	36.9	10.3	90.0		
6.4	38.0	10.4	90.3		
6.5	39.2	10.5	90.6		
6.6	40.6	10.6	91.0		
6.7	42.0	10.7	91.3		
6.8	43.6	10.8	91.6		
6.9	45.1	10.9	91.8		

表 10-5 女性的 Demirjian 法牙齿成熟指数和牙龄换算表

年龄	分值	年龄	分值	年龄	分值
3.0	13.7	7.0	51.0	15.0	99.2
3.1	14.4	7.1	52.9	15.1	99.3
3.2	15.1	7.2	55.5	15.2	99.4
3.3	15.8	7.3	57.8	15.3	99.4
3.4	16.6	7.4	61.0	15.4	99.5
3.5	17.3	7.5	65.0	15.5	99.6
3.6	18.0	7.6	68.0	15.6	99.6
3.7	18.8	7.7	71.8	15.7	99.7
3.8	19.5	7.8	75.0	15.8	99.8
3.9	20.3	7.9	77.0	15.9	99.9
4.0	21.0	8.0	78.8	16.0	100.0
4.1	21.8	8.1	80.2		
4.2	22.5	8.2	81.2		
4.3	23.2	8.3	82.2		
4.4	24.0	8.4	83.1		
4.5	24.8	8.5	84.0		
4.6	25.6	8.6	84.8		
4.7	26.4	8.7	85.3		
4.8	27.2	8.8	86.1		
4.9	28.0	8.9	86.7		
5.0	28.9	9.0	87.2		
5.1	29.7	9.1	87.8		
5.2	30.5	9.2	88.3		
5.3	31.3	9.3	88.8		
5.4	32.1	9.4	89.3		
5.5	33.0	9.5	89.8		
5.6	34.0	9.6	90.2		
5.7	35.0	9.7	90.7		
5.8	36.0	9.8	91.1		

续表

年龄	分值	年龄	分值	年龄	分值
5.9	37.0	9.9	91.4		
6.0	38.0	10.0	91.8		
6.1	39.1	10.1	92.1		
6.2	40.2	10.2	92.3		
6.3	41.3	10.3	92.6		
6.4	42.5	10.4	92.9		
6.5	43.9	10.5	93.2		
6.6	45.2	10.6	93.5		
6.7	46.7	10.7	93.7		
6.8	48.0	10.8	94.0		
6.9	49.5	10.9	94.2		

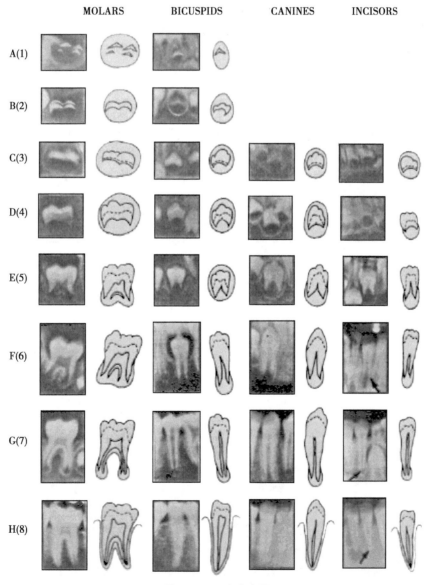

图 10-1 牙齿发育图

（2）Demirjian 法的修正：Demirjian 法虽然在国际上被广泛应用，但此法系基于加拿大法裔儿童为研究样本得出的，而不同人种、不同民族儿童牙齿发育差别很大，所以此法不适合直接用于其他人群。另外，牙齿发育的长期趋势是越来越早，故即使是对高加索人种，判定普遍出现高估现象。很多学者根据本国儿童发育特点对此法进行了修改。2005 年，范建林等应用 Demirjian 法检测了 276 名北京地区儿童（男 131 名，女 145 名）的牙齿成熟指数和牙龄，比较牙龄和实际年龄的差异，发现样本牙龄比实际年龄的平均值高了 0.26 年（男性）和 0.31 年（女性）。通过将牙齿成熟指数和年龄进行曲线拟合后，得到 DMS（y）与实际年龄（x）的数学模型如下：$y = a/(1 + e^{b+cx})$。其中女性：$a = 100.2$，$b = 3.50$，$c = -0.58$；男性：$a = 100.3$，$b = 3.17$，$c = -0.51$。通过该数学模型对牙龄进行修正，修正后的牙龄与实际年龄的平均差异为 0.15 年（女性）、0.19 年（男性），$P > 0.05$，两者均没有统计学差异。

2. 组织学法　放射线法在判断儿童年龄时很常用，但只在牙齿钙化期适用。牙齿生长的性别差异和种族差异较大，所以放射线法的应用有其局限性。而出生及出生以后的疾病和损伤等均能在釉质中留下印迹，应用牙组织学技术可以准确判定年龄。目前，牙组织学理论已经为人类、灵长类，甚至是灭绝的类人动物提供了独立判断年龄的方法。

不同的牙齿在同一时期形成雷丘斯线，其间的釉柱横纹数量相同，如 3 岁时完成牙冠矿化的第 1 磨牙在靠近牙颈缘的雷丘斯线间的釉柱横纹数量，与 3 岁时牙冠开始矿化的第 2 磨牙牙尖部的雷丘斯线间的釉柱横纹数量相等。确定了第一恒磨牙上的新生线以后，再根据牙齿的发育顺序找出不同牙齿间重合的雷丘斯线，对新生线与最后一条雷丘斯线间的釉柱横纹进行计数，即为死亡距出生的天数，此法尤其适用于儿童年龄的判定。对乳牙也可使用此方法，但因为乳牙釉柱横纹不如恒牙清晰，可以分别测量釉柱长度和釉柱横纹间距平均长度，再将两者相除即可。

3. 牙齿萌出时间法

（1）乳牙萌出（deciduous tooth eruption）时间法：刚出生时，全部牙胚埋伏于颌骨内，6 个月后，下颌乳中切牙开始萌出，接着是上颌乳中切牙开始萌出。以后按照乳侧切牙第一乳磨牙、乳尖牙和第二乳磨牙的顺序依次萌出。下颌乳牙萌出在先，上颌乳牙萌出在后，依次萌出，直到上颌第二乳磨牙萌出，形成完整的乳牙列为止（表 10-6）。

表 10-6　中国人乳牙萌出的时间（月）

乳牙	罗宗赉等统计	吴汝康等统计
上颌		
I	10.8	7.5（6～9）
II	12.5	9（6.5～10）
III	19.7	18（16～20）
IV	17.6	14（12～18）
V	27.1	24（20～30）
下颌		
I	8.6	6（5～8）
II	13.5	7（6～9）
III	20.2	16（14～18）
IV	17.6	12（10～14）
V	27.0	20（18～24）

（2）恒牙萌出时间法：恒牙萌出常伴随着乳牙的脱落，此时牙列称为混合牙列。6 岁后第一恒牙磨牙萌出，其他恒牙的萌出次序是：切牙 7～8 岁；第一双尖牙在 10 岁前后，接着是尖牙；第二双尖牙在 11 岁前后，12 岁以后第二磨牙萌出，标志着混合牙列结束。第三磨牙的萌出个体差异很大，多数在 16～21 岁萌出，也有的人终生无第三磨牙（表 10-7）。

表 10-7　中国人恒牙萌出时间

	姜元川统计		北医口腔教研组统计（右上标为月）		吴汝康等统计	
	男	女	男	女	男	女
上颌						
1	7.83	7.82	$6^7 \sim 8$	$5^{10} \sim 8$	6.5～8	6～9
2	9.02	8.56	$7^8 \sim 9^{10}$	$6^{11} \sim 9^{10}$	7.5～10	7～10
3	11.21	10.44	$9^{10} \sim 12^{11}$	$9^4 \sim 12$	10～13	9.5～12
4	10.51	9.97	$9^1 \sim 12^{10}$	$8^9 \sim 12^4$	9～12	9～12
5	10.98	10.61	$10 \sim 12^{10}$	$9^{11} \sim 12^{10}$	10～13	9.5～12
6	7.85	7.42	$6^1 \sim 7^5$	$5^3 \sim 7^4$	6～7.5	5.5～7.5
7	12.29	11.99	$11^5 \sim 14^3$	$11^1 \sim 13^{10}$	11.5～14	11～14
8	18.38	18.71	—	—	—	—
下颌						
1	7.16	6.94	$6^1 \sim 7^5$	$4^{11} \sim 8^5$	6～7.5	5～8.5
2	7.96	7.68	$6^6 \sim 8^5$	$5^6 \sim 9$	6.5～8.5	5.5～9
3	10.92	9.97	$9^7 \sim 12^1$	$8^8 \sim 11^9$	9.5～12	8.5～11.5
4	10.87	10.32	$9^5 \sim 12^6$	$8^{11} \sim 12^1$	9.5～12.5	9～12
5	11.02	10.62	$10 \sim 13$	$9^8 \sim 13$	10～13	9.5～13
6	7.39	7.22	$5^{11} \sim 7^2$	$5^2 \sim 6^{11}$	6～7	5～7
7	11.94	11.95	$10^{11} \sim 13^7$	$10^5 \sim 13^1$	11～13.5	10.5～13
8	18.73	19.14	—	—	—	—

马江敏（2007 年）对西安市 3831 人进行调查发现，第三磨牙的萌出年龄男性上颌为（20.09±1.57）岁，下颌为（20.56±2.16）岁；女性上颌为（19.98±1.51）岁，下颌为（19.84±1.57）岁。女性下颌萌出年龄早于男性（$P<0.05$）。30 岁前除先天缺失、阻生及萌出特别迟缓的第三磨牙外，能够萌出的第三磨牙已全部萌出。

4. 牙发育图法　1978 年，Ubelaker 绘制出复合牙齿发育图。该图是上下颌单侧牙齿生长发育图，共 21 幅，展示了自胚胎 5 个月到 35 岁的牙齿发育的变化过程，并附有 Gray 1959 年提出的不同年龄段牙齿发育的变异范围（图 10-2）。

（二）根据牙齿增龄性变化规律判定年龄

1. 牙齿的增龄性变化规律

（1）磨耗：牙齿在萌出后，即使未达咬合位，磨耗已经开始。磨耗的速度与很多因素有关：冠的形态，包括位置、高度、矿化程度、牙尖高度和裂的深度，咬合面，牙的内部结构，釉质厚度和内部结构，发育中的缺陷，以及咀嚼方式、食物性状、无食物时的磨牙症等因素。另外，乳牙釉质硬度小于恒牙，老年人釉质硬度小于青中年人，故不同年龄的人对磨耗的抵抗能力也有区别。磨耗形成以后咬合面的变化对之后的磨耗亦有影响。因此，解剖、生理和行为上的不同导致了磨耗速率的不同。测量磨耗的方法有两种，一种是测量如牙本质暴露等变化，另一种是测量牙高。随着技术发展，数码技术有望用于记录磨耗程度，如根据色差自动判断本质露出大小与区域。

一般将牙齿的磨耗分为三类：①滑动性磨耗，指在咀嚼过程中，牙面与食物之间或牙面与牙面之间摩擦，造成牙齿硬组织自然消耗的生理现象；②磨损性磨耗，指牙面与外物之间机械摩擦而产生的牙体损耗；③腐蚀性磨耗，指牙齿硬组织在非龋条件下与化学物质作用过程，通常是在酸性物质作用下酸的溶解或者牙釉质在近中性 pH 环境下的螯合过程。现在研究认为腐蚀造成牙齿过度磨耗具有重要地位。

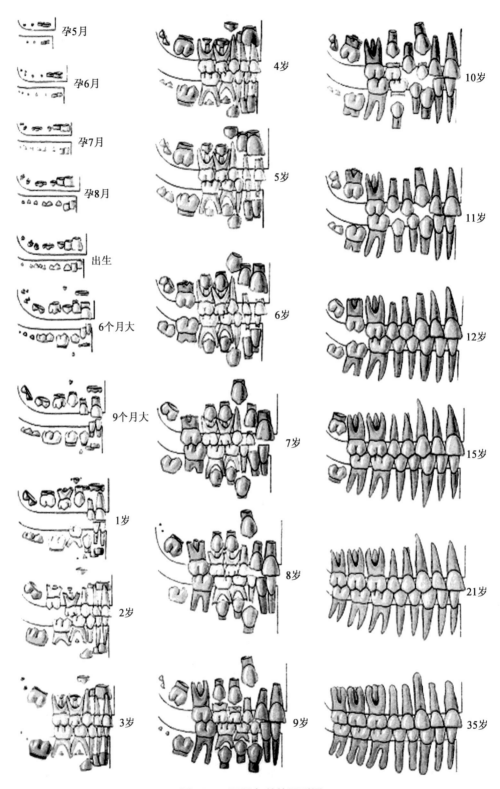

图 10-2　不同年龄的牙列图

人类牙齿从切牙到磨牙，功能上相互重叠，形态上逐步过渡，同名的牙齿具有相同的形态，根据牙齿相邻部分接触面的大小，可以确定牙齿的相对位置。上、下颌的牙齿形态不同，一般来说上颌牙齿大于下颌牙齿。齿冠面的牙尖、沟嵴以及内部牙质及髓腔的形态，随年龄增加而发生变化。牙齿磨耗发生在齿冠表面，形成齿冠表面多种表现形式，易于观察。而且上下颌牙齿的磨耗形态相互对应，与年龄增长关系密切，具备分类基础。因此，根据牙齿磨耗判定年龄效果较好。

（2）继发牙本质：随年龄增长，在髓腔和牙本质小管内会有继发牙本质沉积。一般认为随着继发性牙本质的沉积，会出现两种结果，一种是髓腔和根管的缩小，根管侧壁上的继发性牙本质与年龄的相关性较强，而髓室顶的继发牙本质部分因为对磨耗的反应，与年龄关系不强；另一种是牙根透明化，牙根透明化从根尖开始向牙颈部扩展。随着继发性牙本质沉积在牙本质小管，改变了牙根的折光率，使之透明度加强。此外，继发性牙本质比原始牙本质颜色更深，故随年龄增长牙色会变得更黄，继而变成棕色。

（3）牙骨质沉积：随着年龄增长，牙骨质不断沉积在牙根处，1958 年，Zander 和 Hurzeler 发现 51～76 岁人牙骨质的平均厚度是小于 20 岁人的 3 倍。而且牙骨质厚度人种间的变异很大，不适用于年龄推断。动物牙骨质断面有连续的明暗变化，类似年轮，称为牙骨质环，人类也有类似结构。这种环层结构可能与不同层间晶体方向不同有关，牙骨质环中一条明暗带代表 1 年，使用牙骨质环计数与牙齿萌出时间相加即为年龄。牙骨质环的形成可能是因为生长激素影响了成牙骨质作用，而生长激素可被季节变化等环境因素影响。以往研究中对牙骨质环能否判断年龄争议较大，2004 年，Wittwer-Backofen 等人进行了一项较大规模的调查，发现年龄与牙骨质环数相关性很强，并认为判断年龄误差在 2.5 岁以内。但人的骨质环与家畜一样，环层结构复杂，计数困难，从而难以应用。

（4）牙根吸收：随着年龄增长，由牙根根尖处开始吸收。一般认为乳牙根的吸收是正常生理现象，而恒牙根尖的吸收则是病理改变。Johanson 认为吸收由骨质的个别区域开始，表现为小坑，即使在年轻人中也存在；在老年人中，吸收区域增多，吸收量加大。Costa 认为 50 岁以下人牙根很少被吸收。两人都认为根的吸收与年龄关系很小。

（5）牙髓的组织变化：牙齿在生长过程中其牙髓结构会发生一系列变化，最先出现的变化是成牙本质细胞脂肪沉积增多，随后细胞缩小变少，20～30 岁时急剧减少，30～60 岁缓慢减少。牙髓因细胞减少渐呈网眼状，50 岁以上 100% 呈网状萎缩。11～20 岁牙髓细胞数大约是 30 岁的 1.28 倍，40 岁的 1.84 倍，50 岁的 2.58 倍，60 岁的 3.84 倍，至 70 岁时，牙髓细胞减少了 85.7%，仅有 20 岁牙髓细胞数的 1/8。牙髓的血管随年龄增长而变稀疏，甚至消失，血管壁可发生玻璃样变或钙变。牙髓的神经在青春期为束状，与血管平行，老年时则不呈束状，随年龄增加可见神经纤维萎缩变性，髓鞘消失和纤维化、钙化。

（6）牙龈退缩：在健康牙上，牙龈位于釉牙骨质边界附近，随年龄增长牙龈感染的可能性增大，造成轻度的牙周病变，这意味着随牙与牙槽之间的重构造成了牙龈附着位置的退缩。Costa 认为这与种群有关，在现代欧洲和美国，牙龈病变很常见，但在别的种群并非如此。Johanson 发现牙龈退缩与年龄关系并不大。

（7）牙槽骨吸收：随年龄增长，牙槽骨逐渐吸收退缩，20 岁时牙槽嵴顶至牙颈部距离约为 1.69mm，以后以每年 0.061mm 速度呈水平型退缩，80 岁时，牙槽嵴顶至牙颈部距离约为 5.36mm。

（8）其他牙骨质随年龄增长其渗透率也会增大，牙釉质、牙本质和牙骨质的硬度和密度会随年龄增长而增高，牙齿重量随年龄增长会轻微变大，同时脆性也增大。

2. 判定方法

（1）Gustafson 法：1950 年，Gustafson 根据牙齿的增龄性变化规律，提出用 6 项指标判断牙龄。

1）牙磨片的制备：将 10% 甲醛固定的牙齿用聚酯树脂（Polyester resin）包埋，固定在硬组织切片机上，将牙切成厚 0.1mm 的纵切片，然后再进一步在研磨机上磨薄。

2）观察指标：

牙磨耗（attrition，A）：A_0- 无磨耗；A_1- 磨耗限于釉质内；A_2- 磨耗达牙本质；A_3- 磨耗达牙髓腔或继发性牙本质。

继发性牙本质沉积（secondary dentine deposition，S）：S_0- 无沉积；S_1- 在髓腔上部沉积少量；S_2- 沉积达髓腔的 1/2；S_3- 全部充满或接近充满牙髓腔。

牙龈退缩（migration of the periodontal ligament，P）：P_0- 无退缩；P_1- 退缩刚开始；P_2- 达到或超过颈侧 1/3 而未达 2/3；P_3- 达到牙根的 2/3。

牙骨质的沉着（cementum apposition，C）：C_0- 正常牙骨质层；C_1- 比正常牙骨质层稍多的沉着；C_2- 大的牙骨质层沉着；C_3- 大量牙骨质层沉着。

牙根吸收（root resorption，R）：R_0- 牙根未见吸收；R_1- 仅有小的孤立斑点的吸收；R_2- 吸收的面积较大；R_3- 牙骨质和牙本质大片吸收。

牙根透明度（transparency of root，T）：T_0- 无透明；T_1- 透明部限于根尖侧的 1/3 内；T_2- 透明部超过根尖的 1/3；T_3- 透明部超过根尖的 2/3。

上述因素，除牙龈退缩在未制备牙磨片前直接观察外，其他各项指标均在制作磨片后在显微镜下观察（图 10-3）。

3）推断年龄方程和误差：Y = 11.43 + 4.51X

Y 为估计年龄，X 为观察指标的指数之和。

Gustafson 本人获得的结果：推断年龄与实际年龄的误差为，正负 3 岁占 44%；正负 5 岁占 58%。

4）Gustafson 法的缺点：Gustafson 法是对法医牙科学的一个重要贡献，吸引各国学者的注意，但此法也存在明显的缺点。一是制作标本困难，二是某些指标不好把握，三是缺乏对某些影响因素的控制，四是有学者认为此法在统计分析上存在问题，五是此法没有区分不同指标与年龄的相关性，牙龈退缩与根的吸收与年龄的相关性较小。Gustafson 法被 Dalitz、Johanson、Bang 和 Ramm、Burns 和 Maples、Maples 等重新研究并进行了修正。如 Johanson 将每一项因素分为 7 个等级。多数修正

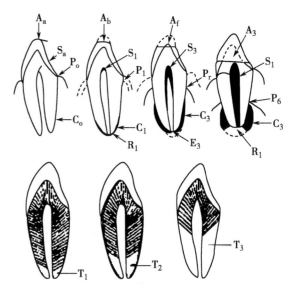

图 10-3　牙齿磨片示意图

方法不再同时采用 6 项指标，如 1970 年 Bang 和 Ramm 仅使用根透明化作为年龄推断的基本指标，但这些方法有共同的缺点，对小于 35 岁的年轻人易于高估年龄，而对大于 50 岁的老年人又易于低估年龄。有证据表明亚洲人根透明化很慢，而且，管内牙本质的沉积还可能与牙周疾病有关。

（2）Gustafson 法修正：刘桢等人对上海地区人群 220 颗牙齿进行研究，在 Gustafson 法 6 项指标上增加了牙龈邻接面的测量，并将牙骨质增生由测量长度改为测量厚度，提高了年龄判定的准确率。

1）观察指标：

① 肉眼观察：牙𬌗面及切缘的磨损（A）；牙龈退缩情况（P）；牙根吸收情况（R）；其分级标准与 Gustafson 法相同。

② 测量邻面接触区大小（Pr）：用精确度为 0.1mm 的游标卡尺，测量领面接触区上下方向的长度和唇（颊）舌方向的宽度以计算接触区面积，其分级标准为：

Pr_0：<4mm²；Pr_1：≥4 且 <8mm²；Pr_2：≥8 且 <12mm²；Pr_3：≥12mm²

③ 制作牙的纵磨片：除下颌第一、第二磨牙按近远中方向切割外，其余均按唇（颊）舌方向切割。磨制 0.1～0.2mm 的磨片。

④ 肉眼或镜下观察牙根透明（T）情况：镜下观察继发性和（或）修复性牙本质（S）沉积情况，其分级标准与 Gustafson 法相同。

⑤ 测量牙骨质（C）厚度：用测微尺测最厚处牙骨质厚度，其分级标准为：C_0：<0.25mm；C_1：≥0.25 且 <0.50mm；C_2：≥0.50 且 <0.75mm；C_3：≥0.75mm。

2）统计分析：

① 相关系数：将上述各项观察指标的级数相加，其和（X）与年龄作统计学的相关处理，得相关系

数（r）为 0.9627。经 t 检验，P<0.001，表示牙的形态改变与年龄之间存在着非常明显的相关关系。

②回归方程：Y＝9.34＋4.02X

式中 Y 为估计年龄，X 为各项观察指标之和。经回归系数检验，P<0.001，表示回归系数 4.02 与 0 之间的差异非常显著。

③估计误差：本法估计年龄与实际年龄间的误差为 0～17 岁，平均误差 3.24 岁。其中相差在正负 3 岁占 51.4%；正负 5 岁占 71.8%；正负 8 岁占 95.5%。与原法相比，较为精确。

（3）牙齿磨耗法：

1）牙齿磨耗年龄判定的分级法：

①牙齿磨耗六级分类，进行年龄判定的方法：在中国最初提出牙齿磨耗年龄判定的是吴汝康先生与柏惠英教授（1965 年），他们建立的牙齿年龄判定的方法至今仍然有实用价值。他们统计分析了有确切死亡年龄记载的男性颅骨 93 个，年龄范围 15～66 岁，标本来源于河北、山东，少数来源于河南、山西。根据磨牙的磨耗程度，将其分为六级。磨牙磨耗的分级标准如下。

Ⅰ：牙尖顶和边缘部微有磨耗；

Ⅱ：牙尖磨平或咬合面中央凹陷；

Ⅲ：牙尖大部磨去，暴露牙本质点；

Ⅳ：牙本质点扩大互相连成片；

Ⅴ：齿冠部分磨去，齿本质全部暴露；

Ⅵ：齿冠全部磨耗，齿腔暴露。

随着年龄的增加，磨耗级增加。各磨耗级所对应的年龄范围如下（表 10-8）。

表 10-8 臼齿各磨耗级的平均年龄和 95% 置信区间（岁）

磨耗级	M₁		M₂	
	平均年龄	95% 置信区间	平均年龄	95% 置信区间
Ⅰ	22.6	21.5～23.1	23.4	22.4～24.4
Ⅱ	27.3	25.8～28.8	29.7	28.5～30.9
Ⅲ	31.7	27.5～35.9	37.6	35.6～39.6
Ⅳ	40.6	38.6～42.6	46.2	44.1～48.1
Ⅴ	52.5	48.1～56.9	60.3	55.4～65.2
Ⅵ	57.5	—	—	—

M₁（第 1 磨牙）的Ⅵ级由于例数少，不足以计算 95% 置信区间；M₂（第 2 磨牙）的Ⅵ级在所观察的标本中，未曾见到

姜学树等（1984 年）对辽宁人磨牙磨耗与年龄的关系进行了研究。他们共研究了 208 例成年男性的磨牙磨耗情况，样本的年龄范围 15～61 岁，第一磨牙 658 颗（上颌 344 颗，下颌 314 颗），第二磨牙 601 颗（上颌 310 颗，下颌 291 颗）。牙齿磨耗分级参照了吴汝康先生等提出的分类方法。分类标准如下（图 10-4）。

辽宁人磨牙磨耗的分级与年龄的关系如下（表 10-9）。

②牙齿磨耗九级分类，进行年龄判定的方法：莫世泰等（1983 年）在研究华南人颅骨的磨牙磨耗与年龄的关系时，使用了牙齿磨耗九级分类法。牙齿磨耗的详细分级，可以提高牙齿磨耗年龄判定的准确性。牙齿磨耗九级分级标准如下。

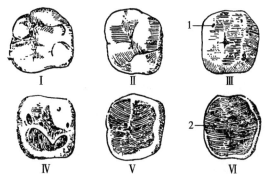

图 10-4 辽宁人磨牙磨耗的分级标准及模式图

Ⅰ.牙尖顶和边缘部分微有磨耗；Ⅱ.牙尖磨平；Ⅲ.暴露牙本质点；Ⅳ.牙本质点互相连接；Ⅴ.牙本质全部暴露；Ⅵ.齿髓腔暴露 1.牙本质点；2.牙髓腔

表 10-9 辽宁人磨牙磨耗分级的平均年龄和 95% 置信区间

磨耗级	M₁		M₂	
	平均年龄	95% 置信区间	平均年龄	95% 置信区间
I	19.67	17.39～21.94	23.17	19.76～26.58
II	23.72	22.21～25.23	29.37	28.49～30.25
III	31.73	30.85～32.61	36.09	33.78～38.40
IV	41.02	37.32～44.72	46.95	39.95～53.95
V	51.73	43.55～59.59	59.50	—
VI	60.5	—	—	—

M₁ 的 Ⅵ 级和 M₂ 的 Ⅵ 级由于例数少，不足以计算 95% 置信区间。M₂ 的 Ⅵ 级在所观察的标本中仅见到 1 例，故未予统计

I：牙尖顶和边缘部分微有磨耗；

II：牙尖磨平或咬合面中央出现凹陷；

III：牙尖大部分磨平，其中有一个或两个牙尖出现点状牙本质暴露；

IV：有 3 个牙尖的牙本质点暴露或者两个牙尖的牙本质点扩大并连成一片；

V：有 4 个牙尖的牙本质点暴露或者 3 个牙尖的牙本质点暴露，而其中有 2 个牙本质点扩大连成一片；

VI：有 2 个或 3 个牙本质点扩大联合成一片，而其中两个或一个牙本质点分离；

VII：齿冠部分磨去，4 个牙尖的牙本质点联合，但咬合面釉质的岛或半岛存在；

VIII：齿冠大部分磨去，牙本质全部暴露；

IX：齿冠全部磨去，牙髓腔暴露出来（图 10-5）。

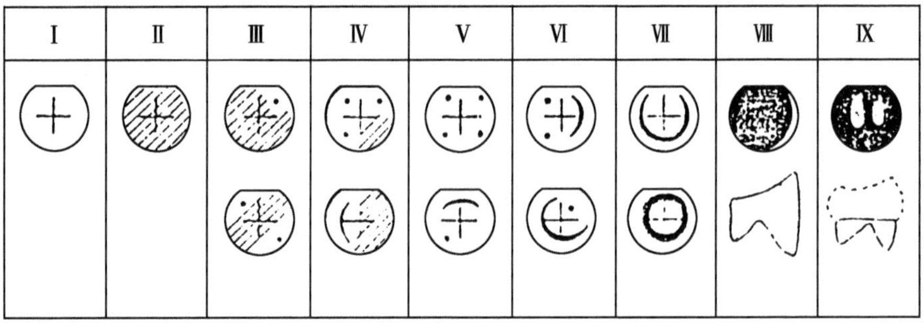

图 10-5 牙齿磨耗九级分类模式图

观察时，先将牙齿咬合面刷洗干净，使釉质与牙本质的界限清晰可辨。用 5 倍的放大镜进行观察记录，其结果进行统计学处理。

华南人磨牙磨耗级与年龄的关系如下（表 10-10）。

2）牙齿磨耗年龄判定的统计学方法回归方程：

①牙齿磨耗年龄判定的回归方程：根据牙齿的磨耗情况建立推断年龄的回归方程，其判定年龄的结果更为可靠。张继宗等（1988 年）应用公安部物证鉴定中心的颅骨标本，研究了牙齿磨耗年龄判定的回归方程。研究标本共 262 例，来自江西、青海、吉林、河北、安徽、贵州、云南、广西、山东等九省区。研究的磨牙有 992 颗，对标本较多的省份的标本，作了牙齿磨耗年龄的地区差异的比较分析，统计检验结果表明，在 20～40 岁年龄段，在江西、贵州、云南、广西和山东等五省区，差异没有统计学意义。

该法牙齿磨耗分为十级，分级标准如下（图 10-6）：

I：没有明显肉眼可见的磨耗；

II：牙尖微有磨耗，肉眼明显可见；

表 10-10　华南人磨牙磨耗级的平均年龄和 95% 置信区间（岁）

磨耗级	M₁		M₂	
	平均年龄	95% 置信区间	平均年龄	95% 置信区间
Ⅰ	19.6	18.2～21.0	22.8	21.7～23.9
Ⅱ	24.3	23.6～24.8	27.6	26.8～28.4
Ⅲ	30	29.0～31.0	37.6	36.3～38.9
Ⅳ	38.2	36.6～39.8	45.3	43.1～47.4
Ⅴ	44.7	43.0～46.9	54.7	53.0～56.4
Ⅵ	54.5	51.7～57.3	60.3	57.9～62.7
Ⅶ	60.4	57.3～63.5	64.3	60.5～68.0
Ⅷ	65	62.3～67.7	70	
Ⅸ	68.5	—	—	—

M_1 的Ⅸ级和 M_2 的Ⅷ级由于例数少，不足以计算 95% 置信区间；M_2 的Ⅸ级，所观察的标准未曾见到

Ⅲ：牙尖磨平，微有凹陷；

Ⅳ：牙本质点状暴露；

Ⅴ：两个以上的牙本质点暴露，没有融合；

Ⅵ：牙本质点开始出现融合；

Ⅶ：两个以上牙本质点融合；

Ⅷ：牙本质点全部融合，但仍有岛状的牙釉质存在；

Ⅸ：齿冠牙本质全部暴露；

Ⅹ：牙髓腔暴露。

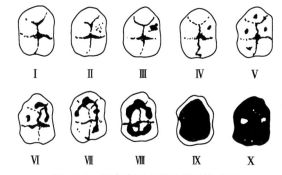

图 10-6　牙齿磨耗十级分类的模式图

将牙齿的磨耗级定为牙齿年龄判定的评分。将磨牙磨耗评分代入磨牙磨耗判别年龄的多元回归方程式，可求出个体的年龄。由于各个颅骨（包括下颌）牙齿存留的数目不一致，根据颅骨（包括下颌）牙齿存留的情况，可使用不同数目组合的 M_1、M_2 构成的判别年龄的多元回归方程。

上颌 4 颗臼齿的年龄判定：

$$Y = 9.21 + 1.49X_1 + 2.31X_2 + 2.01X_3 + 0.90X_4$$

其中 X_1 为上颌左侧 M_1 的磨耗级评分；X_2 为上颌左侧 M_2 的磨耗级评分；X_3 为上颌右侧 M_1 的磨耗级评分；X_4 为上颌右侧 M_2 的磨耗级评分；Y 为判定年龄。

复相关系数 $r = 0.9576$，标准差 $s = 2.74$（$P \leqslant 0.1$）。

上颌左侧 M_1、M_2、右 M_1 三颗臼齿的年龄判定：

$$Y = 11.59 + 15.7X_1 + 2.42X_2 + 1.98X_3$$

其中：X_1 为上颌左侧 M_1 的磨耗级评分；X_2 为上颌左侧 M_2 的磨耗级评分；X_3 为上颌右侧 M_1 的磨耗级评分；Y 为判定年龄。

复相关系数 $r = 0.8831$，标准差 $s = 4.38$（$P \leqslant 0.01$）。

上颌右侧 M_1、M_2 两颗臼齿的年龄判定：

$$Y = 11.37 + 3.01X_1 + 3.43X_2$$

其中 X_1 为上颌右侧 M_1 磨耗级评分；X_2 为上颌右侧 M_2 磨耗级评分；Y 为判定年龄。

复相关系数 $r = 0.9114$，标准差 $s = 4.58$（$P \leqslant 0.01$）。

上颌左侧 M_1、M_2 两颗臼齿的年龄判定：

$$Y = 12.02 + 2.73X_1 + 3.27X_2$$

其中 X_1 为上颌左侧 M_1 磨耗级评分；X_2 为上颌左侧 M_2 磨耗级评分；Y 为判定年龄。

复相关系数 $r=0.8784$，标准差 $s=4.42$（$P \le 0.01$）。

下颌四颗臼齿的年龄判定：

$$Y=8.04+1.93X_1+2.67X_2+1.85X_3+0.51X_4$$

其中 X_1 为下颌左侧 M_1 的磨耗级评分；X_2 为下颌左侧 M_2 的磨耗级评分；X_3 为下颌右侧 M_1 磨耗级评分；X_4 为下颌右侧 M_2 磨耗级评分；Y 为判定年龄。

复相关系数 $r=0.9384$，标准差 $s=4.28$（$P \le 0.01$）。

下颌左 M_1、M_2，右 M_1 三颗磨牙的年龄判定：

$$Y=8.81+2.17X_1+2.49X_2+1.94X_3$$

其中 X_1 为下颌左侧 M_1 磨耗级评分；X_2 为下颌左侧 M_2 磨耗级评分；X_3 为下颌右侧 M_1 磨耗级评分；Y 为判定年龄。

复相关系数 $r=0.9001$，标准差 $s=5.13$（$P \le 0.01$）。

下颌右侧 M_1、M_2 两颗臼齿的年龄判定：

$$Y=12.02+2.71X_1+3.28X_2$$

其中 X_1 为下颌右侧 M_1 的磨耗级评分，X_2 为下颌右侧 M_2 的磨耗级评分，Y 为判定年龄。

复相关系数 $r=0.9091$，标准差 $s=5.45$（$P \le 0.01$）。

下颌左 M_1、M_2 两颗臼齿的年龄判定：

$$Y=9.45+3.63X_1+2.92X_2$$

其中 X_1 为下颌左侧 M_1 的磨耗级评分；X_2 为下颌左侧 M_2 的磨耗级评分；Y 为判定年龄。

复相关系数 $r=0.8994$，标准差 $s=5.49$（$P \le 0.01$）。

② 牙齿磨耗年龄判定的数量化理论：口腔中除磨牙外，其他牙齿也包含了年龄推断的可用信息。应用全口腔的牙齿磨耗情况进行年龄判定，能够提高牙齿年龄判定的可靠性。应用数量化理论的方法进行牙齿磨耗的年龄判定，方法也更加简便。日本学者竹井哲司等（1981 年）完成了全口腔牙齿磨耗年龄判定的数量化理论方法，效果很好。全口腔牙齿磨耗年龄判定的分级标准如下（图 10-7）。

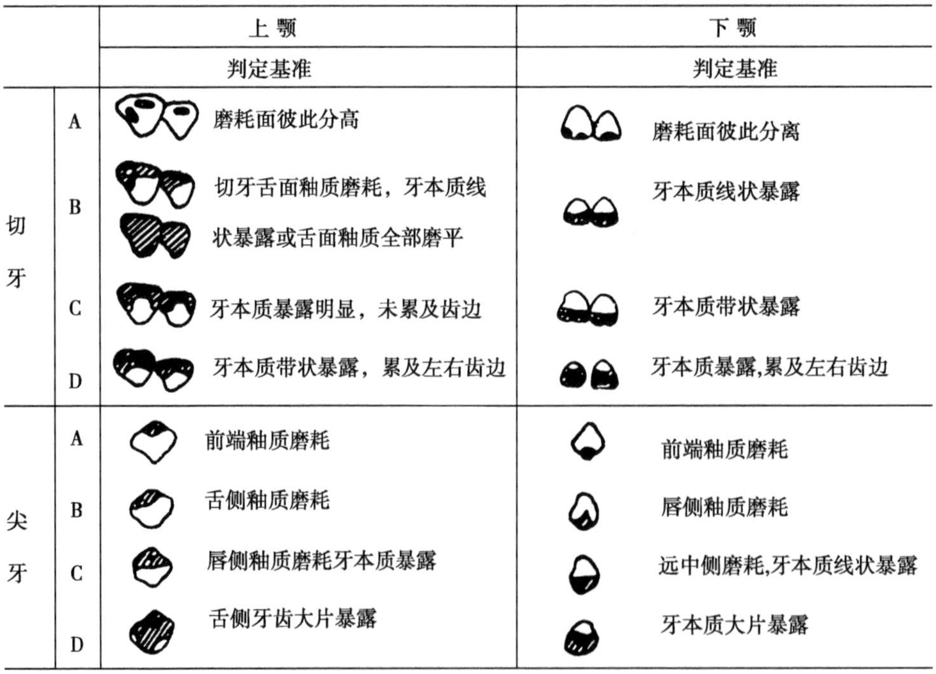

		上 颚		下 颚	
		判定基准		判定基准	
切牙	A		磨耗面彼此分离		磨耗面彼此分离
	B		切牙舌面釉质磨耗，牙本质线状暴露或舌面釉质全部磨平		牙本质线状暴露
	C		牙本质暴露明显，未累及齿边		牙本质带状暴露
	D		牙本质带状暴露，累及左右齿边		牙本质暴露，累及左右齿边
尖牙	A		前端釉质磨耗		前端釉质磨耗
	B		舌侧釉质磨耗		唇侧釉质磨耗
	C		唇侧釉质磨耗牙本质暴露		远中侧磨耗,牙本质线状暴露
	D		舌侧牙齿大片暴露		牙本质大片暴露

图 10-7 全口腔的牙齿磨耗的分级标准

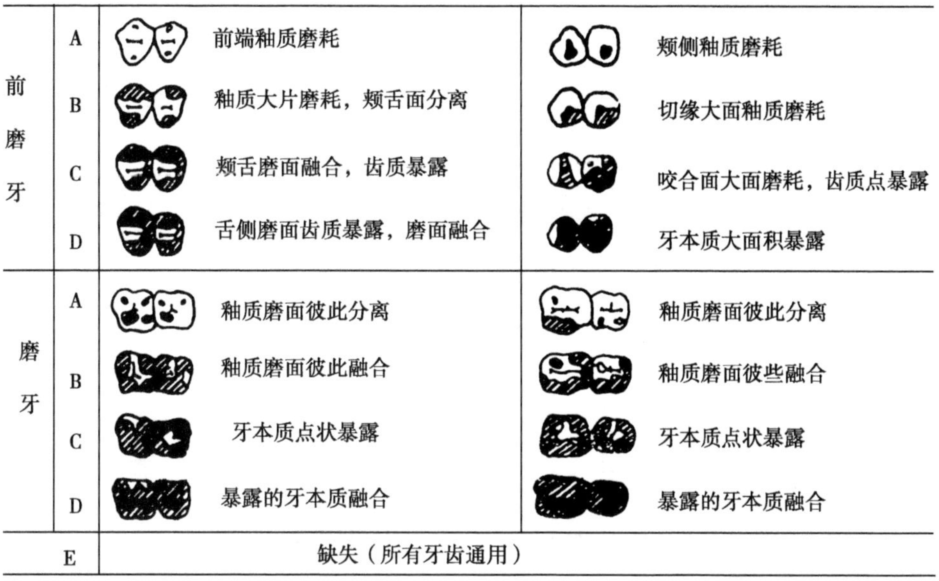

前磨牙	A		前端釉质磨耗		颊侧釉质磨耗
	B		釉质大片磨耗，颊舌面分离		切缘大面釉质磨耗
	C		颊舌磨面融合，齿质暴露		咬合面大面磨耗，齿质点暴露
	D		舌侧磨面齿质暴露，磨面融合		牙本质大面积暴露
磨牙	A		釉质磨面彼此分离		釉质磨面彼此分离
	B		釉质磨面彼此融合		釉质磨面彼些融合
	C		牙本质点状暴露		牙本质点状暴露
	D		暴露的牙本质融合		暴露的牙本质融合
	E	缺失（所有牙齿通用）			

图 10-7　全口腔的牙齿磨耗的分级标准（续）

在进行牙齿的年龄判定时，将全口腔的牙齿按磨耗的分级标准评出磨耗级（A、B、C、D、E），在全口腔的牙齿磨耗的年龄计算表中，找到每一颗牙齿对应的磨耗分级的数值求和，然后与均值相加，得到的结果就是推断年龄。

全口腔牙齿推断年龄的计算表如下（表 10-11）：

表 10-11　全口腔 28 颗牙齿磨耗推断年龄的计算表（均值 45.81）

齿位			磨耗度分级				
			A	B	C	D	E
上颌	左	7	−5.727	−3.129	0.624	5.409	5.350
		6	0.044	−0.450	0.308	−0.214	0.373
		5	3.887	0.138	−3.791	−0.306	4.857
		4	−2.277	−0.301	2.201	−2.124	−1.060
		3	1.599	0.369	−1.304	1.089	—
		2	−3.254	0.087	3.725	0.283	−2.076
		1	1.876	1.525	−2.408	−0.936	2.318
	右	1	−7.182	−0.080	2.813	1.032	−0.427
		2	1.170	−1.193	0.602	1.551	−1.241
		3	−3.774	−1.872	0.003	2.512	—
		4	1.339	0.325	−0.848	2.133	−3.517
		5	−3.584	−0.431	1.816	2.425	1.013
		6	−0.461	2.351	−0.665	−3.695	0.696
		7	−2.059	−0.949	−0.675	6.018	1.936
下颌	左	7	1.604	−1.431	−0.876	2.039	0.044
		6	0.144	−4.011	0.924	4.118	−0.339
		5	−1.169	−2.192	3.645	−1.531	2.503
		4	−5.034	−1.803	1.639	3.848	—
		3	2.376	—	−0.017	−1.805	—
		2	1.509	1.313	0.249	−3.007	—
		1	−4.200	−3.137	0.462	−3.150	—

续表

齿位		磨耗度分级				
		A	B	C	D	E
右	1	2.278	0.490	−1.941	1.075	—
	2	1.247	−0.240	0.836	−1.077	—
	3	−1.624	—	0.662	0.064	—
	4	1.171	−0.976	0.862	−0.501	—
	5	−2.086	0.895	−0.614	2.656	−0.256
	6	0.640	2.034	0.138	−2.412	−0.366
	7	−3.089	−1.353	7.248	−1.013	−0.198

复相关系数 $r = 0.929$

上颌牙齿推断年龄的计算表如下（表 10-12）：

表 10-12　上颌 14 颗牙齿磨耗推断年龄的计算表（均值 45.81）

上颌		磨耗度分级				
		A	B	C	D	E
左	7	−6.291	−3.72	2.669	4.986	4.802
	6	−2.114	−0.427	−0.651	1.771	1.838
	5	2.531	0.305	−1.701	−1.955	2.208
	4	−1.992	−0.467	1.12	0.517	−1.072
	3	−2.97	0.355	−0.481	1.131	—
	2	−1.553	−0.253	2.972	1.031	−4.11
	1	0.797	0.641	−1.293	−0.312	1.536
右	1	−4.461	−1.794	2.472	1.635	0.793
	2	−0.311	−1.178	1.574	0.101	3.302
	3	−1.968	−2.287	0.366	1.565	—
	4	−0.475	−1.125	1.263	2.096	−5.365
	5	−5.017	−1.991	3.08	3.812	0.594
	6	−0.458	0.963	−0.188	−1.912	0.768
	7	−2.436	−2.053	0.584	5.038	2.762

复相关系数 $r = 0.868$

下颌牙齿推断年龄的计算表如下（表 10-13）：

表 10-13　下颌 14 颗牙齿磨耗推断年龄的计算表（均值 45.81）

下颌		磨耗度分级				
		A	B	C	D	E
左	7	−1.221	−3.045	−2.569	6.818	0.383
	6	−2.188	−3.072	0.175	4.068	−0.007
	5	−1.432	−1.469	2.156	1.906	0.779
	4	−5.486	−1.278	1.807	3.213	—
	3	−0.518	—	−0.696	1.609	
	2	−0.291	−0.215	0.549	−0.011	
	1	−4.322	−2.235	0.470	2.37	—

下颌		磨耗度分级				
		A	B	C	D	E
右	1	0.345	1.449	−1.067	−0.184	—
	2	−1.527	−0.283	0.301	0.994	—
	3	−1.730	—	0.456	0.504	—
	4	0.382	−0.658	1.701	−1.820	—
	5	−1.367	−1.144	−1.759	4.968	2.456
	6	−2.639	−1.490	2.489	0.682	0.021
	7	−4.630	0.025	5.613	−0.678	−0.455

复相关系数 $r = 0.868$

在实际办案中,由于观察的牙齿较多,不便于记录及统计牙齿的磨耗情况,可以用下述方法进行。

列表,确定齿位,记录牙齿的磨耗级。以竹井哲司等报道的案例,介绍个体推断年龄的方法(表10-14)。

表10-14　个体牙齿磨耗记录表

齿位		M₂	M₁	PM₂	PM₁	C	I₂	I₁	I₁	I₂	C	PM₁	PM₂	M₁	M₂
磨耗度	上颌	C	C	E	C	B	B	C	C	B	B	B	C	B	C
	下颌	C	B	E	C	B	B	C	C	B	B	B	B	E	C

根据牙齿的磨耗度列表,推断个体的年龄。上颌14颗牙齿的年龄方法如下(表10-15):

表10-15　上颌14颗牙齿的年龄推断

	齿位	磨耗度	评分值
左	7	C	2.699
	6	B	−0.427
	5	C	−1.701
	4	B	−0.467
	3	B	0.335
	2	B	−0.253
	1	C	−1.293
右	1	C	2.472
	2	B	−1.178
	3	B	−2.287
	4	C	1.263
	5	E	0.594
	6	C	−0.188
	7	C	0.584
合计			0.173

均值:45.81;推断年龄:46岁;实际年龄:44.5岁;误差:1.5岁

下颌 14 颗牙齿的年龄方法如下（表 10-16）：

表 10-16　下颌 14 颗牙齿的年龄推断

	齿位	磨耗度	评分值
左	7	C	−2.569
	6	B	−3.072
	5	E	0.779
	4	C	1.807
	3	B	−0.518
	2	B	−0.215
	1	C	0.470
右	1	C	−1.067
	2	B	−0.283
	3	B	−1.730
	4	B	−0.658
	5	B	−1.144
	6	E	0.021
	7	C	5.631
合计			−2.566

均值：45.81；推断年龄：43.2 岁；实际年龄：44.5 岁；误差：1.3 岁

全口腔 28 颗牙齿的年龄方法如下（表 10-17）：

表 10-17　全口腔 28 颗牙齿的年龄推断

		齿位		磨耗度	评分值
上颌	左	7		C	0.624
		6		B	−0.450
		5		C	−3.791
		4		B	−0.301
		3		B	0.369
		2		B	0.087
		1		C	−2.408
	右	1		C	2.813
		2		B	−1.193
		3		B	−1.872
		4		C	−0.848
		5		E	1.013
		6		C	−0.665
		7		C	−0.675
下颌	左	7		C	−0.876
		6		B	−0.4011
		5		E	2.503
		4		C	1.639
		3		B	2.376
		2		B	1.313
		1		C	0.462

齿位		磨耗度	评分值
右	1	C	−1.941
	2	B	−0.240
	3	B	−1.624
	4	B	−0.976
	5	B	0.859
	6	E	−0.366
	7	C	7.248
合计			−0.894

均值：45.81；推断年龄：44.9岁；实际年龄：44.5岁；误差：0.4岁

日本人的饮食习惯与中国人类似，牙齿磨耗的程度与中国人也类似。在法医学实践中，日本人牙齿磨耗程度推断年龄的方法，可以应用于中国人牙齿磨耗程度的年龄推断。

中国人全口腔牙齿磨耗程度的年龄判定，宋宏伟等做了大量的工作，建立了中国人全口腔牙齿磨耗年龄判定的数量化理论方法，效果很好。中国人全口腔牙齿磨耗年龄判定的分级标准见图10-8。

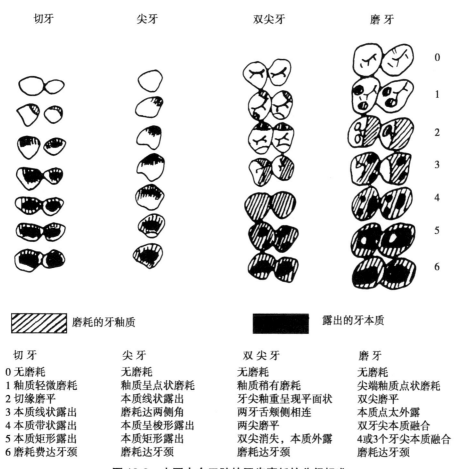

切牙	尖牙	双尖牙	磨牙
0 无磨耗	无磨耗	无磨耗	无磨耗
1 釉质轻微磨耗	釉质呈点状磨耗	釉质稍有磨耗	尖端釉质点状磨耗
2 切缘磨平	本质线状露出	牙尖釉重呈现平面状	双尖磨平
3 本质线状露出	磨耗达两侧角	两牙舌颊侧相连	本质点太外露
4 本质带状露出	本质呈梭形露出	两尖磨平	双牙尖本质融合
5 本质矩形露出	本质矩形露出	双尖消失，本质外露	4或3个牙尖本质融合
6 磨耗费达牙颈	磨耗达牙颈	磨耗达牙颈	磨耗达牙颈

图10-8 中国人全口腔的牙齿磨耗的分级标准

在进行牙齿的年龄判定时，将牙齿按磨耗的分级标准评出磨耗级（0、1、2、3、4、5、6），根据牙齿磨耗度年龄计算表中，找到每一颗牙齿对应的磨耗分级的数值求和，然后与均值相加，得到的结果就是推断年龄。

中国人下颌14颗牙齿推断年龄的计算表如下（表10-18）。

表 10-18　中国人上颌 14 颗牙齿磨耗推断年龄的计算表

上颌		磨耗度分级						
		0	1	2	3	4	5	6
左	7	−5.81	−3.84	−2.84	—	—	—	—
	6	−4.41	−4.94	−4.42	−2.15	—	—	—
	5	−3.51	−1.31	—	−1.23	—	3.47	—
	4	—	0.91	—	1.90	—	—	—
	3	—	—	0.95	—	1.84	4.50	5.76
	2	—	—	—	2.18	—	—	—
	1	−7.77	−6.99	−4.39	−2.52	—	—	—
右	1	—	—	—	—	—	—	—
	2	−2.09	−1.07	—	—	—	—	—
	3	—	−1.07	—	1.72	2.01	—	—
	4	−8.71	−7.47	−6.94	−5.95	−4.62	—	—
	5	—	—	—	1.53	1.24	—	17.54
	6	—	—	—	2.14	2.62	—	—
	7	—	—	—	4.43	9.04	12.91	18.00

男性＝−1.52，女性＝0，均值＝45.52。复相关系数 r＝0.889

在进行个体的年龄判定时，将个体的上颌牙齿按磨耗程度进行分级（0～6 级），然后对照上表找到每颗牙齿的磨耗度的对应值，并将这些数值相加，求出 14 颗牙值后，按下式计算个体的年龄。

$$推断年龄＝14 颗牙值＋均值＋性别值$$

中国人下颌 14 颗牙齿推断年龄的计算表如下（表 10-19）。

表 10-19　中国人下颌 14 颗牙齿磨耗推断年龄的计算表

下颌		磨耗度分级						
		0	1	2	3	4	5	6
左	7	—	—	—	4.68	7.04	9.74	9.54
	6	—	—	1.38	4.85	6.06	4.86	3.95
	5	—	—	−1.38	—	—	3.28	—
	4	−2.27	−0.85	—	—	—	—	—
	3	—	—	0.61	—	—	—	6.04
	2	—	−0.74	—	—	—	—	—
	1	−4.69	−4.01	−1.08	—	4.47	5.34	6.99
右	1	—	—	1.13	—	—	—	−5.08
	2	−2.09	−1.07	—	—	−1.73	—	—
	3	−6.39	−5.69	−4.17	−2.19	—	—	—
	4	—	—	—	1.57	2.54	—	—
	5	1.82	—	—	2.23	—	—	—
	6	—	—	—	—	—	—	—
	7	−1.82	—	1.41	3.97	8.18	11.29	11.57

男性＝−1.05，女性＝0，均值＝29.44。复相关系数 r＝0.930

在进行个体的年龄判定时，将个体的下颌牙齿按磨耗程度进行分级（0～6 级），然后对照上表找到每颗牙齿的磨耗度的对应值，并将这些数值相加，求出 14 颗牙值后，按下式计算个体的年龄。

$$推断年龄 = 14颗牙值 + 均值 + 性别值$$

宋宏伟等研究了男性、女性，城市、农村及不同民族的牙齿磨耗的年龄判定方法，也研究了同一个体不同牙齿间磨耗度的相关性，为牙齿缺失的个体牙齿磨耗度的替代进行年龄判定提供科学依据。宋宏伟等研究结果中，简单准确的方法是上述方法，在法医实践中，判断年龄效果较好。

牙齿年龄判定的其他方法，如制作牙齿磨片，观察牙齿剖面的结构特征，进行年龄判定的，测量氨基酸的消旋化推断牙齿年龄等方法，操作复杂，在法医学实践中应用价值较小，在此不再介绍。

第四节　同　一　认　定

根据牙齿进行同一认定是法医齿科学的一项重要研究内容。牙齿是矿化度很高的组织，牙齿本身及修复痕迹稳定性好，能够抵抗极端的环境变化，在焚尸、腐败和白骨化案例中应用广泛。尤其是当遗传学技术无法应用时，根据牙齿进行同一认定显得尤为重要。因为牙齿检验方法简便、检验时间短、花费少，所以在空难、恐怖袭击等群体性死亡案件中得到了广泛应用，如巴厘岛爆炸案、印度洋海啸等。据统计，成年人牙列与修复痕迹有 10^{30} 种排列方式，这是个人识别的基础，但这取决于生前有准确、详细的牙科记录。根据牙齿进行的同一认定多应用于尸体，但在特殊条件下也应用于活体，如整容者、非法移民和老年痴呆症患者。广义上，咬痕的鉴定也属于同一认定。

一、常见用于同一认定的牙齿特征

常用于同一认定的牙齿特征包括牙冠、牙髓和牙根的畸形以及牙齿在形状、数目、位置、修复材料、方向上的异常情况等。

（一）牙冠、牙髓腔和牙根的畸形

牙中牙（dens in dente）是牙齿发育时期，成釉器过度卷叠或局部过度增殖，深入到牙乳头中形成的畸形牙，X 线影像表现为"一颗牙位于另一颗牙中"。牙釉质和牙本质形成的混合物陷入髓腔并可能延伸至牙根内（牙内陷）。这种畸形常出现在上颌侧切牙，常见于双侧（图片见增值服务）。

牙根弯曲（root dilaceration）可由牙齿发育时期的创伤引起，受到影响的乳牙或恒牙牙根会有不同程度的弯曲，弯曲方向以远中较为常见。早期创伤、囊肿、骨内肿瘤均可影响正常牙根的形成从而导致牙根弯曲（图片见增值服务）。

额外牙根（extra root）（牙齿存在多余牙根）常见于下颌尖牙、前磨牙和第三磨牙。影像学检测显示，这些牙根与正常磨牙牙根相比密度较低。（咬合面）横断面和冠状面的 CBCT 易于发现这些额外的牙根（图片见增值服务）。

釉质发育不全（enamel hypoplasia）可由系统性疾病或局部病变引起，例如遗传病、感染、化学物损伤、生育相关创伤、营养不良、维生素缺乏、局部严重的机械创伤和辐射等。根据损伤的严重程度，病变可造成单个牙齿的局部腐蚀或大量牙齿冠面的损伤畸形（图片见增值服务）。

髓腔和根管的硬化是随着年龄的增长继发性牙本质引起的一种正常的生理现象。关节炎、痛风、高血压、肾结石、胆结石、膀胱结石可导致钙的代谢紊乱，有以上病史的人髓腔和根管的硬化较为明显，此外，男性相比女性硬化程度较深。当牙齿受到损伤如局部严重的机械创伤、龋病和牙周病或修复材料修补时会产生和累积第三期牙本质。在乳牙牙列和恒牙牙列中，由基因缺陷导致的全口牙牙本质发育不全也可引起髓腔和根管的硬化（图片见增值服务）。

髓石（pulp stone）的形成在影像学表现为髓腔的高密度改变，其与长期慢性牙髓炎和年龄增长有关。髓石通常产生于牙齿发育后的冠髓中，附着于髓室壁或在髓腔中呈游离状态（图片见增值服务）。

牙髓损伤（internal root resorption）可造成牙根的内吸收，内吸收可持续至牙髓失去活力为止。当牙髓发生感染时，X 线影像学表现为根管处有一边界清楚、均匀对称的圆形或椭圆形扩张区。牙周韧带(PDL)细胞破坏牙根表面结构导致的牙根外吸收更为常见。其病因与脱位牙再植入的延期、正畸治疗中牙齿的移动距离和邻近囊肿或骨内肿瘤的侵犯或挤压有关(图片见增值服务)。

铲形的切牙(shovel-shaped incisor)可以准确说明受害人的种族类型。上颌切牙最易受到外界影响并且具有明显的边缘嵴和极度凹陷的舌面。在解剖一个受到影响的牙时会预先在舌面隆凸处作出一个凹陷或者窝点。尽管铲形的切牙是亚洲人、印第安人和因纽特人的特点,但在其他种族也存在具有此特点的个体(图片见增值服务)。

长冠牙(taurodontism)是牙齿在发育过程中根分叉异常距牙冠过远造成的。长冠牙有着巨大、细长的髓室和短小的根管。多颗牙为长冠牙可能是一些疾病的临床表现,例如21三体综合征(Down氏综合征)、釉质发育不全的亚型和外胚层发育不全等(图片见增值服务)。

副尖(accessory cusps)(畸形舌侧尖)最早是在亚洲人、印第安人、因纽特人、阿拉伯人的中切牙和侧切牙上发现的。在X线影像学显示,畸形舌侧尖的牙釉质和牙本质位于牙冠中心并与牙冠影像发生重叠,并且在畸形尖中通常能观察到髓腔(图片见增值服务)。

医源性损伤通常是由于意外或遵医嘱治疗后产生的并发症所导致的。在影像学中通常有以下几种表现:牙穿孔、器械碎片残留、断根残留和鼻窦穿孔。大多数的影像学表现为牙齿结构的损失。牙齿截断术(在非洲、亚洲及南美仍被广泛应用)后遗留的牙根也是一种常见的医源性损伤。

(二)牙齿大小的异常

小牙(microdontia)是一类物理形态小于正常牙的畸形牙。单个小牙通常存在于上颌侧切牙区和第三磨牙区。小牙往往和Down综合征、罕见的遗传性疾病和侏儒症相关(图片见增值服务)。

巨牙是一类物理形态大于除双生牙、融合牙之外的正常牙的畸形牙,一般常见于双侧的切牙、尖牙和第三磨牙。全口巨牙牙列可能和巨人症与基因为XXY的男性有一定的关系。

(三)牙齿数目的异常

第一和第二牙列都会出现牙齿数目的异常,其中切牙和尖牙数目异常最为常见。双生牙一般影响乳牙上颌牙列,形成一颗巨大的牙齿,但牙齿数目正常。融合牙通常出现在下颌牙列形成一颗巨大的牙齿,而牙齿数目比正常少一颗。由于那些发育异常的畸形牙是通过分开或者融合的髓腔和根管相连,所以通过影像学一般很难区分这些畸形牙(图片见增值服务)。

多生牙(supernumerary teeth)的牙齿发育程度超过正常情况,一般伴有多余的牙齿。牙齿的发育受到基因和环境因素的共同作用。多生牙可能是一些综合征的临床表现,例如锁骨颅骨发育不全、Crouzon综合征、Down综合征、Gardner综合征、Sturge Weber综合征等。上颌切牙区存在一颗小牙是多生牙的最常见情况(正中额外牙)。上颌和下颌第四磨牙是多生牙的第二种常见形式。然而,在下颌前磨牙区非综合性情况下出现大量多生牙的情况最为常见(图片见增值服务)。

(四)牙齿方向和位置的异常

易位牙(transposed teeth)是正常牙齿在牙弓的位置异常,通常在牙齿发育不全的情况下出现。最常见于上颌尖牙区和前磨牙区(图片见增值服务)。

扭转牙(rotated tooth)是指一个或多个牙齿的在原有位置上发生扭转,导致受累及的牙列在各自的牙弓旋转造成畸形。牙的扭转造成了与邻牙接触点的变化,从而为龋病、牙龈和牙周的破坏创造了条件(图片见增值服务)。

滞留乳牙(retained deciduous teeth)常见于成人。牙齿刚萌出即停止生长,其通常对晚期的下颌乳牙牙列影响较大,基因和众多环境因素会引起乳牙滞留现象。影像学表现为牙齿低于咬合平面并会出现牙周膜间隙。此外,在恒牙列中受此影响的恒牙可能会先天缺失。滞留乳牙最常见的部位为下颌第二前磨牙区、上颌第二前磨牙区、上颌侧切牙区和上颌中切牙区(图片见增值服务)。

阻生齿是指牙齿萌出前停止生长的牙。在恒牙列中根据发生阻生齿概率的高低共分五个等级,等级越高发生概率越高。第一级为下颌第三磨牙、第二级为上颌第三磨牙和尖牙、第三级为下颌前磨牙和尖牙、第四级为中切牙、第五级为侧切牙和下颌第二磨牙(图片见增值服务)。

二、牙齿同一认定方法

牙齿的同一认定主要应用对比法,即将生前与死后的照片或牙科记录进行比较。因为牙片能体现出牙科治疗痕迹、牙及颌骨的解剖结构等,所以成为同一认定中最常采用的方法。如找不到可疑失踪人的牙片,也可对其他记录进行对比,如病历、体检档案、口腔美容档案和牙模等。如生前牙科记录简单,则同一认定较困难。

(一)具体步骤

1. 发现与提取　对牙齿的提取要谨慎进行,尤其是对焚尸或者是牙齿严重损坏的尸体,在现场勘验开始时就应注意牙齿的发现与提取,以获取尽可能多的牙齿或牙齿碎片。

2. 重建和检查　将牙齿碎片拼接后进行全面细致的牙科检查,有些案例需提取上下颌骨以便下一步分析。

3. 收集生前牙科记录　可疑失踪人的牙科记录要尽可能找全,包括齿列表、牙片、牙模和照片等。

4. 牙科记录的转换与识别　不同医院、不同牙医的记录方法可能有不同,须转换为标准记录。

5. 比对记录　对各项指标进行比对,以达同一认定的目的。

6. 形成报告。

(二)检查项目

牙齿萌出、未萌出或阻生齿;牙齿的先天性缺失、生前缺失或死后缺失;牙列是恒牙列、乳牙列、混合牙列,是否有乳牙滞留或赘生牙;牙是否错位;牙冠的大小与形状、釉质厚度、有无种族特点;牙冠是否有龋病、磨耗、釉珠或含牙囊肿;牙根是否有骨折、牙根吸收、牙根切除和牙骨质增生程度;根管的大小、形状和数量,根管内继发性牙本质沉积程度;根管内是否有髓石、营养不良性钙化,是否经根管治疗术、根管充填或根尖切除术;根尖周是否有脓肿、肉芽组织、空腔、牙骨质瘤或致密性骨炎;牙是否经修复,修复材料和修复方法,是否有义齿等。

牙龈有无退缩、增生或溃疡、炎性反应、病理性色素沉着或牙石沉积;牙周韧带厚度、宽度,是否有根侧牙周囊肿;齿槽突的高度、轮廓、密度,根尖周牙槽骨厚度、骨质增生,和板层高度、轮廓形态、骨吸收、骨小梁形态、形态残根。

上颌窦的大小、形状,有无异物和瘘管,与牙齿的空间关系;切牙管大小与形状,腭中缝形态;下颌管、颏孔的位置、形态,与相邻组织的关系;颞下颌关节与髁突的大小与形状,有无病理改变;下颌关节的大小、形状及病理改变;骨囊腔、唾液腺病变、反应性增生、代谢性骨病、骨质疏松、外科治疗和损伤修复等其他病理改变。

(三)牙片的同一认定

1. 牙片比对的步骤　对牙片进行比对步骤如下:①获得生前牙片;②拍摄死后牙片;③比较稳定而清晰的指标;④解释差异;⑤评价独特性;⑥形成认定结论。

2. 不同牙片的特点和死后牙片拍摄的要求　牙片中最常见的是后位牙的翼片,可以准确显示上下磨牙、前磨牙牙冠形态,牙齿咬合空隙,牙槽骨骨嵴高度,牙冠形态,根管形态,修复痕迹,修复体边缘形态,修复材料的透光率,龋病和牙石等。

根尖周牙可提供根管形态、根管内断裂的填充物、根尖切除术、根折、埋植剂和根周病理改变。

拍摄死后牙片要求尽可能与生前牙片条件一致,尤其是水平角度的差别,因为差别即使只有5°,也可能使同一认定困难,一般认为垂直角度差异对同一认定影响不大。欲获取理想死后牙片,可能须多次拍摄。如果无生前牙片,则须拍摄每颗牙的根尖片和翼片。

全口曲面断层片可以提供如牙缺失、第三磨牙缺失、多生牙、埋植剂和骨囊肿(cyst),牙与骨的病理改变、骨折内固定物、骨切开术、上颌窦形状、牙周病骨缺失。但全口曲面断层片在死后拍摄很难完全重复生前。

3. 比对　一般选用离死亡时间最近的牙片进行比对检验。牙根形态与排列的变异要大于牙冠,对于同一认定意义更大。单个牙如有足够的特异性即可同一认定,如一颗牙的修复痕迹、一个义齿或一个牙根和周围骨小梁的形态。而全口牙如无足够特异性也不能认定。

(1) 比对特征:在牙片上清晰可见的特征包括:牙数,牙齿排列状态,缺牙,牙位旋转,牙间空隙,赘生牙,阻生齿;龋病,牙周骨质缺失;冠位修复体形态,修复的垫底物质,固定针,根管填充物,埋植剂;骨的病理改变;牙槽骨形态,骨小梁形态,滋养管位置;上颌窦、额窦和骨性前鼻孔的大小、形态。

(2) 比对特征的特异性:尽管每个人的牙列都是独一无二的,但人类牙列形态大体上看均很相近。有些类别特征(class characteristics)对于同一认定意义不大,而个体特征(individual characteristic)则可用于同一认定,个体特征的特异性取决于在群体里的分布频率。

牙刚萌出时往往并不具有个体特征,特异性很差。缺牙的特异性也与缺牙位置有关,如缺失第三磨牙很常见,第一磨牙也常被拔除,而如果缺失四个第一前磨牙而牙间未留空隙,则往往是口腔美容治疗的结果,如正畸治疗等。尖牙在乳牙列中很少缺失,如果缺失则有很强的特异性。

修复体的形态往往是特异性最强的个体特征,尤其是当修复体形态复杂时。不常见的解剖结构也有很强的特异性,如下颌前磨牙外形与发育沟数量、牙尖数量变化很大,是比较解剖结构时常用的牙齿。多生牙或乳牙滞留也非常少见,一般认为发生率在0.1%～3.6%之间(图10-9～图10-12)。

牙与骨的病理改变,如龋病、囊肿、牙槽骨缺损、牙石、牙阻生的特异性为低到中度,因为这些特征比较常见,而且不够稳定。而骨内的硬化区或遗留的汞合金残片则有很高的特异性,因为它们不会产生症状,所以被移除的可能性较小。

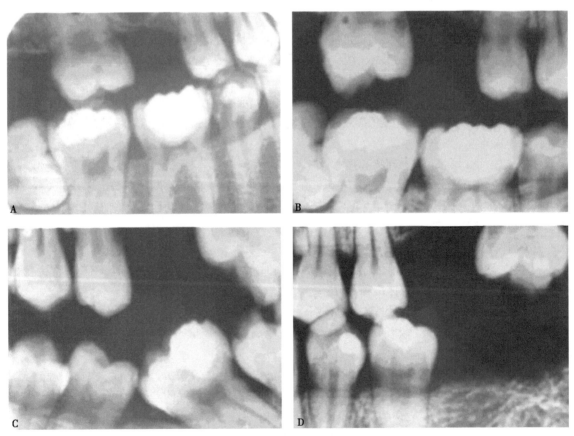

图 10-9　上下分别为生前死后牙片

A、B 为右侧翼片,C、D 为左侧翼片。右侧下颌均可见阻生第三磨牙,修复体形态基本一致;左侧上颌前磨牙均在位,第一磨牙缺失,下颌生前两颗磨牙在位,而死后缺失,生前牙片示两颗下颌前磨牙未经修复,死后牙片示已经修复。生前死后的差异为时序性差异,可认定同一

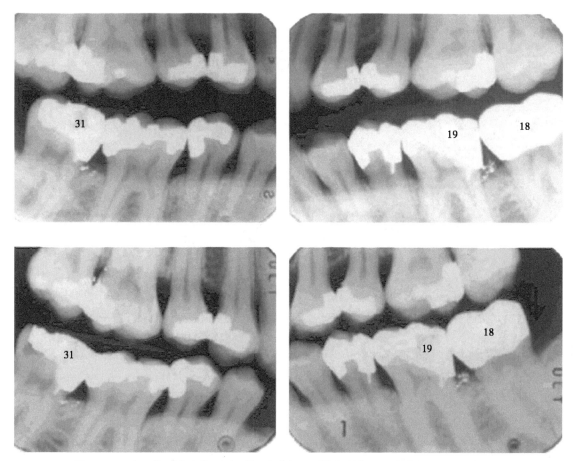

图 10-10　上下分别为生前死后牙片，生前与死后修复特征几乎完全相同，可认定同一

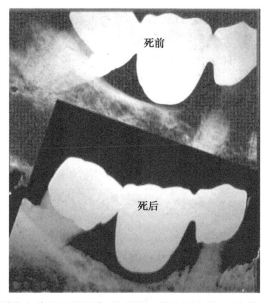

图 10-11　上下分别为生前和死后牙片，均可见三联的固定桥，形态基本一致，可认定同一

　　骨小梁和营养管结构特异性也很高，而且比较稳定。水平骨小梁类似梯子，分布于牙根间的区域，特别是在下颌前牙和磨牙处。当根尖孔闭合后，水平骨小梁与垂直骨小梁形成网状，如存在单独的牙，则骨小梁呈放射状垂直于骨板层（lamina dura）发出。在无牙区，骨小梁没有特定形状。

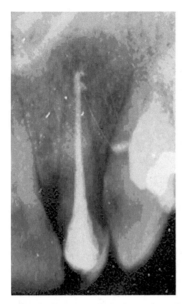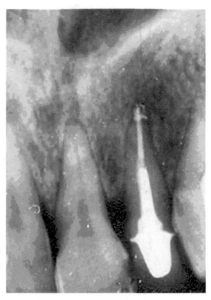

图 10-12　左右分别为生前和死后牙片，死后牙片显示根管内有桩柱，根管内填充物形态一致，可认定同一

　　鼻腔和上颌窦也有很高的特异性，30 岁左右上颌窦发育到最大，在成年期其形态特征比较稳定，但也会因继发感染、牙槽骨吸收和牙拔除而改变。

　　20 岁左右额窦开始稳定，随年龄增长会变大，也会因损伤或病变而改变。5% 的人无额窦，识别率很高。

　　使用牙片对儿童进行同一认定存在很大困难：①儿童很少修复牙，而且乳牙形态变异比恒牙要小；②儿童换牙造成牙列变化很快；③儿童生前拍牙片很少，即便有，也会有很多差异。即便这样，法医牙科学家根据翼片也能成功认定 90% 以上。下颌的前磨牙在乳磨牙下方发育，往往有着很好的形态特征。

　　（3）差异解释：差异可分两类，一类为可合理解释差异，另一类则是本质区别。可合理解释的差异不足以否定同一，也分为两类，一类是时序性差异，另一类是放射技术造成的差异。

　　时序性差异是指生前拍完牙片后出现了改变，可能有牙齿的萌出、修复和拔除等。时间相隔越长，这种差别容易出现。尤其在生长发育期，混合牙列数月间就会有很大变化。

　　放射技术造成的差异是生前与死后不同拍摄条件产生的差异，如拍摄方向不一致，或者是对两类不同牙片进行比对。修复填充物的外形、牙槽骨高度、骨小梁形态、牙根长度和弯度都可能出现差别。死后牙片清晰可见的骨硬化区和骨小梁形态也可能在生前牙片上没有体现（表 10-20）。

表 10-20　牙齿个体识别典型时序性差异

生前牙片	死后牙片
牙齿在位	牙齿缺失
无病变	龋病
未修复	修复
有填充物	有更大的填充物
有填充物	填充物缺失
牙槽骨正常	牙槽骨吸收
髓腔与根管较大	髓腔与根管缩小
牙槽骨内腔	囊腔变大
牙槽骨内囊腔	囊腔消失或硬化
广泛牙周病	全部牙缺失

生前牙片	死后牙片
大范围龋病	全部牙缺失
牙石	牙石移除
无牙石	牙石形成
牙齿未发育完全	发育完全

有些差异是不能得到合理解释的,这类差异可排除同一认(表10-21)。

表 10-21　牙齿个体识别的排出

生前牙片	死后牙片
成年人某颗牙齿缺失	牙齿存在
牙齿修复	牙齿完好
牙齿发育完全	牙齿未发育完全
重度牙槽骨吸收	牙槽骨正常
下颌前磨牙两个牙尖	下颌前磨牙三个牙尖

因可解释的差异足以排除同一认定,故应用时要慎重。新的修复材料和全瓷冠其透光率与牙基本相同,如果将原有金属填充物修复的牙替换成全瓷牙,在牙片上可能被误认为是死时完好的牙。

(四)认定结论

1994年美国法齿学研究会(ABFO)认为牙齿的同一认定有四种结论:

1. 认定同一(positive identification)　有足够的证据表明同一,没有不可解释的差异。

2. 可能同一(possible identification)　有相同之处,但因生前或死后的牙科记录无法提供足够依据,不足以认定。

3. 证据不足(insufficient evidence)　所获取信息不足以得出认定或排除的结论。

4. 排除(exclusion)　生前与死后牙科记录有明显不同。

三、牙齿同一认定的局限性

尽管牙的修复痕迹变化多样,有助于同一认定,而龋病发病率的减少则使死者牙齿修复痕迹越来越少,这限制了牙齿同一认定的应用。

牙片是三维物体的二维投影,有些特征在牙片上无法显示,如牙龈颊侧的修复痕迹可能分辨不清,也可能被舌侧的其他修复痕迹所遮挡。修复用的多种金属材料无法通过牙片区分。骨中的透光区可能是因为腐败、非金属填充物、先天缺损、损伤或人工假象造成,在牙片上无法区别。

牙齿记录方法多样,相互之间可能不统一,生前记录错误的可能性较大,尤其当邻近牙齿缺失时,很可能会错记牙位。

第五节　咬　痕

咬伤(biting injury)是指牙齿通过咬合作用所造成的人体组织损伤。大多数咬伤是以咬痕(bite mark)作为形态学依据的,后者是牙齿或牙齿与口腔其他部分一起作用于物体上造成该物体在形态上发生改变而遗留的痕迹。但一般认为物体打击在牙上,造成物体上遗留牙的痕迹并非咬痕。故咬伤和咬痕常作为同义词出现。

在法医学实践中,咬伤和其他工具损伤痕迹一样,常常是攻击和自卫结果的反映。另外,咬伤还作为表达性爱、发泄性欲的结果,见于性犯罪案件。据国外资料报道,咬伤在凶杀、自杀、意外(多见于性行为过程中)案件中均可见到,而最多见于性犯罪和虐待儿童案件。也有动物所致的咬伤。

一、咬痕的形成机制

咬痕是口腔器官运动综合作用的结果,其作用形式主要包括前牙(上下切牙和尖牙)运动所产生的咬合作用(biting)、口唇及呼吸运动所产生的吸吮作用(sucking)以及舌运动所产生的挺舌作用(tongue thrusting)。

最典型的咬痕形成过程是:先经过口唇摄取被咬物,同时下颌下降并向前移,而后上升使上下颌前牙处于相对位置咬住被咬物;接着逐渐由咀嚼肌的收缩加大压力,使前牙穿透或切入被咬体,上下切牙对刃;最后下颌切牙的边缘沿上颌切牙的舌面向后向上滑行,回归到正中咬合位。

上下颌前牙咬合滑行运动是咬痕产生的最基本的实现方式。一般咬合过程中,上颌牙列相对较固定,下颌牙列运动较为复杂。Spenber经活体实验发现在咬合过程中下颌牙列不同的运动方式直接影响到上下列咬痕的形态及其严重程度。如下颌向前运动为主时,上下颌牙痕有明显区别;下颌作向心运动时上颌牙痕模糊不清;下颌以向前向后运动为主时,上下切牙的舌面均能反映在咬痕中,但这种情况较为少见。

上下颌前牙咬合力的大小与咀嚼肌(包括咬肌、颞肌、翼内肌和翼外肌)收缩力量大小呈正比。咬合力受个体年龄、性别、健康状态、牙本身的状况及职业习惯特点等因素影响。一般而言,上下颌牙相差不大;在不同的牙位中以切牙最小,磨牙最大;一般女性弱于男性。人体体表皮肤咬痕形成需5～10kg的力。

实验结果发现,挺舌和吸吮往往同时并存,一般吸吮出现在挺舌之前。挺舌力一般大于吸吮力,最高可达55kPa,但两者均明显小于咬合力。尽管单纯的吸吮作用极少能留下痕迹,但研究表明,在咬痕形成中,吸吮力和咬合力也往往同时并存。即使在一些无需吸吮的咬合过程,如咬耳、鼻等人体突出部位时也往往伴有吸吮作用。

二、咬痕的形态及其变化

咬痕的形态除与损伤有关外,还与机体对损伤的反应有关,故咬痕并非典型的印压痕迹。很多因素影响着咬痕的形态,如皮肤厚度、弹性、曲率、结构、血供、皮肤颜色、皮下组织厚度和体位等。损伤后炎性反应可使咬痕变模糊,不利于同一认定。

(一)咬痕的形态

人类咬痕的形态根据其咬合部位的不同有所差异,通常为圆形或椭圆形,上颌咬痕弧径大于下颌弧径。儿童形成的咬痕一般小而圆,牙痕小、牙痕间存在空隙。咬痕的损伤主要有皮肤的擦伤、撕裂创以及皮下出血。擦伤及皮下出血常见于柔软而血管丰富的皮肤组织,如脸、睑、大腿内侧等,撕裂创伤常发生于皮肤相对固定的部位如头皮、下颌、鼻、耳、面颊等。在苏木精-伊红染色下可见咬痕处表皮破裂缺失,真皮层撕裂,沿牙痕形成一个压缩腔,有时伴有出血。有无炎症反应视咬后存活时间而异。在偏振光下可见有多发性双折射晶体存在于压缩腔底部真皮乳头层内(系牙上脱落的细小钙质)。

一般情况下颌咬痕比上颌咬痕明显,损伤更重。主要因为咬合过程中下颌活动而上颌相对固定,而且上颌牙齿主要以舌面与皮肤接触,而下颌牙齿则主要以切缘与皮肤接触。人类咬痕切牙痕一般为八个,呈短线状或长方形;尖牙痕一般呈圆形、三角形或菱形,与牙齿大小和侵入深度有关;如果存在前磨牙痕,一般与尖牙痕类似,由颊尖形成,有时也会出现两个印痕,即舌尖也形成牙痕。上颌切牙痕较大;因侧切牙有时未达到咬合面,可不出现牙痕;而尖牙痕则多很明显,位于咬痕弧形的曲率最大处。下颌切牙痕较小;如果存在前磨牙痕,一般只出现颊尖痕(舌尖较小)(图10-13,图10-14)。

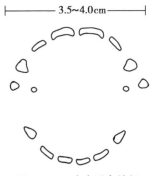

图 10-13　咬痕形态特征

咬痕中心处的皮下出血非常常见，系因吮吸或咬合造成中心组织的毛细血管破裂引起。中心处皮下出血与咬痕的个人识别无关，但有助于认定为咬痕；有时，舌挺作用可在皮下出血内形成空白区；咬痕外的出血使咬痕显得更大，如被咬处皮肤折叠亦可出现此现象，在易出血人群中多见；咬痕内缘可能出现与切缘垂直的短线状印痕，上颌咬痕中出现较多，为牙齿舌面印痕，系舌挺力将皮肤压在牙舌面上形成，或下颌牙齿将皮肤挤在上颌牙齿舌面形成，也可能与被咬处皮肤柔软、皮下脂肪丰富有关；擦伤系牙齿在皮肤上滑动引起，有助于认定为咬痕，但影响同一认定（图 10-15～图 10-17）。

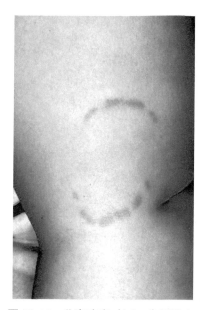

图 10-14　儿童咬痕，较小，齿间隙大

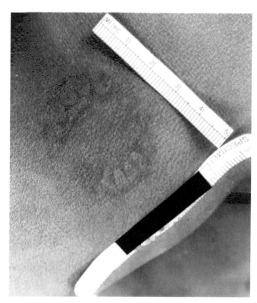

图 10-15　上下颌牙齿形成的舌面印痕

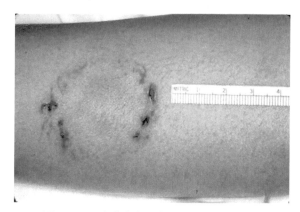

图 10-16　咬痕的中心出血及出血中空白

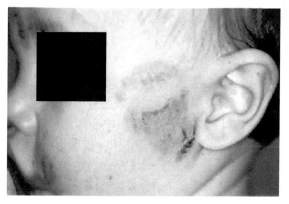

图 10-17　下颌牙齿形成的擦伤

有时出现双层咬痕，多见于牙齿滑动后重新咬紧形成，偶为施咬者有意所为，一般伴有擦伤；多个咬痕有助于寻找稳定特征来进行同一认定，而重叠咬痕则使同一认定困难；有时，隔着衣物形成的咬痕可伴有织物印痕；如果皮肤没被牙列正咬，牙列的一部分会形成不对称的咬痕。有时表现为一侧牙列的损伤，甚至只表现出数个牙的咬痕，当倾斜位咬合时或组织本身有较大弧度均能形成；只有数个牙的咬痕往往因为咬合力度小、衬垫衣物较多、皮肤弧度大、皮下组织不均匀等因素引起，也可能因咬合者缺牙引起；有些咬损伤有牙列弧度的特点，但看不到牙痕，多见于脂肪丰富、皮肤较软处；咬断伤在人类咬伤中少见，多见于动物咬痕，不利于同一认定，易出现于突起部位，如乳头、鼻、耳、手指、生殖器、舌等（图 10-18，图 10-19）。

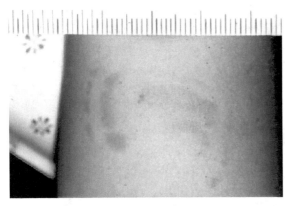

图 10-18 双层咬痕

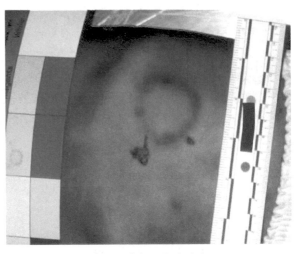

图 10-19 腹部无牙痕咬痕

咬痕愈合后可见色素沉着或缺失,也可与皮肤颜色一致,这种颜色改变可维持数月。死后咬痕一般表现为黄色、透明、皮革样化,但死后数小时内的咬痕可形成出血。

根据损伤特点,Rawson 将咬痕分为四种类型,即有牙齿痕与撕裂创但无皮下出血、撕裂创伴擦伤或皮下出血、吸吮状的咬痕、拉扯状的咬痕。

动物咬痕一般呈 U 字形,颌弓较大。食草类动物咬痕主要由切牙所致而呈凿形;食肉类动物切牙呈锥形而尖牙长,多伴有对应性的尖刺创;鼠类切牙类、硬、长而牙弓小,故其咬痕多细小。此外,动物一般切牙数多于人类,牙槽角度向外大于 90°,也是有别于人类的特点。

(二)咬痕的时间变化

实验表明,咬痕的发生发展规律一般为:最初可见到牙压戳在皮肤上留下凹陷痕,经 3～5 分钟,咬痕局部肿胀;10～15 分钟后肿胀明显;咬后约 20 分钟牙痕十分模糊,难以辨认;20～60 分钟时肿胀达最高峰并持续约 5 小时,之后肿胀区逐渐消失;24 小时内仅留下齿痕及吸吮位置出血区;咬后 72 小时左右,咬痕消失。

咬痕的发生发展经过和保留时间与被咬者的年龄、性别、被咬部位以及胖瘦等因素有关,也受咬合力量影响。据研究报道,瘦者身上的咬痕较胖者保持时间长;面部的咬痕比臀部消退快。Ardran 等人用活体实验观察肩、胸部的咬痕深而出血少,腹部的咬痕浅而出血多。其基本规律是咬后第 1 天有清晰的咬痕轮廓,皮肤表面有组织液渗出;第 2 天咬痕细节逐渐消退,皮下出血开始颜色改变;第 3 天皮下出血颜色变浅,但中心部位仍较清晰;第四天仅留下咬痕中心部位的挫伤痕迹。Funkawa (1984 年)经活体实验研究提出:皮肤上咬合后如无皮下出血等损伤,其牙痕在男性手腕和面部分别保持 3～6 小时和 2.75～5.5 小时;而在女性同样部位则分别保持 9～12 小时和 6～48 小时。

尸体上的咬痕开始消失的时间一般为 12～24 小时,但也有埋葬 1 年后尸体上咬痕仍可辨的报道。

(三)咬痕的位置变化

受被咬部位和体位的影响,咬痕的形态特征有时会发生较大的差异。不同部位的皮肤组织其硬度、弯曲度、纹线、伸展等均有很大不同。如软组织丰满的部位(如乳房)被咬时,因较大范围的组织被吸吮咬合,而一旦组织复原后,使咬痕的形态较实际的为大;有人用邮戳在人体各个部位印记发现,尽管邮戳的特征不变,但其形态大小明显不一。体位的变化对咬痕的形态改变影响则更明显,据研究,改变体位后,同样咬痕在不同部位上的变异程度在颈部达 0.1～0.7cm,在胸、肩腋部达 1.8～2.5cm,在大腿达 0.5～1.2cm,在小腿达 0.1～0.5cm,而在脸面、手及前臂处的变异最小。

Sebata 利用五位 21～36 岁的志愿者进行肩部的咬痕实验研究,进而影响咬痕的形态特征。实验表明,切取的皮肤在不固定状态下水平收缩 11.6%,垂直收缩 10%;而在固定状态下,水平收缩和垂直收缩分别可达 10%～25% 和 20%～40%。

三、咬痕的认定和提取

（一）咬痕的认定
根据损伤的形态特征与血清学、遗传学检验，一般不难认定为咬痕。

（二）咬痕的提取
在确定了人咬痕后，正确地记录、提取咬痕是日后进行检验鉴定的基础。

1. 照相固定咬痕　照相包括概貌照相和细目照相。概貌照相通常以反映咬痕与周围关系为目的，说明咬痕在人体上所处的部位，对分析咬痕的形成方式有重要意义；是突出反映咬痕的细节，以便进一步与嫌疑样本进行检验对比，拍照时应加比例尺。使用紫外线可以很好地观察皮肤的细微特征，适用于咬痕拍照，可使损伤处更明显。红外线可穿透皮肤 3mm，并且能被出血高度吸收，适宜分析皮下损伤。

由于皮下出血对咬痕的检验有重要价值，故一般以照相为宜。为避免角度偏斜导致咬痕变形，照相角度一定要使镜头与咬痕垂直。

活体和尸体上的咬痕均会受时间的影响而发生改变。因此有条件时至少连续两次以同样的条件二次拍摄咬痕。有时出于需要，应对死者或伤者的牙列照相（图 10-20）。

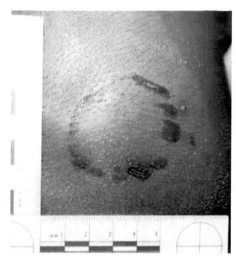

图 10-20　咬痕照相

2. 收集唾液痕迹　如果尸体新鲜未受污染，咬痕部位照相后可以拭取唾液斑：取 $1cm^2$ 纱布用蒸馏水或生理盐水浸湿，以咬痕为中心由里向外小心擦拭咬痕及邻近部位的皮肤，晾干后备检。注意以相同方法在非咬痕部位提取空白对照。

3. 咬痕的提取　提取咬痕的方法较多，以下重点介绍常用的三种：

（1）指纹粉刷法：这种咬痕提取方法与指纹提取方法相似。用指纹刷蘸取黑色粉末轻刷于咬痕处（如皮肤上有毛则先剃去毛发），照相后用指纹胶带粘贴于咬痕处，最后将提取胶带揭下后置于清洁的指纹卡上保存。

（2）组织切取法：将咬痕边缘外约 2.5cm 左右范围切下皮肤，在上缘切一小口以示方位。切取深度尽可能附带所有的软组织和肌肉。皮肤切下后立即用生理盐水浸湿纱布（四层）覆盖放入保鲜盒内置冰箱冷藏。亦可用 10% 甲醛、1% 乙醇和 10% 甘油（1∶10）固定 7 日后移至 5% 甲醛液中长期保存，切忌挤压或干燥旋转。Dorion 发明一种提取咬痕组织的方法：将某种热塑性塑料做成适合咬痕大小的环状，用 502 胶（氰基丙烯酸酯胶粘剂）将皮肤粘在环上，在环的外缘切取后可保持组织不变形（图 10-21）。

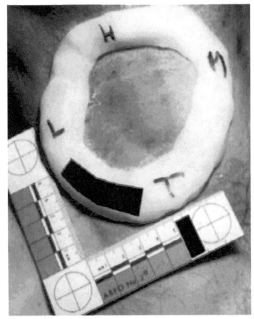 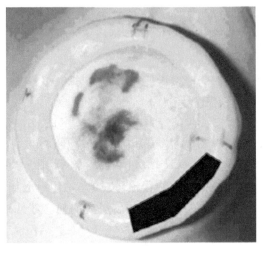

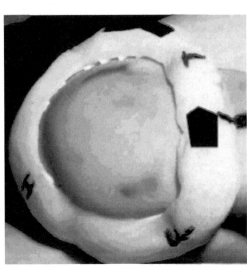 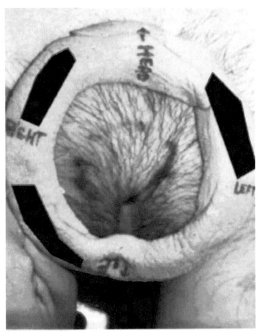

图 10-21 Dorion 法在身体各处的应用

（3）制模提取法：将皮肤咬痕处涂上少许甘油预期润滑，按咬痕大小取适量硅橡胶置光滑的玻璃上，加入 3%～5% 正硅酸乙酯（触酶剂），均匀后，再加入 1%～3% 月桂酸二丁基锡（胶粘剂），充分调匀后将硅橡胶混合物在咬痕处轻轻注匀，待 1 小时左右晾干固定后取下。如要取得与实际相同的咬痕，则在硅橡胶模上再翻制石膏模型。目前有人用丙烯腈-丁二烯-苯乙烯混合物操作也取得较好的效果，但仅适用于尸体上的皮肤。

四、咬痕的检验

对可疑咬痕的检验程序如下：

1. 确定是否为咬痕。

2. 确定是否为人类咬痕。

3. 判断是成年人还是儿童咬痕。

4. 区分上、下颌咬痕，确定牙位。

5. 判断形成咬痕时人的体位。

6. 判断有无可同一认定的特征。

7. 将咬痕与嫌疑人牙模进行比对检验,当条件许可时作出认定或否定的判断。

前四项内容通过对可疑咬痕的形态特征及对提取物分析一般可以解决。上、下颌咬痕和牙确定后一般不难分析形成咬痕时人的体位。有无可同一认定特征,一般根据咬痕是否清晰、是否有个体特征来确定。

(一)咬痕检验

对咬痕检验时,需对上下颌咬合关系、牙弓的构成和大小、缺齿、齿间隙、赘生牙、牙位的扭转、牙宽和特定特征进行检查。

咬痕特征分为类别特征和个体特征。类别特征是咬痕的共有特征,前述咬痕的形态即咬痕的类别特征。类别特征可用于判断是否为咬痕、成年人还是儿童咬痕和上下颌咬痕等。个体特征是指具特异性的某些特定特征,如牙齿的扭转、畸形、损伤等。同一认定主要基于个体特征的比对,如咬痕的牙痕数一般不如异常牙痕用处大,一个非常完好但缺少个体特征的咬痕不利于同一认定。

有时,根据咬痕虽不能同一认定,但可排除嫌疑人。

(二)对嫌疑人的检验

需了解嫌疑人的牙科治疗情况,调阅牙科记录,以明确形成咬痕时的牙齿状态。检验时需记录最大张口度,侧向移动度和下颌向前移动度;检查面部对称性、咬合类型、张口时下颌有无偏斜、是否有关节弹响或疼痛等与咬合有关的情况;检查初生牙、未萌出牙、缺牙、延迟萌出牙、修复牙、义齿、牙周情况、牙齿活动度、口腔健康和舌的大小与功能等。使用图表记录牙齿活动度、缺牙、赘生牙、牙损坏等情况。使用拍照、X线摄像、铸模等方法记录牙齿情况。

(三)比对检验

比对检验主要是对咬痕与嫌疑人牙模的个体特征进行比对。目前应用较普遍的方法主要是形态学比对法,对原始咬痕形态的要求较高。

形态比对法的基本原理是将咬痕与犯罪嫌疑人牙模作特征对比,既可将犯罪嫌疑人牙模与提取的咬痕组织进行直接比对,也可将犯罪嫌疑人牙模与咬痕模直接比对,或将咬痕的形态图像与犯罪嫌疑人牙模的形态图像直接比对,从而达到认定或否定的目的。可分为二维形态比对法和三维形态比对法,后者应用较少。二维形态比对法主要是将犯罪嫌疑人牙模前牙切缘制作二维图像,再与咬痕的原物大照片进行比对。三维形态比对法利用某些仪器和技术手段,将咬痕与嫌疑人的牙模进行三维测量比较。近年来,数字图像技术在咬痕的比对检验中应用较多,但本质上仍是形态比对法(图 10-22,图 10-23)。

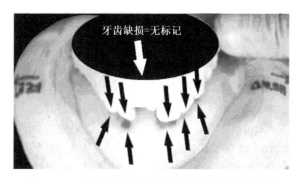

图 10-22 将牙模与提取的咬痕组织进行直接比对

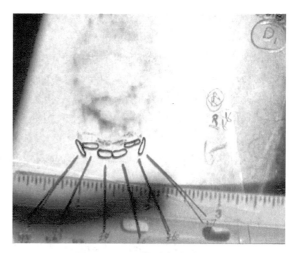

图 10-23 二维形态比对法

此外，还有计分识别法、计点测量法等方法。前者是 20 世纪 80 年代美国法庭科学协会咬痕标准化委员会和美国法医牙科会共同提出的一种咬痕鉴定方法，记分系统包括总体形态、牙齿位置、牙齿特征及缺牙等 12 项特征，分别进行量化计分，最后根据总分值的大小来确定咬痕与牙模的相似程度。后者由日本学者提出，测量牙及牙列的间距、直径和角度共 31 项，计算误差率，根据误差率大小来判断咬痕与牙模的相似程度。

（四）咬痕鉴定结果评价

咬痕作为证据的主要依据有四条：①从理论上说也没有两人的咬痕会完全一样，但牙列大小形态经换牙会发生各种改变，增添了个体特征的参数；②成年后某些牙的特征如未经人为特殊处理会保持终生不变；③个体成年后，唇部、口腔乃至牙的大小形态变化很小，在较短时期内，咬痕的稳定性较好；④同一个体咬痕反复出现的一致性很高，可达 98%。

如果咬痕和牙模比对中有 4～5 颗牙的形态特征相同，同一认定的可能性较大，误差率为十万分之八以下，如果有 8 颗牙以上相同，几乎可作同一认定。但咬痕的否定价值比肯定价值要大得多。

对牙痕检验鉴定及结果评价时，不能忽视以下影响因素：

1．皮肤是咬痕的不良载体　与其他物体相比，皮肤的牵张性、弹性、皮下组织和血管分布的不均匀性使皮肤在反映咬痕细节方面受很大的局限。

2．咬痕的形成过程是动态的　实际案件中咬痕的双方复杂多变的因素影响，如体位、咬合力等，这将引起咬痕的变形甚至变异，从而无法准确识别或反映咬痕的本来面貌。

3．牙模的局限性　牙模制作材料的自然收缩与膨胀会使比对样本不同程度变形，将影响精确比对。

4．照片的局限性　拍摄时角度、拍摄光线以及拍摄距离等因素都会影响照片的质量，而且无法反映三维特征，从而影响同一认定。

第六节　义齿的鉴定

义齿俗称"假牙"，医学上是对上、下颌牙部分或全部牙齿缺失后制作的修复体的总称。对无名尸体个人识别可根据义齿的有无、义齿的特征进行法医学鉴定；在北欧、英美等发达国家已制定法律，规定牙医在为患者制作义齿时要在义齿上留有标记，标记可以是患者姓名、社区保险号码或者制作年月日等，具体方法可以在义齿上刻写或把一写有标志的纸条、尼龙条、金属片埋在义齿基托里，这些措施大大提高了义齿在鉴定中的作用。

一、义齿的种类

（一）义齿的分类

根据义齿是否可摘取分为活动义齿（removable denture）、固定义齿（fixed denture）。

1．活动义齿

（1）全口活动义齿：全口活动义齿由基托和人工牙两部分组成，靠义齿基托与黏膜紧密贴合及边缘封闭产生的吸附力和大气压力固位，吸附在上下牙槽嵴上，以恢复患者的面部形态和功能。

（2）局部活动义齿：利用缺牙区的邻牙或其他余留牙齿以及牙槽嵴和黏膜作支持，借助义齿上卡环和基托的作用，使义齿能在口腔内获得良好的固位，从而修复局部牙缺失，恢复牙齿和牙列的功能。

2．固定义齿　由固位体、桥体和连接体三部分组成。固位体是指固定在基牙上的那部分结构，包括全冠、桩核冠、部分冠、嵌体、翼板固定桥等，借助固位力与基牙相连并获得固位。桥体即人工牙是固定桥恢复缺失牙的形态和功能的部分。连接体是桥体与固位体之间的连接部分，按连接方式不同可分为固定连接和非固定连接。

（二）义齿材料

义齿材料是指在缺损牙体和缺损、缺失牙列的治疗中制作人造牙、基托、固位体、连接杆、冠、桥及嵌体等修复体的材料。根据义齿材料分为塑料义齿、金属义齿、烤瓷牙等。

1. 塑料义齿　常用甲乙丙烯酸甲酯和丙烯酸甲酯等。

2. 金属义齿　主要有金合金、铜合金、白合金等种类。

金合金：由金、银、铜等金属元素组成，法定标准用 K 为单位，牙科用 20～22K 金为宜，如 20K 金含 Cu、Ag 各两份；22K 金含 Cu、Ag 各一份。铜合金：常见有白铜、青铜和黄铜三种，牙科多采用黄铜合金，常用配方为 $Cu50$、$Ag25$、$Cd25$。白合金：种类繁多，用途广泛，多采用镍铬合金，常见配方为 $Ni\ 85.15$、$Cr\ 9.28$、$Cu\ 3.25$、$Fe\ 1.78$、Al 及 C 微量。

另还有白瓷及不锈钢等材料做成的义齿。

烤瓷牙：也叫金属烤瓷联合冠，烤瓷牙修复就是在牙齿缺损或缺失的部位使用金属作为支撑内核，外部烤上瓷粉，瓷粉的颜色可与真牙的颜色相近，粘接固定在牙齿上，达到修复患牙和美观的效果。从结构上分为内冠和釉面瓷层，从质地上分为金属内冠、全瓷内冠烤瓷。烤瓷冠主要有镍铬合金烤瓷冠、钛钴合金烤瓷冠、金铂合金烤瓷冠以及金沉积烤瓷冠，后三者合称为贵金属烤瓷冠，内冠分别为钛钴合金、金铂合金、99.99% 的电镀纯金，它们均属于惰性金属，导致过敏的概率较小，理化性能很稳定。

二、义齿磨损程度的鉴定

固定义齿使用、磨损的规律性较稳定，用来推断年龄准确性较好；活动义齿使用情况不规律，因此差异很大。

义齿中白合金义齿硬度较高，贴附性较差，故寿命较短。金质牙和铜合金，硬度较低，但贴附性较好，故可延长寿命，比前者多 3～5 年。

根据白合金牙磨损程度推断使用时间：①点状磨损：3～4 年；②斑点状磨损：7～8 年；③斑点增大并出现磨穿点、冠顶露出牙本质：17～20 年。

根据冠套厚度推断使用时间：①冠套寿命长者可达 24 年或更长，一般以 20 年为使用期。②牙冠厚度一般为 0.6mm，若冠顶磨损约 0.1mm，则其使用时间约为 3.3 年。

烤瓷牙硬度强，与正常牙组织硬度相差不大，所以在对烤瓷牙磨损度推断使用时间时可以在前面的基础上酌情延长使用时间。

三、义齿鉴定的法医学意义

制作义齿的特点：牙医制作义齿时有各自的习惯与技术特点，在同行之间可能相互熟悉，此时可请当地牙医协助鉴别，找到制作该义齿的牙医，进一步明确死者的身源、推断年龄等。

义齿材料存在地区差异：在城市中高级材料和活动义齿使用率高于农村；农村因条件有限，常采用铜合金代替黄金作义齿材料。

义齿制作技术的差异：大中城市制作义齿的技术较城镇高，制作较精细；农村和偏远地区义齿制作较粗糙。

风俗习惯：新疆、云南、山西等地，姑娘出嫁前把右上侧切牙镶上金牙，加以装饰。

随着社会的进步，牙科学的发展，人人追求美观，义齿在日常生活中也越来越受到重视，法医案件中义齿出现的频率也逐渐增加。通过对义齿的材料、制作技术、磨损度及义齿的特点等综合分析，对推断无名尸体的个人识别、年龄等起着重要作用。

由于成人期牙齿的缓慢变化受到疾病、生活习惯等多种因素的复杂作用，法医学评估的生理年龄常与实际年龄准确度有待提高。另一方面，这些方法普遍缺乏统一的定性或定量标准，存在应用年龄、操作性等局限。

本章小结

　　法医牙科学是法医人类学的重要分支学科。本章介绍了法医牙科学的口腔医学理论基础，包括牙齿的形态结构、分类、观察和测量方法。并从法医牙科学的主要研究内容分为牙科画像、同一认定和咬痕鉴定三个部分。牙科画像中包含了牙齿性别鉴定、种族鉴定、种属鉴定和年龄鉴定等。同一认定是指通过与生前牙科记录比较，推断死者身份的一种人类学方法。咬痕鉴定是法医牙科学的重要内容之一，主要研究咬痕形成的原理、咬痕的种属鉴定、咬痕的提取和比对方法等。

关键术语

　　牙科画像（dental profiling）

　　牙龄（dental age）

　　牙齿成熟指数（dental maturity score，DMS）

　　牙磨耗（attrition）

　　铲形的切牙（shovel-shaped incisor）

　　咬痕（bite mark）

　　义齿（denture）

讨论题

　　在犯罪现场，遗骸受到严重破坏只剩下几颗完整牙齿，试述从这些牙齿中法医能获得哪些信息？

（扎拉嘎白乙拉　唐任宽）

思考题

　　1. 牙齿判定种族的依据是什么？

　　2. 未成年人牙齿判定年龄与成年人有何区别？

　　3. 牙齿同一认定的法医学意义是什么？

　　4. 如何进行咬痕的同一认定？

第十一章 毛发及指(趾)甲的检验

学习目标

通过本章的学习,你应该能够:

掌握:毛发的特点;毛发与纤维的鉴别;人毛与其他动物毛的鉴定;毛发的种族鉴定;毛发检验的意义及目的。

熟悉:毛发的组织结构;毛发的理化性质和生物学特征;熟悉指甲的组织结构及指甲垢的检验。

了解:毛发的性别测定;毛发检材提取及检验的注意事项;毛发其他遗传标记检测的方法、意义;指甲的形态及其他特征检查、遗传标记检测的种类及方法。

第一节 概　述

毛发和指(趾)甲为皮肤的附属器官,由角化上皮细胞组成,属于角化组织或硬组织,对腐败有较强的抵抗力,不易毁坏,能保存很长的时间,是法医学鉴定的重要物证之一。毛发可自然脱落,也可因外力作用而暴力脱落。因此,在案发现场、凶器、作案工具、车辆或其他致伤物体及受害人衣裤、体表或手中,常可检见遗落的毛发。尤其一些高度腐败或白骨化的尸体,毛发和指(趾)甲是能保存下来的人体组织,可成为案件侦破的线索来源。

毛发是人类学研究的重要人体组织之一。早在1928年,Fischer和Saller制定了头发颜色的分级标准,用来比对检验毛发的颜色。1948年,Trotter等人从形态学方面研究了青春期前人毛发的年龄变化。20世纪50年代以后,建立了毛发元素成分的分析技术并逐步完善。同时,有关毛发颜色和形态方面的研究报告日渐增多,毛发的研究逐步走向国际合作的道路。

毛发的研究是环境医学、生物医学、人类学和法庭科学研究的一个比较活跃的领域。生物学家在进行哺乳动物进化研究时,毛发的形态特征是有用的分类标准之一。人类学家根据人类群体的多种特征进行人种的演化和不同人种之间的联系等研究时,毛发是其中研究的重要内容之一。在现场涉及人身伤亡的案件中,现场有可能遗留受害人或犯罪嫌疑人的毛发,这给案件的侦破提供线索和证据。因此,毛发的研究成果和建立的检验方法,已成为司法办案的重要技术依据。

毛发是头发和体毛的总称。人体表面,除手掌、足底、指(趾)末节屈面等处,均有毛发分布。人体全身的毛发可以分为终毛、刚毛、毳毛三种。终毛粗且长,有颜色,包括头发、胡须、腋毛及阴毛。刚毛较终毛粗而短,稍硬,有颜色且直立于皮肤表面,包括眉毛、睫毛、鼻毛和耳毛。毳毛又称汗毛,细软,颜色较淡,几乎遍布全身。毛发由毛尖、毛干、毛根和毛囊组成。露在皮肤表面的部分叫做毛干,毛干近末端渐细而尖,称为毛尖。在皮肤里面的部分叫做毛根,毛根有毛囊,在皮下组织内。

人体各部位的毛发依种族、地域不同存在差异,在个体之间也存在一定的差别,因此毛发检验成为法医人类学研究中一个重要的内容。毛发检验要求解决的问题有：鉴别是毛发还是其他纤维；鉴定是人毛还是兽毛；确定毛发的生长部位；毛发损伤的鉴定；毛发的个人识别，包括形态学检查、血型测定、DNA 分析、毛发的年龄、性别、种族以及职业推测等。

指(趾)甲位于指(趾)端背侧。指甲与趾甲由多层连接紧密的角化上皮细胞构成，细胞内充满富含二硫键的角质蛋白，抗腐败力强，是个体识别有意义的生物检材。指(趾)甲由甲板及其周围和下方的组织组成。甲板位于每个指(趾)末节的背面，为坚硬、透明的角质板，甲板又可以分为甲根、甲体和游离缘三部分。甲体下面的未角化复层扁平上皮和真皮为甲床，甲体周缘的皮肤为甲襞，甲体与甲襞之间的沟为甲沟。甲根附着处的甲床上皮为甲母质，该部位是甲体的生长区，新生的细胞逐渐角化，并向浅层和甲的远端移动。各指(趾)甲由于受年龄、外界温度及其他因素的影响生长速度并不相同。

在扼杀、强奸或斗殴案件中，体表可见指甲印痕及被害者或犯罪嫌疑人脱落的指甲残片，通过形态学特征的对比分析，辅助进行个人的同一认定。在无名尸体、碎尸案，尤其高温腐败的尸体，指(趾)甲与毛发一样，可提取作血型测定和线粒体 DNA 分析等个人识别。在伤害或凶杀案件中，受害人与犯罪嫌疑人在近距离的接触或搏斗时，有可能抓刮到犯罪嫌疑人的皮肤，并在指甲垢里留下肉眼看不到的皮屑组织等微量生物检材，可通过对甲垢的分析进行个人识别。在某些案件中，通过对指甲油的检测分析，也有利于个人的同一认定，缩小案件的调查范围，辅助案件的侦破。指(趾)甲检验的主要内容包括：指(趾)甲的形态学差异分析、ABO 血型检验和 mtDNA 分析，以及对指甲油和指甲垢的检验。

本章从毛发及指(趾)甲的组织结构、形态特征入手，系统介绍有关毛发和指(趾)甲检验的基本理论、基本技能，为今后从事法医人类学的人员奠定相关工作基础。

第二节　毛发的结构及生长周期

一、毛发的结构

毛发是皮肤的附属器官，分为毛干和毛根两部分。皮肤以外露出部位称毛干，埋在皮肤的部分为毛根，其中毛干的游离末端为毛尖(图 11-1)。

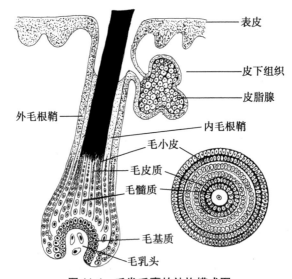

图 11-1　毛发毛囊的结构模式图

(一)毛干

毛干(hair shaft)纤细，根据观测的放大倍率不同，其组织结构有不同层次的描述方法。在普通光学显微镜下,可以将毛干截面视为直径不同的两个同心圆组成,其外圆周为毛小皮(hair cuticle),内圆为毛髓质(hair medulla),两圆之间为毛皮质(hair cortex)(图11-2)。

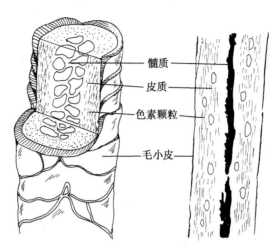

髓质
皮质
色素颗粒
毛小皮

图11-2 毛干的结构模式图

1. 毛小皮 毛小皮位于毛干的最外层,由一层高度角化的薄而透明、无核、无色素的扁平鳞状上皮细胞组成,与毛干的长轴方向垂直。这些细胞由近及远呈鱼鳞片状或屋瓦状依次互相重叠排列,其游离缘指向毛尖。由于鳞片状细胞的大小、形状、排列和重叠位置不同,而形成毛小皮特有的各种鳞状花纹。毛小皮花纹呈波浪状起伏,形成凹谷和高耸的波峰,与毛轴垂直。不同种属的动物,其花纹特征不同,根据花纹特征,可鉴定人毛及动物毛。

2. 毛皮质 毛皮质位于毛干中层,毛小皮与毛髓质之间,由细微而长的梭形、纤维状角化上皮细胞组成,皮质细胞沿毛发的纵轴排列,故损伤的毛发易于纵行分裂。皮质细胞内是纤维束的角化物质,纤维走向与毛发长轴平行,纤维束间充满着残余的细胞成分和大小不同的色素颗粒、气泡、蛋白质以及退化的核残余物质。其中色素颗粒的形态和分布可作为毛发的种属鉴定依据之一。一般人毛的色素多集中于皮质周围部分,而动物毛的色素多在皮质的中心部。

3. 毛髓质 毛髓质位于毛干的中心部位,形成毛干中轴,由退化而形状不一的上皮细胞残渣组成。细胞已萎缩,细胞核退化,常有核的残余。细胞质内含有色素颗粒,萎缩的细胞排列松弛,其间有气室,含有空气,细胞残渣为β-角蛋白。不同种属的毛发,髓质细胞排列具有特征性,是区别不同种属的动物毛的重要依据之一。

(二)毛根

埋于皮内的部分为毛根(hair root),毛根的起始端膨大呈球状,称为毛球。毛球的底部呈凹陷状,有毛乳头伸入。毛乳头由真皮结缔组织、神经纤维和血管组成,供给毛发营养和接受刺激。围绕毛乳头的上皮细胞称毛母基,此处的细胞不断增生,并逐渐角化,形成毛发的角质细胞。毛母基内有散在的黑色素细胞,产生的黑色素由细胞突起传递到毛发的角质细胞内。

毛囊(hair follicle)呈管状鞘结构,包裹着毛根,由表皮凹陷形成的内毛根鞘、外毛根鞘和由真皮组成的结缔组织鞘构成。自上向下分漏斗部、峡部和下部。内毛根鞘由内而外分为鞘小皮,赫胥黎层(Huxley)和亨勒层(Henle),这三层结构在皮脂腺开口处消失。外毛根鞘由表皮基底层和棘层延续而来,为富含糖原的上皮细胞,在毛囊的漏斗部和峡部分化为多层,在下部则以1~2层包绕毛球。

二、毛发的生长周期

毛发生命过程分为生长期、退行期和休止期3个阶段,生长经过一定的时间就要脱落而换以新毛,呈周期性的变化(图11-3)。

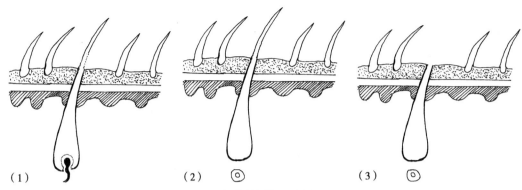

图 11-3　毛发生长周期示意图(1)(2)(3)

(1) 生长期:毛发在生长期内,根鞘组织透明,毛球内的色素细胞增殖活跃(图 11-4)。

(2) 退行期:退行期的毛根不产生髓质,基底呈棒状,色素细胞活动减弱乃至停止。

(3) 休止期:休止期毛发无根鞘,肉眼观毛球为梨形坚硬的白色小体,其上部无色素颗粒,通常有较高密度的皮质气泡,可自行脱落。

人类不同部位毛发的生长周期不同,一般是较长的毛发有较长的生长周期。人的头发生长周期为 3~10 年,平均 4 年左右,退行期约 3 周,休止期约 3 个月。一般情况下,人的头发处于生长期的占 80%~90%,退行期占 1%,休止期约占 14%,每日有 25~100 根头发自行脱落。眉毛、睫毛的生长期为 2 个月,休止期长达 9 个月。胡须生长期为 4~11 月,休止期为 10~75 天。阴毛生长期 1~1.5 年,腋毛生长期 1~2 年。

生长期毛发的生长速度因毛发的生长部位、毛发的质地和人的年龄而异。粗的毛发生长周期长,可以达到较大的长度,较长的毛发比较短的毛发生长速度快。人的头发生长速度为每日 0.27~0.4mm,腋毛和阴毛为每日 0.21~0.38mm。15~30 岁的青壮年期是毛发生长最旺盛时期。毛发的生长速度,夏季比冬季快,夜晚比白天快,反复修剪和个体的营养状况不影响毛发的生长速度。

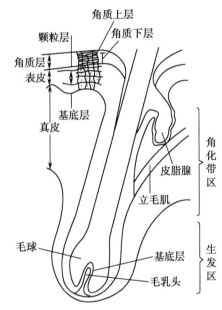

图 11-4　生长期毛根部结构模式图

第三节　毛发的理化性质

和人体的其他组织一样,毛发含有蛋白质、脂肪、水、微量元素等有机成分和无机成分。其中部分成分发生角化变性,使毛发的理化性质不同于机体其他组织结构。

一、毛发的化学组成

1. 蛋白质　毛发蛋白质属于角蛋白中的硬蛋白,有 α 角蛋白及 β 角蛋白。组成毛发的角蛋白约有 20 种氨基酸,其中含量较多的有:谷氨酸(19%)、胱氨酸(15%)、丝氨酸(12%)和天门冬氨酸(7%)等。不同部位的毛发各种氨基酸的含量存在着一定的差异。如毛小皮胱氨酸的含量很高,胱氨酸重叠如链桥,富于弹性。毛小皮的各层结构也有不同的化学组成,毛小皮的外层含有较多的胱氨酸,而内层的胱氨酸含量较少。毛髓质则胱氨酸的含量甚微,谷氨酸的含量很高。毛发的性质很稳定,在沸水及中性盐溶液中均不溶解,仅可使其软化膨胀。毛发也不溶于硝酸、硫酸和过氧化氢的混合液,但能被过氧化氢脱色。由于毛发中缺乏蛋白水解酶,因此,毛发无自溶现象,也不被其他蛋白水解酶所溶解。毛发能长期抵抗腐败。对碱性溶液抵抗力弱,可溶于强碱性溶液。

2.脂类 脂溶性溶剂可提取人毛发中 1%~9% 的物质。成年男性毛发中,游离脂肪酸占56.1%。人类毛发的脂质主要是碳链长 7~22 碳范围的饱和及不饱和脂肪酸。不同人种、性别、头皮状态和青春发育期毛发的各种脂肪酸的相对含量都有差异。

3.水 毛发中的水分多为蛋白质结合水,水的含量与环境的相对湿度有明显关系。环境相对湿度升高时,蛋白质分子结合较多的水分,毛发膨润,对摩擦和延伸形变等毛发的物理性质有重要影响。

4.微量元素 毛发除含有组成有机成分必需的碳、氢、氧、氮等元素外,还含有其他多种微量元素,主要为金属元素,包括钙、镁、铝、钠、铁、铅、钾、铜、锰、锌等。其中有些是构成毛发的必需成分,而有些微量元素则是人体的排泄产物。微量元素的种类及含量与饮食、性别、年龄、身体状况等有关,同一个体的不同生活时期也不相同。

二、毛发的物理性质

1.密度 毛发密度的测定结果受所在环境相对湿度的影响。相对湿度增加或减少时,毛发吸收环境中的水分或本身的水分蒸发,其直径、长度和体积也随之增大或减少,膨润状态发生改变,密度的测定结果也发生变化。在相对湿度60%时,测得人毛发密度在1.3120~1.3127之间。

2.弹性形变 物体受外力作用,产生应力,同时发生形变。根据胡克定律,在弹性限度内,物体的形变与外力成正比。在一定大小的外力作用下,毛发的弹性形变与外力也具有这种直线关系。

毛发受拉伸外力作用,可发生弹性形变,达到毛发的弹性限度时仍不去除外力,毛发可以发生降伏或塑性形变直至断裂。在相对湿度较低的情况下毛发断裂所需要的应力较大,在承受同等应力时发生的形变也较小。

在胡克区内除去外力,伸长的毛发可以逐渐恢复到原来的长度。在恢复原长的过程中,毛发的应力小于伸长过程中的应力,在弹性限度内毛发只需要较小的应力就可以恢复形变前的状态。这是毛发具有的与其他材料不同的弹性力学特点。

第四节 毛发的形态学检验方法

一、大体形态观察与测量

1.颜色 人发颜色可根据费歇尔-萨勒(Fischer-Saller,1928年)发色表用肉眼比对观察。发色表有标准色,颜色标样由浅到深依次排列,并有相应编号。记录与发样相近的标准色编号。如果没有发色表,则直接描述记录毛发的颜色。

2.外形 在人类学领域,通常采用马丁(Martin,1928年)分类法将人类头发分为 3 种基本类型,各类型又分若干种亚型。对各类型毛发作如下描述:

(1)直发:分硬直、平直、微波 3 种亚型。

(2)波状发:呈波状变曲,分宽波、狭波和卷波 3 种亚型。

(3)卷发:包括沿毛干长轴方向改变的卷曲发和沿长轴旋转的扭曲发,通常卷发同时存在这两种改变。

3.尖端 腋毛、阴毛等自然较短的毛发,不经修剪,均有自然的毛尖。这些毛尖较毛干其他部位细,多数钝圆,少数毛尖有部分缺损。头发经常修理,尖端变化较大。修理不久的头发为平尖,毛尖部与毛干其他部位粗细相同;修理经过较长时间的毛尖逐渐变细、变圆。尖端的观察描述方法如下:

(1)平尖:包括尖端平面与毛干长轴垂直的水平平尖和与毛干长轴成一定角度的倾斜平尖。

（2）圆尖：包括圆形尖、钝圆尖和细圆尖。

（3）微型齿状尖：平尖的表面出现微型突起或微凹，侧面观呈锯齿状。

（4）分叉：微叉；多叉；劈裂。

4．毛干　毛干的观察主要是注意直径有无变化及有无劈裂、分叉，描述如下：

（1）直径变化：无变化；近尖端变细；中段以后变细。

（2）劈叉：无劈裂；近尖端劈叉；中段劈叉。

5．毛根端　毛根端是与毛尖端相对的另一端毛发部位。确定根端的直接依据是毛根。断离的毛发不含毛根，可用下述简易方法确定根端：右手拇指和示指夹住毛发，沿毛干长轴来回捻动，毛发位移所指的方向即为毛根。

毛尖、毛干和毛根端可借助放大镜或显微镜进行观察。毛根端的观察作如下描述：

（1）毛根及其结构：毛根完整；毛根破损；无毛根。

（2）根端形状：无根；不规则；杵状毛根；带有根鞘组织；萎缩。

6．长度　用刻度直尺测量。测量时要拉直毛发，判断有无毛根，带有毛根的毛发测量长度，才能反映属主毛发的实际长度。

二、显微镜观察与测量

用普通显微镜观察需将毛发制片。毛发制片有干片和湿片两种。干片是将毛发夹在两块载玻片之间，用胶带固定好载玻片即成。用中性树脂可以制作毛发的湿片。所用中性树脂的折射率应与毛发接近或相同，如树脂和毛发的折射率相差很大，在显微镜下难以看清毛发的内部结构。毛发的显微测量需要借助测微计。

1．毛小皮印纹的制备与观察　观察毛小皮花纹需制备毛小皮印纹。取厚约1mm的硝酸纤维素膜片，大小如载玻片。将毛发拉直紧贴膜片，倾斜，从一端滴加醋酸丁酯或其他有机溶剂，使液体沿毛干自然流下，5分钟后揭去毛发，膜片上即留下毛小皮印痕。人的毛小皮纹理复杂，主要观察以下项目：

（1）纹线密度：纹线密度指沿毛干长轴方向一定距离毛小皮纹线数（纹线数/100μm）。毛小皮印模在显微镜下用测微计计数。扫描电镜照片上面有比例尺，可直接在照片上计数。

（2）毛小皮类型：

冠状型：简单形，锯齿形，齿形。

叠瓦型：长形，长尖形，卵圆形，钝锯齿形，扁平形。

（3）排列形态：

平行型：毛小皮游离缘轮廓与毛干长轴垂直，游离缘大致相互平行。

局部交叉型：毛小皮游离缘基本上相互平行，但局部有X形和（或）Y形交叉。

局部粘连型：在游离缘中，相邻几个毛小皮游离缘在一处会合，呈半放射状。

混合型：既有交叉，又有粘连。

（4）峰谷距离：毛小皮游离缘波峰最高点与波谷最低点间的距离。

（5）峰谷值：毛小皮游离缘波峰、波谷间的垂直高度。

2．毛皮质观察与宽度测量

（1）颜色：无色，金黄色，浅褐色，深褐色，红色，铁锈色，黑色。

（2）色素颗粒：

颗粒形状：椭圆形，圆形，团块状，其他。

颗粒大小：小，中等，大颗粒。

颗粒浓度：中等，半透明，浓厚，分散。

颗粒分布：不规则，不均匀，均匀，向心分布，离心分布。

（3）气泡分布：无气泡，近尖端，近根端，近中段，分布均匀。

（4）皮质指数：测量同一部位毛干直径和皮质宽度，根据下面公式计算皮质指数：

$$皮质指数 = \frac{皮质宽度}{毛干直径} \times 100$$

3. 毛髓质观察与宽度测量

（1）宽度：无髓，细髓（0～10μm），中髓（10～25μm），粗髓（大于25μm）。

（2）结构：无髓，无定形，蜂窝状，不透明，半透明，分散，断续，连续。

（3）分布：无髓，均匀，近尖端分布，近中段分布，近根端分布，随机分布，居中分布，偏心分布。

（4）髓质指数：测量同一种部位毛干直径和髓质宽度，根据下式计算髓质指数：

$$髓质指数 = \frac{髓质宽度}{毛干直径} \times 100$$

4. 截面大小和形状　毛发截面大小反映毛发的粗细，以截面面积表示。毛发截面形状以椭圆形占绝大多数，用截面指数表示毛发截面形状椭圆的程度。

用组织切片机制作毛发断面样本，测量截面长径和短径，计算截面面积和截面指数：

$$截面面积 = \frac{\pi}{4} \times 长径 \times 短径$$

$$截面指数 = \frac{截面短径}{截面长径} \times 100$$

三、扫描电镜观察

扫描电镜用于毛发的检验，可以更清晰地展示毛小皮鳞片的细微结构、相邻鳞片的接触类型和鳞片局部的损伤、剥脱情况。与普通光学显微镜和透射电子显微镜比较，扫描电子显微镜检查具有下列优点：①放大倍数高（从十倍到几十万倍），景深，成像有较强的立体感，能够清晰地反映样品外形；②样品制备简单，可观察较大量的样品；③与能谱仪联用，既可观察形态，又可检查元素成分。但扫描电镜要求给发样品表面镀导电膜，这样又会导致细节损失和形态的改变，以及无法看到真实的损伤形态。

四、原子力显微镜观察

Gurden SP 等提供了一个运用原子力显微镜进行毛发分析的系统方法即用原子力显微镜定量分级分析人类毛发，为毛发的表层形态学分析提供了一个新的方法。

人类毛发的外观特性在很大程度上取决于毛发的表层状况。毛发表层结构的状况在临床医学和法医学的辅助诊断中具有潜在的应用价值。原子力显微镜通过测量毛发表层结构的某些指标，如步高、倾斜角、密度等，对毛发进行质量分析，并比较毛发间的特征进行个人识别。该方法对样本处理的要求简单，但图像分辨率高在检验人类毛发表面有独特优点。

第五节　毛发的鉴定

一、毛发检验的目的

毛发检验的鉴定目的为个人识别。委托单位送检毛发检材的委托鉴定事由，一般包括以下几个方面：是否为毛发；是人毛还是动物毛；是何部位的毛发；毛发的形态和颜色有什么特征；毛发的性别、年龄；毛发是否经过人工修饰；毛发含有哪些微量元素，含量如何；毛发的遗传基因判定；脱落的毛发是自然脱落还是暴力所致，其暴力性质是什么；毛发的损伤及附着物检验。综合这些项目的检验结果,进行全面分析、比较,得出客观的鉴定结论,可作为个人识别有价值的依据。

二、毛发的现场检查

在办理案件的现场勘查工作中,需要注意收集案件相关人员的毛发样本,首先要确定寻找现场毛发的重点场所,然后制定可行的勘查步骤,采用可靠的寻找方法。

休止期毛发能自行脱落,犯罪嫌疑人所到之处都有可能留下毛发。发案时,常有受害人与犯罪嫌疑人搏斗、厮打的过程,可能有较多的毛发遗留在现场。因此,毛发应当是犯罪现场最常见的物证之一。毛发很纤细,单根毛发附着在相同颜色的物体上,往往不易觉察,使得搜寻可疑毛发成为一项费时又费力的工作。现场寻找毛发越全面彻底,则越有机会发挥毛发的物证作用。其检验结果在某些案件中,有可能做到重现案发时的情况,成为犯罪嫌疑人有罪或无罪的重要证据。发现毛发时需先进行拍照固定,再分别用白纸包装提取,作好标记,注明案件名称、提取地点和提取日期。

应该注意寻找死者身边的物品、衣物、躯体表面或手中有无毛发,并检查有关工具、汽车座位、犯罪嫌疑人躯体表面、衣物以及其他物品上有无毛发附着。

在一些场合,毛发的数目可能很多,而在另一些场合,往往只有几根甚至只有一根毛发。但不论数量多少,只要在特定场所发现的,就可能是很重要的物证。发现可疑毛发时,用小镊子小心夹取、以免折断。对较小的毛发碎段则须小心扫入特殊的收集器内。如有污物附着,不要随意清除,更不要染上新的杂质。有条件时,在现场就进行肉眼检查,即把发现的可疑毛发放在不同颜色纸上,检查长短、粗细、形状及毛根、毛干、毛尖的性状,有无损伤和异物附着等。然后将各处找到的毛发分别放入试管或信封里妥善保存,尽量保持毛发原形。注意勿把各处找到的毛发混在一起。

在暴力性死亡的案件中,除需收集现场的毛发外,还应从尸体或犯罪嫌疑人处提取少量毛发以备对照。即使现场未发现毛发,一般也应提取尸体头发,以备做血型测定等用。

收集已知毛发作对照时,应考虑待测检材的情况。梳脱的毛发一般均已接近脱落段,这是毛发检材中最常见的一种情形。如果可疑毛发标本显示有暴力拔脱痕迹,那么对照毛发亦应以相应方式拔取。

毛发有转移现象,在现场发现毛发时必须判断提取的毛发是否与案件有关。毛发的转移有初次转移和二次转移两个过程。初次转移是第一次脱离生长部位离开属主的毛发转移,一般出现于休止期毛发,转移地点可以是他人的身体和衣物,也可以是人所到之处的地面及其他物品上。二次转移是初次转移的毛发离开载体再次或多次转移到新的部位,是经常发生的转移现象。

毛发的转移是一种复杂的过程,有很多机制,受多种因素的影响,在工作中至今尚未引起足够的重视。实际上,毛发的二次转移比初次转移更为常见。显然,我们在犯罪现场需要寻找的是初次转移的毛发。

三、毛发的肉眼检查

从现场提取的纤维状物质,首先通过肉眼或放大镜检查、编号,应仔细检查毛根、毛干、毛端的性状,逐一记录其长度、色泽、形态、毛发有无损伤和异物附着,并进行分类。

四、人毛与其他纤维的鉴别

用肉眼观察判断检材是否为毛发并不困难,但当离体的毛发失去毛根或者混杂在其他物品中时,就必须将毛发与其他纤维进行鉴别。纤维类物品基本上分为天然纤维和化学纤维等。天然纤维包括植物纤维(如棉、麻等及其制品)、动物纤维(如蚕丝)和矿物性纤维(如石棉)等。化学纤维分为人造纤维和合成纤维两类。人造纤维是将天然纤维素经化学处理加工形成,如人造毛、人造棉、人造丝等。合成纤维用化学方法将单体聚合成高聚体再加工成细丝及其制品,如涤纶、棉纶、腈纶等。

毛发有根端、尖端之分,镜检可见毛小皮纹理、毛皮质和髓质,其他纤维没有这些结构。各种人造、合成和天然纤维经过加工组合成纤维细束,用针尖可以将纤维束分开。纺织纤维常被染色,在显微镜下观察有很好的透光度,其中合成纤维透光均匀,在透射光下可见因加工形成的扭曲状态。

强酸、强碱也可用于鉴别毛发和纤维。50%的硫酸可以溶解植物纤维但不溶解毛发。10%的氢氧化钠或氢氧化钾可以浸泡软化毛发。加热可使毛发溶解,但不能软化、溶解人造、合成纤维和植物纤维。此外,人毛发和动物毛燃烧时释放含硫化合物,有特殊气味,其他纤维燃烧时一般没有这种气味。

五、人毛与其他动物毛的鉴别

人和其他哺乳动物的共同特征之一是有毛发。因此,在进行毛发检验的时候,需要将人毛与其他哺乳动物或兽类的毛区别开来。

兽类动物有丰厚的毛皮覆盖着近全身的体表,在皮毛的有色斑块部位,单根毛发常呈现几种颜色。人的躯干、四肢等部位的体毛已明显退化成毳毛。人类毛发色调单一,随年龄增加向灰白变化,正在变灰变白的毛发,颜色由黑到白呈连续变化的过程。

不同的哺乳动物,毛发的粗细长短也不相同。多数动物毛比人毛细,从根端到尖端一般有明显的粗细变化。由于动物季节性换毛,其生长期短,毛的自然长度比人毛短。例外的是某些草食类,如马,其尾毛可以终生生长,也可以达到较长的长度。

人毛与动物毛在显微结构上也有明显的差异。

大多数哺乳动物,毛发的表皮鳞片粗大平直。在普通光学显微镜下,毛小皮鳞片呈锯齿状或斑纹状,虽纹理构造不一,但排列简单,比较规则。人类毛小皮鳞片薄,表皮花纹细小,排列不齐,一般由数个宽窄不一的毛小皮细胞包绕毛干一周,细胞的游离缘侧端消失,与相邻的毛小皮细胞相互融合,形成形态多样的交叉缘。

动物毛的皮质发育较弱,宽度不足毛干的一半,皮质的色素颗粒大小不一,多呈团块状,集中分布在皮质的中部,分布不均匀。人毛的皮质发达,宽度约占毛干的2/3,色素颗粒的大小和分布比较均匀。

人毛的髓质不发达,同一毛干不同断面的髓质宽度可有不同,平均髓质指数在30左右。人毛髓质分布有的连续,有的间断,也有的无髓质;有的分布于毛干中心,有的偏离中心分布。动物毛的髓质发达,髓质指数一般在50以上,在显微镜下观察,动物毛髓质分布较为连续,髓质细胞界线清晰。

在扫描电子显微镜下,人毛和动物毛毛小皮纹理和不同动物毛的髓腔形成结构都有一定的差异(图11-5)。

动物学家和法医人类学家还运用十二烷基硫酸钠-聚丙烯酰胺凝胶电泳、等电聚焦等技术对毛角蛋白组分进行分析,用于毛发种属鉴定和个人识别。

六、人体不同部位毛发鉴别

人体全身毛发分为终毛、刚毛和毳毛三大类。终毛粗而长,有颜色,包括头发、胡须、腋毛、阴毛等。刚毛粗而短,较硬,有颜色,直立于皮肤表面,有眉毛、睫毛、耳毛和鼻毛。毳毛无色,细而短,分布于前两类毛发分布区域以外的其他有毛区的皮肤表面。

(一)终毛

1. 头发　就自然长度来说,头发(hair)是人体最长的毛发,不同的种族头发的颜色及形态不同。中国人头发直或微曲,有色,粗细均匀,截面多呈椭圆形、圆形、三角形,其他形状少见。头发有髓质,皮质含有较多的色素。较长的头发因受到日晒和梳理的机会多,尖端常发生分叉。

2. 胡须　青春期后,男性长出胡须(beard)其自然长度可达30cm,毛干在引向尖端之前逐渐变细。绝大多数男性有刮须习惯,故实际长度很短。须毛直或微曲,截面呈椭圆或类三角形,髓质较发达。

3. 腋毛　人类青春期后,在腋下出现腋毛(axillary hair)。腋毛平均长度1~5cm,多弯曲,比头发略细,毛尖部细长,截面呈椭圆形,皮质发达,髓质较弱。

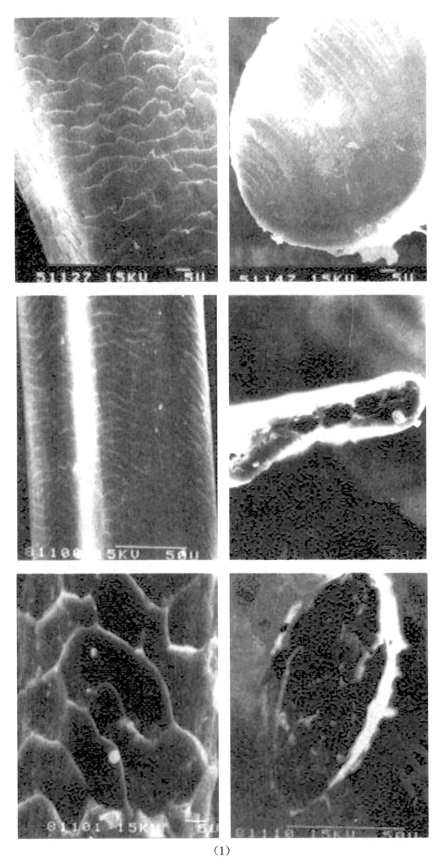

(1)

图 11-5 人和动物毛扫描电镜观察

(1)从上到下依次为人毛,兔毛和绵羊毛;左边毛发表面,右为毛发横断面

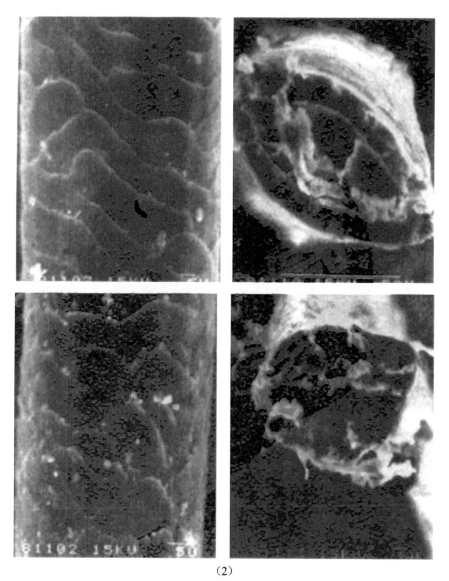

（2）

图 11-5　人和动物毛扫描电镜观察（续）

（2）上为狗毛，下为驴毛；左为毛发表面，右为毛发横断面

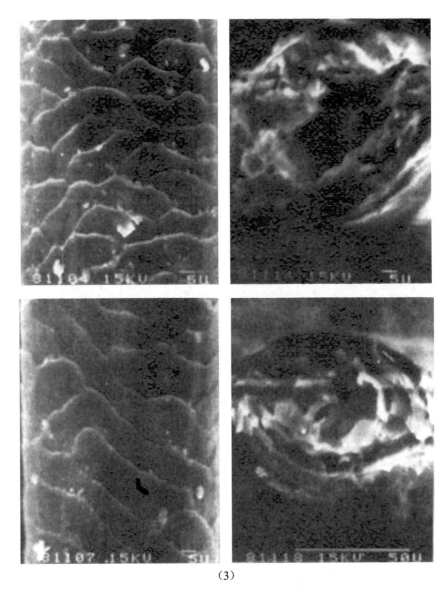

图 11-5 人和动物毛扫描电镜观察（续）
(3)上为猫毛,下为豚鼠毛;左为毛发表面,右为毛发横断面

4. 阴毛 人类青春期后,在会阴及小腹下部出现阴毛(pubic hair),女性呈三角形分布,男性为菱形。阴毛弯曲非常明显,在轴向弯曲的同时常伴有以长轴为中心的扭曲,呈 S 状或连续的 S 状,拉直测量最大长度可达 9cm。阴毛从根端到尖端有明显的粗细变化,约在毛干的中、远 1/3 段交界处突然变细,引向末端,形成很细的毛尖。

有 2%～10% 个体的部分阴毛有分叉。分叉多出现在毛尖,为二叉或三叉。阴毛髓质发达,多呈偏心连续分布,截面为扁椭圆形,这种形状与阴毛的易于弯曲有关。

(二)刚毛

刚毛的平均长度 1cm 左右,直或微弯,较粗,毛尖突然变细,截面多呈三角形,髓质较为发达。

1. 眉毛 眉毛位于眶上区,较平直,不同个体的眉毛其浓密及外形不一。女性由于修眉,使眉毛的外形变化更大。眉毛的毛干较短弯曲度也较小。年龄大时,眉毛色素脱失,会使眉毛变白。

2. 睫毛 睫毛位于眼睑的上下缘,不同个体长短及弯曲度不同。

3. 鼻毛 鼻毛位于鼻腔内鼻前庭,较长的可长出鼻腔前庭。鼻毛多为直或略弯。

4. 耳毛 耳毛位于外耳道,常在中年以后出现,较短而直,年龄偏大时,呈现灰白色或白色。

(三)毳毛

人体体表覆盖细短的毛发称为毳毛。毳毛平均长度 3～6mm，直或略有弯曲，细而尖，柔软，无色或颜色较淡，无髓质，截面多呈类圆形。

人体不同部位的毳毛的形态略有不同，有的个体毳毛发达，粗且长，有色，且下腹部的毳毛会与阴毛相连，其特征与相邻的体毛相似。不同人种的毳毛浓密、粗细不同，以白种人最多，黑种人最少，黄种人居中。

毛发经历了不同的进化消长过程，形成了上述不同的分布和形态特点。应当看到不同部位毛发分布形态变化的连续性和种族、个体的差异。

七、毛发的个人识别

毛发的个人识别(personal identification)是侦察破案工作中非常重要的问题，通过技术检验，综合比对分析毛发的各项特征，判断待检毛发是否源自某一特定个体。

加拿大的 Gaudette 博士对于毛发作为个人识别证据的观点是，毛发的个人识别能力虽低于指纹，但证据作用肯定大于 ABO 血型的识别能力。他认为，如果待检毛发与已知毛发样本各方面的特征都非常接近时，则从已知毛发样本来源的个体之外随机选取的一根毛发与待检毛发相一致的概率为 1：4500(头发)和 1：800(阴毛)，远远超过 ABO 血型的识别概率。

我国学术界认为，如果经检验的所有项目都对应相同或非常接近时，待检毛发确属源自某人的可能性很大，特别是该毛发具有高质量的特征即群体分布十分罕见的特征都对应相同时，对两份毛发可以作出较为可靠的认定的结论。毛发个人识别的主要困难在于，个体同一部位的毛发之间可能存在着某些差异，不同个体毛发的某些特征又有可能相互接近，外部条件如环境污染、美发处理等都是影响毛发检验结果的不确定因素。这不仅给毛发的检验技术，而且对检验结果的评估都提出了更高的要求。

在确定毛发的来源、部位等信息后，需继续从以下两个方面开展个人识别的检验工作：一是进行血型、蛋白质遗传标记以及 DNA 遗传标记的检测分析等，确定待检毛发所属个体和该个体毛发所具有的共同的遗传特征；二是找出足够的毛发本身的和外界因素形成的变化及附加的特征，包括毛发微量元素的种类及含量、异常元素、毛发所含药物成分、特定的病理损害和美容美发处理等特征，与形态学检验结果一起进行综合分析，可以作出较为准确的毛发个人识别的鉴定结论。

(一)种族鉴定

毛发的种族特征是人类学家人种研究的重要指标。研究发现，某一种族个体毛发的某些形态特征可以分布于其他种族的变异范围内。特别是国际交往日渐增多，种族间的通婚、遗传漂变和基因重组，包括毛发在内的人类体质特征都会经历种族间的渐变过程。但就群体的意义上说，人类毛发仍然存在着较明显的种族差异。

1. 发型与颜色　人类的发型分为直发、波状发和卷发三大类型。直发从根端到尖端不出现或只出现一次毛干的轴向改变。波状发的毛干从根端到尖端发生两次以上轴向改变，这种轴向的变化是在同一平面如同抖动绳索的一端形成的绳索波状轨迹那样。卷发的截面多为扁圆形，易于发生轴向的弧形改变而卷曲。同时，这种弧形的轴向变化还与生长期毛囊中皮质两侧的细胞分化差异和排列方式有密切关系。高度卷曲的毛发称组结发，其毛干突然压缩和扭曲，在头皮的分布呈卷羊毛状。螺旋状毛发从根端呈螺旋状引向毛发的尖端，毛干长轴方向虽连续多次改变，高度弯曲，但与卷曲发不同，为方便起见，仍归入卷发类。

直发主要分布于蒙古人种中，白种人和澳大利亚土著人中也有一定比例的直发，据 Trotter 对澳大利亚土著人的抽样调查，部分土著部族直发个体的比例高达 24% 左右。波状发主要分布在白种人和澳大利亚土著人，但不同群体和个体的波状程度可以不同，有宽波和狭波之分。黑色人种主要是卷发，部分群体或个体的头发高度卷曲，呈扭结状。

毛发颜色和深浅是由毛发色素的种类和含量不同决定。毛发的色素可分为白色角质体、黑色角质体及红色角质体三种。因而毛发有黄色、淡褐色、黑色和白色之分。随着人年龄的增加，毛球部黑色素细胞带消失，黑色素的合成减少，毛发逐渐变灰或白。毛发的颜色因人种的不同而异，如白种人大多为黄色，黄种人大多为黑色、褐色，黑种人与黄种人相似。某些动物毛的颜色可因季节的变化而变化，有时在同一根毛发上可有两种以上的颜色。

2. 形态结构　对毛发形态结构特征进行的定量研究，发现不同种族之间具有一定的差异，而且在同一种族还具有一定的地区特点。表 11-1 列出了几个种族毛发截面长径和短径、截面指数和截面面积的调查结果。

表 11-1　中国人和其他种族头发截面特征

种族	例数	短径(μm)	长径(μm)	指数	面积(μm²)	作者
蒙古人种[1]	–	–	–	80	6000	Trotter, et al, 1956
中国人	20	76.79±2.12	94.28±3.05	82.64±1.17	5816.9±407.2	Vernall, 1961
中国人(女)	57	73.7±7.8	95.7±9.2	76.86±6.98	5679.22±968.91	徐文龙, 1989
中国人(男)	34	72.5±8.0	92.4±11.8	79.56±6.70	5370.60±1147.26	徐文龙, 1989
蒙古人种[2]	–	–	–	80.9	5100	Duggins, et al, 1961
印度人	26	66.49±1.54	92.94±1.93	72.92±1.12	4993.5±202.6	Vernall, 1961
黑人[3]	19	58.52±1.87	98.23±2.45	59.96±1.07	4648.9±255.8	Vernall, 1961
Yirrkala[4]	99	–	–	67	4100	Trotter, et al, 1956
西欧人[5]	21	56.74±1.33	81.94±2.47	71.16±1.41	3786.5±185.9	Vernall, 1961
Groote Eylanf[4]	75	–	–	71	3600	Trotter, et al, 1956
白种人[6]	–	–	–	74	3300	Trotter, et al, 1956
Milingimbi[4]	17	–	–	66	3200	Trotter, et al, 1956
黑人[7]	–	–	–	59.5	3200	Duggins, et al, 1961
黑人[8]	–	–	–	55	3100	Vernall, 1961

[1] 威斯康星大学的中国学生；

[2] 包括中国人、南美和北美印第安人、因纽特人、泰国人；

[3] 包括美国和尼日利亚各9名及牙买加1名黑人；

[4] 为澳大利亚土著人的三个地区部落；

[5] 本人或双亲出生在英国、德国或荷兰的白种人；

[6] 样本为1928年在圣·路易斯收集；

[7] 包括马达加斯加、塔斯马尼亚、南罗得西亚和新几内亚黑人；

[8] 样本在北祖卢和南非收集

从表 11-1 可以看出，在世界各人种中，中国人或蒙古人的毛发截面积最大，即毛发最粗，截面指数也最大，截面形状较接近圆形，髓质的出现率也高于其他各民族。黑色人种的毛发最细，截面指数最小，呈扁圆形，白人毛发特征介于蒙古人和黑人中间，其截面积和髓质出现率接近黑人，而截面指数低于黑人，但接近于蒙古人种，澳大利亚土著人的毛发较细，接近黑人，截面指数接近白种人，3个土著部族的人毛发截面特征相互之间也有明显的差异揭示了地理隔离因素对同一种族不同群体特征的影响。

(二)性别鉴定

长期以来，法医研究人员在进行毛发的鉴定时，希望发现男、女两性毛发在形态学方面的差异，从而判断性别。对毛发作扫描电镜检查，观察到青春期男性头发毛小皮游离缘的微凸显得尖锐或稍钝，而女性则钝或较平滑。有研究对34名中国男性和57名中国女性头发的形态特征进行了观察和测量结果显示男、女两性毛发在形态学上有差异但并不显著。

毛发中某些元素的含量也显示了一定的性别差异。女性老年人毛发中铜的含量和女性各年龄组毛发中锶、铁、锰的含量都明显高于男性老年人和相应年龄组。

染色质检验技术是判断毛发性别的比较可靠的方法。1970 年，日本的石津日出雄用盐酸米帕林染色法成功地检出男性毛发的 Y 染色质荧光小体。1978 年，永胜肇研究使用福尔根（Feulgen）染色法检验男性毛发的 Y 染色质荧光小体，新鲜毛发染色质荧光小体出现率为 37%～74%（平均为59.4%），保存 4 周的毛发出现率也高达 20%～40%。1982 年，永胜肇、武田胜博用吖啶黄福尔根染色法检验女性毛发的 X 染色质小体，出现率为 27%～70%（平均 48.0%），而男性则无此荧光小体。

染色质的检验以新鲜毛发较好。毛发保存时间过长或保存在潮湿环境中则染色质荧光小体的出现率降低，易出现假阴性结果。

染色质的检验是根据毛囊、毛根组织的荧光染色观察荧光小体的出现率来判断性别。在试验研究和办案工作中发现，女性毛发也出现类似于 Y 染色质的荧光小体，有的样本这种荧光小体有较高的比例，甚至接近男性毛发 Y 染色质荧光小体的最低判别值。

出现类似 Y 染色质假阳性荧光染色的基本原因是所用试剂荧光染色的特异性不强。被异染的物质来源有：一是人的体细胞核中普遍存在的荧光易染特性的染色质小块，这种染色质块的荧光染色强度低于 Y 染色质，但对结果判定有影响；二是操作过程中污染的外来易染物质被荧光染色。这些非特异性染色在检验时难以与 Y 染色质相鉴别而同样纳入 Y 染色质荧光小体的计数，以致女性样本出现类 Y 染色质荧光小体。但对于男性毛发来说，这种荧光小体应有较高的出现比例。一般规定，盐酸米帕林染色荧光小体出现率 10% 以上为男性，10% 以下可能为女性。据石津日出雄研究，女性毛根盐酸米帕林染色荧光小体出现率为 0～7%，当出现率低于但接近 10% 时，需重新检验判定性别。

毛发中硫的含量为 3%～5%。硫具有较强的氧化能力，可以氧化亚甲蓝使之褪色。由于男、女毛发硫的含量不同，使亚甲蓝褪色需要的时间也不相同，据此鉴定毛发性别。

具体做法是：洗净头发，干燥后取 0.1g 置试管内，加入 1ml 10% 氢氧化钾溶液煮沸溶解，加水至15ml；取 2ml 置小试管内，加 1 滴 1% 亚甲蓝溶液，用适量烷烃液封口，置 50℃水浴容器中温浴，观察亚甲蓝褪色时间。在 3 分钟以内褪色为男性，3 分钟以后褪色为女性。

鉴定时要用已知男性和女性毛发作对照。本法操作简单，判读直观、方便。不足之处是毛发用量大，检验后毛发溶解破坏，当检验毛发量少时不宜采用本法。目前主要用分子生物学技术通过扩增 X-Y 染色体的牙釉基因进行毛发性别鉴定。

（三）年龄估计

婴儿出生后，胎毛为体毛所代替，大部分头发因处在休止期而自行脱落，分布稀少。这时期，毛发很细，毛小皮纹理结构简单。毛发无髓质，毛小皮游离缘光滑，相互平行，排列方向与毛干长轴大致垂直。6 个月以后至 5 岁幼儿几乎 95%～100% 的头发都处在生长期。这时的头发稍粗，包绕毛干的毛小皮细胞增多，毛小皮游离缘仍然比较光滑，但相邻游离缘出现形态多样的交叉，开始产生髓质。学龄期儿童毛发的直径明显增粗，由数个大小不等的毛小皮细胞包绕毛干一周，毛小皮游离缘出现明显的微凸和微凹。

青春期人的头发毛小皮排列较密，游离缘呈锯齿状。毛小皮侧端多出现交叉融合现象，纹理复杂。毛小皮可有小块的缺损，部分脱落的毛小皮碎片附着在毛干的表面。

壮年以后，毛小皮排列紧密，部分毛小皮游离缘变得平滑，微凸微凹减少；从游离缘向下有垂直裂纹，表面有小孔或附有鳞片碎屑。壮年期白发表面可见毛小皮整块脱落形成孔洞。老年以后，毛小皮排列较疏，游离缘多平滑，微凸微凹减少或消失，纹理较清晰，白发表面可见较大的孔洞。

随着年龄的增长，毛发的颜色也发生着缓慢的变化。6 个月以前的新生儿毛发无色素，颜色非常淡。6 个月以后色素开始发育，毛发颜色逐渐加深。5 岁以后至青春期，是毛发色素发育较盛的时期，也是毛发最黑的时期。壮年以后，毛发开始变灰变白，到老年，白发逐渐增多。

毛发颜色的年龄变化与毛球上部黑色素细胞的生长消退密切相关。正常黑发毛球的黑色素细胞密集,在毛发的生长期非常活跃,胞浆内含有多量黑色素前体和黑色素。老年时期的灰发和白发的毛球黑色素细胞明显减少,只有少数残存的单个黑色素细胞,甚至黑色素细胞完全消失。

随着年龄的增长,人体的生理功能发生着缓慢的变化,影响着机体的代谢过程。在毛发方面反映出不同年龄阶段毛发某些元素含量的消长变化。

(四)人工修饰

毛发的人工修饰包括理发、烫发、染发、护发等。修理过的毛发尖端具有锐器伤的特点,毛尖为水平平尖或倾斜平尖,断端呈微型锯齿状。一周后平尖开始出现弧形改变,以后逐渐变成圆尖和细圆头。理发后再进行电热吹风,毛发还会出现热损伤的改变。

烫发有电烫和冷烫两种,对毛发都有损伤,以电烫对毛发的损伤较重。主要表现是:毛皮质隆起形成空腔;毛小皮鳞片分离,形成龟裂和缺损,使毛小皮纹理消失或仅见毛小皮轮廓。烫发都使用定型剂使毛发固定呈卷曲状。使用定型剂能破坏毛发的黑色素,使原来黑色的毛发变成棕色。判断棕色是毛发的原色还是烫发损伤的结果可利用放大镜或显微镜来观察鉴别。烫发后,毛发仍继续生长,新生长的毛发仍为本来的黑色,与烫发形成的棕色有明显界线。烫发形成的人工卷曲状毛发浸入温水中可逐渐恢复原来的平直状态,与自然的卷发可以区别。烫后的头发与未经处理的头发在氨基酸残留水平有轻微不同。

美发的另一个常见方式是染发和脱色。染发剂按染色效果的持续时间可分为三大类:暂时性染发剂、半永久性染发剂和永久性染发剂。暂时性染发剂是将直接染料(酸性染料)附着在毛小皮的最外层。半永久性染发剂所使用的染料分子较小,可以一定程度地渗透到毛皮质中造成发色的变化。永久性染发剂又可分为三种,植物染发剂、金属染发剂和氧化染发剂。现在使用最多的是氧化染发剂。毛发经植物性染发剂处理后,可以改变毛小皮和毛皮质的颜色,而用茶、咖啡等处理的毛发,只能在一定程度上改变毛小皮的颜色,毛皮质颜色不变。金属性染料,其染色主要沉着于毛干或"镀染"毛干,以恢复毛发颜色,色泽为较暗淡的金属外观。氧化染发是先将无色的先趋物渗透到毛皮质中,再在氧化剂的作用下发生氧化聚合,从而在头发中生成高分子色素。

人工染色的毛发与自然毛发主要的区别有以下几点:①经过有机色素或金属色素染色的头发在紫外线照射下,发各种荧光,而未染色的毛发在紫外线灯下呈亮蓝色;②用过氧化氢漂白时,人工染色后的毛发色泽不变,自然毛发则可被褪色而变黄褐或灰白;③镜下观察时,染色毛发的横断面色素颗粒附在毛小皮外缘,浓度由外向内逐渐变弱,而自然毛发的毛小皮无色素,色素颗粒主要位于皮质细胞间隙;④取毛发约1cm于凹面器皿内,加10%氢氧化钠,5分钟后;加少量连二亚硫酸钠盐少许,放置10分钟,人工着色的毛发出现脱色,自然毛发无改变。染色毛发新生长根端部分仍为原来的颜色,测量这一段毛发的长度可以推断染发的时间。

现代人们也是用脱色的办法来改变头发的颜色。所用脱色剂多为碱性氧化物。毛发经脱色处理后,颜色变得淡浅,各种氨基酸含量也发生明显变化。脱色后的毛发毛根部尚有色素颗粒而毛干部则没有,由于脱色不均匀使单根毛发颜色深浅有变化,毛根部仍有色素颗粒。自然的灰、白毛发在皮质周围部分有色素颗粒散在,但在毛根部则没有。

毛发美容通常用发油涂布在毛发的表面。发油颗粒细腻,充填在毛发表面的凹凸不平处,使毛发光滑平润,显得很有光泽,但发油会使毛发的颜色发生变化。因为有的发油含有表面活性剂,长期使用会破坏毛发的色素成分,而且常用发油的毛发烫发后,毛干表面会出现多孔性变化。

毛发的美容处理中不适当的梳理毛发,有可能造成毛小皮的损伤。毛小皮的损伤,如同光滑镜面经过磨砂一样变得粗糙,入射的平行光线成为漫反射,毛发的光泽减退,显得暗淡。同时,毛小皮损伤使毛皮质外露,毛发易于劈裂分叉。

(五)元素分析

根据毛发的微量元素谱来进行个人识别,是毛发司法鉴定中的另一项有意义的工作。毛发是一种代谢活动很低的组织,所含的微量元素可以反映毛发生长期间所摄入微量元素的数量和代谢情况,所以它可以间接反映某一段时间或不同地理环境下微量元素的变化。毛发中含有砷、汞、铁、锌、铅、锰、硒、锶、碘、硅等。许多微量元素能在毛发中保存很长时间,通过测定微量元素的含量和种类的差异,可以帮助判断是否中毒及进行个人识别。

毛发的元素分析,包括元素成分的定性和定量分析。由于元素分析结果受检样前处理的影响,以及仪器分析正常存在的技术误差和系统误差,同一份毛发样本在不同仪器甚至同一台仪器上的元素分析结果都可能出现一定的差异。显然,不同个体来源毛发元素分析结果的差异较大,而来自同一个体的两份毛发样本的元素差异应当较小。在根据元素进行毛发个人识别时,必须采用正确的统计方法对两份毛发元素检验结果的差异进行合理的解释,确定其具有同一个体来源的概率。

1978 年,皮莱和奎斯(Pillay K and Kuis R)提出了对毛发元素测定结果进行比对分析的统计学方法。根据这一方法,设从现场提取待检的和从已知个体(嫌疑人)提取的两份毛发样本分别检出了种类相同的 N 种元素的含量。已知毛发 N 种元素含量分别为 C_1, C_2, ……C_n,其标准差分别为 s_1, s_2, ……s_n;待检毛发的 N 种元素含量分别为 C'_1, C'_2, ……C'_n。则待检毛发 N 种元素含量的变异大小 C 按下式计算:

$$C = \sum_{i=1}^{N}(\frac{Ci-C'i}{si})^2$$

从上式可以看出,如果待检毛发来源于已知个体,则两份毛发样本 N 种元素含量的差异小;如果两份毛发的差异明显,C 值大,表明两份样本的个体来源不同。由 N 种元素检测结果判断两份毛发来源于同一个体的限值 C_0 也由皮莱和奎斯确定(表 11-2)。

表 11-2 不同置信限 N 种元素含量差异的临界值 C_0

C_0 \ P N	0.9000	0.9900	0.9990	0.9999
1	2.7	6.6	10.8	15.2
2	4.6	9.2	13.8	18.5
3	6.3	11.3	16.3	21.1
4	7.8	13.3	18.5	23.5
5	9.2	15.1	20.5	26.4
6	10.6	16.8	22.5	28.1
8	13.4	20.1	26.1	32.3
10	16.0	23.2	29.6	35.5
12	18.5	26.2	32.9	39.2
14	21.1	29.1	36.1	43.4
16	23.5	32.0	39.3	46.0
18	26.0	34.8	42.3	50.2
20	28.4	37.6	45.3	52.3
25	34.4	44.3	52.6	60.1
30	40.3	50.9	59.7	68.6

注:N 为不同的元素数目,C_0 为临界值,P 为置信水平

从表 11-2 可以看出,C_0 值决定于被检测的元素种类 N 和确认两份样本毛发元素含量差异的置信限。与差异限值 C_0 相应的置信限反映了 C 值小于、等于或大于 C_0 时两份毛发样本 N 种元素含量差异的可靠程度。当两份毛发 N 种元素含量变异 C 值小于或等于表中 P = 0.9000 的 C_0 值时,表示两者

的差异不可靠，可以考虑来自同一个体；当 C 值大于 $P=0.9900$ 对应的 C_0 值时，说明两份毛发 N 种元素含量的差异显著，两者不可能来自同一个体。例如，其检测了两份毛发种类相同的 8 种元素，根据上述公式计算出的 C 值是 22。表 11-2 可以看出，两份毛发元素含量差异的可靠性在 0.99 以上，差异非常可靠。两者具有同一来源的可能性很小。如果两份毛发 8 种元素的 C 值为 13.0，小于置信水平 0.9000 的 C_0 值，则两者元素的差异不可靠，两份毛发来自同一个体的可能性很大。

测定毛发某种元素超出正常范围可帮助推测该个体的生活环境、从事的职业等。毛发微量元素的分析方法有原子发射光谱分析、原子吸收分光光度法、中子活化分析、气相色谱、质谱分析等。

(六)毛发的 ABO 血型测定

ABH 血型物质除分布于红细胞及其他体液中，也分布于人体毛发中，毛发是角化组织，不易腐败，血型物质可以长期保存而不易被破坏，可采用解离试验测定毛发的 ABH 血型物质。

解离试验：

取被检毛发洗净，乙醇脱脂，充分压扁后，剪成 0.5～1cm 长两份分别置凹玻板内，分别加 128 倍效价的抗 A 和抗 B 血清，室温下吸收 1～2 小时。生理盐水洗涤 5～10 次。分别加 0.1% 已知 A、B 指示红细胞，56℃ 解离 5～8 分钟。将解离液转至玻片上，镜下观察结果并判断毛发的血型。

因毛发的血型物质较少，毛小皮没有血型物质，只有髓质和皮质才有 ABH 物质。所以毛发的 ABO 血型测定技术要求高。毛发 ABH 血型物质测定应注意：①毛发必须压扁，充分暴露毛皮质和髓质细胞，才能获得阳性结果；②抗 A、抗 B 血清效价 ≥128，毛发与抗血清作用的时间不宜过短，有时需要在 4℃ 条件下吸收过夜，有利于提高阳性率；③洗涤次数是毛发血型测定的关键，否则易造成假阳性或假阴性结果；④毛发血型测定前最好用已知毛发做预试验，摸索毛发的洗涤次数，结果无误方可进行待测毛发的血型测定。

(七)毛发的 DNA 分析

人体毛发所含 DNA 分为核 DNA 和线粒体 DNA，分别位于细胞核和线粒体内，根据现场中提取的毛发检材的基本情况，一般从核 DNA 检验和线粒体 DNA 进行测序等检测。毛发如果有毛根或带毛囊，因有细胞核可以进行 DNA 分析，为解决现场毛发是否嫌疑人的毛发提供可靠的证据；毛发如无毛根，只有毛干，不能进行 DNA 分析，但可以进行线粒体 DNA 分析。

1. 带毛囊的毛发的扩增片段长度多态性分析　对于带有毛囊且较新鲜的毛发检材，由于毛囊部位的细胞未角质化，存在着核 DNA，可以进行以 PCR 技术为基础的 DNA 分析，如 STR 基因座分析等。

(1)毛囊的 DNA 提取：取带毛囊的毛发数根，用 Chelex-100 法提取 DNA。从案件现场获得带毛根的毛发是极为有限的，用 Chelex-100 法提取 DNA 适用于微量物证检材。提取过程中检材不需反复转移，可以避免 DNA 的丢失，因此该法是提取毛囊中 DNA 的首选方法。

(2)STR 基因座分析：提取 DNA 后经 PCR 扩增后容易进行 STR 分型。STR 分析微量法医物证检材具有灵敏度高、特异性强、操作简便的特点。用 1 根带毛囊的毛发就可进行个人识别。

2. 毛干的线粒体 DNA 分析　毛干含有丰富的线粒体 DNA，通过对线粒体 DNA 非编码区的两个高度变异区 HVR I 和 HVR II 序列多态性分析可进行个人识别。线粒体 DNA(mtDNA)分析常用的方法是 PCR- 测序，PCR- 高效液相色谱或质谱分析等。PCR- 测序灵敏度高、结果稳定准确，而被广泛应用。

第六节　毛发的损伤检查

许多理化因素都可以作为致伤因子使毛发组织的连续性、形态结构或化学成分发生改变，造成毛发的损伤。根据致伤因子的特点，毛发的损伤类型可以分为化学损伤、温热损伤和机械性损伤等几种。此外，机体死亡之后，开始了自溶和腐败过程，对毛根的形态结构也有明显的影响。头发的遗传性疾病和头皮的真菌感染、菌丝体侵入毛发都引起毛发先天或后天的病理改变。

毛发损伤检验的目的,是通过损伤性质判断致伤因素,为办理案件和查处灾害事故提供依据,并可用以诊断毛发疾病,推断个体的病理特征。

一、化学损伤

毛发受某些化学物质的作用,形态结构和化学成分发生改变,出现损伤变化。

化学物质对毛发的损伤程度与作用物的酸碱强度有明显的关系。强碱对毛发的作用与碱性物质对蛋白质的溶解有关。溶解过程从毛发最外层的毛小皮开始,毛小皮的纹理结构开始变得模糊,继而消失。温度升高可以加速碱性物质对毛发的损伤过程,最终导致毛发的完全溶解。

酸性物质对毛发的形态结构没有明显影响,但酸性的环境使毛发的膨润率增加,弹性系数降低,间接地影响毛发抵抗外力的能力和受力作用的形变过程。

化学物质对毛发的致伤作用,还与其氧化 - 还原能力有关。氧化剂对某些角蛋白和色素成分有明显的氧化作用,偏碱环境可以增强这种氧化反应。美容行业常用化学方法对毛发作脱色处理,所用脱色剂多为碱性氧化物。毛发经脱色处理后颜色变得浅淡,各种氨基酸含量也发生明显变化(表 11-3)。

土中掩埋的尸体,毛发长期受到环境中化学物质的作用,经历缓慢的变化过程。尸体深埋以后,周围环境一般是比较稳定的,但由于不同地点掩埋的尸体所处环境的湿度、酸碱度以及氧化 - 还原性等各不相同,尸体上的毛发呈现出复杂的变化。

表 11-3　毛发脱色后氨基酸含量变化

氨基酸	干发氨基酸含量($\mu mol/g$)		P
	未脱色	经脱色处理	
天门冬氨酸	437	432	
苏氨酸	616	588	
丝氨酸	1085	973	
谷氨酸	1030	999	
脯氨酸	639	582	
甘氨酸	450	415	
胱氨酸	1509	731	<0.01
缬氨酸	487	464	
蛋氨酸	50	38	<0.01
异亮氨酸	227	220	
亮氨酸	509	485	
酪氨酸	183	146	0.01
苯丙氨酸	139	129	

二、机械性损伤

毛发的机械性损伤包括工具伤和主要以延伸外力作用的拉伤。典型的致伤工具包括钝器和锐器两大类,分别以打击和切割、剪切的方式作用于毛发,使其产生不同形态的损伤。由于毛发细小,在分析毛发的致伤工具时,需要考虑工具作用部位与毛发相对尺寸的大小,以便对非典型工具作出正确的判断。例如,日常生活中的锐器如旧的刀具、斧头等,刃口变钝,厚度有时远远超过毛发直径,作用于毛发可以出现类似钝器打击作用的损伤特点;某些金属物的打击面粗糙,面上突出的金属颗粒可以非常锐利,这种金属颗粒对毛发的致伤作用与锐器的切割作用很相似。因此,研究毛发的机械性损伤,需要对这些非典型工具的致伤特点予以充分的考虑。

1. 钝器伤　毛发受钝器作用发生弹性形变、塑性形变和断裂3个独立而又连续的损伤变化。在一定条件下,毛发受钝器打击只发生弹性形变或塑性形变而不断裂。塑性形变的损伤特点是受打击部位变扁、变宽,可伴有毛干的纵裂;局部色素团块拉长、撕裂,呈条状或斑纹样改变;毛小皮脱落,分不清毛皮质和髓质。钝器致毛发断裂的毛干接近断缘部位的损伤改变同上述塑性形变损伤,同时断端不整齐,或有芒刺,或呈毛刷状。

毛发的钝器伤与打击力量的大小、钝器的质地有关。金属类和一些重量及硬度大的木质钝器在一定条件下可以致伤毛发,使之断裂。质地较轻、软的木质钝器,一般难以造成毛发的钝器伤。毛发钝器伤形成的另一个重要条件是必须有较硬的衬垫物。衬垫物的作用是将毛发固定在一定的位置,提供其产生形变损伤的必要受力条件。钝器打击头部时,其衬垫物头皮比较柔软,毛干不易出现钝器损伤的特征。但打击时如伴有拖擦动作,有时可见被拉断的孤立或散在的小束头发。打击力量较大时,头皮裂开,暴露出来的毛囊组织可以被挫伤。

毛发受到挤压时,可以把相对挤压的物体视为相互衬垫物,毛发是否出现损伤及损伤的严重程度决定于挤压力的大小和作用物的性质。

2. 锐器伤　锐器通过切割、剪切和刺切3种方式作用于毛发,形成毛发的锐器伤。毛发由于纤细,刺切致伤很少见,主要以切割和剪切致伤为主。

毛发的锐器伤要从断缘的侧面进行观察检验。在显微镜下,剪断或切断的毛发断缘为一条直的棱线,但这种棱线表面有时并不平整,可以出现微凸或微凹。这种损伤形态需要与钝器打击断离的毛发相区别。首先,毛发钝器伤断端的凸、凹十分明显,呈芒刺或毛刷状,并有局部色素团块拉长、撕裂、呈条状或斑纹样改变;其次是锐器伤毛发的断缘,毛小皮、毛皮质、毛髓质的形态和色素的分布与毛干其他部位没有差别,而钝器伤则有明显变化。锐器断离的毛发与拉断的毛发也有明显的不同。

毛发锐器伤断缘出现的微型不整与锐器刃口的状况密切相关。手术刀片是一种锋利的锐器,但在显微镜下观察,刃口有不规则的微型卷曲,加工磨制刃口形成的横向平行的纹线也一直延伸到刃缘,造成刃口的微型不整。致伤物体的状态决定了毛发锐器伤的形态,毛发断缘不同的损伤形态,为推断致伤工具的类别提供了可能性。

3. 其他机械性损伤检验　毛发受延伸外力作用时,可以被延伸拔出或者断裂。发生延伸形变的毛发变细,外力消除后可部分或完全恢复原来的长度,组织结构上很难发现明显变化。拉断毛发的断缘凸凹较为明显,呈纵形分裂状,有时呈阶梯状。生长期毛发离开生长部位肯定是延伸外力作用的结果。快速拔出的生长期毛发毛根带有透明的根鞘组织,很多情况下伴有牵拉征象,沿毛根部出现伸长或变细的"颈"状痕迹。缓慢拔出的生长期毛发完全不带或只带部分根鞘组织,但色素成分连续分布直达毛根的底部,不难与其他生命周期毛发相鉴别。休止期毛发能自行脱落,判断是否为暴力拔出比较困难。

在暴力事件中,有时捆扎或揪住头发,使毛发弯曲、折叠,可伴有明显的牵拉作用,沿毛干有扭、卷、环套、折曲痕迹,是离体的各期包括休止期毛发受外力作用的佐证。

毛发损伤可用光学显微镜、普通扫描电镜、环境扫描电镜等技术进行检验。环境扫描电镜技术除具有扫描电镜的功能外,还能对含水的非导电样品直接进行表面形态分析。运用环境扫描电镜检验毛发,样品无须任何处理,能够自然、真实地反映出损伤的微观特征。研究表明,环境扫描电镜技术是检验毛发机械性损伤的有效方法,可应用于推断致伤种类。观察分析不同锐器、钝器及致伤方式形成的毛发表面微观形态特征。

毛发锐器、钝器和牵拉损伤的微观特征显著不同,同种类工具,其锋利程度、作用方式不同时,损伤特征也存在明显差异,综合毛发断端及毛干的损伤显微特征可明显将锐器伤、钝器伤和牵拉伤分开。

三、温热损伤

毛发受温热后,经水分蒸发、蛋白质收缩、膨胀及炭化的过程形成损伤,同时,内部原有微型气泡融合、扩大,直到完全炭化和灰化。

毛发的温热损伤与温度的高低有关。根据不同温度条件下毛发出现的主要形态变化,将毛发的温热损伤分为蛋白质收缩、开始炭化和炭化3个阶段。毛发温热损伤的检验,先用肉眼或辅以放大镜观察毛发有无颜色变化和弯曲,手触毛发有无弹性改变,然后制片在显微镜下进一步观察。

毛发的温热损伤的第一阶段即蛋白质收缩阶段,受热温度为100~180℃。在这一温度范围内的不同温度下,受热10~30分钟,毛发的基本变化是:毛干外层出现明显的毛小皮透明带,皮质原有的色素团块相对集中,皮质及髓质之间的界线更加清晰。毛发在水中煮沸10分钟,皮质原有的色素团块离解为小的颗粒,部分色素扩散到毛小皮和髓质,以致毛皮质和毛髓质之间的界线变得模糊。

当受热温度在200~230℃时,毛发开始了炭化过程,其炭化的严重程度与受热时间有关。200℃干热10分钟,可造成毛发损伤,毛小皮透明带依然存在,色素颗粒呈焦褐色,开始炭化。此时,毛发断端呈喇叭样微微张开或收缩。200℃干热30分钟,毛发出现较明显的炭化现象,毛小皮透明带结构消失,断端原来的切割线呈圆滑的有起伏的曲线样改变,毛干内原有气泡融合、扩大,形成空腔。220℃干热10~30分钟,毛干膨胀疏松,炭化明显,毛发出现轴向弯曲,易从中轴断裂。240℃以上高温,毛发基本上炭化,直到灰化。美发使用的电热吹风,温度可达160~200℃,毛发经高温定型近尖端可出现热损伤,近根端的损伤变化较轻。

在法医学枪弹损伤鉴定中,判断入射口和射击距离主要依据创口的形态学特征和创周射击残留物的附着情况。在近距离或贴近射击时,火器伤可造成毛发损伤,燃烧的火药从枪口喷出,造成毛发的瞬间烧伤,受伤毛发弯曲,呈焦黄色,同一根毛发的不同部位也呈现出不同的损伤变化,同时黏附火药的烟晕,历经火器的同一个体不同部位的毛发也有不同的热损伤变化。毛发枪弹损伤微观形态改变有断裂损伤、带毛囊或头皮组织脱落、鳞片损伤、射击残留物颗粒及组织附着物黏附。运用环境扫描电镜/能谱仪技术,对头部可疑枪弹创周或可疑枪击现场毛发直接进行微观形态学观察和微量元素成分分析,可鉴定有无枪弹损伤,从而为法医学鉴定头部枪弹创、重建枪击现场提供重要依据。

四、死后毛根变化

机体死亡之后,在自身溶酶系统作用下,软组织出现自溶。而后,体内原有的细菌和体外相继侵入的细菌迅速繁殖,破坏机体组织,随之发生腐败过程。死亡机体的腐败过程也影响毛根的组织学结构。

人死亡后,生长期毛发近根端部位出现一种不透明的椭圆形带为毛根带。这种带位于毛球之上0.5mm到皮肤表面下方约2mm之间的部位,由多个拉长的、相互平行的气室组成。毛根带和与毛根相连的腐败组织总称为腐败毛根。腐败毛根离开机体后经过一段时间会失去毛根带以下的根端部分,没有毛球和其他任何组织,暴露的皮质细胞呈毛刷样,说明不透光的毛根带部位发生了劈裂的变化。

毛根带现象只出现于生长期毛根尚未角化的部位,毛根带以上部位的毛干和休止期毛发的蛋白质分子因二硫键环的连接,角化充分,性质稳定,有较强的抵抗机体自溶和腐败的能力。死亡机体退行期毛发的根带现象表现出连续的变化过程,退行早期毛球上部的毛根尚未充分角化,可出现少量气室;退行晚期,毛根进一步角化,难以出现毛根带现象。

五、病理性改变

毛发来源于外胚层,其遗传性疾病是外胚层发育不良的标志,除累及毛发外,还常伴有皮肤、汗腺、指(趾)甲或神经等外胚层组织的异常。毛发的遗传性疾病常见念球状发、结节状脆发等，除毛发的形态结构发生病理改变外，还伴有毛发分布的异常，如无毛或毛发稀少，以及色淡、无光泽等。毛发的后天疾病多来自皮肤的真菌感染。

1. 结节状脆发　结节状脆发即毛干形态异常，沿毛干有单个或多个膨出的结节。这些结节实际上是毛发的不完全横断，即同一个结节处毛干的一侧已断，另一侧未断，因而膨出呈结节样改变。

结节状脆发与常染色体隐性遗传有关。遗传性的精氨酸琥珀酸尿引起的精神发育迟缓症者，最可能出现结节状脆发，可同时伴有指甲异常，其血、尿和脑脊液可检出精氨酸。

2. 扭发　扭发多见于女性。病发脆而干燥，放大镜下可见毛干扁平且扭转180°～360°，毛干因扭转光反射方向不同而闪闪发光，扭断处易于折断，造成短发或秃发。

扭发除了发生在头发外，眉毛、睫毛、胡须、腋毛、阴毛等其他周身毛发均可发生，可伴有指甲异常和精神发育障碍。

3. 念球状发　这种毛发因遗传性角蛋白形成不良，髓质收缩，使毛干粗细不均，粗大部位呈纺锤形，形成念球状毛干。病发的念球既可单发，也可多发，念球之间的毛干易折断。

4. 套叠脆发　套脆叠发由于根鞘内的毛根角化过程异常，近侧毛干嵌入远侧毛干，一节一节地套叠膨大，状如竹竿。病发稀、短、无光泽，质地脆而易折。

5. 环发　有家族倾向，但较少见。病发同一毛干的粗细没有变化，仅毛干的色泽深浅交替。毛干浅色部位的皮质和髓质中有一些不规则的小气泡，因光线反射显得颜色浅淡，呈环纹状，但色素分布并无异常。

6. 毛发的真菌感染　真菌感染头皮，形成头癣，常累及头发，产生毛发的病理形态改变。真菌侵入头皮后，发育的菌丝体伸入毛囊，钻进毛发，终止于毛发的角化带区。毛发的病变部位生长露出头皮不久即自行折断。

头癣分黄癣、白癣和黑癣三种。黄癣的断发扭曲、干燥、无光泽。白癣的断发有菌鞘形成的外围圈套，有时伴发脓癣，其中的毛发可以无痛拔出。黑癣约占头癣的6.5%，病发内充满着真菌的孢子，显得特别脆弱。

头癣病理损害脱落的毛发，可以用10%氢氧化钾溶液浸泡制片在显微镜下观察检查。在紫外线下观察毛发中的真菌孢子效果很好。

第七节　指(趾)甲检验

一、指(趾)甲的基本结构

指(趾)甲由甲板以及它周围和下面的组织组成。甲板就是我们通常所说的指(趾)甲盖，呈扁平、板状，为坚而韧、有弹性且略弯曲的角质板。它由多层连接牢固的角化细胞构成，细胞内充满角蛋白丝。

甲板可分为甲根、甲体和游离缘。甲根位于指甲根部皮肤下面，较为薄软。甲根处的上皮厚，由多层上皮细胞组成，内含毛细血管淋巴管及神经，细胞分裂活跃，称为甲母质或甲基质，是指甲的生长区。甲母质的大小和形状决定着甲板的厚度和宽度，甲母质受损就会使指甲停止生长或畸形生长。甲板外露部分称为甲体，甲体的背面和甲床面均有矢状凸凹线。甲板远端延伸出皮肤的部分，称为游离缘。

甲板下面的未角化复层扁平上皮和真皮为甲床，甲床内含有丰富的毛细血管及神经末梢，从而使指甲呈现粉红色。甲体后部有白色的区域称为弧影或甲半月。指甲的两侧及近端有隆起的皮褶围绕，称甲襞。甲襞与甲体之间称为甲沟(图11-6)。

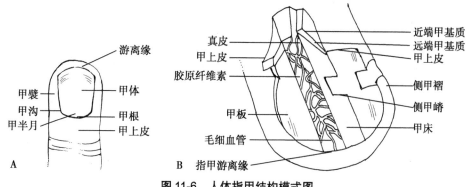

图 11-6 人体指甲结构模式图

　　指甲处于不断生长的新陈代谢过程中，甲母质中新生的细胞逐渐角化，并向浅层和甲的远端移动，推动甲体向远端连续生长。生长速度约每日 0.1mm，但又因人而异，平均每周生长 0.5～1.2mm，因此一个指甲从基层长到游离缘平均需要 5.5 个月，而趾甲比指甲的生长速度慢 1/3～1/2，所以趾甲需要 7～8.5 个月才可以完成更新。青年人甲的生长速度比老年人快，在老年人中，甲还逐渐增厚。

二、指(趾)甲的个人识别

　　指(趾)甲是人体的一种硬组织，对腐败的抵抗能力较长，能保存较长时间，故而成为法医学中一类非常重要的生物检材。陈旧、高度腐败的尸体及尸块，可通过检验指(趾)甲的遗传标记，进行个人识别；在斗殴、凶杀等案件中，常见指(趾)甲抓痕或遗留的指(趾)甲碎片，这些为案件的侦破提供了重要的线索；指(趾)甲的形态、大小、厚薄等一般性特征的个体差异可作为个人识别的参考。

(一)指(趾)甲的 ABO 血型及 mtDNA 的测定

　　指甲是皮肤的附属器官之一其中含有 ABO 血型物质以及线粒体 DNA。在某些案件中，由于厮打格斗或其他原因，犯罪分子的指甲残片可脱落于现场上。检验碎尸案件或高度腐败尸体时，也可获得指甲，经过检验鉴定均可确定其血型以及 DNA 分型。

　　指甲的血型测定：将指甲用肥皂水擦洗干净后，再用丙酮或乙醚脱脂 1 小时，干后置纸包内用铁锤砸扁，取指甲碎片适量，作解离试验测定血型。

　　指甲的线粒体 DNA 分析：指甲与毛干一样，是无核的角质体，不能测核基因组 DNA，而线粒体含于细胞核外的细胞质中，含有可作个人识别的 DNA。

(二)指甲的形态及其他特征检查

　　指甲的形态、大小，厚薄等一般性特征，受遗传、营养、生活、劳动、疾病和环境条件的影响而异。经常用手指进行体力劳动者(如农民)，其指甲坚硬、厚实；脑力劳动者的指甲则相对薄一些。在同一手中，拇指甲最厚且硬，示、中指甲次之。指甲面积也是拇指最大，其次为中、环、示、小指。有些疾病可致指甲异常，如缺铁性贫血和某些氨基酸代谢障碍性疾病可出现反甲(又称匙状指)，表现为甲中部凹陷，边缘翘起，较正常为薄，表面粗糙并有条纹，因此可通过指甲的形态特征检查为个体识别提供参考。

　　指甲的形态以环指表现最为明显，可以分为三种类型，分别是长型、方型和扁型。长型是指环指的指甲根部的纵径长于横径；方型是指环指的指甲根部的纵径等于横径；扁形是指环指的指甲根部的纵径短于横径。其中纵径方向即与手指长轴平行。根据目前资料我国多数族群指甲以长型率最高。指(趾)甲端的修剪情况，可以反映死者生前的生活习惯特点。有人习惯个别指(趾)甲留得较长，这种指(趾)甲长度的差异对分析抓痕，进行同一认定也具有重要的意义。

　　用立体显微镜观察，在指甲的背面和甲床面均有矢状凸凹线，具有很强的个人特性、特征再现性和稳定性。背面线条较宽、光滑；甲床面线条较细、深浅明显，更易于对比检验。指甲凸凹线条的形状、数量及其排列,取决于每一指甲根部的结缔组织形态。由于结缔组织也存在形态学差异,故每个指甲的凸凹线排列也千差万别。在指甲甲床面1cm宽度内即有100~200根凸凹线条,根据凸凹线的宽度不同可将其分为3种,即粗(>0.5mm)、中(0.2~0.4mm)、细(<0.1mm)。每个指甲在1cm宽度内,有这三种宽度不等的100根线条的排列情况有3100种,说明在人类的指甲中,出现凸凹线条完全相同的指甲的概率是极小的,故可用作个体同一认定。

三、指(趾)甲垢和指甲油的检验

(一)指甲垢的检验

指(趾)甲的卫生程度可以反映个人习惯,还可以推断其职业特点或行为经历。此外,指甲垢往往有其本人自身的表皮碎屑、衣服丝屑、以及与职业有关的碎屑(如木材、金属、纤维、染料、沙土、油漆等)。在一些案件中,被害人进行抵抗时,由于抓扯双方的甲沟中也可残留对方的表皮、血液、毛发等物质。因此,在实际检案中,需要对案件相关人员的指甲垢进行检验,以利于个人识别。检验方法:分离针或解剖刀尖刮下指(趾)甲垢,放置载玻片上,加一滴蒸馏水或甘油浸渍、分离,数分钟后置显微镜下观察其成分,然后根据不同的成分再作相应的检查。如是纤维,参照毛发的检验。可疑血痕,可参照血痕检验方法。也可取少许污垢于载玻片上,加1~2滴蒸馏水,分离作涂片后,进行细胞组织染色,显微镜下观察,确定其为何组织。对于有些碎屑,可进行化学分析、元素测定等。

(二)指甲油的检验

随着人们生活水平的提高,在刑事及民事案件中对指甲油等系列化妆品的检验日益增多。其目的主要是个人识别,指(趾)甲上所涂指甲油(nail polish)的颜色、种类、品牌也能提供个人的身份信息、收入情况等,可以作为职业判断和个人识别的参考。

一般指甲油的主要成分为硝化棉,另外加上溶剂(乙酯、丁酯、戊酯)、颜料、香料及其他添加剂等。指甲油可以分为珠光型和非珠光型两类,颜色各异,有大红、粉色、绿色、紫色等颜色。各生产厂家的配方虽大致相同,但使用的原料略有差异,这为鉴别不同厂家的产品提供了可能。指甲检验包括以下几个部分:

1. 指甲油与相似物质的区别　鉴别指甲油,首先要把指甲油和其他相似物质加以区别,如油漆、油画颜料、蜡笔、宣传画颜料等。实际刑案中,指甲油往往不仅涂在指甲上,还可能涂在身体其他部位或其他物件上,这需要同其他颜料区别。由于各种涂料的用途不同,配方就存在差异,有各自的特性。动植物油,尤其是矿物油在紫外线灯照射下有强烈的荧光反应。宣传画颜料因不含矿物油、动植物油,没有荧光反应,故可区别。也可使用电镜能谱仪、双波长薄层扫描仪等进行无损检验。

2. 外观检验　珠光型和非珠光型指甲油的差别较为明显,一般肉眼即可分辨。不同颜色的指甲油存在色泽差别,可通过肉眼、立体显微镜及显微分光光度计等进行鉴别检验。当指甲油颜色相同或相近时一般较难区分,必须借助分析仪器进行成分分析。

3. 成分检验　对指甲油的成分进行分析时,通常采用薄层色谱法、高效液相色谱法、荧光光谱法和红外光谱法。薄层色谱法是一种微量化学法,因其设备简单、操作方便、分离效果好、样品用量少等特点,被广泛应用于物证鉴定的各个领域,也是鉴别化妆品最方便常用的方法。应用薄层色谱法进行检验的关键是对不同的样品需要选用不同的展开剂。指甲油样品用丙酮或乙酸乙酯作提取剂进行提取溶解后,在薄层板上进行点样分析。展开后的薄层板,挥干溶剂后在254nm短波紫外线灯下观察,呈不同颜色的荧光斑点。应用高效液相色谱法能区分薄层色谱法不能很好区分的样品,而且重现性好,数据可靠性更高。

本章小结

毛发及指(趾)甲主要由角蛋白组成。很少受腐败影响,不易毁坏,能长期保持原形,即使尸体高度腐败,毛发及指(趾)甲也能完整地保存下来,可作为个人识别的依据。本章从毛发及指(趾)甲的组织结构、形态特征入手,系统的介绍有关毛发和指(趾)甲检验的基本理论、基本技能。具体讲述了毛发的结构、生长周期及理化性质。毛发的形态学检验主要是以下方法:大体形态观察与测量、显微镜观察与测量、扫描电镜观察及原子力显微镜观察。毛发的鉴定是毛发检验的重点内容。通过对毛发的确定、种属、部位、种族、性别、年龄等情况进行分析,结合ABO血型测定和DNA遗传标记的检测分析结果,确定待检毛发所属个体和该个体毛发所具有的遗传特征,同时找出足够的毛发本身的和外界因素形成的变化及附加的特征,包括毛发微量元素的种类和含量、异常元素、毛发所含药物成分、特定的病理损害和美容美发处理等,与形态学检验结果一起进行综合分析,作出较为准确的毛发个人识别的鉴定结论。指(趾)甲属于角化组织,可以通过对指甲的形态及其他特征的分析进行个人识别。指甲亦可以用作ABO血型的检测、DNA分型和mtDNA的测定,同时指甲垢以及指甲油的检验的重要性也不可忽视。通过对以上信息的综合分析比对,可以辅助进行个人的同一认定,可以为法医检案提供重要技术依据。

讨论题

毛发检验在法医人类学中的应用。

(梁景青　梁新华)

思考题

1. 试述人毛与其他动物毛的区别。
2. 毛发的组织结构有何特点?
3. 毛发检验需解决的问题有哪些?
4. 毛发检材的主要特点是什么?
5. 试述毛发样本收集的程序和要求?
6. 如何确定检材是否为毛发?
7. 毛发检材如何做个人识别?

第十二章　医学影像技术在法医人类学中的应用

学习目标

通过本章的学习，你应该能够：

掌握：基于医学影像技术实现骨骼同一认定及骨骼年龄鉴定的基本原则与方法。

熟悉：常用的骨骼同一认定及骨骼年龄鉴定的医学影像技术，熟悉骨骼放射影像判定年龄的依据。

了解：法医放射学骨骼同一认定及骨骼年龄鉴定的法律意义及现实意义。

医学影像技术在法庭科学领域中的应用已发展成为一门独立的学科，称为法庭放射学。本章将简单介绍有关法庭放射学中有关同一认定及骨骼年龄鉴定的相关内容。

第一节　概　　述

1895 年 12 月 28 日，德国 Wurnburg 大学教授伦琴（W.C. Rorntgen）发现了 X 射线，最早将其应用于骨骼系统的观察。1896 年 1 月，英国曼彻斯特欧文斯学院物理学教授 Arthur Schuster 投书要求人们关注伦琴的工作在医学上的潜在作用。1896 年 4 月 23 日，英国曼彻斯特市一名年仅 22 岁的纺织女工 Elizbath Ann Hartley 被其丈夫在近距离内用手枪击中头部四发子弹，致使深昏迷，罪犯畏罪投河自尽。该案发生在伦琴发现 X 射线后近 4 个月。事发 3 天之后，一名来自柏林的摄影师试图为死者拍摄头部 X 线片，未获成功。后邀 Arthur Schuster 教授帮助确定颅内子弹的位置。Arthur Schuster 教授及其助手于 4 月 29 日和 5 月 2 日两次为死者拍摄了头部 X 线片，成功地显示了 4 枚弹头的位置。这是首例有文字记载的应用法庭放射学方法确定刑事案件中金属物体位置的案例。随着对 X 线应用研究的深入和医学科学的逐步发展，X 线在法庭科学中的应用越来越广泛，其所起到的独特作用也日益受到法庭科学界的瞩目。并逐步形成一门新兴学科——法庭放射学（forensic radiology）。

X 线摄影法是一种非破坏性的放射学检查方法，X 射线对人体辐射相对较低，重复性好，且 X 线片易于保存归档，在法医人类学研究中已得到广泛的应用，主要有下列三个方面：①通过对活体、尸体或者含有骨骼组织的肢体进行 X 线摄影，进行年龄、性别、种属以及身高的法医学鉴定；②将以往保存的个体 X 线片或 CT 片等影像学资料与调查时所拍摄"该个体"的 X 线片或 CT 片进行比对，根据两套或多套影像学资料上骨骼的轮廓、形态、解剖结构的重叠程度以及指标测量情况，作出同一个人的认定或否定的鉴定意见；③通过 X 线片确定或发现骨组织结构有无损伤，是新鲜的还是陈旧性的损伤，有无骨发育畸形、异物的滞留及疾病等，从而对无名尸的身源进行法医学鉴定。

由于 X 线和 CT 影像有一定程度的放大效应，对 X 线片或 CT 片上的骨骼的骨性指标进行测量得出的结果不如直接在骨骼实体上测量更为准确。由于同一个体其骨骼的基本影像学特征相对固定，因此采用既往 X 线片或 CT 片对照进行个人识别，则是非影像学技术所无法代替的。

第二节　骨骼 X 线影像的同一认定

当前法医学鉴定实践工作中,应用 X 线影像技术进行同一认定的方法主要有两种,即:特征认定法与数据分析法。所谓特征认定法,是就既往存留的 X 线影像(以下称为"既有 X 线影像")所见骨骼特定性状或变异,与调查时新拍摄的 X 线影像(以下称为"新摄 X 线影像")相互比对,从而认定同一。这种方法适用于全身各部位骨骼的比较,目前已有依据颅骨、锁骨、肘关节、指骨、踝关节、脊柱、髋骨、骨盆等进行同一认定的报道。所谓数据分析法,就是对 X 线影像特定解剖结构进行定量测量和比对,从而认定"既有"与"新摄"X 线影像是否来自同一个体。这种方法主要用于对全颅、额窦、蝶骨等的观测。根据颅骨 X 线影像进行同一认定,迄今研究最多,且实践应用较普遍。

一、颅骨 X 线影像的同一认定

(一)应用颅骨 X 线影像多元测量法进行同一认定

就"既有"与"新摄"两套颅骨 X 线影像的某几项指标进行测量,综合分析全部测量数据,进行比对检验,从而作出二者是否来源于同一个体的结论,即为颅骨 X 线影像的多元测量法(multidimensional measurements)。该法起始于无名尸的个体识别,当前已拓展用于不同来源颅骨 X 线片的同一认定。

20 世纪 50 年代,Sassouni 等人使用头部测量器,选择 500 名 18~20 岁美国男性白人和黑人作为研究对象,对颅骨 X 线片多元测量同一认定法进行了系统的群体研究。根据 SD/E 法(该值大于 2 者作为检测指标),在颅骨正位片选定 8 项测量指标:下颌角间宽(go-go)、乳突 - 颅顶高(ms-v)、上颌宽(mm-mm)、颧宽(zy-zy)、颅宽(eu-eu)、额窦宽、中切牙高和全面高(n-gn);在颅骨侧位片也选定 8 项指标:鞍后 8cm 颅高、鞍后 4cm 颅高、鞍上颅高、鞍前 8cm 颅高、沿鼻根点 - 蝶鞍线(n-s)颅长、n-s 线上 4cm 颅长、n-s 线上 8cm 颅长和全面高(n-gn)。经进一步统计分析,前述 16 项指标中,仅 5 项测量值具有决定性意义,包括:n-s 线上 4cm 颅长、全面高、下颌角间宽、额窦宽和颧宽。实际应用中,仅需颅骨正位片 8 项指标(图 12-1),即可实现个体同一认定。其后,Sassouni 进一步研究指出,若使用 20 项测量指标,则可在 350 万人中对某人作出同一认定。需要指出的是,该方法对于 X 线影像的检查体位、投射中心及距离等要求苛刻,要求"既有"与"新摄"两套颅骨 X 线影像尽可能保持一致。另外,如果颅骨结构大体完整,采用颅相重合技术进行同一认定或者个体识别,则是更佳的鉴定策略。

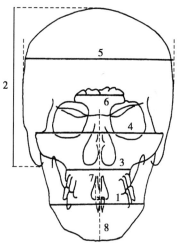

图 12-1　颅骨正位 X 线片的 8 项测量指标示意图
1. go-go; 2. mx-v; 3. mm-mm; 4. zy-zy; 5. eu-eu; 6. 额窦宽; 7. 中切牙高; 8. n-gn

(二)根据额窦进行同一认定

额窦(frontal sinus)位于额骨中下部内外骨板之间,通常由额窦中隔居中分隔为左右各一,大体呈三角锥体形骨腔。在 X 线影像上,额窦通常在 2 到 3 岁时出现,青春期发育增快,至 20 岁左右形成稳定的形态,仅在老年期可因骨壁变薄使窦腔扩大。同时,不同个体的额窦,其形状、大小、数量极不一致,甚至同卵孪生个体之间也存在显著差异,因而额窦具有高度的个体特异性。所以,除疾病、外伤所致病理性改变之外,额窦作为正常成人个体的一个永久性的特定性结构,是个体识别或同一认定的良好观测对象。

额鼻位是鼻窦 X 线摄影的常用体位,因此,对额鼻位 X 线片额窦形态特征的研究相对较多。早在 1943 年,Schüller A 就提出一套较为系统的观测指标,根据额鼻位 X 线片额窦形态征象进行个体识别。进行比较检验时,该方法强调要特别注意额窦中隔边缘轮廓、窦内部分或完全分隔、额窦上缘扇形弯曲及眶上气室等描述性形态特征,同时,测量全额窦宽度、左额窦宽度及左额窦高度等三项测量指标。为了测量额窦(图 12-2),首先沿额部正中矢状面引一条垂线(MN),沿蝶轭平面投影引一条与 MN 线相垂直的水平线(IS);而后,沿额窦最高点引一条与 MN 线相互垂直的水平线(ab),沿右额窦最外侧点、左额窦最内侧点和最外侧点分别引一条与 IS 线相互垂直的垂线(ac、ef 和 bd)。图中 ab 线段相当于全额窦宽度,eb 线段长度为左额窦宽度,ef/bd 线段长度为左额窦高度。这三项测量值与额窦中隔形态、额窦上缘弧度及眶上气室等指标相结合,可用于颅骨的同一认定,也可作为头部 X 线片档案分类系统的基础。然而,实际鉴定工作中,MN 线、IS 线在部分案例中难以确定,限制了 Schüller A 方法的应用。

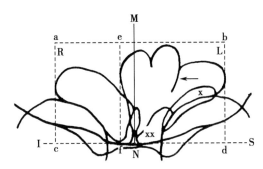

图 12-2　额窦 X 线片测量示意图(Schüller A 方法)

针对 Schüller A 方法的缺陷,2000 年,巴西学者 Ribeiro Fde A 提出一套简易额窦测量方法:以双侧眶上缘切线作为水平基线(baseline),沿右额窦最外侧点、右额窦最高点、左额窦最高点、左额窦最外侧点分别引一条与 baseline 相互垂直的垂线(E、F、G、H)。A 线段长度(E 线 -H 线间距)为双侧额窦最外侧点的水平距离,相当于全额窦宽度,B 线段长度(F 线 -G 线间距)为双侧额窦最高点的水平距离,C 线段长度(E 线 -F 线间距)为右额窦最外侧点与最高点的水平距离,D 线段长度(G 线 -H 线间距)为左额窦最高点与最外侧点的水平距离,所有测量结果的误差范围定为"±2mm"。同时,针对 9 种额窦解剖变异,分别规定了相应的测量方法。

单纯比对定量测量指标(长度、角度、面积等)进行同一认定,受到拍摄体位、投射参数等因素的显著影响,其可靠性较差。1987 年,Yoshino 等选择额窦面积大小、双侧不对称性的程度、面积大的侧别、上缘形态(两侧分别观察)、部分隔及眶上气室等 6 项指标,并对各项指标分级编码,极大提高了额窦同一认定的可靠性。Yoshino 方法目前应用较为广泛,然而,鉴定实践中发现有些个体无法鉴别。在此基础上,国内学者(唐剑频,2008 年)采用形态特征和径向值比值等指标,建立了一套 22 项指标系统,理论累积变异程度和个体识别率高达 0.999 999 999 998 8。这 22 项指标包括:中间隔位置和形态、弓形峰数量、最高峰和最低峰位置、左右侧最低峰比较、部分隔数量和形态、额窦高与宽比值、左右侧额窦高比值、左右侧额窦宽比值、额窦与眼眶关系、额窦与眶上缘切线关系以及额窦与眶宽比值等。

(三)根据颅缝进行同一认定

在颅骨发育过程中,当颅盖各骨相遇时,各骨块边缘变得十分复杂和不规整,形成凸起或凹口而镶嵌在一起,构成形态不同的颅缝(cranial suture)。通常可将颅缝的构型分为 10 种(图 12-3),其中,锯齿形、细齿形及波浪形常见,约占半数以上;锯齿细齿形、细齿锯齿形及闭锁形次之,其他均属少见。成人颅缝构型仅见于颅骨外板,且高度不对称,同一个体的不同颅缝、同一处颅缝的不同区段,均可存在不同的构型。因此,颅缝构型也是同一认定的高度特异性结构。

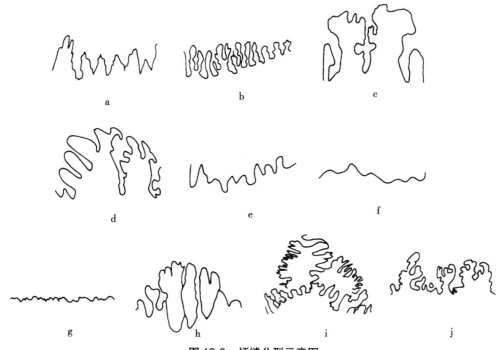

图 12-3　颅缝分型示意图

a. 锯齿型；b. 小齿型；c. 锯状齿型；d. 齿状锯型；e. 波浪状型；f. 圆齿状型；g. 细波浪状型；
h. 闭合型；i. 花冠状型；j. 复合型

20 世纪 80 年代，Chandra Sekharan P 对 521 例成人颅骨和 8000 份颅骨 X 线片进行了系统研究，认为颅缝构型如同指纹，各不相同。所研究的 8000 份常规诊断用 X 线片中，约 3/4 可见相对清晰的颅缝影像。其余未见颅缝影像的 X 线片，可能是因颅缝骨化闭合、头颅拍照位置不当、曝光不足或过强等因素所致。侧位片和斜位片也能显现颅缝影像，但是，就个体识别或同一认定而言，头颅正位片（前后位片）最佳，适于对颅骨进行分型观测。

经验表明，颅缝构型细节能够长久保持。间距 20 余年的同一个体 2 套头颅 X 线片相互比对，其颅缝细节并无明显变化。即使老年期颅缝骨化闭合，也仅局部颅缝受累，所余颅缝构型仍然足以实现个体识别或同一认定。

（四）根据蝶骨进行同一认定

蝶骨（sphenoid）及其毗邻结构深处于颅底，破坏性因素（火烧、巨大暴力、高度腐败等）难以累及，且其形态特征高度特异，可根据其 X 线影像进行个体同一认定，这种方法称为"V- 试验"（Vohlter，1960 年）。联合观测 X 线片上垂体窝的形态和体积、蝶鞍角（斜坡与前颅底平面之夹角）、蝶窦大小和形状、蝶鞍周边气室的骨质结构和位置等，特定个体的这些指标组合是独一无二的。

（五）根据乳突气室进行同一认定

乳突（mastoid process）是位于颞骨鼓部后下方的锥形骨性突起，内含大小不等的气室。据文献报道，除病理因素（疾病、外伤等）作用之外，乳突气室形态一旦成形则终生不再改变，且其形态特征高度特异，可用于个体同一认定。头颅侧位、汤氏位或颈椎侧位进行 X 线摄影，可较清晰显现乳突影像特征。通常在颅骨侧位 X 光片上，观察乳突气室的数目、大小、边缘、分隔以及鼓室盖弧度等指标，据此认定或排除同一。

（六）根据头颅其他结构进行同一认定

头颅其他结构，如额嵴、枕骨隆凸、血管沟、头颅骨性轮廓及其上下、前后、左右径等，在 X 线片上均能够显示，也可以作为同一认定的指标。根据 X 线影像特征，额嵴可分为 5 种：单线嵴、双线嵴、漏斗型嵴、球型嵴及无额嵴，可结合其他形态标志，进行同一认定。脑膜中动脉前支血管沟易于显影,通常表现为树枝状的透光影,其轮廓、长短、走行及分支角度等,具有高度个体特异性;此外,额顶骨的血管沟一旦形成(6 岁左右),除大小改变外,其他形态特征不随年龄增长而明显改变,因此,颅骨血管沟形态特别适用于少年儿童的同一认定。

二、其他骨骼 X 线影像的同一认定

(一)躯干骨结构比较

King(1939 年)认为:根据第 1 肋软骨的骨化构型,可以认定不同来源胸片是否同一人的 X 线片。但是,肋软骨骨化构型可因年龄增长而发生改变,对于拍片时间间隔过长的 X 线片,同一认定将十分困难。

根据锁骨 X 线影像的某些形态特征,如锁骨的总体轮廓、胸骨端波浪形状、内侧下面皮质骨性赘生物、各特定区域的皮质厚度、特殊的骨小梁构型及其细微征象等,可以实现个体同一认定。必须注意的是,锁骨呈特殊的 S 形,X 线片拍摄体位要尽可能与既有 X 线片一致,而此点很难保证。因此,在比对检验过程中,对于某些细微差异,要慎重考虑其形成原因。另外,根据肩胛骨、颈椎、胸椎、腰椎和骨盆的 X 线影像进行同一认定的案例也有报道。

(二)四肢骨结构比较

一般认为,除手和腕部外,其他四肢骨骼结构相对单一,缺乏足量的独特性变异,难以用于个体同一认定。Greulich(1960 年)认为,桡骨远端、尺骨远端、腕骨、掌骨及指骨等骨骼及其解剖毗邻关系,在青春后期已经形成稳定的放射学结构特征,并且可持续 20 多年而无明显改变。Greulich 提出的观察指标主要包括:桡骨和尺骨茎突的形状与大小、皮质与髓腔的宽度、指骨的形状与比例、骨干小梁构型等。根据这些骨结构特征的 X 线影像分析,不仅可以识别个体,还能鉴别同卵双生儿。

另外,某些特殊解剖结构或者外源性物体,能够显现出高度特异的 X 线影像特征,借此亦可实现个体同一认定。特定部位的缝间骨、籽骨、副骨等解剖学变异,其位置及形态特征具有高度的个体特异性。因任何个体的损伤不可能完全重现,所以,疾病或外伤导致的骨折、骨质破坏、骨质增生或者畸形闭合等,根据其 X 线影像,大多足以认定或排除同一。如果外源性异物存留于人体组织内,例如铁砂、钢珠、骨针、骨板、关节弥补物、人工关节、金属缝线等,综合考虑其位置、数量及形态特征的 X 线征象,也可以进行个体同一认定。

三、CT 在同一认定中的应用

利用 CT 定位片与相应体位 X 线片进行比对检验,进而认定或排除同一,这种方法已在法医学界达成共识,其原理和标准等同于 X 线片间比对检验。然而,利用 CT 断层图像进行同一认定,由于很难获得同一层面的断层图像,这种策略尚处于研究探讨阶段。

1992 年 Reichs 和 Dorion 首次探讨额窦 CT 影像特征,建立了所谓 Reichs-Dorion 分类系统,对额窦的 CT 形态特征进行分析和同一认定,并尝试将这种方法应用于实践。2002 年 Smith 和 Limbird 提出利用颅骨 CT 片的细节特征进行同一认定。此后,根据 CT 影像进行同一认定的报道也屡有出现,但仅是探讨其可靠性和比对标准,在方法学上未有突破性进展。

随着临床影像学的发展,因空间及密度分辨率高、可三维重建等优点,CT 检查已经基本取代 X 线摄影,成为多种损伤(尤其是颅脑损伤)的首选影像学诊断方法。因此,基于 CT 片的同一认定,将成为新的课题和技术应用于法医学,有待于法医学专家们进一步探讨 CT 影像中可用于个体识别或同一认定的标志点并建立系统化的比对标准。

第三节　X 线摄影对骨骼年龄的鉴定

X 线摄影对种属、种族与性别的鉴定仅仅作为对骨骼直接观测的一种补充手段。X 线摄影对骨骼年龄的鉴定,其作用和意义则十分重要,尤其是对于青少年、儿童年龄的推断,用于观察继发骨化

中心的发生、发展与闭合程度的快捷、准确是肉眼直接观察标本无法比拟的。

1907年，有关学者即开始着手骨骼发育研究；至20世纪八九十年代，骨发育标准的研究进一步深入，应用范围也越来越广泛。从20世纪末至今，计算机技术和网络信息技术的不断发展为骨骼年龄鉴定的方法研究和应用普及提供了必要的条件。骨骼年龄鉴定（age determination by skeleton）简称骨龄（skeletal age，SA），是指儿童青少年骨骼发育水平同骨发育标准比较而得出的生物学年龄。在成骨过程中，骨骺骺软骨板增生速度和成骨速度基本一致。因此，骨骺骺软骨板的厚度保持相对恒定，而骨干和骨髓腔不断延长。这一过程从出生一直延续到18～20岁左右，骨骺骺软骨板逐渐失去增殖能力，最后被完全钙化，骨骺与干骺端融为一体，长骨骨干至此将不再增长，即意味着个体身高将停止发育。X线摄影正是利用骨骼发育的这样一个动态特征去获取继发骨化中心从出现逐渐发育成骨骺，然后与干骺端逐渐闭合的过程来反映个体生物学年龄，以此来推断个体骨骼年龄。

利用骨骼发育X线影像特征推断活体年龄是当前我国法医学骨龄鉴定工作的主要手段。不论运用何种骨龄评估方法，利用骨关节X线影像变化规律制定一套全面、科学、可操作性强的骨发育分级标准，是进行法医学骨骼年龄推断研究之前一项不可或缺的工作。只有在这个基础平台正确建立的前提下，才能够有序地开展阅片、赋分以及统计分析等一系列工作。

一、根据锁骨X线摄影推定年龄

（一）成年人锁骨骨发育X线分级

1985年，Walker等对不同年龄个体的锁骨X线片进行了观察研究。发现成年人年龄变化与锁骨于X线片上所见的形态改变有密切关系。根据其在不同年龄段的变化特点，提出了下述8级分级标准。

一级：18～24岁。整个骨髓腔中充满排列紧密的细小颗粒状骨小梁。骨小梁大致沿锁骨长轴呈平行层状排列。胸骨端和肩峰端也充满细小颗粒状骨小梁。

二级：25～29岁。与上一级基本相同，但骨髓腔及骨干端的骨小梁结构有轻微疏松。

三级：30～34岁。骨干端骨小梁进一步疏松，腔隙增大。骨髓腔中的层板状骨小梁明显减少。

四级：35～39岁。骨髓腔中杯盘状形态的骨小梁消失，半透明度显著增加。胸骨端骨皮质明显变薄。

五级：40～44岁。胸骨端和肩峰端仅含有粗糙疏松的骨小梁，与骨髓腔中的相比粗糙疏松更明显。胸骨端骨皮质进一步变薄，骨髓腔扩大。

六级：45～49岁。与上一级相比骨小梁略有吸收。

七级：50～55岁。非常粗糙疏松的骨小梁是该级的关键特征。除骨髓腔中央没有扩大外，各部位骨质均减少。

八级：55岁以上。与上一级难以区别，骨小梁结构大体相似。沿骨髓腔可见明显的骨皮质卷曲。

（二）青少年锁骨胸骨端骨发育X线分级

2008年，朱广友等对我国东部、中部及南部地区1897名12.0～20.0周岁青少年人群锁骨胸骨端骨骺发育状况进行了系统研究，研制了我国当代青少年锁骨胸骨端骨骺发育分级方法，提出了下述6级分级标准。

一级：继发骨化中心尚未出现，干骺端略凹陷。

二级：继发骨化中心开始出现，呈条片状稍高密度影；干骺端略饱满。

三级：继发骨化中心部分覆盖干骺端，未达干骺端的1/2；骺软骨间隙宽且清晰。

四级：继发骨化中心大部分覆盖干骺端，达干骺端的1/2以上；骺软骨间隙仍宽且清晰。

五级：继发骨化中心基本覆盖干骺端，干～骺开始全面闭合；骺软骨间隙模糊。

六级：干～骺全部闭合，骺线残留或消失。

二、根据胸骨X线摄影推定年龄

胸骨X线变化与年龄变化之间的关系,经研究证实,具有明显的相关性。且胸骨的解剖提取极为方便,用X线拍照观察不用剔除表面软组织,省时省力,是一实用性很强的方法。

将提取的胸骨用X线拍照后按表12-1中的标准观察评分,然后将评分值代入下列多元回归方程。

表 12-1　女性胸骨X线影像变化评分标准

变量	结构影像	X线微细结构影像变化	评分
X_1	肋切迹钙化带	部分或基本形成	1
		形成(薄)、残骺	2
		厚而致密	3
		模糊,轻度疏松	4
		疏松	5
X_2	肋切迹骨质增生	无,平滑	1
		弧线样增生	2
		月形或粟粒小斑块状增生	3
		增生骨质出现模糊骨纹	4
		增生骨质骨纹清晰而致密	5
		增生骨质疏松	6
X_3	胸骨柄骨纹结构	均匀连续放射线状,或均匀网眼状骨纹结构	1
		出现间断,间或骨纹粗细不匀	2
		骨纹增强,边缘不整	3
		边缘呈粗大颗粒状或呈破网状	4
X_4	松质骨	均匀网眼	1
		疏密网眼	2
		混合网眼	3
		稀疏网眼	4
X_5	骨皮质	光滑而密度低,皮质薄	1
		出现少许粟粒或小花边样骨膜反应	2
		皮质厚、密度高,颗粒状,葱皮状骨膜或花边状融合	3
		丘状隆起,或皮质异常增厚或疏松分层	4

$$Y = 9.6641 + 1.6999X_1 + 2.7486X_2 + 1.8929X_3 + 1.5561X_4 + 0.4255X_5$$

复相关系数 $r = 0.9759$,标准差 $s = 2.1404$,$F > 0.01$。Y为推断年龄,X为变量评分

该方法适用于17~50岁的汉族女性。

三、根据肩关节X线摄影推定年龄

(一)肱骨近端骨发育X线分级

年龄变化与肱骨上端骨髓腔向外科颈延伸发展之间的关系,早在1959年Schranz就已作了研究。对肱骨上端骨髓腔的观察比较,可沿其纵轴锯开。但通过X线摄影观察更为方便快捷,且不破坏标本。根据对肱骨进行放射学和解剖学的观察研究,Schranz提出了肱骨近端下述11个发育等级的年龄判定标准。

一级:15~16岁。干骺端(骨干生长端)仍是软骨性的。

二级:17~18岁。干骺端初步闭合,骨干内腔仍是尖形拱状的。

三级：19～20 岁。闭合接近完成，骨骺的内部结构呈放射状，骨髓腔呈尖形拱状。

四级：21～22 岁。闭合完成，外侧面仍留有痕迹的软骨，内部结构同前。

五级：23～25 岁。干骺端的发育完成，骨骺的内部结构不再呈明显的放射状，骨髓腔仍是尖形拱状的，骨髓腔顶距外科颈很远。

六级：26～30 岁。骨骺内部结构的放射状特征正在消失，骨干内腔尖形拱状，骨髓腔仍未达外科颈。

七级：31～40 岁。骨骺的放射状内部结构完全消失，骨干内部结构更近似圆柱形，骨髓腔的最上部接近外科颈。

八级：41～50 岁：骨干的圆柱形结构呈不连续状，骨髓腔的圆锥形顶达外科颈，在圆锥状骨髓腔顶与骺线之间可有空隙。

九级：51～60 岁。肱骨大结节处出现豌豆大小的腔隙。

十级：61～70 岁。骨的外层粗糙，皮质变薄，骨干的内部结构不规整，髓腔达骺线，大结节处有蚕豆大腔隙，肱骨头显示透明状。

十一级：75 岁以上。骨的外面粗糙，大结节不再呈突出状，骨皮质变薄，髓腔中仍有少量海绵样组织，骨骺（肱骨头）脆弱，透明度增加。

上述各项指标均是对男性而言，对于女性，在青春期早 2 年，在成熟期早 5 年，在老年早 7～10 年。

（二）青少年肱骨近端骨发育 X 线分级

2008 年，朱广友等对我国东部、中部及南部地区 1897 名 12.0～20.0 周岁青少年人群肱骨近端骨骺发育状况进行了系统研究，研制了我国当代青少年肱骨近端端骨骺发育分级方法，提出了下述 5 级分级标准。

一级：继发骨化中心后面（高面）与干骺端之间的骺软骨间隙模糊；继发骨化中心前面（低面）与干骺端之间的骺软骨间隙完整、清晰。

二级：继发骨化中心后面（高面）与干骺端锥形面顶部之间呈点状闭合；继发骨化中心前面（低面）与干骺端开始闭合，骺软骨间隙变模糊。

三级：继发骨化中心后面（高面）与干骺端部分闭合，闭合的骺线向两侧延展，闭合范围未达 1/2；继发骨化中心前面（低面）与干骺端尚未完全闭合。

四级：继发骨化中心后面（高面）与干骺端大部分闭合，闭合范围达 1/2 以上，干 - 骺边缘尚残留狭小间隙；继发骨化中心前面（低面）与干骺端尚未完全闭合。

五级：干～骺全部闭合，骺线残留或消失。

（三）青少年锁骨肩峰端骨发育 X 线分级

2008 年，朱广友等对我国东部、中部及南部地区 1897 名 12.0～20.0 周岁青少年人群锁骨肩峰端骨骺发育状况进行了系统研究，研制了我国当代青少年锁骨胸骨端骨骺发育分级方法，提出了下述 3 级分级标准。

一级：锁骨肩峰端边缘不清，呈不规则状。

二级：开始形成完整的边缘，轮廓变清晰。

三级：边缘逐渐骨化，呈不连续的致密线；形成锁骨肩峰端正常解剖形态。

（四）青少年肩胛骨肩峰端骨发育 X 线分级

2008 年，朱广友等对我国东部、中部及南部地区 1897 名 12.0～20.0 周岁青少年人群肩胛骨肩峰端骨骺发育状况进行了系统研究，研制了我国当代青少年肩胛骨肩峰端骨骺发育分级方法，提出了下述 6 级分级标准。

一级：继发骨化中心尚未出现；肩胛骨肩峰端边缘不清，呈波浪状或花边状。

二级：继发骨化中心开始出现，呈小片状或碎块状。

三级：继发骨化中心逐渐增大并相互融合，部分或全部覆盖肩峰；干 - 骺开始呈点状闭合。

四级：干 - 骺部分闭合，呈多点状闭合；闭合的骺软骨间隙呈不连续的线状。

五级：干 - 骺大部分闭合；闭合的骺软骨间隙呈连续的线状。

六级：干 - 骺全部闭合，骺线残痕消失。

四、根据肘关节 X 线摄影推定年龄

国内外最早应用 X 线摄影法推断骨骼年龄的部位是手腕部。与手腕部诸组成骨相比，肘关节部位的骨发育持续时间较短（继发性骨化中心出现晚，骨骺与干骺端闭合却较早），而骨化活跃的过程大多集中在手腕部骨化的相对缓慢阶段，即学龄期儿童。因此，对这一时期的骨骼年龄判定，用肘部 X 线摄影可能比手腕部更为准确。

首先，需拍摄肘部正侧位 X 线片。在正位片上着重观察肱骨内上髁、肱骨外上髁、肱骨滑车、肱骨小头及桡骨小头骨骺发育状况，在侧位片上观察尺骨鹰嘴骨骺的发育情况。根据正侧位片的观察所见，参照下述各年龄肘部的主要 X 线征象及骨发育示意图（图 12-4），找出成熟水平相近者，相应标准图谱代表的年龄即为骨骺发育年龄。当正位和侧位 X 线片骨龄不一致时，如正位片为 11 岁，侧位片为 12 岁，则以两者均值 11.5 岁作为被判定的骨龄。该方法分别适用于 10～15 岁男性及 8～13 岁女性青少年儿童的肘部骨骼发育年龄的判定。

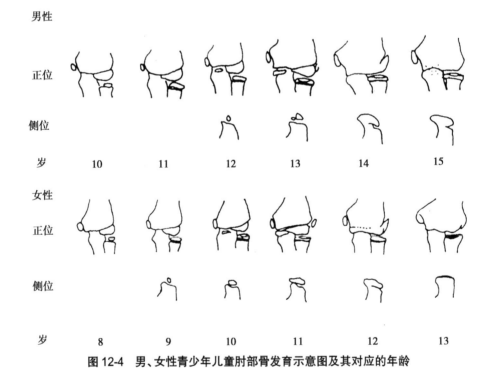

图 12-4　男、女性青少年儿童肘部骨发育示意图及其对应的年龄

（一）青少年肱骨内上髁骨发育 X 线分级

2008 年，朱广友等对我国东部、中部及南部地区 1897 名 12.0～20.0 周岁青少年人群肱骨内上髁骨骺发育状况进行了系统研究，研制了我国当代青少年肱骨内上髁骨骺发育分级方法，提出了下述 4 级分级标准。

一级：继发骨化中心与干骺端之间的骺软骨间隙完整、清晰。

二级：干 - 骺开始闭合，干 - 骺之间的骺软骨间隙变模糊。

三级：干 - 骺部分闭合，闭合的骺软骨间隙呈线状并向一侧延展。

四级：干 - 骺全部闭合，骺线残痕消失。

（二）青少年肱骨小头骨发育X线分级

2008年，朱广友等对我国东部、中部及南部地区1897名12.0～20.0周岁青少年人群肱骨小头骨骺发育状况进行了系统研究，研制了我国当代青少年肱骨小头骨骺发育分级方法，提出了下述4级分级标准。

一级：继发骨化中心呈楔形样，干-骺之间的骺软骨间隙完整、清晰。

二级：干-骺开始闭合，闭合范围未达1/2；干-骺之间的骺软骨间隙变模糊。

三级：干-骺大部分闭合，闭合范围达1/2以上。

四级：干-骺全部闭合，骺线残痕消失。

（三）青少年桡骨小头骨发育X线分级

2008年，朱广友等对我国东部、中部及南部地区1897名12.0～20.0周岁青少年人群桡骨小头骨骺发育状况进行了系统研究，研制了我国当代青少年桡骨小头骨骺发育分级方法，提出了下述5级分级标准。

一级：继发骨化中心呈盘状，外侧端略厚于内侧端，最大横径小于干骺端最大横径；干-骺之间的骺软骨间隙完整、清晰。

二级：继发骨化中心呈类帽状覆盖干骺端，最大横径略大于干骺端最大横径；干-骺之间的骺软骨间隙较前变窄且模糊。

三级：干-骺开始闭合，闭合范围未达1/2。

四级：干-骺大部分闭合，闭合范围达1/2以上，干-骺边缘尚残留狭小间隙。

五级：干-骺全部闭合，骺线残留或消失。

（四）男性青少年儿童各年龄肘部X线征象

1. 10岁　可见肱骨小头、肱骨内上髁和桡骨小头等三个骨化中心。

2. 11岁　桡骨小头长径达到干骺端宽度的2/3。

3. 12岁　肱骨滑车和尺骨鹰嘴出现。

4. 13岁　肱骨外上髁出现，鹰嘴出现2个骨化中心或一个骨化中心的长径超过干骺端斜面的1/2（参照女性10岁图）。

5. 14岁　肱骨滑车完全闭合，外上髁和肱骨小头共同与干骺端部分闭合，鹰嘴部分闭合，闭合部分不超过干骺端宽度的1/2。

6. 15岁　外上髁等完全愈合，鹰嘴愈合部分超过干骺端宽度的1/2。

（五）女性青少年儿童各年龄肘部X线征象

1. 8岁　可见肱骨小头、肱骨内上髁和桡骨小头等三个骨化中心。

2. 9岁　桡骨小头长径达到干骺端宽度的2/3，鹰嘴骨化中心的长径不超过干骺端斜面的1/2。

3. 10岁　肱骨滑车出现，鹰嘴骨化中心的长径超过干骺端斜面的1/2，或出现2个骨化中心（参照男性13岁图）。

4. 11岁　肱骨外上髁出现，鹰嘴骨化中心的长径超过干骺端的宽度。

5. 12岁　肱骨滑车、外上髁和尺骨鹰嘴等干骺部分闭合。

6. 13岁　除肱骨内上髁外，各干骺完全闭合。

五、根据手腕关节X线摄影推定年龄

青少年儿童手腕关节X线片的观察指标主要有桡骨远端骨骺、尺骨远端骨骺，头骨、钩骨和三角骨的发育，第一掌骨、第三掌骨、第五掌骨、近节指骨、中节指骨及远节指骨骨骺的发育。2006年7月，国家体育总局颁布的中华人民共和国体育行业标准（TY/T 3001-2006）对上述手腕骨发育X线分级进行了详细描述，以下手腕骨发育分级将结合该行业标准中的骨发育分级进行阐述。因各骨的发生、发展特点不一，下面将逐一介绍（图12-5）。

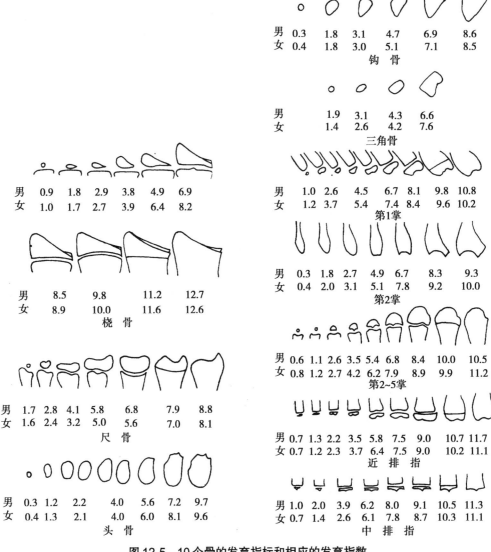

图 12-5　10 个骨的发育指标和相应的发育指数

（一）青少年桡骨远端骨发育 X 线分级

一级：继发骨化中心仅可见一个钙化点，极少为多个，边缘不清晰。

二级：继发骨化中心清晰可见，为圆盘形，有平滑连续的缘。

三级：开始骨化表现为圆形或卵圆形骨核，横径小于干骺端的1/2。

四级：继发骨化中心的初步变形表现为桡侧大而圆，尺侧小而尖。

五级：开始出现关节面，掌侧边缘致密或出现双边。

六级：桡骨结节的出现，桡侧圆头向掌侧凸出使化骨核变为三角形。

七级：干侧边变平，角变方。

八级：达到成人形，但骺板厚薄不匀；茎突萌出，继发骨化中心桡侧分化为掌关节面（白边）和背关节面（阴影），最大横径近似于干骺端最大横径；桡骨的舟、月关节面之间呈小峰状；干-骺之间的骺软骨间隙完整、清晰。

九级：骺板厚薄一致但仍较厚；茎突初具雏形；继发骨化中心呈类帽状覆盖干骺端，最大横径超过干骺端最大横径，继发骨化中心尺侧关节面可区分掌关节面（白边）和背关节面（阴影）；桡骨的舟、月关节面之间的小峰状凸起较前明显；干-骺开始闭合，干-骺之间的骺软骨间隙渐变模糊。

十级：骺板变薄但仍完整；茎突向掌侧凸出；干 - 骺部分闭合，闭合范围未达 1/2。

十一级：茎突成形；干 - 骺大部分闭合，闭合范围达 1/2 以上，干 - 骺边缘尚残留狭小间隙。

十二级：干 - 骺全部闭合，骺线残留或消失。

（二）青少年尺骨远端骨发育 X 线分级

一级：继发骨化中心仅可见一个钙化点，极少为多个，边缘不清晰。

二级：继发骨化中心清晰可见，有平滑连续的缘。

三级：开始骨化为扁形继发骨化中心，偶尔茎突先骨化就表现为偏于尺侧的小圆形继发骨化中心。

四级：掌侧分化出尺骨小头和茎突。

五级：干侧分化，边变平；茎突萌出；继发骨化中心呈凹凸状轮廓，最大横径大于 1/2 干骺端最大横径；干 - 骺之间的骺软骨间隙完整、清晰。

六级：茎突初具雏形，轮廓较模糊；继发骨化中心最大横径近似于干骺端最大横径；干 - 骺之间的骺软骨间隙变模糊。

七级：骺板变薄；茎突较前增大，轮廓清晰；继发骨化中心干侧面略凹陷；干 - 骺开始闭合，闭合范围小于 1/2。

八级：茎突成形；干 - 骺大部分闭合，闭合范围达 1/2 以上，干 - 骺边缘尚残留狭小间隙。

九级：环状关节面形成；干 - 骺全部闭合，骺线残留或消失。

（三）青少年头骨骨发育 X 线分级

一级：开始骨化为圆形继发骨化中心，呈钙化点，极少为多个，边缘不清晰。

二级：骨化中心初步变形，由圆形变为椭圆形，有平滑连续的缘。

三级：骨化中心最大径为桡骨宽度的一半或一半以上，并出现一个关节面，边变平，或仅凹陷。

四级：骨化中心进一步增长，纵向直径明显大于横向直径，并出现两个关节面，即与钩、第 2 掌骨或第 3 掌骨的关节面中的任何两个。

五级：骨化中心纵向直径等于或大于近侧缘到桡骨干的距离，三个关节面全部出现。

六级：骨化中心远侧的外侧缘（第 2 或第 3 掌骨关节面）致密，骨化中心在钩骨缘（钩骨关节面）凹的中部出现致密白线，头骨基本成人形但较小，周围骨的间隙稍宽。

七级：完全成人形。

（四）青少年钩骨骨发育 X 线分级

一级：开始骨化为圆形骨化中心，呈钙化点，极少为多个，边缘不清晰。

二级：化骨核变形，由圆形变为三角形，有平滑连续的缘。

三级：骨化中心最大径为桡骨骨干宽度的一半或一半以上。

四级：骨化中心头骨缘按头骨的钩骨关节面成形，骨化中心可区分出掌骨缘和头骨缘，出现二个关节面，形状由 D 形变为三角形。

四级：骨化中心第 4 掌骨关节面可区分为掌侧面和背侧面，沿骨的远侧缘或在远侧缘以内可见致密白线，并出现三个关节面。

五级：各关节面全部形成，上缘表现为双边样马鞍形。

六级：出现钩状突，完成发育。

（五）青少年三角骨骨发育 X 线分级

一级：开始骨化为圆形继发骨化中心，呈钙化点，极少为多个，边缘不清晰。

二级：骨化中心变为椭圆形，有平滑连续的缘。

三级：骨化中心最大径为尺骨骨干宽的一半或一半以上，骨化中心与钩骨相邻的缘变平。

四级：骨化中心增长，纵向直径明显大于横向直径。

五级：骨化中心月骨缘变平，与钩骨缘形成稍大于 90° 的角，一条缘或两条缘致密，并开始出现关节面,边变平但棱角不鲜明。

四级:骨化中心成人形,骨化中心远侧部分增宽,内侧缘凹。

(六)青少年第一掌骨骨发育X线分级

一级:开始骨化为小圆形骨化中心,一般为单个,极少为多个,边缘不清晰。

二级:继发骨化中心清晰可见,开始变形,长圆形或半圆形,有平滑连续的缘。

三级:骨骺最大径为干骺端宽的一半或一半以上。

四级:开始出现关节面表现为双边或小凹,开始出现掌侧面和背侧面。

五级:马鞍形关节面形成;骨骺内侧端略小于外侧端,最大横径略小于干骺端最大横径;干-骺之间的骺软骨间隙完整、清晰。

六级:骨骺骺侧面略凹陷,最大横径略大于干骺端最大横径;干～骺开始闭合,闭合范围未达1/2;干-骺之间的骺软骨间隙变模糊。

七级:干-骺部分闭合,闭合范围达1/2以上,干-骺边缘尚残留狭小间隙。

八级:干-骺全部闭合,骺线残留或消失。

(七)青少年第三、第五掌骨骨发育X线分级

一级:开始骨化为小圆形骨化中心,一般为单个,极少为多个,边缘不清晰。

二级:继发骨化中心清晰可见,呈圆形,有平滑连续的缘。

三级:骨骺最大横径为骨干宽度的一半或一半以上。

四级:骨骺呈指甲状或铲状,其两侧分别可见纵行的致密线;继发骨化中心最大横径近似于干骺端最大横径;干-骺之间的骺软骨间隙完整、清晰。

五级:骨骺一侧或两侧呈类类帽状覆盖干骺端,最大横径略大于干骺端最大横径;干-骺之间的骺软骨间隙较前变窄且模糊。

六级:骨骺呈横D形;干-骺开始闭合,闭合范围未达1/2。

七级:干-骺大部分闭合,闭合范围达1/2以上,干-骺边缘尚残留狭小间隙。

八级:干-骺全部闭合,骺线残留或消失。

(八)青少年近、中、远节指骨骨发育X线分级

一级:开始骨化为小圆形骨化中心,一般为单个,极少为多个,边缘不清晰。

二级:继发骨化中心清晰可见,呈圆盘形,有平滑连续的缘。

三级:骨骺最大横径为骨干宽度的一半或一半以上。

四级:继发骨化中心最大横径近似于干骺端最大横径,干-骺之间的骺软骨间隙完整、清晰。

五级:第一、第三、第五近节指骨继发骨化中心骺侧面略凹陷;第三、第五中节指骨继发骨化中心呈倒三角形。

六级:骨骺与干骺端基本等宽,骨骺外侧端呈方形。

七级:继发骨化中心一侧或两侧呈类类帽状覆盖干骺端,最大横径略大于干骺端最大横径;干-骺开始闭合,干-骺之间的骺软骨间隙较前变窄且模糊;第一掌指关节内侧籽骨出现,轮廓不清。

八级:干-骺部分闭合,闭合处骺软骨间隙呈线状;第一掌指关节内侧籽骨轮廓清晰。

以上各骨发育过程中X线解剖的变化表明,各骨发育过程中形态改变可以归纳为六类:①继发骨化中心的出现与变形;②骨骺最长径与干骺端最长径比值的变化;③关节面的出现与形成;④骨突的出现,如桡骨茎突、尺骨茎突、钩骨的勾突等;⑤骨骺不断生长,用骨骺和干骺端的比例判断骨骺发育的大小;⑥骺线变为宽窄一致,变细,部分消失和完全消失;

四个指掌骨的发育时间顺序,是第二、第三在先,第四、第五在后。在骨发育的开始和最后阶段,分期标志比较明了。中间阶段则较为复杂,这是由于发育顺序可以出现不同的组合。如头骨最初是一个小圆形化骨核,接着变为长圆形,这两期的顺序是恒定的。下一步出现关节面时,最先出现的可

以是与钩骨相邻的，也可以是与第二掌骨相接的。出现两个或三个关节面时的组合就更加多样化，这是各骨发育相互影响的必然结果。

在实际应用时，只需拍照一张检查对象的左手掌下位包括腕部和尺桡骨下端的正位 X 线片。依次核对 10 个骨的发育分期并记下相应的发育指数。有时一个骨的发育分期可能在两期之间，就用两期发育指数的平均数。将 10 个骨的发育指数相加得出总和，然后从表 12-2 和表 12-3 查出相应的骨龄范围。

表 12-2　男性各年龄的骨龄发育指数

年龄	1	2	3	4	5	6	7	8	9	10	11	12	13	14	15	16	17	18	19	20	21	22
85%下限	0.3	2.8	5.9	9.6	13.6	17.9	22.6	27.7	33.0	38.7	44.6	50.8	57.0	63.8	70.7	77.8	83.7	88.0	91.0	93.1	94.7	96.0
平均指数	1.0	4.6	8.9	13.6	18.7	24.0	29.5	35.4	41.5	47.8	54.2	61.0	67.7	74.5	81.8	88.3	92.7	95.2	96.9	97.8	98.6	99.0
85%上限	2.0	7.4	13.2	19.1	25.4	31.7	38.0	44.6	51.2	58.0	64.6	71.5	78.2	85.2	92.0	96.0	98.1	99.0	100.0	100.0	100.0	100.0

表 12-3　女性各年龄的骨龄发育指数

年龄	1	2	3	4	5	6	7	8	9	10	11	12	13	14	15	16	17	18	19	20
85%下限	1.0	3.5	6.7	10.6	15.3	20.7	26.4	32.9	39.9	47.5	55.2	63.8	72.5	82.0	90.0	94.3	96.7	98.0	98.8	99.2
平均指数	2.7	6.8	11.4	16.7	22.5	28.9	35.6	42.8	50.2	57.8	65.7	73.9	82.5	91.0	96.0	98.2	99.1	99.7	99.8	100.0
85%上限	4.6	10.4	16.5	23.2	30.3	37.7	45.0	52.8	60.6	68.8	76.8	85.1	92.1	96.6	99.1	100.0	100.0	100.0	100.0	100.0

六、根据骨盆 X 线摄影推定年龄

骨盆部骨骺的发育过程，一般在手、足、肘等各大关节骨骺与干骺端闭合以后很长时间内仍在继续发育。因此，骨盆部 X 线摄影对于推断年龄偏大的青少年个体骨骼年龄更有实用价值。其中，骨盆诸组成骨中，根据髂嵴与坐骨结节骨骺的发育状况推定青少年个体的骨骼年龄较为常用。

（一）髂嵴骨骺发育 X 线分级

一级：继发骨化中心尚未出现；髂嵴部分呈锯齿状，多始于外侧。

二级：继发骨化中心开始出现一个或数个；呈稍高密度弧形影，多与锯齿缘相对应。

三级：继发骨化中心部分覆盖髂嵴，其长径未达髂嵴全长的 1/2；继发骨化中心与髂嵴可均呈锯齿状缘且互相对应。

四级：继发骨化中心大部分覆盖髂嵴，其长径达髂嵴全长的 1/2～2/3；骺软骨间隙较宽且清晰，且仍与锯齿状缘相对应。

五级：继发骨化中心基本覆盖髂嵴，其长径达髂嵴全长的 2/3 以上；继发骨化中心与髂嵴开始闭合，骺软骨较前变窄，可见骨小梁通过，锯齿缘变模糊。

六级：继发骨化中心全长覆盖髂嵴；其厚度增加，多以中部更明显；继发骨化中心与髂嵴部分闭合。

七级：继发骨化中心与髂嵴大部分闭合；继发骨化中心与髂嵴一侧或两侧尚留有狭小间隙。

八级：继发骨化中心与髂嵴完全闭合，形成髂嵴正常解剖形态。

髂嵴骨骺发育 X 线 8 个分级见图 12-6。

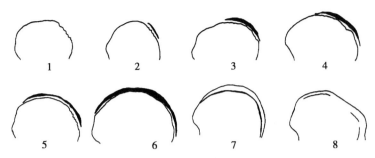

图 12-6　髂嵴骨骺发育 X 线分级

（二）坐骨结节骨骺发育 X 线分级

一级：继发骨化中心尚未出现。

二级：继发骨化中心开始出现，呈条片状稍高密度影。

三级：继发骨化中心的长度接近坐骨最低点；继发骨化中心与坐骨开始闭合，可见骨小梁通过。

四级：继发骨化中心基本覆盖坐骨支；继发骨化中心与坐骨部分闭合。

五级：继发骨化中心与坐骨完全闭合，形成坐骨正常解剖形态。

坐骨结节骨骺发育 X 线分级见图 12-7。

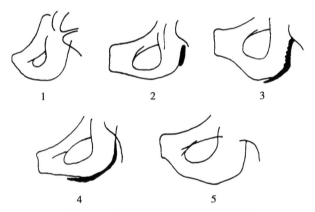

图 12-7　坐骨结节骨骺发育 X 线分级

髂嵴及坐骨结节骨骺发育 X 线分级与年龄的关系，见表 12-4。

表 12-4　根据髂嵴和坐骨结节骨骺发育判断年龄

年龄	髂嵴（级别）		坐骨结节（级别）	
	男	女	男	女
12	（1）	（1），偶（2）	（1）	（1），偶（2）
13	（2）	（2），偶（3）	（1），偶（2）	（2），偶（3）
14	（2），偶（3）	（3）	（2），偶（3）	（3）
15	（3）（4），偶（5）	（4）	（3），偶（4）	（3）（4）
16	（5）	（5）	（3），偶（4）	（3）（4）
17	（6）	（6）	（4）	（4）
18	（6），偶（7）	（7）	（4）	（4）
19	（7）（8）	（8）	（4），偶（5）	（5）
20	（8）	（8）	（5）	（5）

（三）根据耻骨联合面发育X线征象推断骨骼年龄

应用耻骨联合面形态学变化特征推断年龄，在刑事杀人碎尸案中应用极广，也非常有价值。然而，在40岁以上的年龄组，该方法的使用受到限制。因此，耻骨X线摄影推定年龄方法即可作为形态法的补充和发展。1995年，张忠尧等对118件10～60岁的男性耻骨标本的X线影像改变与年龄的关系进行了观察研究。

首先，运用软X线片和CT片拍摄耻骨，并对X线片上的耻骨联合面波浪嵴、骨纹结构、松质骨网眼、骨小梁分布、骨唇线、横骨梁、骨质增生和耻骨下支骨皮质进行观察。

1. 数量化指标赋值标准　见表12-5。

表 12-5　男性耻骨软X线影像变化详细标准

变量	观测项目	赋分值(x)	形态变化	方程系数	
				数量化理论 I	逐步回归
X_1	联合面波浪嵴	0	嵴峰高锐	—	—
		1	嵴峰高钝	2.69	2.96
		2	嵴峰低钝	5.18	6.13
		3	嵴峰消失	8.35	9.46
X_2	骨纹结构	0	细密	—	—
		1	细疏	1.54	—
		2	粗疏	4.08	2.39
X_3	松质骨网眼	0	均匀小网眼	—	—
		1	稀疏网眼	0.74	—
		2	普遍大网眼	0.50	
X_4	骨小梁分布	0	较均匀	—	—
		1	部分变细或缺少	1.72	—
		2	小片状缺少	2.64	
		3	大片状缺少	5.72	7.23
X_5	骨唇线	0	无	—	—
		1	轻度	3.05	2.96
		2	明显	6.77	6.57
		3	消失	7.35	7.26
X_6	横骨梁	0	无	—	—
		1	轻度	3.50	3.91
		2	明显	4.61	5.35
		3	模糊不清	7.02	7.85
X_7	骨质增生	0	无	—	—
		1	一个小棘突	0.82	—
		2	两个以上或一个大棘突	2.94	2.03
		3	棘突尖皮质破损伴有闭孔缘皮质骨变薄	6.35	5.42

续表

变量	观测项目	赋分值(x)	形态变化	方程系数	
				数量化理论 I	逐步回归
X_8	下支骨皮质	0	无	—	—
		1	一侧或双侧形成	1.99	1.82
		2	致密	3.65	3.45

2. 数量化理论 I 方程

$$Y=15.03+2.69X_1+5.18X_2+8.35X_3+1.54X_4+4.08X_5+0.74X_6+0.50X_7-5.92X_8+2.64X_9+5.92X_{10}+3.05X_{11}+6.77X_{12}+7.53X_{13}+3.50X_{14}+4.61X_{15}+7.02X_{16}+0.82X_{17}+2.94X_{18}+6.35X_{19}+1.99X_{20}+3.65X_{21}$$

方程检验，复相关系数 $R=0.9843$；标准差 $S=2.54$，$F>0.01$，$P<0.01$。Y 为推断年龄，X 为变量评分。

3. 逐步回归方程

$$Y=15.17+2.96X_1+6.13X_2+9.46X_3+2.39X_5+4.33X_9+7.23X_{10}+2.96X_{11}+6.57X_{12}+7.26X_{13}+3.91X_{14}+5.35X_{15}+7.85X_{16}+2.03X_{18}+5.42X_{19}+1.82X_{20}+3.45X_{21}$$

方程检验，复相关系数 $r=0.9818$，标准差 $s=2.52$，$F>0.01$，$P<0.01$。

注：在多元回归分析中，表 12-5 中 $X_1\sim X_8$ 的观测项目原研究者规定为自变量。在数量化理论 I 分析中，其每项中的 0～3 个同类目为自变量。因此，方程中有 $X_1\sim X_{21}$。

4. 推断年龄　应用时按观测项目赋值标准，对拍照的男性软 X 线影像照片显示的形态结构依次赋值，然后将各自对应的该方程系数相加，最后加上常数 M 值，即求得年龄。该方法适用于 10～60 岁的汉族男性。

七、根据髋关节 X 线摄影推定年龄

(一) 髋臼骨骺发育 X 线分级

一级：髋臼缘模糊，不连续；髋臼尚未完全闭合。

二级：髋臼缘呈连续的致密线，髋臼完全闭合，形成正常解剖形态。

(二) 股骨头骨骺发育 X 线分级

一级：继发骨化中心一侧或两侧呈类帽状覆盖干～骺端；干～骺开始闭合，骺软骨间隙变模糊，可见骨小梁通过。

二级：干～骺部分闭合，闭合范围未达 1/2。

三级：干～骺大部分闭合，闭合范围达 1/2 以上；干～骺一侧或两侧尚留有狭小间隙。

四级：干～骺全部闭合，骺线残留或消失。

(三) 根据股骨近端 X 线摄影推定年龄

1985 年，Walker 等根据股骨近端的 X 线片上的变化，将股骨近端年龄变化分为 8 个等级，具体分级标准与年龄的关系如下：

一级：骨皮质境界清晰明了。原发骨小梁呈网状，完全充满股骨头。继发骨小梁呈网状并完全充满股骨近端的骨髓腔。中部骨皮质厚而致密。年龄在 18～24 岁。

二级：大多数特征同一级，但骨密度稍有降低并有局部丢失，尤以 Ward 三角明显。大转子处透明度增加；股骨头颈处有继发骨小梁的某些区域透明度也增加；头颈处的原发骨小梁与一级相同。年龄在 25～29 岁。

三级：股骨头和颈的继发骨小梁的半透明度全面减弱，重要的支撑骨小梁仍然强壮并呈完好的网状。中部骨皮质强壮，但外侧骨皮质有部分缺失。Ward 三角区因半透明度增加而界限清楚，继发骨小梁的全面吸收使初级原发骨小梁有更清晰的界限。年龄在 30～34 岁。

四级：与上一级相似，但所有骨小梁群的半透明度进一步增大。股骨头部骨小梁较上一级的变得轻微粗糙，少数个体骨小梁有增厚。由于没有独特的，明显的特征可与上一级区分，故该级较难判断。年龄在35～39岁。

五级：大转子处骨小梁明显吸收，各部骨小梁密度减低，少数骨小梁显示疏松倾向（股骨头下部）。股骨头下部继发骨小梁明显缺失。在骨髓腔也可看到类似骨小梁缺失。年龄在40～44岁。

六级：股骨头部再生性骨质进行性缺失并波及上部；骨髓腔部和股骨头部骨小梁进一步缺失，原发骨小梁明显减少。骨皮质进一步变强壮，同时骨小梁与上一级相比在透明度方面有更大差别。可见侧面骨皮质呈轻微的波浪状。年龄在45～49岁。

七级：原发骨小梁粗糙，数量明显减少。继发骨小梁几乎完全缺失。横行原发骨小梁群仍然存在，却变得粗糙和纤细。所有皮质明显缺失。整个标本透明度增加。年龄在50～59岁。

八级：不再有继发性骨小梁形成。横向骨小梁群也有吸收。股骨头部仅有原发性骨小梁保留。中侧部骨皮质有明显的皮质卷曲。骨髓腔实际上也变空。年龄在60岁左右。

（四）大转子骨骺发育X线分级

一级：干～骺开始闭合，多始于中部，可见骨小梁通过，其两侧骺软骨间隙较宽且明显。

二级：干～骺部分闭合，闭合范围未达1/2，两侧间隙较前变窄。

三级：干～骺大部分闭合，闭合范围达1/2以上；干～骺一侧或两侧尚留有间隙。

四级：干～骺全部闭合，骺线残留或消失。

八、根据膝关节X线摄影推定年龄

（一）股骨远端骨骺发育X线分级

一级：继发骨化中心呈类帽状；干～骺开始闭合，骺软骨间隙变模糊，可见骨小梁通过。

二级：继发骨化中心呈类帽状覆盖于干骺端；干～骺部分闭合，闭合范围未达1/2，多始于中部，骺软骨间隙较前变窄。

三级：干～骺大部分闭合，闭合范围达1/2以上；干～骺一侧或两侧尚留有间隙。

四级：干～骺全部闭合，骺线残留或消失。

（二）胫骨近端骨骺发育X线分级

一级：干～骺开始闭合，骺软骨间隙变模糊，可见骨小梁通过。

二级：干～骺部分闭合，闭合范围未达1/2；继发骨化中心呈类帽状覆盖干骺端。

三级：干～骺大部分闭合，闭合范围达1/2以上；干～骺一侧或两侧尚有留有间隙。

四级：干～骺全部闭合，骺线残留或消失。

（三）腓骨近端骨骺发育X线分级

一级：继发骨化中心最大横径近似于干骺端最大横径，且外侧厚于内侧；骺软骨间隙较宽且清晰。

二级：干～骺开始闭合，多始于中部；骺软骨间隙较前变窄且模糊，可见骨小梁通过。

三级：干～骺部分闭合，闭合范围未达1/2。

四级：干～骺大部分闭合，闭合范围达1/2以上；干～骺一侧或两侧尚留有间隙。

五级：干～骺全部闭合，骺线残留或消失，形成腓骨头正常解剖形态。

九、根据踝关节X线摄影推定年龄

（一）胫骨远端骨骺发育X线分级

一级：骺软骨间隙宽且清晰；继发骨化中心最大横径略宽于干骺端最大横径，且形成内踝雏形。

二级：干～骺开始闭合，骺软骨间隙较前变窄且模糊，可见骨小梁通过，内踝塑形完成。

三级：干～骺部分闭合，闭合范围未达1/2，闭合多始于中部。

四级：干～骺大部分闭合，闭合范围大于 1/2；干～骺一侧或两侧尚留有间隙。

五级：干～骺全部闭合，骺线残留或消失。

（二）腓骨远端骨骺发育 X 线分级

一级：骺软骨间隙较宽且清晰，继发骨化中心最大横径近似于干骺端最大横径。

二级：干～骺开始闭合，骺软骨间隙较前变窄且模糊，可见骨小梁通过。

三级：干～骺部分闭合，闭合范围未达 1/2，多始于中部。

四级：干～骺大部分闭合，闭合范围达 1/2 以上；干～骺一侧或两侧尚留有间隙。

五级：干～骺全部闭合，骺线残留或消失。

十、根据足部 X 线摄影推定年龄

足部由于摄影条件限制和影像的重叠，比距骨、跟骨和中节趾骨更远的（姆指除外）骨骺难以观察到。因此仅以足舟骨、骰骨、第 1～5 跖骨、第 1～5 近节趾骨及姆指的远节指骨为观察对象，共计 16 个继发骨化中心。分为 3 组观察。

（一）观察的骨骼

1. 第 1 组　足舟骨、骰骨、内侧、中间和外侧楔骨。

2. 第 2 组　第 1～5 跖骨。

3. 第 3 组　第 1～5 近节趾骨，拇趾远节趾骨。

（二）观察指标与标准

观察指标为继发骨化中心，根据其发生、发展特点，将骨骺骨化中心分为 0～10 共 11 个阶段，将跟骨、足舟骨、骰骨及楔骨等的继发骨化中心分为 0～5 个等级。

1. 骨骺发育 X 线分级

一级：继发骨化中心未出现。

二级：出现小圆形阴影（与继发骨化中心出现的时期相当）。

三级：比二级有分化，但尚未呈现继发骨化中心固有的形态。

四级：开始分化，形成继发骨化中心固有的形态。

五级：进一步发展，产生凹凸样轮廓，但继发骨化中心的宽度小于骨干的宽度。

六级：继发骨化中心的宽度与骨干一致。

七级：继发骨化中心与骨干相对应的缘下垂，形成帽状初期，其间尚留有空隙。

八级：间隙的距离缩小，呈现两面互相垂直的锯齿状。

九级：骨骺与干骺端开始闭合，但尚未完成。

十级：骨骺已闭合，但尚有清楚的连续的横线。

十一级：骨骺完全闭合，呈成人形。

继发骨化中心 / 骨骺的发育分级是人为赋予的，其间尚有一些连续的移行阶段，有时判定其究竟属哪一个分级比较难，特别是三、四级等移行型更难判断。

2. 跗骨骨化中心的分级

一级：继发骨化中心未出现。

二级：出现小圆形阴影。

三级：比二级进一步分化，但仍处于共同的光滑的圆形时期。

四级：继发骨化中心的固有形态开始显现并有一些凹凸。

五级：继发骨化中心的固有分化继续进行，与相邻骨间明确的关节面形成。

六级：成熟完成，彼此相互重合。

（三）推断年龄

把上述分级作为得分数，则第 1 组足舟骨、骰骨、内外侧和中间楔骨得 0～25 分；第 2 组第 1～5

距骨共得 0～50 分；第 3 组第 1～5 近节趾骨及踇指远节指骨共得 0～60 分。

实际应用时，按照上述标准求得各个骨化中心的得分数，然后按组求得合分数，根据表 12-6 求得相应的年龄。各组所得的年龄难以一致，可取其平均值作为估计的个人年龄。

表 12-6　不同年龄足部各骨继发骨化中心的平均得分数

年龄（岁）	男性组			女性组		
	1	2	3	1	2	3
0.5	3.3	0	0	3.8	0	0
1.5	6.1	0	0	7.3	0.3	5.9
2.5	7.2	1.0	8.5	9.1	2.8	13.9
3.5	10.4	3.0	14.6	12.6	9.4	20.6
4.5	12.4	8.1	19.1	13.3	15.2	22.3
5.5	12.1	22.2	/	19.3	24.8	/
6.5	16.9	24.1	/	23.0	28.1	/
7.5	21.5	26.5	/	25.9	30.7	/
8.5	25.5	28.6	/	29.1	33.0	/
9.5	27.9	30.4	/	33.0	35.8	/
10.5	29.9	32.3	/	34.9	37.4	/
11.5	32.5	36.1	/	38.0	39.3	/
12.5	33.5	37.4	/	38.9	42.9	/
13.5	36.3	39.0	/	45.4	52.4	/
14.5	40.4	46.8	/	/	/	/
15.5	46.4	51.7	/	/	/	/
16.5	48.7	56.7	/	/	/	/

第四节　青少年躯体七大关节骨龄评估体系

一、躯体七大关节骨骺及其骨发育 X 线分级

（一）摄片方法

X 线投照位置以曹厚德主编的 X 线摄影技术学为标准。X 线摄影装置以 200～500mA、80～100kV 的机型为基准。具体方法如下：

1. 胸锁关节后前位　近距离投照，包括双侧胸锁关节。
2. 肩关节正位　肩部放松下垂，掌心自然向前；包括肱骨近端、锁骨肩峰端和肩胛骨肩峰端。
3. 肘关节正位　上臂紧贴台面或暗盒，前臂不能内旋；包括肱骨下端、肱骨内上髁和桡骨头。
4. 手、腕关节正位　前臂需贴紧暗盒；应包括尺桡骨下端，并含腕、掌、指骨。
5. 骨盆正位　双下肢内旋至双侧第一足趾；包括髂嵴与坐骨、股骨头及大转子。
6. 膝关节正位　包括股骨远端及胫腓骨近端。
7. 踝关节正位　脚尖须绷直；包括胫腓骨远端、跟骨结节等。

测量身高及体重后，拍摄双侧胸锁关节后前位、肩关节正位、肘关节正位、腕关节正位（包括全手正位）、髋关节正位、膝关节正位、踝关节正位片。

（二）骨骺指标

见表12-7。

表12-7　躯体七大关节骨骺指标及其变量代号

关节	指标	变量	关节	指标	变量
胸锁关节	锁骨胸骨端骨骺	X_1	髋关节	髂嵴骨骺	X_{15}
肩关节	肱骨近端骨骺	X_2		坐骨骨骺	X_{16}
	锁骨肩峰端骨骺	X_3		髋臼骨骺	X_{17}
	肩胛骨肩峰端骨骺	X_4		股骨头骨骺	X_{18}
肘关节	肱骨内骨骺上髁	X_5		大转子骨骺	X_{19}
	肱骨小骨骺头	X_6	膝关节	股骨远端骨骺	X_{20}
	桡骨小头骨骺	X_7		胫骨近端骨骺	X_{21}
手腕关节	桡骨远端骨骺	X_8		腓骨近端骨骺	X_{22}
	尺骨远端骨骺	X_9	踝关节	胫骨远端骨骺	X_{23}
	第一掌骨骨骺	X_{10}		腓骨远端骨骺	X_{24}
	第三、第五掌骨骨骺	X_{11}			
	近节指骨骨骺	X_{12}			
	中节指骨骨骺	X_{13}			
	远节指骨骨骺	X_{14}			

与推断年龄相关的其他指标：

身高：height，即人站立位时（赤足）的身长，用 cm 表示。

体重：weight，即指净重量，用 kg 表示。

地区：location。

（三）骨发育分级方法

2008 年，朱广友等对我国东部、中部及南部地区 1897 名 12.0～20.0 周岁青少年人群锁骨胸骨端骨骺发育状况进行了系统研究，研制了我国当代青少年躯体七大关节表 12-6 中 24 个骨骺发育分级方法，见第三节内容及网络增值服务内容。

二、继发骨化中心出现与骨骺闭合时间

经数理统计分析计算出青少年男、女性继发骨化中心出现与骨骺闭合时间表，见表12-8及表12-9。

表12-8　青少年男性继发骨化中心出现与骨骺闭合时间表

指标	特征	例数	平均年龄（岁）	年龄范围（岁）	标准差	标准误	95% 置信区间（岁）
X_1	出现	125	17.38	14.85～19.91	1.29	0.12	17.16～17.58
	闭合	18	20.20	19.17～	0.72	0.72	19.17～
X_2	闭合	213	19.18	16.60～20.00	1.32	0.09	18.04～18.36
X_3	闭合	280	18.70	15.39～22.00	1.69	0.10	18.50～18.90
X_4	出现	58	13.38	11.40～15.36	0.88	0.13	13.10～13.63
	闭合	256	19.01	16.36～20.92	1.33	0.08	13.10～13.63
X_5	闭合	450	16.12	14.20～18.16	1.04	0.08	15.96～16.27
X_6	闭合	575	16.33	13.30～18.78	1.25	0.08	16.16～16.39

续表

指标	特征	例数	平均年龄（岁）	年龄范围（岁）	标准差	标准误	95%置信区间（岁）
X_7	闭合	477	15.33	13.90～17.06	0.87	0.07	15.24～15.47
X_8	闭合	220	18.02	16.50～19.53	0.77	0.08	17.84～18.18
X_9	闭合	235	18.28	16.50～20.06	0.91	0.08	18.16～18.45
X_{10}	闭合	470	15.72	12.50～17.50	0.91	0.07	15.53～15.86
X_{11}	闭合	404	16.64	13.50～17.89	0.64	0.08	17.65～17.95
X_{12}	闭合	432	16.50	14.80～18.00	0.77	0.08	17.92～18.30
X_{13}	闭合	433	16.58	14.70～18.11	0.78	0.08	17.91～18.31
X_{14}	闭合	484	16.00	14.10～17.78	0.91	0.08	17.74～18.03
X_{15}	出现	50	13.75	11.60～15.87	1.08	0.15	13.44～14.04
	闭合	159	19.58	17.74～	0.93	0.07	19.45～19.72
X_{16}	出现	67	14.39	11.70～16.90	1.33	0.15	14.10～14.68
	闭合	288	19.57	17.92～	0.99	0.09	19.35～19.75
X_{17}	闭合	179	14.62	13.10～16.36	0.89	0.06	14.54～14.74
X_{18}	闭合	455	15.41	14.10～16.98	0.80	0.07	15.27～16.55
X_{19}	闭合	417	15.46	14.70～17.69	1.14	0.08	16.62～16.99
X_{20}	闭合	288	16.97	14.90～17.60	1.09	0.08	16.81～17.13
X_{21}	闭合	366	17.04	15.00～19.04	1.02	0.08	16.88～17.20
X_{22}	闭合	290	17.65	15.90～19.45	0.92	0.08	17.40～17.81
X_{23}	闭合	390	16.92	14.90～19.04	1.08	0.07	16.76～17.06
X_{24}	闭合	394	16.98	14.90～19.02	1.04	0.07	16.84～17.12

表 12-9 青少年女性继发骨化中心出现与骨骺闭合时间表

指标	特征	例数	平均年龄（岁）	年龄范围（岁）	标准差	标准误	95%置信区间（岁）
X_1	出现	106	16.15	16.11～18.52	1.21	0.12	15.91～16.39
	闭合	10	19.59	20.00～	0.58	0.42	18.90～
X_2	闭合	190	18.21	15.47～20.95	1.40	0.10	18.01～18.41
X_3	闭合	254	17.75	14.42～21.08	1.70	0.11	17.53～17.97
X_4	出现	30	12.64	11.15～14.12	0.76	0.14	12.37～12.91
	闭合	213	18.09	15.36～20.22	1.47	0.10	17.89～18.29
X_5	闭合	292	15.17	12.41～16.42	1.05	0.06	14.82～15.06
X_6	闭合	472	14.66	11.90～16.83	1.37	0.06	14.54～14.78
X_7	闭合	231	14.25	11.98～15.42	0.92	0.06	14.04～14.28
X_8	闭合	131	17.50	14.63～18.92	1.12	0.10	17.15～17.55
X_9	闭合	143	17.23	15.04～19.52	1.17	0.10	17.03～17.43
X_{10}	闭合	176	14.46	12.72～15.42	0.87	0.07	14.22～14.50
X_{11}	闭合	214	15.58	13.58～16.88	0.93	0.06	15.34～15.58
X_{12}	闭合	336	15.58	13.35～17.81	1.14	0.06	15.46～15.70
X_{13}	闭合	339	15.67	13.17～17.33	1.16	0.06	15.45～15.69
X_{14}	闭合	300	15.08	12.58～16.42	1.03	0.06	14.79～15.03
X_{15}	出现	58	12.88	11.36～14.40	0.78	0.10	12.68～13.08
	闭合	85	19.42	16.79～20.25	1.05	0.12	18.84～19.32
X_{16}	出现	87	13.34	11.40～15.28	0.99	0.11	13.12～13.56
	闭合	39	19.58	18.67～	1.46	0.23	18.62～19.52

指标	特征	例数	平均年龄（岁）	年龄范围（岁）	标准差	标准误	95% 置信区间（岁）
X_{17}	闭合	199	13.50	11.83～14.42	0.71	0.05	13.27～13.47
X_{18}	闭合	179	14.42	12.70～15.42	0.78	0.06	14.28～14.52
X_{19}	闭合	214	15.08	12.86～15.92	0.89	0.06	14.68～14.92
X_{20}	闭合	304	15.75	12.88～17.33	1.19	0.07	15.51～15.79
X_{21}	闭合	303	16.00	13.58～17.83	1.14	0.07	15.85～16.13
X_{22}	闭合	207	16.78	14.30～18.96	1.27	0.09	16.60～16.97
X_{23}	闭合	312	15.75	13.23～17.33	1.12	0.06	15.54～15.78
X_{24}	闭合	285	15.96	13.58～17.83	1.20	0.07	15.57～15.85

三、青少年躯体七大关节骨龄鉴定数学模型

（一）多元回归数学模型

男性：$Y = 7.673 + 0.015 \times HEIGHT + 0.450 \times X_1 + 0.153 \times X_2 + 0.364 \times X_3 + 0.170 \times X_4 + 0.215 \times X_6 + 0.332 \times X_9 + 0.219 \times X_{15}$。该数学模型的 ± 1.0 岁及 ± 1.5 岁的准确率分别为：70.59% 和 88.24%。

女性：$Y = 9.414 + 0.462 \times X_1 + 0.182 \times X_2 + 0.493 \times X_3 + 0.226 \times X_4 + 0.304 \times X_8 + 0.184 \times X_{15} + 0.096 \times X_{16}$。该数学模型的 ± 1.0 岁及 ± 1.5 岁的准确率分别为：78.46% 和 93.85%。

（二）Fisher 线性两类判别分析数学模型

见表 12-10 及表 12-11。

表 12-10 男性 14、16、18 周岁判别分析数学模型

年龄	判别模型	骨骼发育指标	判别分析数学模型	综合判别率（%）（训练样本）	综合判别率（%）（校验样本）
14 周岁	最佳判别模型	X_2、X_4、X_6、X_{16}、X_{18}、X_{20}、HEIGHT、WEIGHT	$Y_1 = -331.891 + 4.952 \times HEIGHT - 1.314 \times WEIGHT + 4.255 \times X_2 - 4.712 \times X_4 - 7.969 \times X_6 + 0.645 \times X_{16} - 7.452 \times X_{18} - 6.820 \times X_{20}$	75.6	100.0
			$Y_2 = -345.639 + 5.017 \times HEIGHT - 1.355 \times WEIGHT + 4.607 \times X_2 - 4.119 \times X_4 - 7.183 \times X_6 + 0.993 \times X_{16} - 7.066 \times X_{18} - 7.398 \times X_{20}$	84.8	66.7
16 周岁	逐步回归判别模型	X_1、X_2、X_4、X_9	$Y_3 = -8.443 - 0.618 \times X_1 + 2.764 \times X_2 + 1.878 \times X_4 + 0.920 \times X_9$	86.6	100.0
			$Y_4 = -15.940 + 0.176 \times X_1 + 3.067 \times X_2 + 2.483 \times X_4 + 1.655 \times X_9$	74.0	80.0
18 周岁	最佳判别模型	X_1、X_3、X_8、X_9、X_{15}、X_{19}、HEIGHT、WEIGHT	$Y_5 = -624.298 + 7.249 \times HEIGHT - 1.969 \times WEIGHT - 2.274 \times X_1 + 15.385 \times X_3 - 9.447 \times X_8 + 4.729 \times X_9 + 4.689 \times X_{15} + 23.011 \times X_{19}$	73.5	80.0
			$Y_6 = -631.417 + 7.243 \times HEIGHT - 1.942 \times WEIGHT - 1.529 \times X_1 + 16.078 \times X_3 - 10.491 \times X_8 + 5.916 \times X_9 + 5.619 \times X_{15} + 21.885 \times X_{19}$	82.3	80.6

注：Y_1 表示不超过 14 周岁，Y_2 表示已超过 14 周岁。若 $Y_1 > Y_2$，则判定年龄不超过 14 周岁；若 $Y_1 < Y_2$，则判定为年龄已超过 14 周岁

Y_3 表示不超过 16 周岁，Y_4 表示已超过 16 周岁。若 $Y_3 > Y_4$，则判定年龄不超过 16 周岁；若 $Y_3 < Y_4$，则判定为年龄已超过 16 周岁

Y_5 表示不超过 18 周岁，Y_6 表示已超过 18 周岁。若 $Y_5 > Y_6$，则判定年龄不超过 18 周岁；若 $Y_5 < Y_6$，则判定为年龄已超过 18 周岁

表 12-11 女性 14、16、18 周岁判别分析数学模型

年龄	判别模型	骨骼发育指标	判别分析数学模型	综合判别率（%）（训练样本）	综合判别率（%）（校验样本）
14周岁	逐步回归判别模型	X_2、X_4、X_5、X_{15}、X_{17}、X_{18}、WEIGHT	$Y_1 = -28.231 + 0.652*WEIGHT + 2.385*X_2 - 0.565*X_4 + 1.312*X_5 - 2.343*X_{15} + 17.116*X_{17} - 1.137*X_{18}$	76.9	100.0
			$Y_2 = -34.686 + 0.604*WEIGHT + 3.060*X_2 + 0.090*X_4 + 2.025*X_5 - 2.075*X_{15} + 15.982*X_{17} - 0.263*X_{18}$	87.2	90.0
16周岁	最佳判别模型	X_1、X_3、X_4、X_8、X_{14}、X_{15}、X_{16}、X_{22}、HEIGHT、WEIGHT	$Y_3 = -564.555 + 7.032*HEIGHT - 2.183*WEIGHT - 1.013*X_1 + 6.300*X_3 + 6.782*X_4 - 13.533*X_8 + 24.888*X_{14} - 3.596*X_{15} + 8.407*X_{16} + 7.035*X_{22}$	78.0	100.0
			$Y_4 = -578.598 + 7.092*HEIGHT - 2.198*WEIGHT - 0.654*X_1 + 7.157*X_3 + 7.448*X_4 - 12.811*X_8 + 23.077*X_{14} - 2.946*X_{15} + 8.966*X_{16} + 6.493*X_{22}$	74.7	77.0
18周岁	最佳判别模型	X_1、X_2、X_3、X_8、X_{13}、X_{14}、X_{16}、X_{19}、HEIGHT、WEIGHT	$Y_5 = -1333.433 + 7.794*HEIGHT - 1.471*WEIGHT - 0.984*X_1 + 17.472*X_2 + 0.854*X_3 - 36.153*X_8 - 292.534*X_{13} + 393.033*X_{14} + 0.492*X_{16} + 297.353*X_{19}$	68.5	69.2
			$Y_6 = -1332.931 + 7.762*HEIGHT - 1.483*WEIGHT - 0.531*X_1 + 18.142*X_2 + 1.923*X_3 - 34.833*X_8 - 299.962*X_{13} + 399.432*X_{14} + 1.723*X_{16} + 294.841*X_{19}$	87.4	93.1

注：Y_1 表示不超过 14 周岁，Y_2 表示已超过 14 周岁。若 $Y_1 > Y_2$，则判定年龄不超过 14 周岁；若 $Y_1 < Y_2$，则判定为年龄已超过 14 周岁

Y_3 表示不超过 16 周岁，Y_4 表示已超过 16 周岁。若 $Y_3 > Y_4$，则判定年龄不超过 16 周岁；若 $Y_3 < Y_4$，则判定为年龄已超过 16 周岁

Y_5 表示不超过 18 周岁，Y_6 表示已超过 18 周岁。若 $Y_5 > Y_6$，则判定年龄不超过 18 周岁；若 $Y_5 < Y_6$，则判定为年龄已超过 18 周岁

第五节 胸锁关节 CT 摄影对骨骼年龄的鉴定

个体不同部位骨骼的发育时间不尽相同，锁骨胸骨端继发化中心出现与骨骺闭合时间是全身各大关节中最晚的一个，可以较好地反映 18 周岁以上个体骨骼发育情况。由于锁骨胸骨端与其邻近的肺、胸骨、肋骨、支气管及胸椎横突等解剖结构相互重叠，因此，传统的 X 线检查不利于清晰观察锁骨胸骨端骨骺发育情况，CT 影像不论是横断面或冠状面均没有结构互相重叠的影像，这也是 CT 影像相比 X 线的优势所在。基于此，20 世纪末，国内外已有学者开始致力于运用薄层 CT 扫描技术扫描胸锁关节评估骨骼年龄。

一、薄层 CT 扫描并图像重组技术及其在骨骼年龄鉴定中的应用

CT 图像的显示是由黑到白的不同灰度来表示的，显示白的区域代表高吸收区，即高密度区，如骨骼、钙化灶等；显示黑的区域代表低吸收区，即低密度区，如水、气体及脂肪组织等。薄层 CT 扫描技术的层厚小于 5mm，可以观察到骨骼细微结构的变化，这种技术能弥补常规 CT 厚层扫描在遇到细小病灶或组织结构时容易出现遗漏的现象。近年来，由于多层螺旋 CT（multi-slice spiral CT，MSCT），特别是 64 层以上 MSCT 在临床的广泛应用，使短时间、薄层、大范围容积扫描的信息采集成为可能，可以一次完成胸、腹部扫描，高级图像重组技术得到了真正的迅速发展，如多层螺旋 CT 多平面重组技术（multiple planar reformation，MPR）和容积再现（volume rendering，VR）图像重组等。MPR 能够从不同角度观察特定的解剖结构，尤其对于较多重叠的组织器官，其优势更为明显。VR 图像重组可

以再现组织器官的立体结构，并可从多方位、多视角任意调节组织器官的位置，以利于收集完整的图像信息，更直观地显示扫描图像的形态及走行。由于 MSCT 具有重复性强、检查时间短、数据量大、后处理软件丰富等特点，为 CT 图像重组技术奠定了基础。因此，近年来 MSCT 扫描联合 MPR、VR 图像重组技术已逐渐应用到锁骨胸骨端骨龄的法医学鉴定中。

1997 年，Kreitner 等首次将 CT 扫描技术应用于德国白种人群锁骨胸骨端骨骺发育，第一次对锁骨胸骨端骨骺发育状况进行了系统阐述，为其他学者的研究奠定了理论基础。2005 年，Schulz 等采用了 Schmeling 锁骨胸骨端骨骺发育 X 线"五级分级标准"，对 Unfallkrankenhaus 医院 629 名 15～30 周岁两性青少年锁骨胸骨端骨骺发育 CT 影像进行了回顾性研究，CT 扫描层厚为 7mm。该研究针对性别进行分组比较。研究表明，两性锁骨胸骨端骨骺发育在第 2 级的年龄均为 15 周岁，男、女性第 3 级年龄分别为 17 周岁和 16 周岁，第 4 级年龄均为 21 周岁，这与 Schmeling 等 X 线摄影研究结果一致。但男、女性锁骨胸骨端骨骺发育至第 5 级的最小年龄分别为 22 周岁和 21 周岁，较 Schmeling 传统 X 线片研究结果提前 4～5 岁，这主要是由于样本采用非薄层 CT 扫描（层厚 7mm）而产生部分容积效应（volume affect），使尚存的骺线"提前"消失，导致实际较低的骨骺发育等级被高估的结果。

2003 年，田利新等对我国东北地区 695 名（男性 380 例、女性 315 例）30 周岁以下青年胸锁关节进行常规胸部 CT 扫描（层厚不详），根据 Kreitner 等提出的 CT 分级标准进行阅片。研究显示，CT 测定的锁骨胸骨端继发骨化中心出现和骨骺闭合的时间与青春期发育的时间规律基本吻合，锁骨胸骨端骨骺非常适合作为青少年骨骼年龄发育的评定指标之一。此外，全部被检者中有一半以上的骨骺已完全闭合，年龄均在 19 周岁以上，说明测定锁骨胸骨端骨龄，对排除未成年具有较可靠的法医学价值。

2006 年，Kaur 等基于锁骨胸骨端骨骺发育 X 线分级标准，将传统 X 线与 CT 扫描两种检查方法同时运用于锁骨胸骨端骨骺发育并进行比较，研究表明，有 99 名青少年锁骨胸骨端骨骺发育在这两种方法中存在差异，但通过薄层 CT 扫描技术推断青少年骨龄与其生活年龄更为接近，结果更为准确。因此，有学者提出锁骨胸骨端骨龄的 CT 研究应基于骨骺发育的 CT 分级标准制定，不宜直接引用锁骨胸骨端骨骺发育的 X 线分级标准。同年，德国学者 Schulze 等对 Freiburg 大学附属医院 100 名年龄为 16.0～25.9 周岁男、女性（男、女性各 50 名）锁骨胸骨端骨骺发育 CT 扫描（层厚 5～7mm）图像及三维重组图像进行分析，并提出了锁骨胸骨端骨骺发育 CT 分级的四级标准（1 级：继发骨化中心尚未出现；2 级：继发骨化中心已出现，尚未开始闭合；3 级：继发骨化中心开始闭合；4 级：继发骨化中心完全闭合）。

2010 年，Kellinghaus 对锁骨胸骨端骨骺发育第 2、第 3 等级进行了细化，他提出锁骨胸骨端骨骺至第 2 级时，根据骨骺长度与干骺端长度比例，可分为 2a、2b、2c 三个亚型；骨骺发育至 3 级时，根据骨骺闭合长度与干骺端长度比例，可分为 3a、3b、3c 三个亚型。通过多位学者的研究表明，以往对锁骨胸骨端骨骺发育的 CT 分级均是基于薄层 CT 平扫技术进行的，而 CT 平扫图像所反映的骨骺发育仅为单一层面信息，难以表现锁骨胸骨端骨骺发育的全貌。

2011 年，邓振华等对四川大学华西医院影像中心的 565 名 15～26 周岁四川汉族青少年锁骨胸骨端骨骺发育状况进行胸部薄层 CT 扫描（层厚 1.0mm），并对 Schmeling 等制定的锁骨胸骨端骨骺发育分级标准进行了细化，最终将锁骨胸骨端骨骺发育程度分为 4 个等级。各级经验分布函数图显示，1 级人群 100% 小于 18 周岁，2 级人群 75% 小于 18 周岁，3 级人群 94.5% 大于 18 周岁，4 级人群 100% 大于 20 周岁，两性之间差异无统计学意义。研究结果显示，锁骨胸骨端骨骺发育第 3 级最早出现于 16 周岁，这与 Kreitner 等研究结果一致，但在第 4 级，最小年龄为 20 周岁，比 Kreitner 等研究结果小 2 周岁，比 Schulz 等研究结果小 1 周岁，这可能与种族差异有关。

2013 年，司法部司法鉴定科学技术研究所王亚辉课题组在我国华东地区（以上海市为主）、华南地区（以四川省为主）采取随机分层整群抽样方法收集了 795 例 15.00～25.00 周岁男、女性青少年双侧锁骨胸骨端薄层 CT 扫描影像学资料。同时,运用薄层 CT 扫描并 MPR 及 VR 图像重组技术将锁骨胸骨端骨骺发育分为五个等级,其中又将第 2、3 等级划分为 2a、2b、2c 及 3a、3b、3c 三个亚型,虽然分级形式上与 Schmeling 及 Kellinghaus 的五分法类似,而具体的分级内容与以往的薄层 CT 扫描研究相比,有以下几个特点。

(1) 增加骨骺分级亚型的划分依据:Kellinghaus 制定的锁骨胸骨端骨骺发育第 2、3 等级中,仅根据薄层 CT 扫描图像中骨骺长度与干骺端长度的比值作为分级依据。然而,在骨骺发育初期,由于骨骺体积较小、形态不一,通过薄层 CT 扫描所显示的骨骺长度并不能完全、真实反映骨骺的实际长度,因此,通过测量骨骺长度与干骺端长度比值亦不能真实反映骨骺发育程度。本研究通过图像重组技术将二者比值调整为骨骺最长径与干骺端最长径比,使测量值更加真实、准确地反映骨骺发育状况。

(2) 运用 MPR 及 VR 重组技术:以往的分级重点研究骨骺长度与干骺端长度以及骨骺闭合范围与干骺端长度的关系,缺乏骨骺的立体结构的信息。由于锁骨胸骨端骨骺发育特征不仅体现在骨骺长度的变化,同时骨骺面积增加同样反映出骨骺发育程度。因此,本研究在观察薄层 CT 扫描图像中骨骺最长径变化的同时,还从立体多方位、多角度观察骨骺发育状况,测量骨骺面积与干骺端面积的比值,进一步探讨骨骺面积 / 干骺端面积与骨骺最长径 / 干骺端最长径以及骨骺闭合长度 / 干骺端长度之间的相关性,并对不同亚型骨骺发育状况进行了必要的量化,主要体现在锁骨胸骨端骨骺发育第 2、第 3 等级的亚型中,通过运用 MPR 及 VR 图像重组技术,更便于我们去深入掌握锁骨胸骨端骨骺发育的基本规律。

(3) 研究锁骨胸骨端骨骺的基本形态、萌出个数及部位等发育特征:通过 VR 图像重组,并从多方位观察锁骨胸骨端骨骺发育状况,更有利于指导阅片工作。

二、锁骨胸骨端骨骺发育 CT 分级方法

王亚辉课题组在 Schmeling 强化版的 5 分法的基础上,利用 MPR 及 VR 图像重组技术,进一步增加锁骨胸骨端骨骺与干骺端面积比在分级中的内容,并补充 MPR 及 VR 图像重组所获取的具体数据信息,进一步强化锁骨胸骨端骨骺发育 CT 分级方法。然后,观察双侧锁骨胸骨端继发骨化中心是否出现、出现的位置与形态以及骨骺逐渐闭合的动态过程,并采用 MPR 及 VR 图像重组后处理技术测量双侧锁骨胸骨端骨骺最长径(cm)、干骺端最长径(cm)、骨骺面积(cm²)、干骺端面积(cm²),并计算骨骺最长径与干骺端最长径比值、骨骺面积与干骺端面积比值,锁骨胸骨端骨骺发育 CT 分级内容见表 12-12,分级图示见图 12-8。

表 12-12　青少年锁骨胸骨端骨骺发育薄层 CT 扫描及图像重组分级方法

分级	内容
1 级	继发性骨化中心尚未出现,干骺端略凹陷
2 级	继发骨化中心出现,与干骺端尚未开始闭合,干骺端渐饱满
2a	骨骺最长径≤干骺端最长径 1/3;骨骺面积约为干骺端面积 1/8
2b	干骺端最长径 1/3<骨骺最长径≤干骺端最长径 2/3;骨骺面积约为干骺端面积 2/8
2c	骨骺最长径>干骺端最长径 2/3,骨骺尚未开始闭合;骨骺面积约为干骺端面积 3/8
3 级	骨骺进一步生长,基本覆盖干骺端,并与干骺端开始闭合
3a	骨骺闭合长度≤干骺端长度 1/3;骨骺面积约为干骺端面积 4/8
3b	干骺端长度 1/3<骨骺闭合长度≤干骺端长度 2/3;骨骺面积约为干骺端面积 5/8
3c	骨骺闭合长度>干骺端长度 2/3;骨骺面积约为干骺端面积 6/8
4 级	骨骺与干骺端基本闭合,尚可见骺线残留,骨骺面欠光整
5 级	骨骺与干骺端完全闭合,骺线不可见,骨骺面较光整

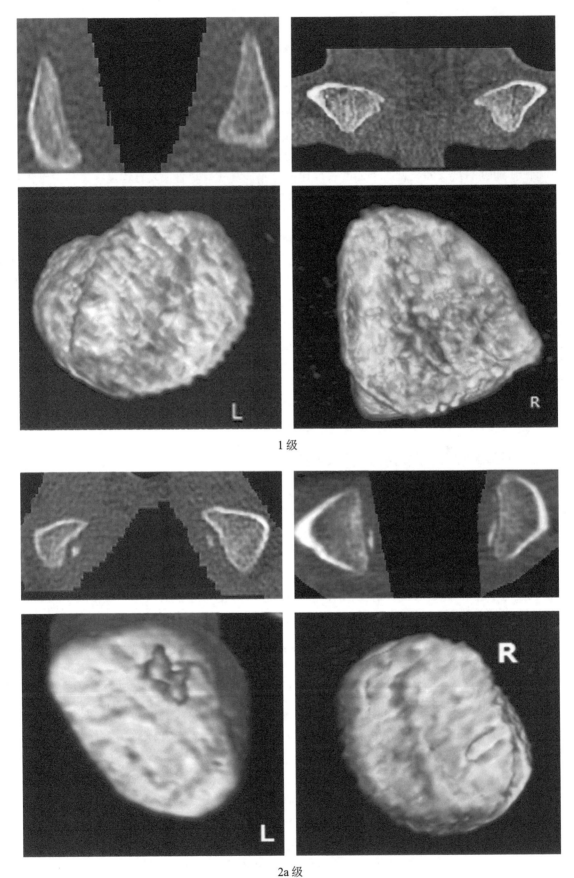

1 级

2a 级

图 12-8 青少年锁骨胸骨端骨骺发育 CT 分级方法图示

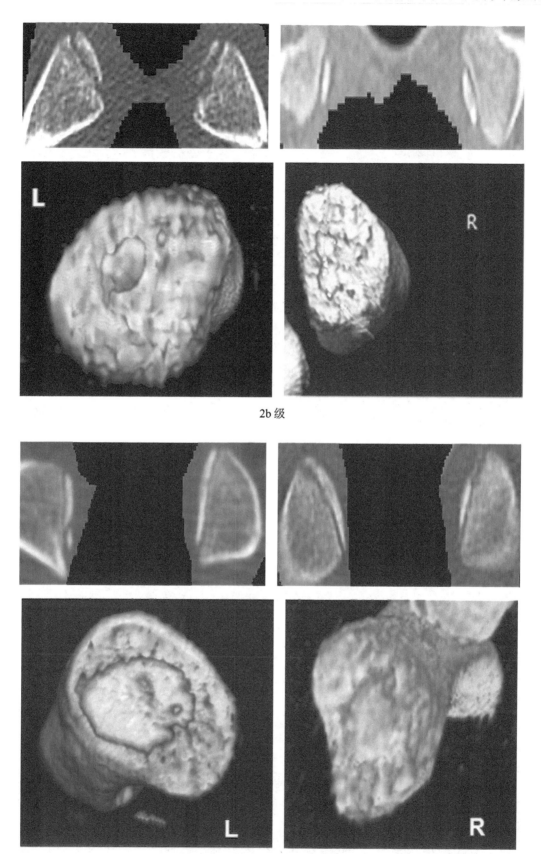

2b 级

2c 级

图 12-8　青少年锁骨胸骨端骨骺发育 CT 分级方法图示（续）

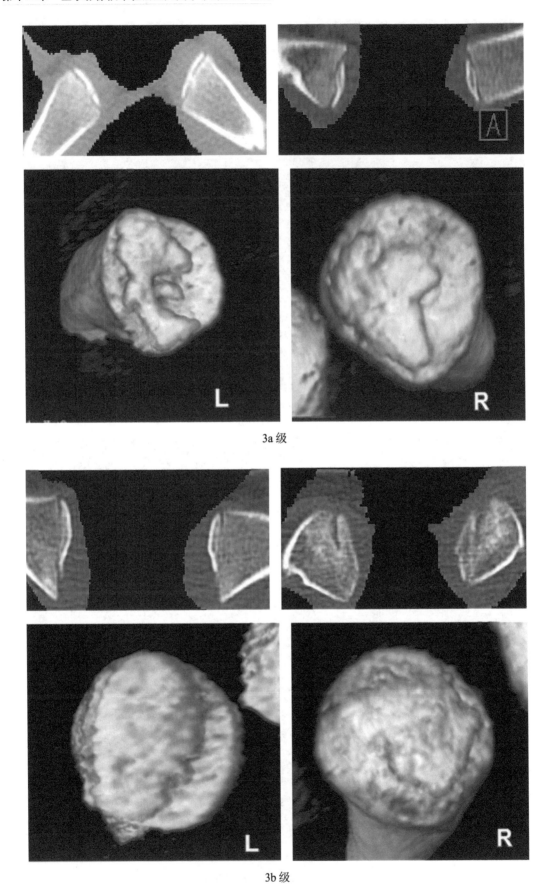

3a 级

3b 级

图 12-8　青少年锁骨胸骨端骨骺发育 CT 分级方法图示（续）

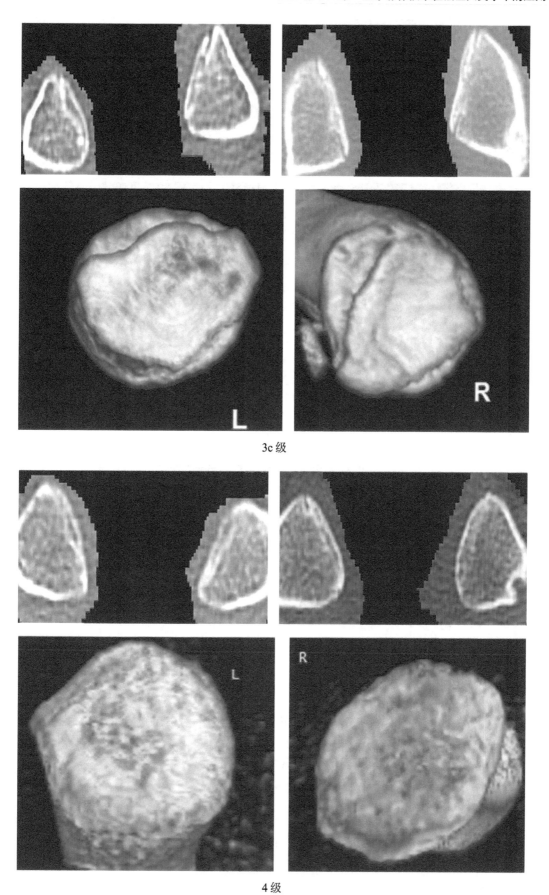

图 12-8　青少年锁骨胸骨端骨骺发育 CT 分级方法图示（续）

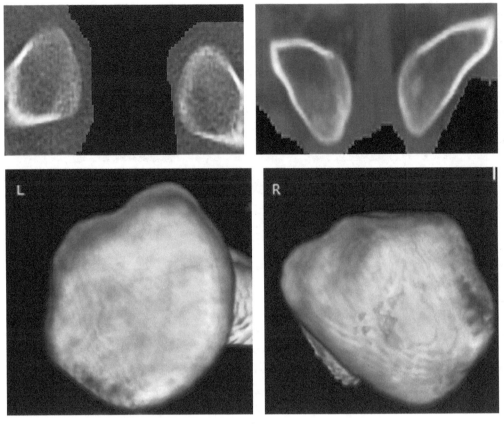

5 级

图 12-8　青少年锁骨胸骨端骨骺发育 CT 分级方法图示（续）

1 级：继发骨化中心尚未出现，干骺端略凹陷；2a 级：骨骺最长径≤干骺端最长径 1/3；骨骺面积约为干骺端面积 1/8；2b 级：干骺端最长径 1/3<骨骺最长径≤干骺端最长径 2/3；骨骺面积约为干骺端面积 2/8；2c 级：骨骺最长径>干骺端最长径 2/3，骨骺尚未开始闭合；骨骺面积约为干骺端面积 3/8；3a 级：骨骺闭合长度≤干骺端长度 1/3；骨骺面积约为干骺端面积 4/8；3b 级：干骺端长度 1/3<骨骺闭合长度≤干骺端长度 2/3；骨骺面积约为干骺端面积 5/8；3c 级：骨骺闭合长度>干骺端长度 2/3；骨骺面积约为干骺端面积 6/8；4 级：骨骺与干骺端基本闭合，尚可见骺线残留，骨骺面欠光整；5 级：骨骺与干骺端完全闭合，骺线不可见，骨骺面较光整

三、锁骨胸骨端骨骺发育 CT 分级与年龄的关系

　　针对不同发育等级与年龄之间的统计学描述性研究以及骨骺最长径 / 干骺端最长径、骨骺面积 / 干骺端面积与年龄之间的统计学描述性研究（包括平均值、中位值、标准差、最大值、最小值等），见表 12-13～表 12-16。

表 12-13　男性青少年锁骨胸骨端 CT 分级统计学描述性研究结果

		1	2a	2b	2c	3a	3b	3c	4	5
年龄	平均值	15.93	17.25	18.07	18.82	19.55	21.83	22.35	22.96	25.34
	中位数	16.05	17.20	18.01	18.65	19.47	21.83	22.36	22.86	25.29
	标准差	0.67	1.17	1.45	1.28	1.63	1.53	1.76	1.59	0.33
	最小值	15.00	15.01	15.36	16.59	16.74	19.00	19.18	20.05	24.67
	最大值	17.21	19.13	20.68	22.16	22.20	24.27	25.49	25.76	25.89
骺端	平均值	0	1/8	4/8	6/8	6/8	6/8	7/8	1	1
径线比	最大值	0	2/8	5/8	1	1	1	1	1	1
	最小值	0	0	3/8	5/8	3/8	4/8	6/8	1	1

续表

		1	2a	2b	2c	3a	3b	3c	4	5
骺端面积比	平均值	0	1/8	2/8	3/8	4/8	5/8	7/8	1	1
	最大值	0	2/8	4/8	7/8	1	1	1	1	1
	最小值	0	0	1/8	2/8	3/8	4/8	6/8	1	1

表 12-14　女性青少年锁骨胸骨端 CT 分级统计学描述性研究结果

		1	2a	2b	2c	3a	3b	3c	4	5
年龄	平均值	15.63	16.07	16.59	18.39	19.17	20.28	22.47	22.95	24.37
	中位数	15.71	16.01	16.77	18.26	19.16	20.23	22.51	23.06	24.45
	标准差	0.41	0.64	0.68	1.39	2.15	1.68	1.85	1.60	0.82
	最小值	15.00	15.00	15.36	16.00	16.28	17.38	19.11	20.09	23.01
	最大值	16.55	17.01	17.64	20.78	23.86	23.04	25.82	25.86	25.97
骺端径线比	平均值	0	1/8	4/8	6/8	6/8	7/8	7/8	1	1
	最大值	0	2/8	5/8	1	1	1	1	1	1
	最小值	0	0	3/8	5/8	4/8	4/8	5/8	1	1
骺端面积比	平均值	0	1/8	2/8	4/8	4/8	5/8	6/8	1	1
	最大值	0	2/8	3/8	6/8	7/8	1	1	1	1
	最小值	0	0	0	2/8	2/8	3/8	3/8	1	1

表 12-15　男、女性青少年锁骨胸骨端骨骺与干骺端面积比

年龄（周岁）	15.00~	16.00~	17.00~	18.00~	19.00~	20.00~	21.00~	22.00~	23.00~	24.00~	25.00~
男性面积比平均值	0	0	1/8	3/8	3/8	4/8	4/8	6/8	8/8	8/8	8/8
女性面积比平均值	0	1/8	2/8	4/8	4/8	5/8	5/8	6/8	8/8	8/8	8/8

表 12-16　11 个年龄组两性青少年锁骨胸骨端骨骺发育对应的等级

年龄（周岁）	15.00~	16.00~	17.00~	18.00~	19.00~	20.00~	21.00~	22.00~	23.00~	24.00~	25.00~
男性	1	1	2a	2c	3a	3b	3c	3c	4	4	4
女性	1	2a	2c	3a	3b	3c	3c	4	4	4	4

　　薄层 CT 扫描并图像重组技术应用于青少年锁骨胸骨端骨骺发育状况的评估，是目前国内外法医学骨龄研究中使用的较为先进的技术手段。随着三维影像技术的发展以及几何测量学在法医人类学中应用的普及，对于锁骨胸骨端骨骺大小、形态以及出现部位等测量变得更为简单、精确，克服了锁骨胸骨端骨骺在 X 线片上显影不清的缺陷，通过对骨骺图像的二维、三维重组，利于总结骨骺的分型、观察骨骺发育的细微变化与立体结构特征，对阅片具有重要的指导作用，这将使骨龄鉴定更加客观、准确。

本章小结

对既有 X 线影像解剖结构的特定性状或变异,进行定性观察描述和(或)定量测量,并与新摄 X 线影像的相应征象相互比对,进而认定或排除同一,是当前法医学同一认定的主要工作之一。特征认定法与数据分析法,是应用 X 线影像同一认定的主要方法。根据颅骨 X 线影像进行同一认定,迄今研究最多,且实践应用较普遍。

法医学活体年龄鉴定的方法很多,但目前的研究结果表明,通过骨关节 X 线摄影或 CT 扫描来确定个体年龄,是目前对活体进行年龄鉴定的最有效方法之一。在我国,目前大部分的鉴定机构在进行法医学活体年龄鉴定时主要是依据骨骼发育过程中继发骨化中心出现及骨骺闭合的先后顺序来进行分析和判断。

锁骨胸骨端是人体全身各大关节骨骼发育最晚的部位,它对于大龄青少年骨龄推断具有极其重要的价值。在传统的骨龄鉴定过程中,由于锁骨胸骨端骨骺 X 线投影重叠较多,且易导致伪影形成,在阅片中不易识别且难以分级,从而影响骨龄鉴定意见的准确性。薄层 CT 扫描并图像重组技术克服了锁骨胸骨端骨骺在 X 线片上显影不清的缺陷,通过对骨骺图像的二维、三维重组,利于总结骨骺的分型、观察骨骺发育的细微变化与立体结构特征,对阅片具有重要的指导作用,这将使骨龄鉴定更加客观、准确。

关键术语

法庭放射学(forensic radiology)

放射学同一认定(radiological identification)

多元测量法(multi-dimensional measurements)

骨骼年龄(skeletal age,SA)

发育等级(development stage)

继发骨化中心(the second ossification center)

多层螺旋 CT(multi-slice spiral CT,MSCT)

多平面重组技术(multiple planar reformation,MPR)

容积再现(volume rendering,VR)

容积效应(volume affect)

讨 论 题

1. 骨骼 X 线影像同一认定的人类学理论基础是什么?

2. 放射影像的同一认定的法医学意义是什么?

3. 骨骼放射影像判定年龄的依据是什么?

4. 如何运用躯体七大关节骨骺指标推断骨骼年龄?

5. 基于薄层 CT 扫描并图像重组技术适用于哪一类关节骨龄评估?理由是什么?

(王亚辉　张　振)

思 考 题

1. 骨骼 X 线影像同一认定的人类学理论基础是什么?

2. 骨骼 X 线影像同一认定的注意事项有哪些?

3. 基于 CT 扫描技术的骨骼年龄评估方法与 X 线摄影方法的优缺点分别是什么?

第十三章　人　像　鉴　定

学习目标

通过本章的学习,你应该能够:

掌握:人像鉴定的意义及目的;面部特征的人类学分类;照片鉴定的种类和鉴定方法;监控录像截图鉴定的方法。

熟悉:同一个体不同年龄阶段拍摄照片和美容前后照片鉴定的注意事项;录像视频截图人像鉴定的难点及对策。

了解:应用计算机辅助人像鉴定,面部特征可靠性研究的观察指标。

第一节　概　　述

影像追踪在案件的侦破中发挥着越来越重要的作用,在美国波士顿马拉松爆炸案及伦敦地铁爆炸案中,现场监控录像(video surveillance)在案件的侦破中,发挥了关键作用。如何进行人像鉴定是法医人类学研究中的新领域。

面像鉴定(facial identification)是用犯罪嫌疑人的面像照片与案件中涉及的照片进行比较,确定两者是否为同一个体的鉴定。在刑事案件中常涉及信用卡、身份证、驾驶证、护照等照片与持有人照片的鉴定。在民事案件中,常会对历史人物照片、广告照片等进行鉴定。此类案件的鉴定,多是对当事人的标准像进行鉴定,鉴定方法较为可靠。近年来由于监控录像系统的大量应用,案发现场的监控录像中的影像资料常常成为案件侦破的重要线索,及诉讼的重要证据。监控录像中的犯罪嫌疑人的面像的拍摄角度及距离是变化的。许多犯罪嫌疑人,在实施犯罪过程中,还会进行面部伪装,如何对犯罪现场监控录像中的犯罪嫌疑人与被抓获的犯罪嫌疑人进行面像鉴定成为当前面像鉴定研究中的热点问题。

本章从面像鉴定的原理、面部特征的人类学分类入手,系统介绍有关人像鉴定的基本理论、基本技能,为今后从事法医人类学的人员奠定相关工作基础。

第二节　人像照片的鉴定

一、面像鉴定的原理

个体的容貌特征(facial features)是由个体的遗传基因决定的,个体的容貌特征是个体特有的表象。个体的容貌特征在一定的年龄段是稳定的。这是面像鉴定的基础。

面部特征的人类学分类如下:

1．面部的轮廓分类　根据形状分为：椭圆形、圆形、长方形、方形、正三角形、倒三角形、菱形。根据形态上面指数（morphological upper facial index）（形态上面高/面宽×100），分为：超阔上面型（<42.9）、阔上面型（43.0～47.9）、中上面型（48.0～52.9）、狭上面型（53.0～56.9）、超狭上面型（>57）（见网络增值服务）。

2．前额的特征分类

按前额的高度（前额发际至鼻根之间的距离），分为：低的、中等的、高的。

按前额的宽度，分为：窄小的、中等的、宽阔的。

按前额的位置（倾斜度），分为：后仰的、垂直的、突出的。

3．眉的特征分类

按眉的形状，分为：直线形的、弓形的、波浪形的、有角度的。

按眉的位置，分为：水平的、向内倾斜的、向外倾斜的。

按眉的疏密，分为：浓眉、淡眉。

按眉的长度，分为三型：①短眉：眉的长度小于眼裂的长度；②中长眉：眉的长度与眼裂的长度相等；③长眉：眉的长度大于眼裂的长度。

按眉的间距，分为三型：相连型，两眉内角相连；相邻型，两眉内角的间隔小于两眼内角间隔；分离型，两眉内角的间隔大于两眼内角间隔。

按眉的宽度（眉毛的上边缘与下边缘之间的距离），分为：窄的、中等的、宽的。

4．眼的特征分类

眼睑：覆盖眼球的皮肤，由上、下眼睑组成，上、下界为睑上沟及睑下沟。睑上沟：上睑皮肤向眶顶部皮肤过渡的外形；睑下沟：下睑皮肤向眶下部皮肤过渡的外形。

上睑褶的形态，分为四级：0级：无；1级：微显；2级：中显；3级：甚显。

上睑褶的位置及与眼眶的关系，分为三型：上褶：沟上褶（眶褶），上睑最高部高于眶上沟；中褶（眶下褶）：上睑最高部低于眶上沟；下褶（睑板褶）：上睑最高部位于睑板处。

内眦褶遮盖泪阜的程度，分为四级：0级：无；1级；微显；2：中显；3：甚显。

眼裂的大小，分为三级：小的、中等的、大的。

眼裂的走行（眼裂倾度），分为三类：内角高于外角、内角等于外角、内角低于外角。

眼裂的形态，分为：圆形（椭圆形）、角形、线形。

眼眶的形态，分为：高眶、低眶；凹形、凸形。眼眶上下缘之间距离宽为高眶，窄为低眶。眼睑凹入眼眶的为凹形，眼睑凸出眶骨的为凸形。

两眼之间的距离，分为：间隔小的、间隔中等的、间隔大的。小间隔是两眼内角间距离甚窄；大间隔是两眼内角间距离比较宽。

眼球（包括黑白全部）的位置，按眼黑与眼白在张开缝间的位置和方向分为：正常的、左向内斜的、右向内斜的、左向外斜的、右向外斜的、双眼内斜的、双眼外斜的、朝上眼黑、朝下眼黑。

5．鼻的特征分类　鼻的构造：鼻外侧软骨；鼻中隔软骨；鼻外翼的大软骨；鼻内翼大软骨；鼻翼小软骨。鼻外翼的大软骨和鼻翼小软骨构成了鼻翼内角及鼻翼外角（见增值服务）。

鼻的大小，以鼻根到鼻底的长度与整个面孔的比例关系分为：大的（>1/3）、中等的（=1/3）、小的（<1/3）。

按鼻指数（鼻长与鼻宽之比），分为：狭鼻型（<69.9），中鼻型（70-84.9），阔鼻型（85.0～99.9）及特阔鼻型（>100）。

按鼻根的形态，分为：深的、中等的、浅的。

按鼻背的形态，分为四型：凹形、直形、凸形、波浪形。

按鼻底（鼻尖）的形态，分为：上扬的（鼻孔内缘低于外缘）、水平的、下垂的（鼻孔内缘高于外缘）。

按鼻翼的宽度，分为：窄的、中等的、宽的。

6．唇的特征分类　口唇由皮肤部、黏膜部及过渡部组成，过渡部按其结构与延续为颊黏膜的黏膜部区别。研究口唇的外表结构,通常将过渡部简单地称为黏膜部,与皮肤部区别,即人们常说的红唇部。鼻唇沟是上唇两侧的界线。上唇中线有一条发育明显的沟,称为人中。红唇上缘的曲折称为红唇切迹。

按唇的高度(鼻下点至黏膜部上缘中点的距离),分为:低的(14~15mm)、中等的(15~20mm)、高的(>20mm)。

按唇的厚度(口唇闭合时,上、下唇黏膜部的高度),分为:薄的、中等的、厚的。

按唇的凸度,分为三型:凸唇型,上唇前突;正唇型,上、下唇平直;缩唇型,上唇后缩。

按口的宽度,分为:大的、中等的、小的。

口的形态,分为三型:吊角型,口裂为弧形,两端向上走行;水平型,口裂水平走行;落角型,口裂为弧形,两端向下走行。

7. 下颌的特征分类

按下颌的形状,分为:三角形、方形、圆形。

按下颌的位置(倾斜度):内倾的、垂直的、突出的。

8. 耳的特征分类

(1)外耳的结构(见网络增值服务):

耳廓:外耳,位于头部两侧,前凹后凸。

耳轮:人类外耳边缘半卷的半圆形边缘称为耳轮。耳轮边缘上有时可见结节,称为达尔文结节,是猕猴耳尖的遗迹。

对耳轮:在耳轮内侧与耳轮平行的软骨嵴称为对耳轮。

舟状窝:耳轮与对耳轮之间的凹陷称为舟状窝。

耳轮脚:外耳上部对耳轮分成两个嵴状突起,称为耳轮脚。

耳屏:耳前缘的突起称为耳屏,对耳轮下端的突起称为对耳屏。耳屏与对耳屏之间的凹陷称为耳屏切迹。

耳垂:耳廓下端无软骨的软组织部分称为耳垂。

(2)耳的特征分类:

按耳廓的形状,分为:三角形的、椭圆形的、长方形的、圆形的。

按耳与颞部的贴近情况,分为:全部贴近的、全部外张的、上部外张的、下部外张的。

按耳轮和对耳轮的形态,分为:窄耳轮、宽耳轮、内缩的对耳轮、突出的对耳轮。

按耳屏的形状,分为:尖耳屏、分叉耳屏、圆耳屏。

按对耳屏的形态,分为:凹形的、直线的、凸形的。

按耳垂的形状,分为:三角形的、圆形的、四方形的。

按耳垂内缘与面颊的关系,分为:附着型,耳垂内缘完全与面颊皮肤相连;半附着型,耳垂内缘部分与面颊皮肤相连;游离型,耳垂内缘与面颊皮肤不相连。

二、照片鉴定

在鉴定两张照片是否为同一个体的方法是对照片中个体的面部特征进行比对分析。传统的方法有照片的面像测量,照片重合及面部特征比较分析。近年来的研究表明,照片测量的方法可靠性较差。因为人类面部特征的比例都是相似的,面部特征比例失调的人,在群体中是罕见的。照片的重合由于操作复杂很少应用,鉴定面部特征有效的方法是对面部细节特征的比较分析。

(一)证件照片的鉴定

由于科学技术的发展,银行卡交易日益增多,与此有关的案件增加。录像监控系统的普及,影像截图的鉴定在案件的侦察、诉讼过程中的作用也日益重要。因此,人像特征的研究主要集中在面像比对鉴定方面,为法庭科学实践服务。有关证件照片鉴定(photo identification)的案件常见于银行卡、身份证、驾驶证、准考证,户籍照片等标准照片的比对鉴定。

证件照片的比较鉴定方法通常为:将鉴定照片表面的污物清除干净,然后将要鉴定比对的照片放大至成人面像大小。个体的瞳距是稳定的指标,以瞳距6cm放大照片。照片放大后便于面部特征的比较。人像检测定位。将检测照片与被鉴定人照片按同倍放大,正面照片可依人的两瞳孔之间的距离或其他较明显清楚的部分为准;侧面照片可依鼻底或鼻根到下巴边缘的距离为准。相貌特征的提取。选取的相貌特征除包括人体的各种正常特征外,亦包括解剖学上的异常状态的特征(见网络增值服务)。

在照片鉴定中,计算机是常用的工具。通常使用计算机图像处理方法,将比对照片重合,以照片上个体容貌的解剖学及照片测量的方法进行比较鉴定。这种方法在不同的种族之间是可以通用的。在照片上进行面部解剖学特征的测量,根据测量的结果进行比较鉴定,现在的研究结果表明,照片测量鉴定结果的可靠性较低。

目前,在照片的鉴定中,对面部五官特征的解剖学分类比较与照片测量同时使用,可以提高鉴定结果的可靠性。

证件照片的鉴定,检材与样本由于拍照条件相同,鉴定条件较好。鉴定流程如下。

1. 分析检材,即分析伪造证件上照片的个体面部特征。对其面部轮廓进行分型,观察发际缘形态,观察眉形、眼形、鼻型及唇形。观察下颌形态。

2. 分析样本,即分析当事人或犯罪嫌疑人拍摄的面部正、侧面照片。观察分析的内容与顺序与检材相同。

3. 在前述工作的基础上,进行证件照片的鉴定。鉴定的关键是观察部位的细节特征。首先将检材及样本输入计算机中,将每一个观察部位分别放大,进行比较分析。观察眉要注意眉的走向,浓密,内角与外角的关系,是否有描眉修眉等。女性即使有描眉或修眉,眉的形态也是稳定的。个体的行为定式确定,女性不会今天描一种眉型,明天换另一种眉型。观察眼要特别注意眼内角内眦褶的形态。观察鼻要特别注意鼻基底部鼻翼下缘的形态,如鼻骨大翼鼻翼脚的终点位置,鼻翼脚明显、鼻翼脚止于鼻孔下缘中部或内侧部;注意人中隆起的皮嵴与鼻孔的关系,如人中隆起的皮嵴位于鼻孔内侧、外侧或中部;注意鼻翼沟的形态,如明显或不明显等。个体美容,隆鼻十分常见,隆鼻改变鼻的外形,但鼻部的细节特征不会改变。观察口唇要特别注意上红唇切迹的形态,平直、弧形或角形等。红唇切迹的形态特别稳定,胖、瘦,年龄对其形态影响不大。外耳的结构特征明显,易于分类,个体识别的意义很大,但证件照片不能观察外耳的细节特征(图13-1)。

(二)艺术照片、历史照片的鉴定

艺术照片、历史照片的鉴定与证件照片的鉴定不同,检材与样本拍照条件相差很大,鉴定条件不好控制。

艺术照片的鉴定常常涉及广告或肖像权的纠纷。尽管检材的条件变化大,但可以根据检材的条件制作样本,即请当事人比照检材的拍摄条件再重新拍摄照片,然后对检材及样本进行比较鉴定。

历史照片的鉴定情况更加复杂。检材与样本拍照条件相差很大,鉴定条件不能控制。历史照片的鉴定常常涉及文物鉴定。如文物市场上发现一张林肯的照片,要求鉴定照片的真伪。鉴定人员需要查找档案,在档案中找到与需要鉴定照片条件尽可能一致照片,然后进行比对鉴定。

对艺术照片、历史照片的进行鉴定的过程与证件照片的鉴定相同。艺术照片、历史照片鉴定的照片常常不是正面照片,在鉴定的过程中要特别注意外耳的细节,如耳轮上达尔文结节的有、无、大、小及相对位置。对耳轮与耳轮的

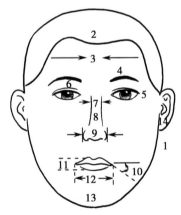

图13-1 面像鉴定的正面图

1. 面孔的形状;2. 发际;3. 额的宽度;4. 眉的粗细、形状和倾斜方向;5. 眼睛形状、大小、眼角方向、眼球位置;6. 眼皮;7. 鼻根;8. 鼻梁;9. 鼻翼;10. 嘴角位置;11. 唇的厚度;12. 嘴的大小;13. 下巴形状;14. 耳朵外张情况

关系，如两者平行或相连，相连的部位，舟状窝的深、浅及形态。耳轮脚是否明显，两个嵴状突起之间是平面，还是凹陷，及凹陷的形态。耳屏的数目，大小及形态。对耳屏是否明显。耳屏切迹的形态，是开放形、闭合形、还是角形。耳垂的形态，如游离形，附着形；方形、圆形或三角形耳垂。见网络增值服务。

外耳个体识别的意义很大，依据外耳的形态特征可以鉴定照片的真伪。非正面照片，观察部位可参考图13-2。

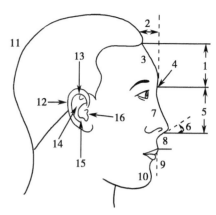

图 13-2 面像鉴定的侧面图

1. 额的高度；2. 额的位置；3. 额的形状；4. 鼻根的位置、形状和凹凸度；5. 鼻子的高度；6. 鼻底的位置；7. 鼻梁位置、形状；8. 嘴唇的高度；9. 嘴唇的相对位置；10. 下颌高度、形状、位置；11. 头后轮廓的形状；12. 耳朵形状；13、14. 耳轮及对耳轮形状；15、16. 耳朵各部分形状、位置

（三）照片鉴定的可靠性

1. **个体不同年龄阶段拍摄照片的鉴定** 个体在不同的年龄段，面部特征会发生改变。面部特征随年龄的变化规律，需要进行深入的研究。但目前国内外学者对年龄变化对容貌特征的影响方面的研究很少开展。根据实践经验发现，个体容貌特征的年龄变化主要是由于随年龄增长，面部肌肉松弛，皮肤弹性减弱，皮下脂肪增多引起的。在容貌特征方面，主要表现在眼睑下垂，面颊及颌下脂肪堆积，眉的浓密改变等。因此，不受上述因素影响的面部特征，如额、鼻、口裂、耳的细部特征，可以进行个体识别方面的鉴定。

2. **个体美容前后照片的鉴定** 在实际办案中有时会遇到。个体面部美容常见的项目有，上睑皱褶重建（割双眼皮），隆鼻，开大眼裂，文眉、文唇线等。个体美容手术，可以改变面部五官的轮廓，不能改变面部五官的细节。眼内角、鼻尖、鼻孔、鼻翼、人中形态、上红唇切迹等细节特征不会改变，仍可以进行个体美容前后照片的鉴定。

在进行照片的比较鉴定时，如果两张照片面部特征不同，下否定结论是可靠的。如果两张照片面部特征相似，做同一认定的结论需慎重处理，有必要做更进一步的检验鉴定。每个个体的面部特征都是唯一的，而且在一定的时间段是稳定的。因此，根据个体照片的面部特征是可以进行同一认定的。在涉及证件照片的案件中，还可以使用照片重合及照片测量的方法进行比较鉴定，但鉴定结果的可靠性较低。因为人类五官的分布比例都是相似的。国内外常用的方法都是将五官特征分类，根据五官特征不同的类别进行比较鉴定。如果个体的五官分布不同于常人，那么容貌特征一目了然就不需鉴定了。因此，用照片测量法进行面像鉴定是一种辅助方法，一般来说其同一认定的可靠性为85%左右。照片测量的划线，是照片测量时常用的方法，对五官大小及相对位置的比对也有参考作用。

3. **面像照片鉴定的可靠性** 根据计算机辅助人像观测法，对500例成年汉族研究对象进行正位面像观测。观测标志点47个，主要标记线14条，选取17项指数指标、23个观察指标进行分类和观察。试运用指数指标和观察指标相结合的方法，既能够应用观察指标的差异迅速排除两张样本照片是否为同一个体，又能够得到两相似样本间的累积个人识别能力，为鉴定报告的书写提供了更客观完善的依据。

指标分类的个人识别能力计算，全部指标的累积个人识别能力进行计算的结果显示，指数指标中，男性个人识别能力最高的为 SXCH，达 0.8，最低为 RMM，达 0.6018。女性个人识别能力最高的为 SXCH，达 0.7889，最低为 RMM，达 0.5935。总体个人识别能力最高为 SXCH，达 0.7889，最低为 RMSM，达 0.654 25。观察指标中，男性个人识别能力最高的为 CZS，达 0.6594，最低为 MWWZ，达 0.1128。女性个人识别能力最高的为 MGZ，达 0.6034，最低为 MWWZ，达 0.1472。总体个人识别能力最高为 CZS，达 0.6606，最低为 MWWZ，达 0.147。指数指标累积个人识别能力值男性为 0.999 999 998 51，女性为 0.999 999 991 42，总体为 0.999 999 998 38。观察指标累计个人识别能力值男性为 0.999 999 141 65，女性为 0.999 997 304 05，总体为 0.999 999 443 08。总体指标累计个人识别能力值男性为 0.999 999 999 999 998 72，女性为 0.999 999 999 999 976 86，总体为 0.999 999 999 999 999 097。

本文还从三个方面，对面部有遮挡时的个人识别能力进行了讨论。分别对遮挡眼部时、同时遮挡上额部和眼部时和遮挡口鼻部进行了部分指标的剔除和保留，并对最终的累计个人识别能力分别进行了计算。结果显示，应用本文方法能够在样本照片遮挡眼部、同时遮挡上额部和眼部、遮挡口鼻部时计算累计个人识别能力。总体上看，样本照片中能够采用的指标数量越多，累计个人识别能力越高。

以上工作也仅为初步研究，其中仍有许多地方需要完善下一步工作中。应当增加样本数量，扩大样本范围，考虑更多复杂因素对面像鉴定的综合影响。

面部特征可靠性研究的观察指标如下（表13-1）。

表 13-1　面部特征可靠性研究的观察指标

观察指标名称	缩写	描述 分级	数字编码
1. 发际线形态	FJX	观察发缘最高点 X 的位置	
		Ⅰ级，最高点居中：发迹最高点 X 位于 d、f 的中央	1
		Ⅱ级，最高点在右侧：发迹最高点 X 位于 d 颞侧	2
		Ⅲ级，最高点在左侧：发迹最高点 X 位于 f 的颞侧	3
		Ⅳ级，不可见	4
2. 鬓角长度	BJCD	观察鬓角长度与耳的关系	
		Ⅰ级，鬓角止点高于耳上附着点 T	1
		Ⅱ级，鬓角止点在耳上附着点 T 与耳屏切迹上缘之间	2
		Ⅲ级，鬓角止点在耳屏切迹上缘与耳下附着点 U 之间	3
		Ⅳ级，鬓角止点低于耳下附着点 U	4
3. 眉形	MX	眉的形状	
		Ⅰ级，直线形：眉基本成直线，K 点落在 J-L 连线上	1
		Ⅱ级，眉向上弯曲，J-L 连线以上最高点只有一个，并无明显成角	2
		Ⅲ级，波浪形：J-L 连线上方的最高点有两个以上，并无明显成角	3
		Ⅳ级，角形：眉明显成角（三角或其他角度）	4
		Ⅴ级，不确定型：因眉毛过稀无法确定眉形	5
4.眉头位置	MTWZ	左右眉头点 J、J 的位置	
		Ⅰ级，相连型：两侧眉间基本无空隙	1
		Ⅱ级，中央型：眉头点 J、J 位于线 d 与线 f 的中央侧	2
		Ⅲ级，平均型：眉头点 J、J 分别位于线 d 与线 f 上	3
		Ⅳ级，分离型：眉头点 J、J 分别位于线 d 和线 f 颞侧	4
5. 眉宽	JL	测量眉宽（眉头点 J 至眉尾点 L 间的距离）与眼裂宽（眼内角点 M 至眼外角之间 O 的距离）之间的关系	
		Ⅰ级，宽型：眉宽 JL 大于眼裂长 MO	1
		Ⅱ级，中等：眉宽 JL 等于裂长 MO	2
		Ⅲ级，窄型：眉宽 JL 小于眼裂长 MO	3
6. 眉尾位置	MWWZ	左右眉尾点 L、L 位置	
		Ⅰ级，极内型：眉尾点 L、L 位于线 c 与线 g 的中央侧	1
		Ⅱ级，内型：眉头点 J、J 分别位于线 b、c 与线 g、h 之间	2
		Ⅲ级，外型：眉头点 J、J 分别位于线 b 与线 h 的颞侧	3
7. 眉浓密度	MNM	观察眉头至眉尾间皮肤暴露情况	
		Ⅰ级 浓型：眉头点 J 至眉尾点 L 之间眉毛完全覆盖，无点秃、斑缺或断裂	1
		Ⅱ级 中型：眉头点 J 至眉尾点 L 之间出现点秃、斑缺或断裂，或出现皮肤暴露面积不超过全眉的1/3	2
		Ⅲ级 淡型：眉头点 J 至眉尾点 L 之间出现皮肤暴露面积超过全眉的1/3	3
8. 上眼睑褶皱	SYJ	是由于上睑提肌有纤维延伸至皮下，肌肉收缩时造成附着处皮肤的退缩而出现的横向褶皱，取 N 与 K 中点，观察上睑褶皱在 N、K 间的位置 Ⅰ级，无褶皱	1
		Ⅱ级，褶皱位于 NK 中点与点 N 之间	2
		Ⅲ级，褶皱位于 NK 中点与点 K 之间	3

续表

观察指标名称	缩写	描述 分级	数字 编码
9. 蒙古褶	MGZ	有些人眼内角,有一个上眼睑褶皱延续而形成的皮肤皱襞,并多少遮盖泪阜,此皱襞叫蒙古褶	
		Ⅰ级,无,皱襞不遮盖泪阜	1
		Ⅱ级,轻微,皱襞稍有一点遮盖泪阜	2
		Ⅲ级,显著,皱襞遮盖泪阜大部分或全部	3
10. 眼裂倾斜度	YLQX	观察点 M 与点 O 位置关系	
		Ⅰ级,M、O 在同一水平	1
		Ⅱ级,外角 O 高于内角 M	2
		Ⅲ级,外角 O 低于内角 M	3
11. 鼻孔可见度	BK	观察鼻孔可见程度	
		Ⅰ级,可见型:鼻孔暴露超过 2/3	1
		Ⅱ级,微见型:鼻孔可见,暴露不超过 2/3,	2
		Ⅲ级,不可见型:鼻孔完全不可见	3
12. 鼻小柱可见度	BXZ	观察鼻小柱可见程度	
		Ⅰ级,可见型:鼻小柱可见	1
		Ⅱ级,不可见型:鼻小柱完全不可见	2
13. 鼻翼沟可见度	BYG	观察鼻翼沟可见程度	
		Ⅰ级,可见型:鼻翼沟可见	1
		Ⅱ级,不可见型:鼻翼沟不可见	2
14. 鼻翼外脚位置	BYWZ	观察鼻翼外脚与点 E 高低关系	
		Ⅰ级,鼻翼外脚高于点 E	1
		Ⅱ级,鼻翼外脚与点 E 平齐	2
		Ⅲ级,鼻翼脚低于点 E	3
15. 鼻翼外脚连接度	BYLJ	观察鼻下端与面部皮肤交界处鼻翼软组织与鼻小柱连接度	
		Ⅰ级,鼻翼外脚缺失	1
		Ⅱ级,鼻翼外脚终止于鼻孔下方	2
		Ⅲ级,鼻翼外脚与鼻小柱相连	3
16. 鼻翼阔度	BYKD	做眉间点 B 与左右鼻翼点 R、R′ 的连线 BR,BR′,观察鼻翼与 BR,BR′ 的关系	
		Ⅰ级,阔鼻翼型:鼻翼边缘超过 BR,BR′	1
		Ⅱ级,窄鼻翼型:鼻翼边缘未及或刚刚达到 BR,BR′	2
17. 口角方向	KJFX	过左右口角点作连线 SS′,与过口点 G 的水平线比较	
		Ⅰ级,向上:SS′ 高于口点水平线;	1
		Ⅱ级,水平:SS′ 口点水平线重合;	2
		Ⅲ级,向下:SS′ 低于口点水平线;	3
		Ⅳ级,非对称:左右口角连线与口点水平线相交;	4
18. 唇珠上切迹	CZS	上唇唇弓在正中线稍低并微向前突起称为唇珠上切迹或称人中角或人中迹(人中切迹)	
		Ⅰ级,缺失:唇珠上切迹基本成一直线	1
		Ⅱ级,下凹呈曲线形:唇珠上切迹呈曲线形,无明显成角;	2
		Ⅲ级,下凹呈 V 型:唇珠上切迹明显成角,类似 V 型。	3
		Ⅳ级,突起:唇珠上切迹向上突起	4
19. 唇缝	CF	指观察对象无任何表情状态下,双唇闭合情况	
		Ⅰ级,闭合(Absent):观察对象无任何表情状态下,双唇完全闭合	1
		Ⅱ级,微张(Slight):观察对象无任何表情状态下,双唇微微张开,门齿隐约可见	2
		Ⅲ级,明显:观察对象无任何表情状态下,双唇明显张开,门齿清晰暴露。	3

续表

观察指标名称	缩写	描述 分级	数字 编码
20. 口裂	KL	观察左右口角点 S′、S 的位置与面部标记线的关系	
		I 级，窄型：点 S、S′ 位于线 d 与线 f 之间或两点分别落线 d、f 上	1
		II 级，中型：点 S 位于线 d 与线 c 之间，点 S′ 位于线 f 与线 g 之间，或两点分别落在线 c、g 上	2
		III 级，宽型：点 S 位于线 c 与线 b 之间，点 S′ 位于线 g 与线 h 之间，或两点分别落在线 b、h 上	3
		IV 级，特宽型：点 S 和点 S′ 位于线 b 和 h 的颞侧	4
21. 人中突度	RZT	左侧人中嵴 ph1ph2 和右侧人中嵴 ph3ph4 间人中凹软组织向下凹陷的程度	
		I 级，凹陷型：人中嵴间人中凹软组织明显向下凹陷	1
		II 级，平型：人中嵴间人中凹软组织无明显凹陷	2
22. 人中嵴与鼻小柱关系	RZJ	观察人中嵴起点 ph1 与 ph3 和鼻小柱的关系	
		I 级，人中嵴不宽于鼻小柱：ph1 与 ph3 位于鼻小柱基底部	1
		II 级，人中嵴宽于鼻小柱：ph1 与 ph3 位于鼻小柱基底部的两侧	2
23. 人中沟形态	RZG	观察人中上宽 ph1ph3 与人中下宽 ph2ph4 的关系	
		I 级，上窄下宽型：人中上宽小于人中下宽，ph1ph3＜ph2ph4	1
		II 级，平行型：人中上宽等于人中下宽，ph1ph3＝ph2ph4	2
		III 级，上宽下窄型：人中上宽大于人中下宽，ph1ph3＞ph2ph4	3

第三节　监控录像截图的鉴定

监控录像的监控场所日益增多，在很多案件中录像资料不仅为案件的侦破提供了线索，也为案件诉讼提供了证据。录像视频资料是指在银行、居民小区、机场等重要地点的闭路监视系统中所拍摄到的人像。在案件发生的现场嫌疑人留下的影像常常是案件侦破的主要依据。用录像监控资料对犯罪嫌疑人进行比较，是人像鉴定领域的热点。视频资料的人像鉴定的难点是犯罪嫌疑人在作案时进行的伪装或故意遮蔽面部特征，如戴假发、面罩、太阳镜棒球帽等。此类案件的鉴定重点在于对暴露的面部特征的细节进行比较鉴定，国外已经有学者对此进行研究。

录像视频资料的面像鉴定比较复杂，其效果主要视案发现场录像的条件而定。国外研究的较深入的方法是对图像进行计算机处理，具体过程是完成面像的二维 - 三维 - 二维的转换后进行鉴定。

一、面部无遮挡物的面像鉴定

犯罪嫌疑人被捕后，常否认现场监控录像中行为人与己视为同一人的指控。因此，需要对犯罪现场监控录像中实施犯罪的个体与被抓获的犯罪嫌疑人进行面像比对鉴定。如何得到与监控录像中犯罪嫌疑人面像拍摄角度与距离基本一致的犯罪嫌疑人的面像照片是进行此类案件鉴定的基础。日本学者 Yoshino 从 2000 年开始进行研究，通过将监控录像中二维的犯罪面像照片与犯罪嫌疑人头部三维影像进行两者相似性的检验。具体的操作过程是将被捕的犯罪嫌疑人头面部进行三维扫描，得到犯罪嫌疑人的三维面像，然后得到的三维图像与监控录像中的犯罪嫌疑人进行比较，找到两者相同的角度后，将三维图像转换成二维图像进行比较。在三维图像向两维图像转换过程中，要得到与现场监控录像中的犯罪嫌疑人一致的图像照片，要考虑拍摄距离、轴向比例（高 / 宽）、曝光度、镜头曲度及面部表情等影响因素。使用犯罪嫌疑人的三维图像，比照比对照片寻找适当的拍摄条件，通过面部的解剖点，可得到一个与比较图像头面部姿势、位置与嫌疑人尽可能一致的头面部照片。如果面部可比较的解剖点越多，对转换成二维的嫌疑人照片进行鉴定的可能性就越大。使用三维图像进行二维图像转换时，参照的面部解剖学标志点如下：左右侧眼外角点、鼻根点、鼻尖点、口裂点、颌下点、耳屏切迹点。如果在三维图像的转换过程中，7 个标志点均在允许误差内，则得到的图像符合鉴定比对条件，其中有 4 个标志点在允许误差范围内，可以进行面像鉴定，只有三个标志点在允许误差范围内,则不具备比对鉴定条件。

二、面部伪装的面像鉴定

在录像监控系统普遍使用的情况下,犯罪嫌疑人在实施犯罪的过程中,常常进行面部伪装,如戴棒球帽、太阳镜、口罩等,在 ATM 机监控录像中更常见。如何对面部有伪装的犯罪嫌疑人进行面像鉴定。日本学者也进行了深入的研究。

日本学者使用二维照片转换三维的技术,对太阳镜、棒球帽、及口罩伪装的个体进行比较研究。将受试者的二维图像与标本库中三维图像进行比较,用重合比较的形态测量的方法作为比较鉴定的基础。首先使两者拍摄方向,图像大小保持一致,以口裂为基础在二维面部轮廓图片上标示 10 个标志点,画出二维面部轮廓线。将此轮廓线与三维轮廓线进行重合,计算 2 条轮廓线之间的平均垂直距离。同时,在二维、三维图像上选定 7～9 个标志点(视面部伪装物而定),计算两者标志点之间的差值。轮廓线间的垂直距离的差异及标志点之间的差异,两者之间的差值小于各项均值的差异,用作评定两者是否为同一个体的标准。同一个体的面部轮廓重合垂直距离差值在 0.5～1.6mm 之间,不同个体面部轮廓的垂直差值在 1.0～4.3mm 之间,将两者的均值作为肯定或否定鉴定的百分误差界线值(1.5mm),误差率为 7.5%,选择面部 16 个解剖标志点进行二维转换为三维图像的点对点之间的比较。同一个体二维转换成三维图像两者间面部标志点与点的差值为 1.4～3.3mm,不同个体的差异在 2.6～7.0mm 之间,标志点与点之间是否为同一个体的判定均值(界线值)为 3.1mm,误差率为 4.2%。两种比较方法同时使用可增加面像照片识别的可靠性。日本学者提出的面像鉴定方法在法庭科学领域引起了关注,并在实际办案中得到应用,取得了很好的结果。此种方法不仅可以应用于日本人,也可以用于白种人。

对于面部遮挡的犯罪嫌疑人的面像鉴定,也有学者以暴露出的面部特征为基础,进行比较研究,提出局部特征的比较鉴定方法。如进行眼睑与眉的比较鉴定研究,寻找对口鼻遮挡的个体进行鉴定的方法,或建立专门的计算机识别系统。对照片鉴定的方法学研究在面像鉴定的研究中也较活跃,重点是探讨照片测量对面像鉴定结果的影响。现代学者的研究表明人体测量学(anthropometry)方法应用于面像鉴定得出的结论是不可靠的,在照片及录像的鉴定实践中也表明测量方法不能用于照片鉴定,因为人类面部五官分布比例是类同的,相同的五官特征测量值可以表现出很大的形态差异。如眼裂开度测量值相同,不能表述上睑皱褶及眼内眦角的形态。

面像鉴定,包括照片及录像中犯罪嫌疑人的面像鉴定,随着监控录像的广泛应用及高清录像的应用,将成为很多案件侦破的突破口,有必要进行深入的研究。目前,中国对录像资料的鉴定,主要是通过人工比对完成的。

三、录像视频截图面像鉴定存在的问题及对策

由于监控录像系统的设备差异,提取的图像质量差别很大。银行 ATM 机提取的录像截图,由于个体距离镜头较近,常常会出现个体面部的变形,影响图像的鉴定。此类案件的鉴定,需要将嫌疑人带到相同型号的 ATM 机上,在相同条件下提取与案发情况尽可能接近的嫌疑人录像截图,然后进行鉴定。这类图像的鉴定可按非证件照片的鉴定方法进行。如果提供的资料是歹徒蒙面作案的话,主要按人体测量学的方法进行。重点测量是面部的轮廓及相关的角度。根据国外学者的报告,这类资料鉴定的可靠性与照片是一致的。

其他公共场合的录像截图,在目前高清监控录像没有普及的情况下,获得的图像大多数不能清晰的显示嫌疑人的面部五官特征。如果对此类影像材料不进行鉴定就会丧失大量有价值的信息。在日常生活中,在一定的距离内,人们可以在不能看清楚个体五官的细节特征的情况下辨认出熟悉的朋友。这时个体的判断源于对朋友的综合信息认知。在此类案件中,录像截图中,常常会出现多个个体,如果图像中个体之间是可以区别的,如男女、高矮、胖瘦等,那么监控录像截图是有鉴定价值的。因为这样截图中的个体是具有识别条件的。在此类案件的鉴定时,需要将嫌疑人带到案发现场在相同条件下提取与案发情况尽可能接近的嫌疑人录像截图,然后进行鉴定(图13-3)。

图13-3 作案时监控录像截图和嫌疑人现场模拟录像截图

左为嫌疑人作案时监控录像截图；右为嫌疑人现场模拟录像截图

本章小结

本章从面像鉴定的原理入手，较系统地介绍了面部特征的法医人类学分类，包括面部轮廓、前额、眉、眼、鼻、唇、下颌、耳的特征和分类。具体讲述了证件照片鉴定的方法、流程和注意事项以及艺术照片、历史照片的鉴定要点，需注意不同年龄阶段拍摄照片、个体美容前后照片对面像照片鉴定可靠性的影响。介绍了计算机辅助人像观测法、面部特征可靠性研究的观察指标以及上述指标的累计个人识别能力，提示计算机辅助人像鉴定尚需进一步完善和验证。对监控录像截图鉴定分为面部无遮挡物的面像鉴定和面部伪装的面像鉴定，讲述了目前录像视频截图面像鉴定的方法、存在的问题及对策。特别指出要将嫌疑人带到案发现场在相同条件下提取与案发情况尽可能接近的嫌疑人录像截图，然后进行鉴定。通过照片及录像中犯罪嫌疑人的面像鉴定，可以辅助进行个体的同一认定，从而为法医检案提供重要的依据。

关键术语

人像（human image）

人像鉴定（human image identification）

面部轮廓（facial profile）

面像测量（facial measurements）

照片重合（photographic superimposition）

二维图像（2D facial images）

三维图像（3D facial images）

累计个人识别能力（combined discrimination power）

讨论题

人像鉴定在法医人类学中的应用。

(张继宗 陈 玲)

思考题

1. 人类五官特征的分类是什么？

2. 证件照片鉴定分几类，鉴定要点是什么？

3. 录像截图照片鉴定与证件照片鉴定的区别是什么？

主要参考文献

1. 张继宗. 法医人类学. 第2版. 北京：人民卫生出版社, 2009.

2. 吴汝康, 吴新智, 张振标. 人体测量方法. 第2版. 北京：科学出版社, 1984.

3. 贾静涛. 法医人类学. 沈阳：辽宁科学技术出版社, 1994.

4. 陈世贤. 法医人类学. 北京：人民卫生出版社, 1998.

5. 张继宗, 舒永康, 田雪梅. 法医人类学经典. 北京：科学出版社, 2007.

6. 胡炳蔚. 法医检骨与颅像重合. 西安：陕西科学技术出版社, 1994.

7. 邵象清. 人体测量手册. 上海：上海辞书出版社, 1985.

8. 张继宗. 法医人类学基础. 北京：科学出版社, 2007.

9. 吴梅筠. 法庭生物学. 成都：四川大学出版社, 2006.

10. 陈康颐. 应用法医学各论. 上海：上海医科大学出版社, 1999.

11. 郭景元, 李伯龄. 中国刑事科学技术大全法医物证学分册. 北京：中国人民公安大学出版社, 2002.

12. 张志敏, 张继宗, 霍长野, 等. 现代人面颅角度测量的种族差异性. 中国法医学杂志, 2011, 26(2): 97-98.

13. 霍长野, 张志敏, 孙伟, 等. 枢椎种族差异的初步研究. 刑事技术, 2010, 4: 3-4.

14. 兰玉文. 颅像重合法研究与应用. 北京：群众出版社, 1999.

15. 侯一平. 法医物证学. 第2版. 北京：人民卫生出版社, 2004.

16. 邹友, 陶克明, 李立新, 等. 毛发常见机械性损伤形态的环境扫描电镜研究. 刑事技术, 2006, 1: 4-6.

17. 邹友, 权养科, 朱永春, 等. 毛发枪弹损伤的环境扫描电镜研究. 中国法医学杂志, 2006, 6: 325-327.

18. 徐文龙. 毛发检验与个体识别. 合肥：安徽科学技术出版社, 1992.

19. 鲍卫汉. 实用瘢痕学. 北京：北京医科大学出版社, 2000.

20. 李迎, 丛培俊. 皮肤性病护理学. 长春：吉林大学出版社, 2009.

21. 席焕久, 陈昭. 人体测量方法. 第2版. 北京：科学出版社, 2010.

22. 姜红. 化妆品检验的研究进展. 中国人民公安大学学报（自然科学版）, 2007, 3: 10-15.

23. 王亚辉, 朱广友, 乔可, 等. X线骨龄评估方法研究进展与展望. 法医学杂志, 2007, 23(5): 365-369.

24. 田雪梅, 张继宗. 青少年骨关节X线片的骨龄研究. 刑事技术, 2001, 2: 6-10.

25. 张继宗, 田雪梅. 法医学人类学经典骨龄鉴定 - 中国青少年骨骼X线片图库. 北京：科学出版社, 2007.

26. 王亚辉, 朱广友, 王鹏, 等. 中国汉族女性青少年法医学活体骨龄推断数学模型的建立. 法医学杂志, 2008, 24(2): 110-113.

27. 王鹏, 朱广友, 王亚辉, 等. 中国男性青少年骨龄鉴定方法. 法医学杂志, 2008, 24(4): 252-258.

28. 朱广友. 法医临床司法鉴定实务. 北京：法律出版社, 2009.

29. 唐剑频, 胡德仪, 胡泊, 等. 额窦同一认定的研究. 人类学学报, 2008, 27(4): 344-349.

30. 张继宗, 闵建雄. 根据相片面部特征进行个体识别的方法. 刑事技术, 2001, 5: 23-25.

31. 张继宗, 徐磊. 人像资料鉴定存在问题及对策. 刑事技术, 2013, 1: 8-10.

32. Effendi W, Geok HL, An A. A novel method for human gender classification using Raman spectroscopy of fingernail

clippings. Analyst, 2008, 133: 493-498.

33. Krogman WH. The human Skeletonin Forensic Medicine. Illinois: Charles C Thomas, 1978.

34. Gatliff BP. Facial sculpture on the skull for identification. Am J Foren Med Pathol, 1984, 5(4): 327-332.

35. Hodson G, Lieberman LS, Wright P. In vivo measurements of facial tissue thicknesses in American caucasoed children. J Foren Sci, 1985, 30(4): 1100-1112.

36. Suzuki K. On the thickness of the soft part of the Japanese face. J Anthopological Society of Nippon, 1948, 60: 7.

37. Rhine JS, Combell HR. Thickness of facial tissue in American black. J Foren Sci, 1980, 25(4): 847-858.

38. Macho GA. An appraisal of plastic recontruction of the extemal nose. J Forence Sci, 1986, 31(4): 1391-1403.

39. Gurden SP, Monteiro VF, Longo E, et al. Quantitative analysis and classification of AFM images of human hair. J Microsc, 2004, 215(Pt1): 13-23.

40. Ribeiro FA. Standardized measurements of radiographic films of the frontal sinuses: an aid to identifying unknown persons. Ear Nose Throat J, 2000, 79(1): 26-28; 30; 32-33.

41. Yoshino M, Miyasaka S, Sato H, et al. Classification system of frontal sinus patterns by radiography. Its application to identification of unknown skeletal remains. Forensic Sci Int, 1987, 34(4): 289-299.

42. Rhine S, Sperry K. Radiographic identification by mastoid sinus and arterial pattern. J Forensic Sci, 1991, 36(1): 272-279.

43. Owsley DW. Identification of the fragmentary, burned remains of two U.S. journalists seven years after their disappearance in Guatemala. J Forensic Sci, 1993, 38(6): 1372-1382.

44. Messmer JM, Fierro MF. Personal identification by radiographic comparison of vascular groove patterns of the calvarium. Am J Forensic Med Pathol, 1986, 7(2): 159-162.

45. Kleinberg KF, Vanezis P, Burton AM. Failure of Anthropology as a Facial Identification Technique Using High-Quality Photographs. J Forensic Sci, 2007, 52(4): 781-783.

46. Roelofse MM, Steyn M, Becker PJ. Photo Identification: Facial Metrical and Morphotogical Feature in South African Males. Forensic Sci Int, 2008, 177(2-3): 168-175.

47. Yoshino M, Matsada H, Kubota S, et al. Computer-assisted facial image identification system using 3-D physiognomic range finder. Forensic Sci Inter, 2002, 109(3): 225-237.

48. Cristina. Personal Identification by the Reliability of a High-Resolution 3D-2D Comparison Model. J Forensic Sci, 2012, 57(1): 182-186.

49. Aeria G. Targeting specific facial variation for different identification tasks. Forensic Sci Int, 2010, 201(1-3): 118-124.

50. Porter G, Doran G. An anatomical and photographic technique for forensic facial identification. Forensic Sci Int, 2000, 114(2): 97-105.

51. Allen RJ. Exact solutions to Byesian and maximum likelihood problems in facial identification when population and error distributions are known. Forensic Sci Int, 2008, 179(2-3): 211-218.

中英文名词对照索引

62